Les vérités cachées de la France sous l'Occupation

Dominique Lormier

Les vérités cachées de la France sous l'Occupation

éditions du
ROCHER

Éditions du Rocher
28, rue Comte Félix Gastaldi – BP 521 – 98015 Monaco
www.editionsdurocher.fr

ISBN : 978-2-268-10544-4
EAN Epub : 9782268105642

Introduction

Cet ouvrage, reposant sur des archives, des documents et des témoignages inédits, balaye de nombreux clichés de la période de l'occupation allemande de 1940 à 1945. Offrant un panorama complet et détaillé, allant au-delà de toute forme de réductionnisme, de sectarisme et d'anachronisme, on découvre de nombreuses vérités cachées de cette période cruciale du XXe siècle, à travers des histoires incroyables et extraordinaires, des faits méconnus, au-delà des mythes de la propagande des belligérants de cette époque, des thèses fumeuses de certains auteurs et médias actuels, véhiculant une idéologie formatée et sans nuances.

Pétain a-t-il joué un double jeu ou a-t-il trahi, est-il devenu un bouc émissaire idéal, permettant à d'autres de se couvrir ? L'armée d'armistice a-t-elle secrètement résisté ? Les Britanniques ont-ils joué un rôle trouble dans l'affaire Grandclément, de même que les Américains dans l'affaire Jean Moulin ? Pourquoi autant de Français ont travaillé pour la Gestapo ? Quels sont ces Français qui ont combattu dans la Waffen SS ? Quels sont ces écrivains, journalistes et artistes qui ont cherché à dissimuler leur passé douteux durant l'Occupation ? Les Britanniques ont-ils cherché à soulager Staline et son armée par des raids commandos sur les côtes maritimes de France et de Norvège ? Pourquoi autant de Français, d'Italiens et de Danois ont sauvé de nombreux juifs de la déportation ? Jacques Chaban-Delmas a-t-il été un grand résistant ?

Autant de questions et de vérités cachées que cet ouvrage aborde en profondeur, en y apportant des réponses argumentées et des faits irréfutables.

1

Pétain : traître ou bouc émissaire ?

Adulé durant l'entre-deux-guerres comme le « Vainqueur de Verdun » en 1916 et l'un des artisans de la défaite allemande de 1918, puis durant le début de l'occupation allemande comme le « bouclier protecteur » du peuple français en 1940-1942, le maréchal Philippe Pétain est ensuite présenté comme un traître, un collaborateur et un défaitiste, en partie responsable du désastre de mai-juin 1940. Comment expliquer un tel revirement de l'opinion publique, passant ainsi d'un extrême à l'autre sans espèce de nuance ?

Un des principaux artisans de la victoire de 1918

Contrairement aux clichés faisant de Pétain un piètre militaire défaitiste, il est bien l'un des principaux artisans de la victoire de 1918. Dès 1914, il s'illustre par ses qualités tactiques lors de la bataille de la Marne, s'oppose aux offensives suicidaires de l'infanterie contre les mitrailleuses et l'artillerie. En 1915, il parvient à rompre le front allemand en Artois, mais son succès n'est pas exploité à temps par le général Joffre qui lui est hostile. En 1916, il met en échec l'offensive allemande à Verdun. En 1917, il remonte le moral de l'armée française éprouvée par l'offensive du général Nivelle sur le Chemin-des-Dames, réorganise les divisions pour les rendre plus efficaces. Il prône l'usage massif des chars et des avions dans des buts offensifs, tient compte de la puissance de l'artillerie. Il remporte plusieurs succès tactiques sur le terrain, dont sur le front de l'Aisne à La Malmaison. En mars et avril 1918, c'est lui qui sauve l'armée britannique d'un désastre, en engageant 40 divisions françaises en Picardie et dans les Flandres. De mai à juillet 1918, il remporte la seconde bataille de la Marne, condamnant désormais l'armée allemande à subir les offensives alliées. Il fait de l'armée française la plus puissante du monde, avec l'usage de la motorisation de l'infanterie, des unités blindées, de l'artillerie mobile et de l'aviation d'assaut. Ses offensives d'août à novembre 1918 progressent de 200 km et libèrent la quasi-totalité des territoires français, avec l'aide des Alliés britanniques et américains, sans oublier l'apport capital de l'armée italienne qui écrase l'Autriche-Hongrie à Vittorio Veneto.

Début novembre 1918, Pétain prépare une offensive décisive en Lorraine, devant permettre l'invasion de l'Allemagne, totalement démoralisée. Or, c'est Foch qui s'oppose à cette opération militaire et accepte l'offre allemande d'armistice, sans que le territoire allemand soit occupé par l'armée française. Pétain et d'autres officiers français voient dans cette décision de Foch une grave faute militaire et politique, permettant aux nationalistes allemands de faire croire à la population que la défaite allemande n'est pas militaire mais uniquement politique : mensonge largement démenti par les nombreuses victoires françaises en 1918.

Daladier, Blum et Pétain

Lors du procès de Philippe Pétain en juillet-août 1945, diverses personnalités politiques comme Édouard Daladier et Léon Blum viennent déposer à charge, afin de faire notamment oublier leurs responsabilités dans la défaite de mai-juin 1940. En effet, Daladier et Blum, mais pas uniquement eux, portent de lourdes responsabilités dans l'impréparation militaire de la France, en retard de trois années par rapport à l'Allemagne hitlérienne durant les années 1930. Daladier et Blum soutiennent la doctrine défensive de l'armée française et rejettent les idées novatrices du colonel Charles de Gaulle dans la création des divisions blindées. Daladier, ministre de la Défense de 1936 à 1940, ne jure que par la ligne Maginot et Blum, chef du gouvernement de juin 1936 à juin 1937, d'abord pacifiste malgré le réarmement allemand, voit dans la création des divisions cuirassées d'active un instrument d'oppression contre la classe ouvrière et le peuple, pendant que Hitler multiplie ses panzerdivisions... Ce même Léon Blum refuse tout rapprochement avec l'Italie de Mussolini, estimant qu'il représente un danger plus grand que Adolf Hitler ! Or, au début des années 1930, le Duce tente à plusieurs reprises de constituer un système d'alliance avec la France et la Grande-Bretagne pour contrer les visées expansionnistes allemandes en Europe. Mussolini milite à fond pour l'indépendance de l'Autriche, dont il se fait le protecteur, voyant d'un mauvais œil l'annexion de ce pays par le IIIe Reich. Il voit dans l'Autriche un tampon protecteur, éloignant l'Allemagne de sa frontière au nord des Alpes.

À son arrivée au pouvoir avec le Front populaire en 1936, Blum s'oppose aux tentatives de rapprochement avec l'Italie, jetant ainsi Mussolini dans les bras du Führer. Il encourage le vote des sanctions économiques contre l'Italie, suite à l'invasion de l'Éthiopie en 1936, oubliant ainsi que son pays est la seconde puissance coloniale après la Grande-Bretagne, donc bien mal placé pour donner des leçons d'anti-colonialisme aux Italiens. Ce n'est qu'à partir de 1937 qu'il commence à prendre en compte le danger du réarmement du IIIe Reich qui a pourtant débuté dès 1933, voire clandestinement dès les années 1920. De 1920 à 1936, Blum tient un discours pacifiste, refusant de voir le danger réel que représente l'Allemagne avide de revanche.

Durant les années 1930, l'admiration de Léon Blum pour Philippe Pétain est indéniable, voyant même en lui le « plus humain de nos chefs militaires » et un recours possible en cas de crise grave en France.

En réalité, le réarmement militaire français ne produit réellement ses effets qu'à partir de 1938 : beaucoup trop tard pour rattraper celui de l'Allemagne. Si la Marine nationale, pièce maîtresse de l'Empire colonial français, bénéficie d'un effort constant dès 1925, lui permettant de se hisser au quatrième rang mondial, l'armée de Terre souffre de nombreuses déficiences avec la dispersion de la majorité de ses chars en bataillons d'accompagnement de l'infanterie et son absence de DCA efficace, ainsi que l'armée de l'Air devant lutter à un contre trois, avec des appareils souvent moins rapides que ceux de l'adversaire.

> « Les retards ne pourront jamais être rattrapés, écrit Rémy Porte, et les capacités industrielles se révéleront là aussi insuffisantes pour répondre aux commandes dans les délais fixés. En outre, malgré leur détermination, Blum et Daladier restent

> fondamentalement convaincus que la résolution de toute crise internationale passe par la négociation ; mais ils savent aussi qu'en situation de faiblesse trop marquée, leur crédibilité serait nulle[1]. »

Mais il y a plus grave, comme le souligne Nicolas Aubin :

> « La France n'a plus le leadership politique et militaire pour s'imposer sur un échiquier européen désuni [...]. Le Front populaire n'a pas été capable – c'est une pierre dans son jardin – d'agir sur le cœur même du problème, la dichotomie entre doctrine militaire de repli et politique étrangère d'ouverture [...] Les petits alliés ont compris que la doctrine défensive ne permettrait pas à la France de tenir ses promesses d'assistance. Durant l'été 1936, la Belgique dénonce la convention militaire[2]. »

Ainsi, la Belgique entre-t-elle dans une neutralité stricte qui sera funeste à la France et favorable à Hitler. Le 10 mai 1940, le commandement militaire belge fait appel à l'armée française trop tardivement, permettant aux divisions allemandes d'enfoncer facilement le front de la Meuse, mal défendu et peu fortifié. Il aurait été pourtant facile de bloquer les interminables colonnes motorisées allemandes dans la forêt ardennaise avec des troupes habilement positionnées depuis longtemps. Jean-Claude Delhez démontre que

> « La victoire allemande n'était pas possible sans le double choix des Belges. Choix de quitter l'alliance française en 1936 pour se proclamer neutres. Choix de ne pas défendre le massif Ardennais, ouvrant un boulevard à la chevauchée des panzers en direction de Sedan, qui offre à Hitler la plus éclatante victoire de sa carrière[3]. »

Il est donc évident que si Blum et Daladier s'étaient orientés vers un réarmement militaire offensif et une politique étrangère ferme contre l'Allemagne, avec le soutien de la Grande-Bretagne et de l'Italie, le désastre de mai-juin 1940 aurait peut-être été évité. Mais

1. Rémy Porte, *1940 vérités et légendes*, Éditions Perrin, 2020.
2. Dossier « La France a-t-elle été trahie ? », in *Guerres et Histoire*, n° 55, juin 2020.
3. Jean-Claude Delhez, *La Déroute française de 1940 : la faute aux Belges ?*, Éditions Economica, 2015.

les idées novatrices du colonel de Gaulle ont rencontré le refus de Blum et Daladier, fidèles à la doctrine militaire défensive du général Maurice Gamelin, chef de l'armée française et mis en place par le pouvoir politique.

Pétain, partisan des divisions blindées comme Charles de Gaulle, est-il responsable de la défaite de 1940 ?

Pétain fait-il également partie des responsables de la défaite de mai-juin 1940, comme le proclameront Blum et Daladier lors de son procès en 1945 ? Commandant en chef de l'armée française jusqu'en 1931, ministre de la Guerre en 1934, Pétain assume de hautes responsabilités militaires jusqu'au milieu des années 1930. Durant cette période, les chefs militaires français se divisent en deux groupes :

> « Ceux qui sont favorables à la construction d'un nouveau système fortifié sur les frontières de l'Est, et ceux qui privilégient l'amélioration des capacités de manœuvre, écrit Rémy Porte, Pétain s'efforçant d'en faire la synthèse[4]. »

Pour Pétain, la ligne Maginot protège la frontière de l'Est de toute attaque surprise venant de l'Allemagne, sécurise la mobilisation générale en cas de conflit. Bien qu'en partie favorable à cette ligne fortifiée, il émet cependant des réserves notables :

> « Nous allons gaspiller 5 milliards à faire de gros ouvrages, écrit-il. Les crédits doivent être consacrés avant tout à la modernisation de l'armée [...]. Il ne servirait à rien d'avoir des fortifications si l'on n'avait pas d'armée[5]. »

D'ailleurs, Pétain n'est pas hostile aux idées novatrices de Charles de Gaulle concernant les divisions blindées. Après la Première Guerre mondiale, le capitaine de Gaulle enseigne l'histoire militaire à l'école de Saint-Cyr. Le 2 mai 1922, il est admis à l'École de guerre de Paris, afin de devenir officier breveté d'état-major. Il fait preuve d'une pensée anticonformiste qui dérange les professeurs et ses examinateurs, condamne l'esprit défensif des fortifications au détriment des

4. Rémy Porte, *op. cit.*
5. Cité par Rémy Porte, *op. cit.*

chars d'assaut. D'après lui, tout comme Pétain, il faut concilier les deux, les fortifications pour couvrir la frontière commune avec l'Allemagne et assurer la mobilisation en toute sécurité, mais également développer de puissantes unités mécanisées pour porter la guerre en territoire ennemi. On lui reproche de ne pas se couler dans le moule. Son arrogance et sa certitude d'avoir toujours raison sont également mises en cause. Lorsqu'il sort de cet illustre établissement deux années plus tard, il est rétrogradé à la 52e place !

L'intervention du maréchal Pétain en sa faveur lui permet cependant d'obtenir la mention bien. En effet, le « Vainqueur de Verdun » conserve toute sa sympathie pour le jeune capitaine de Gaulle, qu'il a eu sous ses ordres en 1912. Lui-même a été mal vu en son temps à l'École de guerre du fait de ses idées également anticonformistes, condamnant l'offensive à outrance sans soutien de l'artillerie lourde : il a failli y jouer sa carrière. Tout comme pour Pétain, les professeurs apprécient peu l'indépendance d'esprit de Charles de Gaulle. En 1924, à l'occasion d'une visite à l'École de guerre, le maréchal Pétain s'étonne même de la faiblesse des notes attribuées à son « poulain ». Il les fait rectifier à la hausse.

En 1924, Charles de Gaulle publie son premier livre, *La Discorde chez l'ennemi*.

> « S'appuyant sur les erreurs du commandement allemand pendant la Grande Guerre, écrit Chantal Morelle, il conclut sur la nécessité de rejeter tout dogmatisme au profit du pragmatisme, et sur l'importance de l'équilibre face à la démesure, la primauté du politique sur le militaire car les victoires si brillantes soient-elles restent sans lendemain s'il n'y a pas de perspective politique[6]. »

Ses détracteurs, ses rivaux et autres jaloux sont furieux ! Non seulement il défend ses idées avec force, mais en plus il sait écrire ! Ses articles qu'il publie dans la *Revue militaire française* et dans la *Revue bleue* le font également remarquer. Il se venge ainsi des professeurs de l'École de guerre qui ne l'ont pas reconnu à sa juste valeur.

Les qualités de son écriture séduisent le maréchal Pétain, alors vice-président du Conseil supérieur de la guerre. Il a besoin d'un « nègre » pour écrire ses livres futurs et ses articles. Il voit en Charles

6. Chantal Morelle, *Le Gaullisme pour les nuls*, Éditions First, 2010.

de Gaulle l'homme de la situation. En 1925, le maréchal Pétain, inspecteur général de l'armée, l'engage dans son cabinet.

> « Près de treize ans se sont écoulés depuis Arras, écrit Pierre Miquel. Pétain est le grand vainqueur de la bataille de Verdun. Sa gloire est immense et son autorité en matière de politique militaire est considérable. Pendant deux ans, de Gaulle travaille auprès de lui tout en assurant des fonctions d'instructeur à l'École de guerre. Il y prononce de savantes conférences en gants blancs, l'épée au côté, sur des sujets qui lui tiennent à cœur[7]. »

De Gaulle insiste sur l'importance de la qualité du commandement militaire en temps de guerre, permettant de distinguer les chefs talentueux des médiocres. Sans la guerre, Pétain serait parti à la retraite avec le grade de colonel. Les responsables d'alors n'avaient pas détecté ses qualités militaires. Or, n'est-il pas devenu par la suite maréchal de France suite à la Grande Guerre ? « La médiocrité du grand nombre a une répugnance instinctive pour la supériorité de quelques-uns », écrit-il avec justesse[8]. L'importance de la qualité du chef militaire inspire Charles de Gaulle : n'a-t-il pas lui-même beaucoup de mal à se faire entendre ? Il ose donner des conseils aux généraux sur la stratégie et la tactique à suivre ! Les jaloux et les médiocres l'accusent de prétention. « Il parle comme s'il avait lui-même exercé un commandement supérieur », s'offusquent ses rivaux[9]. En réalité, il ne cherche qu'à faire progresser la doctrine de guerre en l'adaptant aux conditions du moment. Il a déjà l'âme d'un chef et enrage de ne pas être reconnu.

Au milieu des années 1920, il apparaît déjà clairement que le commandement français a engagé la politique militaire du pays dans une stratégie défensive. À l'opposé, Charles de Gaulle estime que la France doit rénover son armée pour lui donner les moyens d'intervenir rapidement en lançant des offensives mécanisées. Une bataille ne se refait pas, il faut tenir compte des évolutions techniques, regarder vers l'avenir. La morgue et l'autorité du capitaine de Gaulle sont mal reçues par ses supérieurs, sauf Pétain, le protecteur satisfait de son protégé. Tous deux sont parvenus à investir l'École de guerre qui les a rejetés par le passé. Le Maréchal offre même à son capitaine

7. Pierre MIQUEL, *Charles de Gaulle*, Éditions Fayard-Hachette, 1992.
8. Archives de la fondation Charles de Gaulle, Paris.
9. Archives de la fondation Charles de Gaulle, Paris.

préféré l'occasion de faire trois conférences qu'il préside lui-même à l'École de guerre : quelle consécration !

En novembre 1931, grâce à l'appui du maréchal Pétain, le commandant de Gaulle est affecté au secrétariat général de la Défense nationale à Paris. Poste capital pour sa carrière et pour s'initier aux affaires de l'État, puisqu'il est chargé de travailler au projet de loi militaire. Présent dans les hautes sphères du pouvoir, il estime que la prochaine guerre sera totale, englobant toutes les forces vives de la nation : « Il faut que les responsables se préoccupent aussi du moral des civils et de l'information, afin d'éviter d'être pris au dépourvu par la propagande adverse[10]. »

De Gaulle se lance de nouveau dans l'écriture, afin de mieux faire connaître ses idées dans l'opinion publique. En 1932, il publie *Le fil de l'épée*, ouvrage qu'il dédie au maréchal Pétain. Il reprend en grande partie les thèmes et les idées de ses conférences, traite de l'importance du chef, loue les qualités du maréchal Pétain, met en avant la volonté de puissance contre l'adversité, condamne sans appel tout pacifisme béat, conduisant à la décadence et à la défaite. Le militaire doit se préparer à faire la guerre pour la gagner. Le 25 décembre 1933, il est promu lieutenant-colonel, puis récidive en tant qu'auteur avec la publication en 1934 d'un autre livre, *Vers l'armée de métier*. Dans cet ouvrage, il développe la nécessité de créer une armée professionnelle aux côtés de la conscription. Il se fait le promoteur de la création de six divisions blindées professionnelles, capables de lancer des offensives d'envergure, soit 100 000 hommes et 3 000 chars, propose d'allier le feu au mouvement. À l'époque, la doctrine officielle de l'armée française repose sur la dispersion des chars en petits bataillons, uniquement destinés à soutenir l'infanterie dans des objectifs limités, dont la finalité est défensive, en colmatant les brèches. Les chars perdent alors tout caractère de mobilité.

Le lieutenant-colonel de Gaulle n'est pas le seul à vouloir modifier la tactique des unités blindées. Dès 1918, le maréchal Pétain accorde de l'importance à la guerre de mouvement, estime que les chars ne doivent pas uniquement soutenir l'infanterie, mais être en mesure de porter de puissantes offensives en les regroupant en plusieurs unités blindées. Déjà, à la fin de la Première Guerre mondiale, le général Jean-Baptiste Estienne a insisté sur la nécessité de regrouper les

10. Archives de la fondation Charles de Gaulle, Paris.

chars en divisions cuirassées, alliant le feu et le mouvement, capables d'offensives hardies.

En 1919, Pétain estime à 6 875 le nombre de chars nécessaires à la défense du territoire, dont 3 075 chars en régiments de première ligne, 3 000 en réserve à la disposition du commandement en chef et 800 autres pour le remplacement de ceux détruits ou endommagés. De 1919 à 1929, il s'oppose même à la construction de fortifications défensives, préconise la constitution d'un corps blindé capable de porter le combat le plus loin possible sur le territoire ennemi, dès les premiers jours de la guerre.

Lors d'une séance du Conseil supérieur de la guerre du 15 décembre 1925, Pétain s'oppose à la construction d'une ligne défensive continue, prône uniquement des môles défensifs sur les voies d'invasion, insiste sur l'importance des formations blindées. Lors de la séance du 19 mars 1926, et contre l'avis du maréchal Foch qui estime que Pétain accorde trop d'importance aux chars, il obtient la mise en étude de trois types de chars (léger, moyen et lourd). Cependant, lors du débat parlementaire du 28 décembre 1929, Pétain doit finalement s'incliner en faveur de la construction d'une ligne fortifiée, lorsque André Maginot, alors ministre de la Guerre, déclare : « Ce n'est pas Pétain qui commande, mais le gouvernement[11]. »

Lors de la parution du livre *Vers l'armée de métier* du lieutenant-colonel de Gaulle en 1934, Pétain insiste également sur la réhabilitation de l'offensive et l'utilisation des divisions blindées, composées de soldats professionnels. L'ouvrage apparaît comme un manifeste en opposition avec la doctrine officielle, fondée en grande partie sur la défensive. Pour l'ensemble de la classe politique et surtout les milieux de gauche, une armée de métier va à l'encontre de l'armée nationale, formée de soldats citoyens. Elle semble offrir un relent de coup d'État. Le général Weygand, favorable à l'utilisation des chars, entreprend au début des années 1930 la constitution de divisions mécanisées. Tandis que le maréchal Pétain est un des seuls à avoir une vision prémonitoire du rôle de l'aviation. En 1935, devant les stagiaires de l'École supérieure de guerre, il prophétise que l'aviation constituera très probablement le facteur déterminant d'un futur conflit. C'est cependant parmi les militaires que les idées du lieutenant-colonel de Gaulle suscitent l'opposition la plus forte, où la défensive du béton l'emporte sur l'offensive des blindés.

11. Archives militaires françaises, Vincennes.

Cependant, le général Gamelin, succédant au général Weygand au commandement de l'armée en 1935, s'oriente à la fois vers le renforcement de la ligne Maginot et vers la constitution de petites unités blindées, mais uniquement afin de contre-attaquer et colmater les brèches, en soutien de l'infanterie. Toutefois, pour contrer une éventuelle offensive allemande par la Belgique, il poursuit le programme de Weygand de création de divisions mécanisées, mais afin de permettre d'établir une ligne défensive sur la Dyle, près de Namur. Les divisions mécanisées doivent uniquement retarder la progression de l'ennemi. Les chars sont ainsi dévolus à une doctrine purement défensive. Quant aux divisions cuirassées, formées par la suite, elles sont chargées de colmater les brèches par des contre-attaques. Il en va de même des bataillons de chars de combat (BCC).

Lors du procès de Pétain en 1945, Blum et Daladier mettent en avant le faible niveau de crédits alloués à la modernisation de l'armée, lorsque le futur chef du régime de Vichy était ministre de la Guerre en 1934. Rien n'est plus faux! Le gouvernement de Gaston Doumergue, où Pétain est ministre de la Guerre, fait en réalité voter des crédits militaires de trois milliards de francs, limite les travaux de la ligne Maginot, et obtient même le vote d'un crédit supplémentaire de 1,275 milliard de francs pour la modernisation de l'armement. Partisan des chars de combat, Pétain décide en avril 1934 l'adoption du char lourd B1, monstre de 30 tonnes, puissamment armé et blindé, du char moyen D2 de 20 tonnes et d'un char léger, type Renault R35 de 10 tonnes. Soucieux de la formation des officiers, il exige que tous les postulants à l'École de guerre suivent des stages dans des unités de blindés et d'aviation.

Le 31 mai 1934, devant la commission des finances, Pétain exprime ses réserves au sujet de la ligne Maginot et insiste sur la création de puissantes unités blindées, allant ainsi dans le même sens que son poulain, Charles de Gaulle :

> « Le béton est un moyen pour économiser les effectifs, mais l'essentiel reste une armée puissante mécanisée, sans laquelle la guerre moderne n'est pas possible. La ligne Maginot ne met pas à l'abri d'une pénétration de l'ennemi, si l'armée n'est pas dotée de troupes motorisées aptes à intervenir rapidement[12]. »

12. Archives militaires françaises, Vincennes.

Le 27 octobre 1934, Pétain parvient à convaincre Louis Germain-Martin, ministre des Finances, de signer « le plan Pétain pour 1935 » d'un montant de 3,415 milliards de francs, prévoyant la construction de 1 260 chars modernes. Il insiste également pour que cet effort de modernisation et de mécanisation soit poursuivi les années suivantes avec la même intensité. Après son expérience ministérielle, il bénéficie d'une immense popularité, aussi bien à droite qu'à gauche.

Membre du Conseil supérieur de la guerre en 1935, Pétain soutient la doctrine de guerre offensive mécanisée. Il écrit même dans la *Revue des deux mondes* du 15 février 1935 : « Il est indispensable que la France possède une couverture rapide, puissante, à base de chars et d'avions. » Et lors d'une conférence à l'École de guerre en avril 1935, il déclare :

> « Les unités mécanisées sont capables de donner aux opérations un rythme et une amplitude inconnus jusqu'ici. L'avion, en portant la destruction jusqu'aux centres vitaux les plus éloignés, fait éclater le cadre de la bataille. On peut se demander si l'avion ne dictera pas sa loi dans les conflits de l'avenir. De plus, les possibilités des chars sont tellement vastes qu'on peut dire que le char sera peut-être demain l'arme principale, avec l'aviation[13]. »

Le 6 avril 1935, Pétain affirme, devant le président Lebrun, lors d'un discours à l'École supérieure de guerre :

> « Il est nécessaire de tenir compte des perspectives ouvertes par l'engin blindé et par l'aviation. L'automobile, grâce à la chenille et à la cuirasse, met la vitesse au service de la puissance. La victoire appartiendra à celui qui saura le premier exploiter au maximum les propriétés des engins modernes et combiner leur action avec l'aviation[14]. »

Cependant, malgré leurs accords sur la création d'unités blindées, les relations entre Pétain et son poulain de Gaulle se distendent. L'ouvrage commandé par Pétain à son « nègre » de Gaulle n'avance pas. Il s'agit d'un livre sur *Le Soldat de France*. De Gaulle n'a-t-il plus le temps ? Pétain finit par s'impatienter. La crise éclate lorsque le Maréchal demande à un autre militaire de reprendre plusieurs

---

13. Archives militaires françaises, Vincennes.
14. Archives militaires françaises, Vincennes.

chapitres déjà rédigés par de Gaulle qui s'insurge : pas question de toucher à son travail ! Il affirme que Pétain confond un livre avec un simple compte rendu d'état-major. Vexé, Pétain range le manuscrit dans un coffre, le déclarant désormais inutile.

Élu en 1929 à l'Académie française à la place du maréchal Foch, Pétain demande à de Gaulle de lui rédiger un texte à ce sujet. De Gaulle s'exécute. Après l'avoir lu, le Maréchal le trouve trop positif à l'égard de Foch, son rival, qu'il n'a jamais aimé. Foch a annulé l'offensive qu'il préparait en Lorraine en novembre 1918 pour envahir l'Allemagne. L'académicien Pétain décide finalement d'écarter sa meilleure plume.

En 1938, Charles de Gaulle, promu au grade de colonel, publie le fameux livre commandé par Pétain, mais change le titre par *La France et son armée*, et le fait paraître sous son nom, tout en proposant au Maréchal de signer une préface qu'il lui soumet. Pétain, vexé, exige que le livre paraisse sous son nom. De Gaulle rétorque qu'il en est l'unique auteur.

> « La querelle qui suit est pathétique et ridicule, écrit Chantal Morelle, mais l'auteur, le vrai, de Gaulle, ne cède pas. La rupture est consommée. Au fond, Pétain, adulé et sûr de lui, accepte mal cet officier qu'il a un temps admiré, mais dont il ne supporte ni l'envergure ni le talent[15]. »

La brouille est en réalité plus ancienne. De Gaulle reproche à Pétain d'avoir accepté de remplacer le maréchal Lyautey pour diriger la guerre du Rif au Maroc en 1925-1926 : il a couru uniquement à travers les honneurs au détriment d'un autre grand chef militaire qu'est Lyautey, il a eu la faiblesse de siéger à l'Académie française, lui qui signe uniquement ses livres, écrits en réalité par des « nègres ».

En France, en 1936, la droite perd les élections législatives. La gauche prend le pouvoir avec un gouvernement du Front populaire présidé par Léon Blum. Édouard Daladier est nommé ministre de la Défense. Les deux hommes sont des adversaires acharnés des thèses militaires du colonel de Gaulle et du maréchal Pétain. Partisans d'une armée nationale, de la ligne Maginot et opposés aux divisions blindées, ils sont également favorables à la dispersion des chars dans des bataillons pour soutenir l'infanterie, à des fins défensives. Le 7 mars

15. Chantal Morelle, *op. cit.*

1936, les troupes d'Hitler occupent la Rhénanie qui, selon le traité de Versailles, devait rester démilitarisée. Faute d'une force mécanisée rapide, la France ne peut réagir à temps et laisse faire. L'impuissance française pousse la Belgique à assumer sa propre défense.

Finalement, à la fin de l'année 1936, une partie du gouvernement du Front populaire se rallie en partie aux idées de Charles de Gaulle et de Philippe Pétain, avec la création envisagée de deux divisions blindées. Mais, pour de Gaulle et Pétain, c'est peu pour contrer les quatre panzerdivisions déjà constituées, qui seront six en 1938 et dix en mai 1940. Le commandement français et le ministère de la Défense restent cependant persuadés que la stratégie défensive est la meilleure. On compte surtout sur la ligne Maginot. De Gaulle écrit à Paul Reynaud, dans l'éventualité de son retour au pouvoir. Le temps presse devant la montée en puissance de l'armée allemande.

De Gaulle et Pétain ont beau expliquer que la ligne Maginot peut être contournée et que les panzerdivisions mettront trois semaines pour traverser la France, leurs adversaires militaires et politiques font la sourde oreille, voire les tournent en dérision.

Depuis plusieurs années, Pétain annonce comme perdue d'avance une nouvelle guerre contre l'Allemagne, si la France n'effectue pas le même effort de réarmement militaire et moral.

Cependant, habile en politique, Pétain parvient à créer autour de lui le mythe du vieux sage providentiel. Il charme même Léon Blum qui voit en lui « un officier plein de sagesse et d'humanité, loyal à l'égard de la République[16] ». Pétain refuse plusieurs postes, plus honorifiques que politiques, attendant son heure avec patience. Ambassadeur en Espagne auprès de Franco en mars 1939, il peut élargir les liens secrets avec divers réseaux de la droite nationaliste. Le Maréchal avance masqué. En janvier 1935, d'imaginaires sondages publiés par le très conservateur *Petit Journal* associent « Pétain et Laval comme les hommes les plus aptes à assurer une dictature républicaine en France[17] ». En avril 1935, l'agitateur Gustave Hervé, personnage étrange, passant comme Mussolini de l'extrême gauche à l'extrême droite, publie une retentissante brochure au titre évocateur : *C'est Pétain qu'il nous faut!* Ce même Gustave Hervé se fait le laudateur d'Hitler et le chantre d'une nécessaire alliance franco-allemande. De façon prémonitoire, il annonce dans un article de 1935 que « C'est Pétain qui ira serrer la main que nous tend vainement depuis

16. Archives nationales, Paris.
17. Archives nationales, Paris.

deux ans Adolphe Hitler[18]. » Un an auparavant, Pétain a lui-même déclaré qu'une entente franco-allemande n'est pas impossible, pour finalement, deux ans plus tard amorcer un changement de cap à 180 degrés : « L'Allemagne représente une menace permanente sur l'Europe[19]. »

Lors de son poste d'ambassadeur de France à Madrid (mars 1939-avril 1940), Pétain parvient à assurer la neutralité de l'Espagne en vue du prochain conflit européen. Mission capitale, lorsque l'on sait que l'attitude non belligérante de Franco a lourdement pesé dans la défaite allemande. En effet, en refusant d'entrer en guerre aux côtés d'Hitler durant l'été ou l'automne 1940, Franco empêche l'Allemagne de s'emparer de la forteresse stratégique britannique de Gibraltar. Or, le contrôle de cette place forte par les Allemands, de même que la mainmise sur le Maroc espagnol auraient verrouillé la Méditerranée au bénéfice de l'Axe, empêché l'arrivée des renforts britanniques en Égypte, en hommes et en matériel, permettant ainsi à Hitler et à Mussolini de gagner la guerre en Afrique du Nord et au Moyen-Orient.

Lors de la déclaration de la guerre de la France contre l'Allemagne en septembre 1939, Pétain refuse d'entrer au gouvernement, se tient prudemment à l'écart des sollicitations. De plus, il estime que cette déclaration de guerre est pure folie, du fait de l'impréparation militaire de la France.

Lors de son arrivée au pouvoir le 21 mars 1940, Paul Reynaud songe également à le faire entrer au gouvernement, mais Pétain refuse de nouveau. Finalement, suite à l'offensive allemande de mai 1940, il accepte de rentrer en France pour occuper un poste important, afin de rétablir la situation militaire, lourdement compromise.

Vice-président du Conseil depuis le 19 mai 1940, Pétain agit avec la prudence d'un vieux paysan, attendant son heure avec patience et fermeté. À 84 ans, il va commencer sa véritable carrière politique :

> « Il en impose avec ses yeux bleu azur, écrit Gérard Boulanger, son visage marmoréen, sa stature impressionnante. Sans doute, le Maréchal est bel homme et accumule les conquêtes féminines, non moins d'ailleurs que les fidélités masculines. Mais surtout, avec l'orgueil de son port altier, sa "fine couronne de cheveux blancs", son képi à feuilles de chêne, la dureté de son regard

18. Archives nationales, Paris.
19. Archives nationales, Paris.

d'acier, son "masque glacial", qu'il revendique, son impeccable moustache blanche, la recherche de ses vêtements à la coupe irréprochable rehaussée de sa médaille militaire et son éternelle canne qu'il manie avec vigueur, voilà le Maréchal qui avance avec majesté [...] Et si les dévots lui prêtent de l'humanité, c'est en profondeur. L'apparence, c'est son calme imperturbable qui intimide, son laconisme qui l'a fait hériter à l'école militaire du surnom de Précis-le-sec, sa hautaine solitude et sa redoutable causticité qui ont inspiré cette réflexion au maréchal Gallieni : "Cet homme est un glaçon." Avec ça, comédien matois sachant à merveille jouer les pères tranquilles. En somme, le visage *Janus bifrons* du père éternel. De quoi susciter élan, vénération et même ferveur quasi religieuse quand, à l'occasion d'une histoire pleine de sang, de bruit et de fureur – la "Grande Guerre" –, souffleront les trompettes de la renommée. Le socle de sa réelle popularité est évidemment son aura de "Vainqueur de Verdun", qui lui fut décernée plus par la troupe que par l'état-major[20]. »

Paul Baudouin, sous-secrétaire d'État à la présidence du Conseil et secrétaire du Comité de guerre depuis le 30 mars 1940, intrigue en faveur de Pétain, colporte de fausses informations pour faire triompher le clan des pacifistes. Subissant l'influence détestable du père Gillet, supérieur général des Dominicains et admirateur de Mussolini, Baudouin effectue de nombreux voyages en Italie durant les années 1930. Il incite Pétain à adopter la même politique en France, par un « renouveau moral », en mettant en avant le « rôle exaltant du chef », afin de prendre « fermement en main la remise en ordre du pays ». Il a affirmé également en 1938 que « c'est un crime contre notre pays que d'affirmer inévitable la guerre contre l'Allemagne[21] ». La défaite militaire de la France en mai-juin 1940 fait resurgir en lui la haine de la démocratie et sa sympathie pour le fascisme italien. Le 13 juin 1940, à la préfecture du Tours, lors d'une rencontre du Conseil suprême interallié, le « suave et doucereux » Baudouin gâche le repas de Churchill par un « flot d'huile défaitiste ».

Depuis le 14 juin 1940, le gouvernement français se trouve à Bordeaux. Le 16, l'affrontement ouvert entre partisans et adversaires de l'armistice prend une tournure décisive. Le maréchal Pétain,

20. Gérard Boulanger, *À mort la Gueuse! Comment Pétain liquida la République à Bordeaux. 15, 16 et 17 juin 1940*, Éditions Calmann-Lévy, 2006.
21. Archives nationales, Paris.

vice-président du conseil, menace de démissionner si les membres du cabinet s'y opposent. Paul Reynaud, président du conseil, qui avait envisagé le 25 mai une demande d'armistice, prend désormais le parti de poursuivre la guerre hors de la métropole aux côtés des Britanniques. Autour de cet homme en sursis se groupent le président Lebrun, Édouard Herriot (président de la Chambre des députés), Jules Jeanneney (président du Sénat), ainsi qu'une minorité de ministres et sous-secrétaires d'État, dont Georges Mandel et un certain général de Gaulle.

À l'opposé, le maréchal Pétain, le général Weygand, commandant en chef de l'armée française depuis le 19 mai 1940, tentent de rallier à la solution d'un armistice les ministres et parlementaires présents à Bordeaux. En dehors du gouvernement, Pierre Laval et Adrien Marquet, maire de Bordeaux, prennent la défense du maréchal Pétain.

L'idée de Churchill, de Reynaud et du général de Gaulle d'une union franco-britannique est mal accueillie en Conseil des ministres. Déçu et au bord de la dépression nerveuse, Paul Reynaud donne alors sa démission le 16 juin 1940. Pétain constitue aussitôt un nouveau cabinet et, à 23 heures, charge son ministre des Affaires étrangères, Paul Baudouin, de pressentir les Allemands et les Italiens. À minuit, par le canal de l'ambassadeur d'Espagne à Paris, le gouvernement français présente officiellement sa demande d'armistice.

Le 17 juin 1940, le maréchal Pétain, nouveau président du Conseil, annonce à la radio que des pourparlers d'armistice sont en cours. Il a ces mots terribles de conséquence sur le moral des troupes et de la population : « C'est le cœur brisé que je vous dis qu'il faut cesser le combat... » Ce message sonne en partie le glas de toute résistance organisée. Mais il y a plus grave : le gouvernement fait un pas de plus dans le défaitisme. Toute la nuit du 17 au 18 juin, le maire de Lyon, Herriot, téléphone et s'agite pour que sa ville soit épargnée comme Paris, alors qu'il se dit partisan de la poursuite de la guerre : « Elle n'a pas été évacuée et ne dispose que de 3 000 défenseurs », dit-il[22]. Herriot obtient satisfaction : Lyon et ses ponts ne sont pas défendus. Dans la journée du 18, le nouveau ministre de l'Intérieur, Pomaret, ordonne que toute ville de plus de 20 000 habitants soit déclarée ville ouverte : « On ne devra plus se battre à l'intérieur de la ville, ni procéder dans la ville à des destructions d'aucune sorte[23]. » Comme

22. Archives militaires françaises, Vincennes.
23. Archives militaires françaises, Vincennes.

la plupart des villes de plus de 20 000 habitants se trouvent près des rivières ou des fleuves, l'ordre implique de livrer les ponts intacts à l'ennemi !

Pomaret, jeune politicien opportuniste et partisan depuis longtemps de la paix avec l'Allemagne, a cédé sans peine aux pressions de notables et le général Weygand a laissé faire. Weygand, satisfait d'avoir « sauvé l'honneur de l'armée » sur la Somme et l'Aisne, a cessé de commander depuis la mi-juin 1940. Il n'est pas au milieu de ses troupes, il s'est fait nommer ministre de la Guerre et la gestion de son portefeuille politique l'intéresse plus que la poursuite des opérations militaires. Au général Serrigny, proche collaborateur de Pétain, qui s'inquiète de cette situation, Weygand répond « que l'armée est actuellement scindée en trois groupements indépendants, qu'il leur a donné toute initiative et qu'il ne saurait intervenir en la matière[24] ».

« Ponce Pilate, jadis, ne ferait pas mieux ! » s'exclame Serrigny. Weygand se soustrait, comme Gamelin, aux responsabilités du commandement, car ce qui lui importe, c'est la conclusion de l'armistice qui permettra de reconstruire une « France régénérée », avec pour devise : « Travail, Famille, Patrie ».

Le général Georges multiplie les protestations indignées et télégraphie notamment le 22 juin 1940 :

> « Pour éviter dégâts villes, on favorise manœuvres ennemies en décourageant commandement local et troupes. Mesures prescrites par gouvernement sont incompatibles avec nécessité prolonger résistance[25]. »

Le général Olry, qui défend le front des Alpes contre l'armée italienne avec la menace de la Wehrmacht sur ses arrières, ne s'embarrasse pas de précautions, fait sauter les ponts pour entraver l'avance allemande, sauvant ainsi ses troupes d'un désastre.

Depuis l'appel de Pétain du 17 juin, des officiers allemands, accompagnés de soldats agitant des drapeaux blancs, se présentent devant les positions françaises en faisant croire que la guerre est finie. Ils annoncent que les prisonniers français pourront bientôt rentrer chez eux ! Mensonge de l'envahisseur, puisque les prisonniers français vont devoir rejoindre l'Allemagne pour occuper divers camps d'emprisonnement. Ils formeront par la suite d'excellents otages pour mieux faire

24. Archives militaires françaises, Vincennes.
25. Archives militaires françaises, Vincennes.

plier le gouvernement de Vichy. Otages livrés en très grande partie par l'irresponsabilité de Pétain et de son entourage politique... Sur 1 500 000 soldats français prisonniers en mai-juin 1940, 1 100 000 sont capturés entre le 18 et le 25 juin 1940 !

De nombreuses troupes françaises, retraitant le plus souvent à pied sans munitions vers de nouvelles positions, sont rattrapées par les colonnes motorisées de la Wehrmacht et capturées. Les villes ouvertes et les ponts non détruits facilitent grandement la progression de l'armée allemande, qui capture ainsi, du 18 au 25 juin, 1 100 000 soldats français, abandonnés par un gouvernement irresponsable. En de nombreux endroits, l'armée française poursuit le combat jusqu'au bout, malgré la démission des politiques et d'une partie du haut commandement.

Depuis le discours calamiteux de Pétain du 17 juin, se battre n'a plus de sens. Continuer de se battre dresse même une partie de la population et de l'administration contre les militaires courageux, refusant le déshonneur.

Le maire de Montargis affronte verbalement un capitaine qui prétend organiser la défense de la ville. Appuyé par une partie des habitants, le maire se vante d'avoir « sauvé la ville » par son « autorité ». Le 18, le général Besson, commandant le groupe des armées du Centre, tente de se rétablir sur le Cher, lorsqu'il apprend que le gouvernement a ordonné aux autorités locales de ne pas défendre Bourges et de n'y faire aucune destruction. Le 19, le maire de Châteauroux, Deschizaux, fait placer des drapeaux blancs aux entrées de sa ville et, pour être certain qu'elle ne sera pas défendue, il fait désarmer les soldats français qui la traversent ! Le général Frère, indigné, fait arracher les drapeaux blancs et exige que l'armée circule en armes dans la cité.

Le défaitisme est hélas contagieux. À Vierzon, un officier de chars qui veut défendre les lisières de la ville est tué par la population. Le refus des civils s'étend à toutes les localités ouvrières de la Loire, de Roanne à Saint-Étienne. Le général Pagezy en rend compte :

> « La défense s'est heurtée à l'attitude méfiante et parfois hostile des populations civiles, à la lâcheté et au manque de patriotisme de certains de leurs représentants. En règle générale, chaque fois qu'un village était mis en état de défense et qu'un point d'appui y était créé, son chef recevait du maire des doléances, des plaintes et parfois des menaces. Il était manifeste que depuis que la demande d'armistice avait été annoncée, les populations ne

> pensaient qu'à éviter des représailles possibles ou des bombardements, sans parler de certains éléments douteux qui, en quelques occasions, ont joué le rôle de cinquième colonne.
> À Roanne, le 19 juin, sur l'initiative du sous-préfet, la ville a été entourée de drapeaux blancs. À Thizy, le point d'appui s'est rendu sans combattre à l'instigation du maire communiste. Les maires de Rive-de-Gier, de Feurs, de La Fouilleuse sont allés jusqu'à tenter de faire enlever des barricades et à menacer un commandant de point d'appui. À Montrond, le 20 juin, une patrouille militaire a été mise par la population dans l'impossibilité de se défendre.
> En même temps, j'apprenais que Saint-Étienne, "ville ouverte", n'acceptait pas que des militaires pussent traverser la ville en armes. Certains agents obligeaient les militaires à enlever leurs casques et avaient même la prétention de leur confisquer leurs armes. Triste mentalité, la population souhaitait notre départ au plus tôt et n'attendait que l'arrivée des Allemands ! [...] Certains habitants pêchaient à la ligne ou jouaient au ballon pendant qu'on se battait au Nord[26]. »

Le 19 juin, à Angers, le maire demande à l'armée française d'évacuer la ville sans combat, ce qu'elle fait, puis rencontre les avant-gardes allemandes en leur offrant le drapeau de la mairie ! À Nantes, l'armée se prépare à faire sauter les ponts. La ville étant déclarée ville ouverte, les militaires s'insurgent, alertent le général de La Laurencie qui prend sur lui l'ordre d'exécuter les destructions. Trop tard ! Les Allemands sont dans la ville. À Poitiers, le maire s'oppose aux mesures de défense prescrites. Même situation à Thouars et à Loudun. À Cholet, le 21 juin, le maire et le sous-préfet sortent de la ville pour avertir un détachement allemand que deux fusils-mitrailleurs se trouvent en position contre eux ! L'armistice, demandé par Pétain et son entourage politique, doit être signé le 22 juin.

Le 21 juin 1940, à 15 h 30, à Rethondes, en forêt de Compiègne, dans le wagon même où a été signée la reddition de l'Allemagne le 11 novembre 1918, Hitler reçoit les plénipotentiaires français, dont le général français Huntziger, vaincu de Sedan. C'est le général Keitel, chef d'état-major de la Wehrmacht, qui lit le document accusant la France d'être l'agresseur. Il rend cependant hommage à la bravoure

26. Archives militaires françaises, Vincennes.

de l'armée française en des termes éloquents : « Le commandement allemand a reconnu le courage et l'héroïsme dont les troupes françaises ont fait preuve dans une suite ininterrompue de batailles sanglantes en mai-juin 1940[27]. » Le texte des conditions d'armistice est ensuite remis aux Français. Il ne pourra être discuté, mais seulement faire l'objet d'explications et d'éclaircissements. Fatigués, mais impassibles, les délégués français sont alignés en face d'une rangée d'uniformes allemands, au milieu desquels se tient Hitler en personne. Ce dernier assiste à la lecture d'un long préambule martelé par le général Keitel présidant la délégation allemande, puis il se retire, et l'on s'assoit autour du tapis vert pour la lecture de la convention d'armistice.

Un à un, chaque article est traduit par un interprète : la moitié du territoire national sera occupée par les Allemands, les prisonniers français ne seront pas rendus tant que durera la guerre contre la Grande-Bretagne, les frais d'occupation sont à la discrétion du vainqueur, l'armée française se trouve réduite en zone non occupée à 100 000 hommes, l'empire colonial français ne sera pas occupé par les troupes de l'Axe, mais les troupes françaises s'y trouvant seront partiellement démobilisées. La flotte française sera en partie désarmée, mais non livrée aux Allemands.

À 20 h 20, le général Huntziger obtient l'autorisation de téléphoner au général Weygand pour lui rendre compte des conditions d'armistice dictées par les Allemands. Weygand demande à Huntziger son « impression générale ». Ce dernier juge les conditions très dures mais pas déshonorantes, moins mauvaises que prévues. Pourtant, malgré les impressions du général Huntziger, il est stipulé que le gouvernement français est tenu de livrer les réfugiés allemands antinazis se trouvant en France, ainsi que d'autres actes aussi déshonorants. La communication téléphonique prend fin vers 21 h 45. Les services secrets allemands ont placé le téléphone sur écoute et peuvent prendre connaissance de la conversation des deux généraux français. Weygand fait taper le texte de la convention d'armistice, ce qui prend un certain temps, en raison de l'absence de sténodactylographe. Ce n'est qu'à 1 heure du matin que le Conseil des ministres se réunit, sous la présidence d'Albert Lebrun, éphémère président de la IIIe République. Les ministres ou secrétaires d'État Chautemps, Frossard, Rivière, Février et le président Lebrun ne sont pas favorables à l'acceptation

27. Archives militaires françaises, Vincennes.

de l'armistice. Le Conseil est indécis. Pomaret et Chichery restent silencieux. L'amiral Darlan prend subitement parti contre l'armistice. Il déclare qu'il faut continuer à se battre. Il veut faire bombarder par la flotte des ports italiens. Les demandes allemandes sont examinées article par article. À 3 heures, il est décidé qu'un nouveau Conseil des ministres se tiendra à 8 heures du matin pour arrêter définitivement les observations du gouvernement français.

Le 22 juin 1940, à Bordeaux, le Conseil des ministres se réunit à 14 heures. Il revient sur la question de la flotte, en confirmant sa décision de faire stationner les navires dans des ports non contrôlés par les Allemands en Afrique du Nord. Le Conseil décide ensuite à l'unanimité d'accepter les accords allemands d'armistice « sous la condition que les demandes du gouvernement français et les réponses du gouvernement allemand soient authentifiées dans un protocole annexe ou dans une lettre annexe[28] ». Cette demande, transmise à la délégation française à Rethondes, est jugée inutile par le général Huntziger, dès lors que les déclarations du général Keitel ont été reproduites dans les procès-verbaux. Le Conseil se réunit pour prendre la décision finale à 16 h 55, sans le président Albert Lebrun qui, fatigué d'attendre, est parti. Les onze ministres présents décident à l'unanimité de signer. L'ordre est adressé à Huntziger à 17 h 30. À 18 h 30, le même général Huntziger, président de la délégation française, et le général Keitel, chef d'état-major de la Wehrmacht, signent l'armistice.

Le 24 juin 1940, à 19 h 15, à la villa Olgiata, près de Rome, le général Huntziger pour la France et le maréchal Badoglio pour l'Italie signent l'armistice. Les revendications territoriales italiennes sont minimes et ne portent que sur les quelques vallées alpines conquises par les troupes de Mussolini, ainsi qu'une partie de la ville de Menton. L'article italien concernant la flotte française est calqué sur celui du texte allemand. Le maréchal Badoglio, plutôt francophile, assure à l'amiral Le Luc, également présent : « Nous avons déclaré que nous n'avions l'intention de toucher à vos bâtiments ni pendant ni après les hostilités. Nous ne ferons rien qui puisse les exposer à être coulés[29]. »

Le 25 juin 1940, à 1 h 35 du matin, l'armistice entre en vigueur et tous les combats cessent sur le sol français.

28. Archives militaires françaises, Vincennes.
29. Archives militaires françaises, Vincennes.

Depuis le 18 juin 1940, le général de Gaulle, réfugié à Londres, a lancé à la radio de la BBC son célèbre appel à poursuivre le combat aux côtés des Britanniques. Il est peu écouté, une grande partie des Français se trouvant sur les routes de l'exode. De plus, la majorité de la population est favorable à la fin des hostilités. Beaucoup pensent que le maréchal Pétain, auréolé de son image de « Vainqueur de Verdun » en 1916, va être un bouclier efficace contre les revendications allemandes. Le pays est surtout assommé et traumatisé par l'ampleur d'une défaite aussi rapide, alors qu'on lui a fait croire que l'armée française était la plus puissante du monde.

Si Pétain est indiscutablement un des principaux artisans de l'armistice de juin 1940, il n'est certainement pas responsable de la défaite militaire elle-même. Durant l'entre-deux-guerres, il a constamment insisté sur la modernisation de l'armée, en mettant en avant l'importance des divisions blindées et de l'aviation d'assaut, tout en approuvant en partie et tardivement la construction de la ligne Maginot. Mais Daladier, Blum et d'autres responsables politiques n'ont que faire de ces recommandations, allant pourtant dans le même sens que celles du colonel de Gaulle. Pétain n'approuve pas l'entrée en guerre de la France contre Hitler, car il estime l'armée française nullement prête à une guerre moderne et va même jusqu'à prévoir un désastre militaire. Ambassadeur de France à Madrid, il parvient à dissuader Franco de rejoindre Hitler dans la lutte contre les Alliés. De retour en France, en pleine défaite militaire à la mi-mai 1940, il se range très vite dans le camp des partisans de l'armistice. Son annonce prématurée de la fin des combats le 17 juin a des conséquences désastreuses sur le moral de l'armée et de la population, avec la capture de 1 100 000 soldats français du 18 au 25 juin 1940.

Pétain chef de l'État français

Le 29 juin 1940, le gouvernement français s'installe dans la région de Clermont-Ferrand puis, du fait des capacités limitées d'hébergement, déménage à nouveau le 1er juillet pour Vichy, en zone non occupée par l'armée allemande. Cette ville de cure thermale offre l'avantage d'un réseau téléphonique performant et une multitude d'hôtels, pouvant être réquisitionnés par les ministères et les ambassades.

La loi dite « constitutionnelle » du 10 juillet 1940, votée par les deux chambres, réunies en assemblée nationale au casino de Vichy,

« donne tout pouvoir au gouvernement de la République, sous l'autorité du maréchal Pétain », sans contrôle parlementaire, avec pour mission la promulgation d'une nouvelle constitution. Pétain obtient 569 voix en sa faveur. On compte également 80 voix contre et 20 abstentions. Divers députés ne sont pas présents, car mobilisés et retenus prisonniers ou tués au combat, voire absents. Ainsi, on compte 649 suffrages exprimés sur les 907 parlementaires de l'époque. Le vote se fait sous la contrainte des événements tragiques frappant la France, les menaces de certains militaires aux ordres de Weygand et de Pétain, sans oublier diverses milices d'extrême droite prêtent à en découdre avec les récalcitrants. La nouvelle constitution ne verra jamais le jour. La concentration de tous les pouvoirs entre les mains de Pétain est contraire aux fondements mêmes des lois constitutionnelles de 1875, fondées sur la séparation des pouvoirs (législatif, exécutif et judiciaire).

Les régimes antidémocratiques, autoritaires et dictatoriaux de Franco et de Salazar inspirent directement le régime de Vichy. Dès ce funeste 10 juillet 1940, Pétain se proclame chef de l'État français et s'arroge tous les pouvoirs. Aux traditionnels attributs régaliens (droit de grâce, nominations et révocations des ministres et des hauts fonctionnaires), Pétain s'attribue des droits inédits, même du temps de la monarchie absolue, comme la possibilité de rédiger et promulguer seul une nouvelle constitution, la plénitude du pouvoir gouvernemental, l'exercice du pouvoir législatif en Conseil des ministres. Les lois sont adoptées de sa seule autorité. Jusqu'en avril 1942, Pétain reste par ailleurs chef de l'État et chef du gouvernement en titre. Pierre Laval, Pierre-Étienne Flandin et l'amiral Darlan ne sont que des vice-présidents du Conseil. Il gouverne de manière autoritaire. Notamment le 13 décembre 1940, lorsqu'il évince brusquement Pierre Laval du pouvoir, non par désaveu de sa politique de collaboration avec l'Allemagne hitlérienne, mais par irritation devant sa manière trop indépendante de la conduire. Pétain signe également la révocation de nombreux maires, préfets et hauts fonctionnaires républicains, comme le préfet d'Eure-et-Loire Jean Moulin.

Pétain supprime tous les contre-pouvoirs républicains. Les libertés politiques sont suspendues, ainsi que les partis politiques, à l'exception de ceux des collaborateurs parisiens. Les centrales syndicales sont dissoutes, les unions départementales subsistant sont unifiées dans une organisation corporatiste du travail. La franc-maçonnerie est mise hors la loi. Des milliers de municipalités sont destituées et remplacées par des délégations spéciales, nommées par décret du pouvoir central. Des juridictions d'exception sont mises en place. Des procès iniques sont ainsi intentés à d'authentiques patriotes républicains comme Pierre Mendès France et Jean Zay, injustement condamnés pour désertion, alors qu'ils se rendaient en Afrique du Nord pour continuer la guerre. Le premier parvient à s'évader et à rejoindre la France libre, tandis que le second est sauvagement assassiné par la Milice de Darnand. À l'automne 1941, grâce à des lois antidatées, Vichy envoie à la guillotine plusieurs militants communistes, dont le député Jean Catelas, suite à des attentats anti-Allemands.

Dès 1940, Pétain fait envoyer en prison Léon Blum, Georges Mandel, Édouard Daladier, Paul Reynaud et le général Gamelin. Le procès de Riom, devant permettre de condamner les actions politiques du Front populaire et de la IIIe République, afin d'en faire les coupables idéals de la défaite de 1940, tourne en avril 1942 à la confusion des accusateurs. Léon Blum rappelle notamment avec justesse la responsabilité du haut commandement militaire dans la défaite de 1940 et dans l'impréparation d'une partie de l'armée. Le procès doit être finalement suspendu. Les accusés restent cependant internés et sont livrés l'année suivante aux Allemands.

Pétain, le régime de Vichy et les juifs

Pétain va plus loin que Franco et Salazar dans l'ignominie, en instaurant un antisémitisme d'État, sans aucune contrainte venant des Allemands au début. Le 20 septembre 1940, le chef SS Heydrich demande au ministère des Affaires étrangères du Reich d'accorder aux SIPO-SD (police de sûreté et service de sécurité) en France une compétence prioritaire pour l'action antijuive en raison de son expérience dans ce domaine. Theodor Dannecker, chef de la répression antijuive à Berlin, arrive aussitôt à Paris. Âgé seulement de 26 ans à l'époque, il travaille avec Eichmann depuis 1937, futur organisateur de la Solution finale (extermination des juifs). Il exige la coopération des autorités françaises, dont le gouvernement promulgue déjà des textes antisémites dès juillet 1940, avant même les exigences allemandes. Le 27, en effet, 7 000 juifs perdent la nationalité française. Le 27 août 1940, on assiste à l'abrogation de la loi de 1939 interdisant la propagande antisémite dans la presse française. Le 3 octobre 1940, la loi portant sur le statut des juifs entraîne leur exclusion de la fonction publique et des professions artistiques. Le 4 octobre 1940, « les ressortissants étrangers de race juive pourront être internés dans des camps spéciaux ». Le 7 octobre, c'est l'abrogation du décret Crémieux de 1870, déclarant citoyens français les juifs d'Algérie.

En zone « libre », des camps spéciaux sont ouverts pour les étrangers de « race juive », comme Brens dans le Tarn en novembre 1940, Gurs dans les Pyrénées dès octobre 1940, Rivesaltes en janvier 1941.

Le 28 février 1941, le chef nazi Knochen écrit :

> « Il s'est avéré que le développement des sentiments antijuifs chez les Français n'est guère possible sur le plan idéologique [...] mais leur approbation pourrait être obtenue : l'internement dans les camps de concentration d'environ cent milles juifs étrangers donnerait à de nombreux Français l'occasion de passer d'un niveau inférieur à la classe moyenne[30]. »

Dannecker utilise l'argument du rôle actif de certains juifs dans la lutte contre l'occupant allemand pour exiger des internements massifs en zone occupée : les camps de Pithiviers et Beaune-la-Rolande, dans le Loiret, ouvrent dès avril 1941, celui de Compiègne, dans l'Oise, en juin, puis celui de Drancy en août. Reste à les remplir...

Une première rafle à Paris, le mercredi 14 mai 1941, frappe 3 747 juifs polonais, tchécoslovaques et autrichiens, internés ensuite à Pithiviers et Beaune-la-Rolande. Presque tous seront ensuite déportés à Auschwitz en 1942. Le 20 août, une seconde rafle vise à Paris 3 200 juifs étrangers dans le 11e arrondissement, haut lieu de la Résistance communiste française, dont de nombreux juifs font partie. Une troisième rafle, le 12 décembre, concerne 743 juifs français et 300 juifs étrangers. La machine criminelle nazie contre les juifs, présents en France, est désormais en marche, avec en partie la collaboration du régime de Vichy.

Pétain semble avoir été imperméable à l'antisémitisme avant la défaite de 1940 : il est persuadé de l'innocence du capitaine Dreyfus, soutient la candidature d'André Maurois à l'Académie française, se fait représenter à l'enterrement d'Edmond de Rothschild en 1934, est témoin au mariage de l'économiste juif Jacques Rueff en 1937 et devient même le « parrain » de sa fille en 1938. Mais avec la défaite de 1940, Pétain a besoin de trouver des boucs émissaires, dont notamment les juifs. Influencé par son entourage politique à Vichy, souvent antisémite, il sombre dans l'infâme. Selon le témoignage du ministre des Affaires

30. Archives militaires allemandes, Fribourg-en-Brisgau.

étrangères Paul Baudouin, Pétain participe à la rédaction du statut des juifs et insiste même pour qu'ils soient davantage exclus du milieu médical et de l'enseignement. Le brouillon originel de ce texte, redécouvert en octobre 2010, annoté de la main du Maréchal, prouve son implication personnelle. Autour de Pétain se pressent à Vichy des réactionnaires antisémites, des opportunistes, des pacifistes de gauche, des technocrates modernistes sans état d'âme, etc.

Bien que désormais antisémite, Pétain s'oppose cependant en mai 1942 à l'introduction en zone « libre » du port obligatoire de l'étoile jaune, mais ne proteste pas contre son introduction en zone occupée. De plus, en zone « libre », son gouvernement fait apposer le tampon « Juif » sur les papiers d'identité à partir de la fin de l'année 1942. En août 1943, les nazis pressent Vichy de retirer en bloc la nationalité française aux juifs. L'Église catholique fait intervenir le pape qui « s'inquiète pour l'âme du Maréchal », ce qui impressionne grandement ce dernier et contribue à l'échec du projet. En tout, 76 000 juifs – parmi lesquels 11 000 enfants –, non réclamés au départ par les Allemands, sont déportés de France sous l'Occupation, avec en partie la collaboration de la police française. D'après les calculs de Serge Klarsfeld, 40 % des juifs en France ont été arrêtés avec la collaboration la police française, tandis que la Milice participe à l'arrestation de 25 000 juifs français. Cependant, 75 % des juifs présents en France (50 % des juifs étrangers et environ 90 % des juifs français) sont sauvés de la déportation, grâce au soutien d'une partie importante de la population française. Des fonctionnaires français tentent de ralentir les rafles antisémites, préviennent des familles juives de prochaines arrestations, tandis que d'autres deviennent les auxiliaires zélés des nazis. Lors des rafles exigées par l'occupant allemand, le régime de Vichy tente de protéger les juifs français au détriment des juifs étrangers.

L'historien Raul Hilberg écrit à ce sujet :

> « Quand la pression allemande s'intensifia en 1942, le gouvernement de Vichy se retrancha derrière une seconde ligne de défense. Les juifs étrangers et les immigrants furent abandonnés à leur sort, et l'on s'efforça de protéger les juifs nationaux. Dans une certaine mesure, cette stratégie réussit. En renonçant à épargner une fraction, on sauve une grande partie de la totalité[31]. »

31. Raul Hilberg, *La destruction des Juifs d'Europe*, Éditions Gallimard, 2006.

D'après l'historien américain Robert O. Paxton, les troupes allemandes d'occupation en France, chargées de la répression, auraient représenté seulement 30 000 à 40 000 hommes des forces de sécurité[32]. Rien n'est plus faux ! On ne peut séparer, dans la lutte contre la Résistance et les civils, les troupes de sécurité des unités régulières. Ces deux composantes participent toutes à la répression en France. En effet, la répression allemande en France est le fait de l'ensemble des forces allemandes d'occupation, comme le soulignent les directives répressives du maréchal Keitel de septembre 1941 et de décembre 1942.

En mars 1944, les forces allemandes d'occupation en France reposent sur 807 000 hommes de l'armée de terre, 337 000 de l'aviation, 146 000 des forces auxiliaires, 96 000 de la marine, 85 000 des SS et de la police, 61 000 volontaires de divers pays et 14 000 Italiens fascistes : soit un total de 1 546 000 personnes au total[33].

Cet ensemble n'est pas uniquement endivisionné, mais également organisé en divers services administratifs, en bataillons, en régiments... On compte notamment 93 bataillons allemands terrestres de sécurité regroupant 75 000 hommes, 60 compagnies de feldgendarmes regroupant 7 200 hommes, 24 bataillons de sécurité de la Luftwaffe regroupant 19 200 hommes et 69 compagnies de sécurité de la Kriegsmarine regroupant 8 290 hommes. Ainsi, contrairement au chiffre très sous-évalué de Paxton, les forces allemandes de sécurité reposent non pas sur 30 000 à 40 000 hommes mais sur 109 690 hommes total[34].

À en croire une certaine « historiographie », influencée par le masochisme national hérité de 1968, la France, en tant que puissance militaire et résistante, aurait cessé d'exister après juin 1940. Devenue exclusivement vichyste, la France se serait vautrée dans la collaboration et la pleutrerie. Comme toujours, la réalité est éloignée des extrêmes. En vérité, dès 1940, la Résistance française s'organise et les Forces françaises libres montent peu à peu en puissance. La population française est surtout attentiste, abattue par la défaite de 1940, mais nullement soumise à l'occupant : elle pense surtout à survivre. Plus maréchaliste que vichyste, elle fait confiance à Pétain, en tant que Vainqueur de Verdun en 1916 et principal organisateur de la victoire de 1918 (notamment par la mise en place de réserves suffisantes pour

32. Robert O. Paxton, *La France de Vichy*, Éditions du Seuil, 1997.

33. Archives militaires allemandes, Fribourg-en-Brisgau.

34. Archives militaires allemandes, Fribourg-en-Brisgau.

contre-attaquer), sans pour cela souscrire à l'antisémitisme du régime de Vichy, sans parler de sa politique de collaboration avec Hitler.

L'ancienne déportée Simone Veil tient à rappeler les faits suivants :

> « J'avais suffisamment travaillé sur la Shoah pour savoir que la France avait été de loin l'un des pays où le pourcentage de juifs déportés s'était révélé le plus faible, un quart de la communauté et, toujours en proportion, très peu d'enfants. Ce phénomène ne trouvait son explication que dans une réalité indéniable : nombreux étaient les Français qui avaient caché des juifs, ou n'avaient rien dit lorsqu'ils savaient qui en protégeait [...]. Quand j'exprimais de telles idées, je me gardais d'invoquer les hauts faits de résistance des uns ou des autres. Je mettais en avant les actes de tous ces gens perdus dans la foule qui avaient prévenu des familles entières, sauvé des enfants, caché des adultes. Ils avaient agi avec un courage digne de respect, alors même qu'ils ne savaient rien du sort qui attendait les déportés, mais ne pouvaient ignorer le leur au cas où les Allemands les arrêtaient. Ils n'en avaient tiré aucun profit ; beaucoup durent même se priver pour nourrir des bouches supplémentaires. La plupart d'entre eux ne se sont jamais fait connaître, n'ont pas reçu d'honneurs, de pensions, de médailles [...].
>
> Par la suite, j'ai constaté que je n'étais pas seule à mener ce combat. L'association que préside Serge Klarsfeld a publié à l'époque une brochure dont la lecture m'a étonnée. Y compris sont énumérées des actions entreprises par le gouvernement de Vichy pour s'opposer aux Allemands ! Serge Klarsfeld y fournissait des arguments concrets à l'appui de sa thèse : refus d'obtempérer de l'administration dans certains cas, retards dans la mise en œuvre des ordres allemands ou des décisions de Vichy... Il n'est pas jusqu'à la rafle du Vél' d'Hiv qu'il n'ait revisitée dans certains de ses aspects. En fait, il développe publiquement des thèses qui furent longtemps les miennes. J'avais observé qu'à cause de l'existence de deux zones, la France a en fait subi deux déportations : celle des juifs étrangers et celle des juifs français, ce qui a compliqué le déroulement des opérations telles que les avaient imaginées les Allemands, et ce qui a donc diminué le nombre de victimes. Les arrestations de juifs dans d'autres pays occupés sont survenues beaucoup plus tôt qu'en France, et la mortalité y a été plus importante[35]. »

---

35. Simone Veil, *Une vie*, Éditions Stock, 2007.

Le régime de Vichy sans masque

Outre le maréchal Pétain, le régime de Vichy repose sur Pierre Laval et l'amiral François Darlan, successivement vice-présidents du conseil durant l'Occupation. Laval, ancien avocat et homme politique de gauche de la IIIe République, pense être l'unique homme de la situation pour entamer une négociation globale avec le vainqueur du moment, à savoir l'Allemagne hitlérienne. Persuadé de la victoire définitive d'Hitler en Europe, il décide de collaborer pour, croit-il, préserver la France. Pragmatique, ancien membre de la SFIO (socialiste), son passé de pacifiste l'éloigne des militaires revanchards. La collaboration avec l'Allemagne est la grande politique à laquelle il désire attacher son nom. Au nom de celle-ci, il accepte de collaborer à la déportation des juifs, en n'hésitant pas à inclure les enfants dans les convois de déportation, alors que les nazis ne l'exigeaient pas.

Darlan, chef d'état-major de la marine et artisan du réarmement naval de la France durant les années 1930, est de sensibilité de centre gauche et considéré comme républicain, dans le sens qu'il n'a aucun penchant monarchiste et clérical. D'abord favorable à la poursuite des combats en Afrique en juin 1940, il décide finalement de rejoindre le camp des partisans de l'armistice. Opportuniste ambitieux, ses positions s'expliquent également par une phobie des Britanniques, suite à l'affaire de Mers el-Kébir, le 3 juillet 1940, lorsque la Royal Navy canonne la flotte française dans la baie d'Oran, causant la mort de près de 1 300 marins. Churchill, voulant écarter toute menace de voir la flotte française tomber aux mains de l'Axe, n'hésite pas à couler plusieurs navires de guerre français, malgré les promesses répétées de l'amiral Darlan de ne jamais livrer la flotte française aux Allemands et aux Italiens. Darlan veut préserver la flotte et l'empire colonial de toute ingérence étrangère, tout en collaborant avec l'Axe. Sans affinité particulière avec le nazisme, il ne cesse cependant de penser qu'une victoire de la Grande-Bretagne serait pire que la domination allemande et entraînerait, écrit-il, « le retour au pouvoir des juifs cosmopolites et des francs-maçons inféodés à la politique anglo-saxonne[36] ». C'est son gouvernement qui prépare et promulgue le second statut des juifs en juin 1941. Contrairement à Laval, il adhère globalement à la Révolution nationale de Pétain.

---

36. Archives nationales, Paris.

Les serviteurs du régime de Vichy viennent des divers courants politiques et idéologiques. On y trouve des nationalistes et des monarchistes d'extrême droite, des pacifistes de gauche, des notables attirés par le pouvoir, des antisémites, des anglophobes, des fonctionnaires serviles, des germanophobes revanchards… Raphaël Alibert est proche de l'Action française, Philippe Henriot est un nationaliste catholique antisémite. Jacques Doriot et Simon Sabiani sont passés du communisme au fascisme dès les années 1930. Eugène Deloncle et Jean Filiol, fondateurs de La Cagoule, mouvement clandestin d'extrême droite voulant renverser la République, rejoignent naturellement le régime de Vichy. Le militant nationaliste et antisémite Joseph Darnand, ancien combattant de 14-18, fondera la Milice. Jean-Pierre Abel, Gaston Bergery, Marcel Déat, René Belin et Charles Spinasse sont à l'origine des socialistes pacifistes, radicaux ou syndicalistes. Marcel Gitton rompt avec le parti communiste français lors du pacte germano-soviétique d'août 1939 et finit par rallier le régime de Vichy durant l'Occupation.

Le régime de Vichy connaît plusieurs évolutions, en fonction des membres de son gouvernement. En 1940-1941, c'est le temps d'un Vichy réactionnaire, où on retrouve toutes les composantes de la droite, avec les maurrassiens Raphaël Alibert et Yves Bouthillier, des libéraux comme Lucien Romier, des nationalistes comme le général Weygand et Xavier Vallat. La gauche pacifiste n'est pas absente avec notamment la présence de René Belin, ancien leader de la CGT. En 1941-1942, c'est le temps d'un Vichy technocratique, avec Pierre Pucheu, ministre de l'Intérieur, François Lehideux, ministre de la Production industrielle, René Bousquet à la Police. En 1942-1943, le Vichy pragmatique de Laval entend donner des gages à l'Allemagne par la collaboration, afin d'obtenir une bonne place de la France dans l'Europe soumise à Hitler. Le Vichy des ultra-collabos ou Vichy milicien de 1943-1944 est marqué par l'entrée en force de Philippe Henriot, Marcel Déat et Joseph Darnand. La Milice française accroît considérablement son influence durant cette dernière période.

Jouant le plus possible sur son image de « Vainqueur de Verdun », le régime de Vichy exploite le prestige du maréchal Pétain et diffuse un culte de la personnalité omniprésent. Les photos de Pétain figurent dans les vitrines de tous les magasins, sur les murs des villages et des villes, dans toutes les administrations, dans les établissements scolaires et universitaires, sans oublier les organisations de jeunesse. La presse et la radio participent également à ce culte de la personnalité. Bernard Ménétrel, médecin et secrétaire particulier du

Maréchal, joue un rôle considérable dans cette action de communication et de propagande.

Le visage de Pétain apparaît également sur les timbres et les pièces de monnaie, tandis que les bustes de Marianne, symbolisant la République, sont retirés des mairies. Un hymne à sa gloire, le célèbre *Maréchal, nous voilà !*, est interprété régulièrement lors de cérémonies, au même titre que *La Marseillaise*. Il doit être appris à tous les enfants des écoles par les enseignants.

Pétain exige un serment de fidélité des fonctionnaires à sa propre personne. Toute une littérature et la presse sous contrôle trouvent une « prose » quasi idolâtre pour exalter le Maréchal comme sauveur messianique, le comparer à Jeanne d'Arc, pour vanter ses qualités militaires et politiques, son physique de patriarche solide. De nombreuses rues sont débaptisées et prennent son nom sur ordre.

Pétain sait entretenir sa popularité par de nombreux voyages à travers toute la zone « libre », surtout en 1940-1942, où des foules considérables viennent l'acclamer, cependant plus pour rendre hommage au « Vainqueur de Verdun » que par adhésion à son régime et à sa politique. Il sait employer dans ses propos une rhétorique sobre et claire, touchant les cœurs, ainsi qu'une série de formules percutantes, pour faire mieux accepter son autorité absolue et ses idées réactionnaires : « La terre, elle, ne ment pas », « Je hais ces mensonges qui vous ont fait tant de mal », « Je vous ai parlé jusqu'ici le langage d'un père, je vous parle à présent le langage d'un chef. Suivez-moi, gardez confiance en la France éternelle[37]. »

Par ailleurs, au début du régime de Vichy, de nombreux évêques et hommes de l'Église catholique mettent leur autorité morale au service du culte ardent du Maréchal, salué comme l'homme providentiel. Le 19 novembre 1940, le primat des Gaules, le cardinal Gerlier, proclame ainsi, à la primatiale Saint-Jean-Baptiste de Lyon, en présence du Maréchal : « Car Pétain, c'est la France et la France, aujourd'hui, c'est Pétain ! » En 1941, l'assemblée des cardinaux et des archevêques de France assure Pétain de sa « vénération[38] ».

De nombreux Français de tous bords politiques et de toutes croyances communient dans la confiance au Maréchal. Tous les courants politiques sont d'ailleurs représentés dans les divers gouvernements de Vichy, de la droite la plus réactionnaire à la gauche la plus radicale.

37. Archives nationales, Paris.

38. Archives nationales, Paris.

Instaurant un régime autoritaire, antidémocratique et contre-révolutionnaire, le régime de Vichy entend réaliser une Révolution nationale, antisémite et nationaliste, rompant avec la tradition républicaine, afin d'instaurer un ordre nouveau, fondé sur l'autorité, la hiérarchie, le corporatisme, l'inégalité entre les citoyens. Sa devise « Travail, Famille, Patrie » remplace l'ancien triptyque républicain « Liberté, Égalité, Fraternité ».

La Révolution nationale est la priorité de Pétain, dont il fait son affaire personnelle. Cependant, dès août 1941, il doit avouer à la radio « la faiblesse des échos qu'ont rencontrés » ses projets parmi la masse de la population, qui pense surtout à survivre. À partir du retour au pouvoir de Laval, en avril 1942, la Révolution nationale n'est plus à l'ordre du jour.

Certaines mesures prises ont survécu, comme la création d'un ministère de la Reconstruction, l'unification du permis de construire, l'étatisation de la police municipale, le salaire minimum (devenu le SMIC), la loi de non-assistance à personne en danger, une politique familiale déjà amorcée sous la IIIe République, la campagne contre l'alcoolisme, l'interdiction de fumer dans les salles de spectacle, l'inscription de la Fête des mères au calendrier, la visite médicale à l'école, le sport au baccalauréat, le Conseil de l'Ordre des médecins, l'Ordre des architectes…

Des mesures portent la marque des projets réactionnaires du maréchal Pétain : ainsi de nombreux étrangers sont-ils incorporés de force dans des groupes de travailleurs. Les écoles normales, bastions de l'enseignement laïc et républicain, sont supprimées. Les femmes sont renvoyées massivement dans les foyers de gré ou de force. Le divorce est rendu nettement plus difficile. L'Église catholique retrouve sa prédominance d'antan, Pétain voyant dans cette institution séculaire un facteur d'ordre social.

Sous la direction du général de La Porte du Theil, proche du maréchal Pétain, sont créés les Chantiers de jeunesse, organisations paramilitaires chargées d'encadrer les jeunes générations, en remplacement du service militaire, afin de leur inculquer, par des méthodes proches du scoutisme, les valeurs de la Révolution nationale, avec son culte de la hiérarchie, de l'hygiène sportive, sa vie au grand air, sa vénération maréchaliste.

Pétain expose sa volonté de mettre fin à la lutte des classes et au capitalisme libéral. Sa charte du travail, inspirée du modèle nationaliste portugais et du franquisme espagnol, interdit les grèves, instaure le système de syndicat unique et le corporatisme, met en place des comités sociaux, prévoit un salaire minimum. Cette charte pétainiste séduit des syndicalistes de tous bords, comme René Belin ou Hubert Lagardelle, mais rencontre une vive opposition d'une large partie de la classe ouvrière, touchée de plein fouet par la pénurie et les restrictions en tous genres, l'instauration du Service du travail obligatoire (STO) pouvant entraîner un départ en Allemagne.

Véritables enfants chéris du régime de Vichy, les paysans ne sont pas longtemps dupes des possibilités réelles économiques de la France sous la pression de l'occupation allemande. Le « retour à la terre », encouragé par Pétain lui-même, ne rencontre qu'un très faible succès : moins de 1 500 personnes en quatre ans tentent de suivre les conseils du Maréchal à ce sujet.

Développant constamment la vision d'une France vaincue, qui expie ses « fautes » antérieures, Pétain entretient finalement les Français dans une mentalité de vaincus.

Le tiers du temps du travail de Pétain est consacré aux prisonniers de guerre retenus en Allemagne. Si 605 113 prisonniers militaires français, sur 1 500 000 retenus en Allemagne, sont libérés suite à l'action de Vichy de 1940 à 1944, 45 000 Français partent travailler volontairement en Allemagne (sur 200 000 attendus par les nazis) en 1941 et 600 000 autres dans le cadre du STO (Service du travail obligatoire) de 1942 à 1944. Le régime hitlérien, qui exige deux millions de travailleurs français dans le cadre du STO, n'obtient que très partiellement satisfaction. Les réfractaires se multiplient et certains peuplent les maquis. Cependant, au printemps 1942, 170 000 Français travaillent en France dans des services de la Wehrmacht, 275 000 participent à la construction d'aérodromes et de fortifications comme le mur de l'Atlantique, 400 000 à la fabrication d'armement.

La Légion française des combattants, fondée le 29 août 1940, regroupe les anciens combattants, auparavant dispersés dans des dizaines d'associations. Xavier Vallat, secrétaire d'État aux Anciens combattants, souhaite faire de cette Légion un porte-parole de l'action du maréchal Pétain, afin de créer un lien profond entre le chef et son peuple. La Légion doit être les yeux et les bras du Maréchal jusque dans les coins les plus reculés de France. L'idée est approuvée par Pétain, malgré les réserves de Pierre Laval qui voit dans ce rassemblement d'anciens combattants nationalistes et germanophobes un obstacle à sa politique de collaboration avec l'Allemagne.

La Légion reçoit la mission de « grouper, au service du pays, tous les anciens combattants, d'organiser l'entraide combattante, d'assurer la collaboration des anciens combattants à l'œuvre des pouvoirs publics dans le cadre des communes, des départements, des provinces et de la nation[39] ».

Cette nouvelle organisation, reconnue d'utilité publique, est intégrée à l'appareil d'État. Rapidement, la Légion oriente son action de propagande en faveur de la Révolution nationale, et contre le communisme et les francs-maçons. Comme le régime de Vichy, la Légion est également antisémite, antirépublicaine, mais aussi profondément « antiboche ». D'ailleurs les Allemands ne s'y trompent pas. Otto Abetz, ambassadeur d'Allemagne à Paris, suspecte la Légion d'être « une formation paramilitaire entre des mains nationalistes ne rêvant que de revanche », et interdit cette organisation en zone occupée. Dans les faits, la Légion ne rencontre qu'un succès mitigé auprès des anciens combattants malgré une propagande effrénée. En zone « libre », sur les 1 156 839 titulaires de la carte d'ancien combattant, seuls 578 887 deviennent légionnaires. Les autres n'apprécient pas la suppression des anciennes associations et ne suivent pas la politique du nouveau régime.

> « Surtout, écrit Franck Segrétain, les anciens combattants manifestent une germanophobie peu compatible avec la politique de collaboration choisie en octobre 1940, lors de la rencontre entre le maréchal Pétain et le Führer Hitler à Montoire, et poursuivie par l'amiral Darlan, nommé chef du gouvernement en février 1941. L'organisation s'enlise dans les manifestations pétainistes, drapeau tricolore en tête, les tournées de propagande et l'aide aux familles en difficulté[40]. »

Pétain et la collaboration

Le Führer rencontre Pétain à Montoire le 24 octobre 1940. D'emblée, Hitler exprime son regret d'avoir à recevoir le Maréchal dans d'aussi tristes circonstances. Pétain déclare de son côté :

> « J'ai toujours été un adversaire de cette guerre contre l'Allemagne. Le gouvernement français m'a envoyé comme ambassadeur en

39. Archives nationales, Paris.

40. Franck Segrétain, « La Milice française », in *Les Dossiers de la 2e Guerre mondiale*, n° 10, octobre-novembre-décembre 2007.

Espagne. Quand la crise éclate en 1939, j'ai demandé deux fois à pouvoir revenir en France pour reprendre mes fonctions au Conseil supérieur de la guerre. Car, d'après les nouvelles qui m'étaient parvenues, la France était sur le point de se jeter dans une aventure néfaste. Cette déclaration de guerre à l'Allemagne m'a semblé être une pure folie. Je suis désormais condamné à expier les fautes des gouvernements précédents. Pierre Laval m'a rendu compte de la conversation que vous avez eue avec lui le 22 octobre. J'en ai retenu que le thème principal en est une collaboration entre nos deux pays. Une telle coopération n'a pas été proposée avant la guerre. Mais on peut encore rattraper le temps perdu. Les Anglais en offrent la meilleure occasion. Alliés de la France, ils se sont depuis l'armistice incroyablement mal comportés envers elle. La France n'oublie pas les événements d'Oran et l'attaque sur Dakar. Cette dernière a été menée à l'instigation de l'Angleterre par un mauvais Français, un général qui a renié sa patrie. La France ne supporte plus de telles actions et cet officier a été aussitôt condamné à mort par contumace et à la confiscation de ses biens. Mais les Anglais poursuivent leurs attaques contre la France et avant tout contre son empire colonial. À Dakar, la France a résisté et repoussé les attaquants[41]. »

Hitler répond :

« Je sais que le maréchal Pétain n'a pas été un partisan de la guerre contre l'Allemagne. Mais bien que n'ayant pas non plus désiré cette guerre, je considère comme normal que la France en couvre les frais. Je m'adresse au grand soldat qu'est Pétain pour justifier mon opinion sur l'avenir de la guerre. Je décide de poursuivre la lutte jusqu'à la destruction de l'Angleterre. La position de l'Angleterre est intenable, même si elle compte en vain sur l'Amérique et la Russie communiste. Il faut une imagination délirante comme Churchill pour croire à une défaite de l'Allemagne. L'Angleterre devra payer la plus grosse part le jour de sa défaite. Plus tôt l'Angleterre sera vaincue, mieux cela sera pour tous. J'envisage d'organiser une coalition d'Européens et de non-Européens contre l'Angleterre. Je prends donc contact

41. Archives nationales, Paris.

> avec vous pour savoir dans quelle mesure la France est disposée à entrer dans cette coalition[42]. »

Pétain, prudent, déclare qu'il ne peut fixer dès maintenant les limites exactes de la coopération franco-allemande. Il peut simplement se prononcer sur le principe d'une telle collaboration. Il ne peut prendre aucun engagement sans l'avis du gouvernement. Il lui fera cependant connaître qu'il approuve ce principe de coopération, mais qu'il ne peut aller plus en avant, laissant ainsi à la France une porte ouverte sur son empire colonial. Il doit également tenir compte de l'opinion publique en France. Pétain donne ensuite libre cours à son admiration pour le programme d'armement du Reich.

Hitler résume ensuite l'entretien :

> « Le maréchal Pétain se déclare prêt à prendre en considération le principe d'une coopération avec l'Allemagne, dans le sens que j'ai exposé. Les modalités de cette action seront fixées en détail point par point. Le maréchal Pétain souhaite, pour la France, une fin plus favorable de la guerre. J'exprime mon accord sur ce point[43]. »

Puis, dans une lettre adressée à son entourage politique et militaire immédiat, Hitler se met à rêver :

> « Le but de ma politique à l'égard de la France est de coopérer avec ce pays de la manière la plus efficace pour la conduite future de la guerre contre l'Angleterre. La France aura provisoirement à jouer le rôle d'une puissance non belligérante qui devra accepter dans le domaine de sa souveraineté, et en particulier dans ses colonies africaines, les mesures prises par l'Allemagne pour la conduite des opérations et à les appuyer dans la mesure nécessaire par l'emploi de ses propres moyens de défense. La tâche primordiale des Français est d'assurer défensivement et offensivement la protection de leurs possessions africaines contre l'Angleterre et le mouvement de de Gaulle. À partir de cette tâche, la participation de la France à la guerre pourra se développer pleinement[44]. »

42. Archives nationales, Paris.
43. Archives nationales, Paris.
44. Archives nationales, Paris.

Pétain demeure cependant très en retrait par rapport à Laval qui souhaite ouvertement la défaite de l'Angleterre et une collaboration poussée avec l'Allemagne. Pétain constate seulement que l'Angleterre ne se conduit pas en alliée avec la France. Concernant la collaboration militaire, Pétain reste dans le flou, alors que concrètement Hitler demande que la France l'aide à acquérir des positions en Afrique. Pour Pétain, accepter le principe d'une collaboration économique est déjà une concession dont il attend une contrepartie de l'Allemagne. Il considère qu'en assurant Hitler qu'il défendra l'Empire français, il fait le maximum pour l'Allemagne.

Quelles sont d'ailleurs les réactions de Pétain après Montoire ? Henry du Moulin de Labarthète, un proche du Maréchal, témoigne :

> « Retour à la préfecture. J'aborde le Maréchal dans l'antichambre au moment où il se rend aux lavabos :
> — Êtes-vous content, Monsieur le Maréchal, l'entrevue s'est-elle bien passée ?
> — Pas mal, j'avais peur de deux choses. De manquer d'assurance d'abord. Je n'en ai pas manqué. Lui non plus d'ailleurs. Et puis, d'en dire trop. Mais je suis resté en deçà de la ligne que je m'étais tracée avec le général Huntziger.
> — Vous n'avez pas pris d'engagements immédiats ?
> — Non, aucun. Eux non plus. C'était une simple conversation de principe, un tour d'horizon politique comme dit l'Auvergnat Pierre Laval.
> — Avez-vous parlé de l'Alsace ?
> — Pourquoi vouliez-vous que j'en parle. Elle doit rester hors de cause, hors de discussion. Comme le nord de la France, comme la zone interdite. Si je m'embarque dans ces histoires-là, on finit toujours par y laisser quelques plumes.
> — A-t-il une belle voix ?
> — Eh bien, mon cher, je vais vous faire une confidence. Je ne l'ai pas entendu. Cet homme qui hurle à la radio parlait presque à voix basse, et comme je suis un peu dur d'oreille… Mais Schmidt, le traducteur, parlait très distinctement.
> — Vous ne l'avez pas entendu… C'est grave pour l'histoire, Monsieur le Maréchal[45]. »

45. Archives nationales, Paris.

Vichy et la répression

Vichy renforce son organisation policière en étatisant les polices municipales en avril 1941 et en instituant diverses polices parallèles spécialisées, dont le Service de police anticommuniste (SPAC) et la Police aux questions juives (PQJ). Le ministre de l'Intérieur Pierre Pucheu fonde dès 1941 les Groupes mobiles de réserves (GMR), qui participent à la lutte contre les maquis aux côtés de la Milice. En mai 1944, on compte 120 000 hommes participant au maintien de l'ordre du régime Vichy. Mais seuls les 4 000 à 5 000 francs-gardes de la Milice luttent réellement contre les maquis durant l'été 1944.

En zone occupée, suite à l'article 3 de la convention d'armistice, la police française doit se conformer aux règlements des autorités militaires allemandes et collaborer avec ces dernières d'une manière correcte. Au lendemain de l'armistice de juin 1940, les Allemands sont même allés chercher dans les camps de prisonniers de guerre les républicains espagnols, sans que le régime de Vichy proteste.

René Bousquet, nommé au secrétariat général à la Police par Pierre Laval en avril 1942, parvient à obtenir des Allemands davantage d'autonomie et de responsabilité, afin de donner à ses divers services une efficacité supérieure. C'est ainsi que les accords Bousquet-Oberg (général SS), de juillet 1942, prévoient que ce soit la police française qui prenne en charge les rafles des juifs, première étape de la déportation dans les camps nazis. Les gendarmes et les douaniers français se voient confier la surveillance des voies d'accès et des abords limitrophes du camp de Drancy. Les 16 et 17 juillet 1942, la rafle du Vél' d'Hiv à Paris, organisée en partie par la police française, cause l'arrestation de 12 884 juifs déclarés « apatrides », dont 3 031 hommes, 5 802 femmes et 4 051 enfants, qui sont rassemblés au vélodrome d'Hiver dans des conditions sordides, puis à Drancy, d'où ils sont acheminés vers les camps d'extermination. Fin août 1942, 7 000 juifs étrangers sont raflés en zone « libre » et livrés aux Allemands. Les autorités françaises n'accèdent pas aux demandes allemandes de procéder à la déportation des juifs français, mais par contre acceptent d'étendre en zone « libre » la déportation de juifs étrangers. La police française, toujours sous les ordres de Bousquet, arrête cependant dans la région parisienne 700 personnes en octobre 1942, 600 en novembre et 835 en décembre, dont la plupart ont la nationalité française.

Comme nous l'avons déjà signalé, 40 % des 76 000 juifs déportés vers les camps de la mort le sont avec la participation de la police française et de la Milice, cependant les 254 000 juifs qui échappent à la déportation bénéficient du silence, de la complicité ou de l'aide active d'un très grand nombre de Français. Les institutions religieuses, notamment juives, protestantes ou catholiques, jouent un rôle de premier plan dans l'accueil, la production de faux papiers et l'organisation de filières d'évasion.

L'ensemble des Français reste relativement passif devant les lois contre les juifs durant les années 1940-1941, mais on assiste à un revirement de l'opinion après les grandes rafles de l'été 1942. Dès lors, des Français non juifs aident les juifs pourchassés ou menacés. Un grand nombre d'établissements religieux, couvents, écoles, pensionnats, orphelinats, ouvrent leurs portes aux proscrits. D'autres sont accueillis dans des familles. Des policiers français préviennent certaines familles juives des rafles futures.

De mars à décembre 1942, 42 000 juifs sont déportés dans 43 convois, à destination d'Auschwitz. Les trois quarts viennent de la zone Nord et un quart de la zone Sud. En 1943, 17 000 juifs sont déportés en 17 convois, 13 pour Auschwitz, 2 pour Majdanek et 2 pour Sobibor. Durant les sept premiers mois de l'année 1944, 16 000 juifs sont déportés en 14 convois pour Auschwitz.

L'historien israélien Asher Cohen tient à souligner les faits suivants :

> « La perte d'un quart de la population juive résulte donc, non seulement de la décision allemande, mais aussi de la collaboration française. La survie des trois quarts tient autant à l'inefficacité des persécuteurs qu'à des actions de sauvetage. La pression de l'opinion, l'intervention publique de quelques prélats et les réticences dans le gouvernement et dans l'administration, dès la fin 1942, limitèrent les pertes. La réaction juive, inefficace dans ses débuts, réussit ensuite à profiter d'une sympathie dans la population assez large pour organiser des actions de sauvetage importantes[46]. »

La police française participe également à la lutte contre la Résistance. Néanmoins, un nombre non négligeable de ces mêmes policiers appartiennent à la Résistance qu'ils sont supposés combattre. Cependant, le 25 août 1942, plus de 200 policiers allemands, munis de faux papiers français, sont autorisés à pénétrer en zone Sud pour

46. Asher Cohen, *Persécutions et sauvetages. Juifs et Français sous l'Occupation et sous Vichy*, Éditions du Cerf, 1993.

faire la chasse aux résistants. Par la suite, à partir de 1943, cette mission est transférée à la Milice de Darnand, notamment dans la lutte contre les maquis.

Les fluctuations du régime de Vichy

Dès juillet 1940, le gouvernement de Vichy rompt ses relations diplomatiques avec la Grande-Bretagne, suite à l'agression britannique de la flotte française à Mers el-Kébir, en Afrique du Nord. Alors que la Russie soviétique maintient, jusqu'au 30 juin 1941, ses relations diplomatiques avec le régime de Vichy, elle les rompt lorsque Vichy annonce son soutien à l'offensive allemande contre l'armée soviétique. Les États-Unis et le Canada accordent leur reconnaissance diplomatique au régime de Vichy jusqu'en novembre 1942. Tandis que l'Australie maintient ses relations diplomatiques avec Vichy jusqu'en juillet 1944.

La dissidence de la plus grande partie de l'Empire, l'occupation par l'Axe de la zone Sud, le sabordage d'une partie de la flotte française à Toulon le 27 novembre 1942, la dissolution de l'armée d'armistice font perdre à Pétain et Vichy leurs derniers atouts face aux Allemands. En maintenant sa politique de collaboration, Pétain perd beaucoup de la popularité dont il bénéficiait en 1940, la Résistance s'intensifie malgré le durcissement de la répression.

Pétain fait officiellement déchoir de la nationalité française et condamner à mort ses anciens fidèles comme Darlan et Giraud, passés dans le camp des Alliés. D'après certains historiens et acteurs de l'époque, il aurait secrètement approuvé le ralliement de l'Afrique du Nord à la lutte contre l'Axe, mais ne l'aurait pas déclaré publiquement du fait de la présence de l'occupant en France, afin d'éviter des représailles contre la population. Cependant, il ne proteste pas lorsqu'en fin 1942, puis à l'automne 1943, une vague d'arrestations frappe son entourage politique et écarte nombre de conseillers fidèles, comme Maxime Weygand, Lucien Romier et Joseph de La Porte du Theil, internés en Allemagne. Il consent des délégations croissantes de pouvoirs à Pierre Laval, redevenu son dauphin, qui place ses fidèles à des postes clés et qui obtient, à compter du 26 novembre 1942, de signer seul les lois et les décrets.

Fin 1943, pressentant que l'Allemagne risque de perdre la guerre, Pétain tente de former un nouveau gouvernement, moins compromis dans la collaboration, afin de se débarrasser de Laval. Il espère ainsi renouer des relations diplomatiques avec les Américains, afin d'écarter également le général de Gaulle, lors de la libération de la France par les Alliés. Le 12 novembre 1943, Pétain s'apprête à prononcer un discours radiodiffusé, annonçant à la nation une révision constitutionnelle, afin de revenir à un régime parlementaire reposant sur l'Assemblée nationale. Les Allemands bloquent ce projet. Pétain, bien naïf, doit finalement se soumettre aux ordres des nazis. Finalement, sous la pression allemande, Pétain accroît les pouvoirs de Laval et accepte la fascisation progressive du régime de Vichy par l'entrée au gouvernement de Joseph Darnand, Philippe Henriot et Marcel Déat, tous des ultras de la collaboration avec l'Allemagne hitlérienne.

Pétain affecte alors d'être un simple « prisonnier » des Allemands, tout en continuant à couvrir en fait de son autorité ou de son silence la collaboration. En août 1944, il songe cependant à se rendre au maquis d'Auvergne du colonel FFI Gaspard, tout en déléguant l'amiral Auphan auprès du général de Gaulle, afin de lui transmettre le pouvoir sous réserve que le nouveau gouvernement accepte de reconnaître la légitimité de Vichy et de ses actes. Dans les deux, cas il se heurte à un silence sans appel. Pour la majorité des Français, Pétain est devenu une simple girouette aux mains des Allemands.

L'arrestation de Pétain et sa condamnation

Le 17 août 1944, Hitler exige que Pétain soit transféré en Allemagne. Ce dernier refuse dans un premier temps. Le même Hitler menace alors de bombarder Vichy. Pétain cède finalement à la demande allemande. Le 20 août 1944, il est emmené contre son gré par les nazis à Belfort puis, le 8 septembre, à Sigmaringen en Allemagne, où se sont également réfugiés les dignitaires du régime vichyste. Plutôt que de démissionner, malgré les injonctions de Laval, Pétain entretient dans une lettre aux Français la fiction selon laquelle « je suis et demeure moralement votre chef[47] ». Cependant, à Sigmaringen, se considérant prisonnier des nazis, il refuse d'exercer ses fonctions et de participer aux activités de la commission gouvernementale, présidée par le germanophile Fernand de Brinon. Il se cloître littéralement dans ses appartements, tout en préparant sa défense.

47. Archives nationales, Paris.

Le 23 avril 1945, Pétain obtient des Allemands qu'ils le conduisent en Suisse. Puis, subitement, alors que les Suisses acceptent de l'accueillir, il exige de rentrer en France pour expliquer les raisons de son action durant l'Occupation. Le général de Gaulle et le gouvernement provisoire de la République décident de ne pas s'opposer à cette demande.

Le 26 avril 1945, par un jour pluvieux et gris, le général Kœnig, héros de la France libre, est désigné par le général de Gaulle pour procéder à l'arrestation du maréchal Pétain, remis par la Suisse aux autorités françaises devant lesquelles il veut selon sa propre expression « se justifier » des accusations portées contre lui. L'opération se déroule à Vallorbe, à la frontière franco-suisse. À la frontière même, on voit du côté français environ cent hommes de police et militaires avec fusils, baïonnettes au canon, ou mitraillettes en bandoulière. Après l'accomplissement des formalités de douane avec les véhicules, Pétain descend et veut tendre la main au général Kœnig qui est là. Ce dernier reste dans la position de garde-à-vous sans saluer et refuse de tendre la main au vieux maréchal. De même que la troupe et la police en uniforme ne lui rendent pas les honneurs. Kœnig est en fait embarrassé. Il lui paraît déplacé de serrer publiquement la main tendue d'un homme qu'il doit arrêter. Après une demi-seconde d'hésitation, il prend la seule attitude qui lui semble convenable : il claque les talons et se met au garde-à-vous. À noter enfin, qu'il offre spontanément au maréchal Pétain d'occuper le wagon salon du train qui le ramène à Paris.

Dans une lettre adressée à un ami du Haut-Rhin, peu de temps après la guerre, le général Kœnig exprime ses sentiments à l'égard du maréchal Pétain :

> « Pour nous autres combattants de la France libre, la faute majeure du maréchal Pétain a été beaucoup moins d'accepter l'armistice, que d'entretenir chez les Français momentanément vaincus la psychologie de la défaite. Ce n'est pas en répétant : "Français, n'oubliez pas que nous sommes vaincus!" que l'on galvanise un peuple encore résolu à ne pas mourir. Il a donc, par cette attitude, teinté d'humiliation chrétienne – ne répétait-il pas que la France était coupable et qu'elle devait expier ? – non seulement légitimé les odieux sévices exercés par la Gestapo française sur nos résistants ; il a aussi dévoyé des hommes et des jeunes gens de bonne volonté, désireux de servir, ardents à combattre pour une cause qu'ils croyaient juste et qui, forts de son prestige et

> de sa gloire passée, se sont armés contre nous au lieu de venir grossir nos rangs et, par là même de maintenir notre drapeau sur les champs de bataille. Combien de jeunes égarés, conduits par de mauvais bergers, ont payé de leur vie ce qu'en toute bonne foi ils avaient cru être leur devoir, mais qui n'était, en réalité qu'une funeste erreur !
> Vous comprendrez donc mon comportement stoïque, mais nullement méprisant, lors de l'arrestation du maréchal Pétain, alors que commençaient d'arriver les premiers convois des survivants des camps de la mort, parfois livrés par les fonctionnaires de Vichy.
> Je vous affirme cependant qu'au cours de ma longue carrière, le devoir le plus pénible qu'il m'ait été jamais donné d'accomplir aura été, sans contredit, de me rendre à la frontière franco-suisse pour y accueillir un vieillard accablé, venu se remettre aux mains de la justice française et le transférer au fort de Montrouge[48]. »

Le procès du maréchal Pétain débute le 23 juillet 1945 devant la Haute Cour de Justice. Le tribunal est présidé par Paul Mongibeaux, premier président de la Cour de cassation, assisté du président de la chambre criminelle Donat-Guigne, et de Picard, premier président de la Cour d'appel. Le jury de 24 personnes est constitué de douze parlementaires n'ayant pas voté les pleins pouvoirs à Pétain en 1940 et de douze non-parlementaires issus ou proches de la Résistance.

Défendu par les avocats Jacques Isorni, Jean Lemaire et le bâtonnier Fernand Payen, Philippe Pétain déclare le premier jour : « J'ai toujours été un allié caché du général de Gaulle et je ne suis responsable que devant la France et les Français qui m'ont désigné et non devant la Haute Cour de Justice. Dans ces conditions, je ne répondrai pas aux questions qui me seront posées[49]. » Il garde alors le silence durant toute la durée du procès. Édouard Daladier, Paul Reynaud, Léon Blum, Pierre Laval viennent déposer à charge, tandis que le général Weygand, le résistant déporté Loustaunau-Lacau et le pasteur protestant Marc Boegner prennent sa défense.

Le procès se termine le 15 août 1945. La cour déclare Pétain coupable d'intelligence avec l'ennemi et de haute trahison, le condamne à mort, à la dégradation nationale, à la confiscation de ses

48. Archives de la fondation de la France libre, Paris.
49. Archives nationales, Paris.

biens, assortissant toutefois son vœu de non-exécution de la sentence de mort, en raison de son grand âge. La condamnation est votée à une voix seulement de majorité.

Accomplissant le vœu de la Haute Cour de Justice, le général de Gaulle, chef du gouvernement provisoire de la République française, commue la sentence de mort en peine de réclusion à perpétuité le 17 août 1945. Pétain est exclu automatiquement de l'Académie française. Toutefois, cette dernière s'abstient d'élire un remplaçant de son vivant à son fauteuil, égard auquel a également droit Charles Maurras, lui-même condamné.

Philippe Pétain est incarcéré au fort du Portalet, dans les Pyrénées, du 15 août au 16 novembre 1945, puis transféré au fort de la citadelle de l'île d'Yeu, en Vendée. Son épouse, également installée dans l'île, bénéficie d'un droit de visite quotidien. La santé de Pétain décline en 1951, ses moments de lucidité se faisant de plus en plus rares. Devant cette situation, le Conseil supérieur de la magistrature, présidé par Vincent Auriol, président de la République, autorise le 8 juin 1951 l'assignation du prisonnier dans un établissement hospitalier ou tout autre lieu pouvant avoir ce caractère. Le transfert se fait dans un établissement privé de Port-Joinville le 29 juin 1951, où il décède le 23 juillet 1951. Il est inhumé le surlendemain, au milieu de ses derniers fidèles, dans le cimetière marin de l'île d'Yeu.

Pétain au « tribunal » de l'histoire

La tombe de Philippe Pétain est fleurie au nom de la présidence de la République en novembre 1968, à la demande du général de Gaulle, à l'occasion du 50e anniversaire de l'armistice de 1918 ; en février 1973, sous la présidence de Georges Pompidou, suite à une profanation, et en 1978, sous la présidence de Valéry Giscard d'Estaing, lors du 60e anniversaire de la victoire de 1918. Durant la présidence de François Mitterrand, elle est fleurie le 22 septembre 1984, jour de la rencontre avec le chancelier allemand Helmut Kohl à Verdun, puis chaque 11 novembre de 1987 à 1992. Cette pratique va cependant cesser suite aux nombreuses protestations, dont particulièrement celles de la communauté juive. La sépulture de Pétain est de nouveau profanée en 2007.

François Mitterrand et les apologistes de la mémoire de Pétain ayant déclaré qu'ils honoraient la mémoire de l'homme de Verdun et nullement celle du chef de l'État vichyste, l'ancien Premier ministre

Laurent Fabius fait remarquer que « lorsque l'on juge un homme, on le fait sur l'ensemble de sa vie[50] ».

L'historien André Kaspi souligne de son côté :

> « Le Pétain collaborateur de 1940-1944 n'a pu égarer les Français et en convaincre bon nombre de le suivre parce qu'il bénéficiait du prestige de Pétain de 1914-1918. L'un n'aurait pas existé sans l'autre[51]. »

Contrairement à une légende tenace, qui a contribué à sa grande popularité, Pétain n'a pas été providentiellement sorti du placard alors qu'il ne demandait rien en 1940 à l'âge de 84 ans. Il est même faux d'affirmer qu'il a repris du service, comme le croiront beaucoup de Français. Durant l'entre-deux-guerres, il est un homme actif et reconnu : fait maréchal en 1918, membre de l'Académie française, inspecteur général de l'armée, ministre de la Guerre en 1934, puis ambassadeur de France en Espagne en 1939. Durant ces années, il évite de prendre des positions politiques trop tranchées, ce qui lui donne l'image d'un militaire républicain modéré, même dans les milieux de gauche. Léon Blum voit même en lui un recours possible en cas de crise grave. Pétain évite de dénoncer en public le Front populaire et l'Espagne républicaine. Informé du complot de La Cagoule, organisation clandestine fasciste visant à renverser la République, il se garde de s'y compromettre. Seul le colonel de Gaulle estime qu'il prend goût au pouvoir et confie même : « Pétain accepterait n'importe quoi, tant le gagne l'ambition sénile[52]. » En mai 1940, Paul Reynaud ne se méfie pas de Pétain lorsqu'il l'appelle à la vice-présidence du Conseil. Or, d'abord prudemment silencieux, Pétain se dévoile un redoutable manipulateur. Il prend la tête des partisans de l'armistice.

Si la majorité des Français, assommés par la défaite militaire de mai-juin 1940, accueille l'armistice avec un certain soulagement, de même que le maintien d'un gouvernement français dirigé par le « Vainqueur de Verdun », susceptible de représenter un bouclier contre Hitler, très peu ont perçu les conséquences à long terme de l'occupation allemande, entraînant la collaboration avec le vainqueur du moment. Comme le souligne l'historien Olivier Wieviorka,

---

50. Archives nationales, Paris.

51. André Kaspi, Ralph Schor, *La Deuxième Guerre mondiale. Chronologie commentée*, Éditions Complexe, 1995.

52. Archives de la fondation Charles de Gaulle, Paris.

la majorité des parlementaires n'a pas voté en faveur de Pétain pour exclure les juifs, briser la République et engager le pays sur le chemin de la collaboration. Il en va de même de l'écrasante majorité de la population française. Ainsi, contrairement à une légende tenace, il n'y a pas eu en 1940 en France quarante millions de pétainistes, devenus en 1944 quarante millions de gaullistes. La distinction entre maréchalistes et vichystes est primordiale. Les maréchalistes font confiance à Pétain en tant que « bouclier » des Français contre les nazis, alors que les vichystes, minoritaires, approuvent le régime de Vichy, avec son idéologie réactionnaire, antisémite et collaborationniste. Très vite, surtout à partir de 1942, les Français se détournent de Pétain, ne voyant plus en lui qu'une marionnette entre les mains du Führer. La Révolution nationale, souci majeur de Pétain, intéresse peu les Français et patine dès 1941. La collaboration est très largement rejetée. Cependant, beaucoup de Français pensent que le Maréchal est de bonne foi et tente de protéger les Français, qu'il est forcé par les Allemands à collaborer, car prisonnier d'un entourage collabo. Reprenant le thème du bon monarque trompé par ses mauvais ministres, la masse des Français distingue Pétain de Laval, unanimement détesté et accusé de toutes les turpitudes de la collaboration et des échecs du régime de Vichy.

Après les rafles des juifs de l'été 1942, l'invasion de la zone Sud en novembre 1942, l'instauration du STO, le discrédit de Vichy est total, mais épargne toutefois majoritairement la figure tutélaire du « Vainqueur de Verdun ». Cependant, Pétain devient de plus en plus lointain aux yeux des Français.

Récemment, l'excellent ouvrage de Jacques Sémelin[53] permet d'avoir un regard plus nuancé sur cette période tragique.

> « Il y a quinze ans, écrit le journaliste Jean Sévillia, lors du procès Papon, le point de vue sans nuance de l'historien Robert Paxton – selon qui Vichy avait été tout entier complice de la Solution finale et l'opinion française à peu près indifférente au sort des juifs – était devenu intouchable. L'ouvrage de Sémelin fait au contraire ressortir la solidarité de la plupart des Français à l'égard des persécutés, et souligne que les juifs français, du fait de leur nationalité, ont été mieux protégés que les étrangers, de même que le maintien d'un appareil étatique français a eu un

53. Jacques Sémelin, *Persécutions et entraides dans la France occupée. Comment 75 % des Juifs en France ont échappé à la mort*, Éditions les Arènes-Seuil, 2013.

effet bénéfique pour leur survie. L'histoire n'exonère en rien la politique antisémite de Vichy mais, après d'autres chercheurs (Limore Yagil, Sylvie Bernay, Alain Michel), réintroduit ainsi de la nuance et de la complexité dans l'analyse d'un passé tragique[54]. »

Jacques Sémelin écrit notamment : « Serge Klarsfeld, qui a méthodiquement dépouillé toutes les archives disponibles, a montré que Vichy s'est refusé en deux circonstances critiques à livrer les juifs français aux Allemands[55]. » Notamment en 1943, lorsque Pétain refuse d'approuver le texte préparé par Bousquet et signé par Laval sous la pression allemande annulant les naturalisations de juifs étrangers accordées en 1932 et même en 1927. Susan Zuccotti considère que sans la protection, relative, de Vichy en faveur des juifs français, « les arrestations auraient été plus importantes, et le nombre de victimes juives aurait été plus élevé[56] ».

De son côté l'historien Jean-Paul Cointet écrit :

> « Avec son discours du 30 octobre 1940 sur la collaboration, le maréchal Pétain ne mesure pas le sens péjoratif que va prendre ce mot. À sa suite, hauts et simples fonctionnaires, leaders politiques, artistes, écrivains et journalistes, petits artisans et grands industriels vont, par conviction, obéissance ou lucre, se mettre au service du vainqueur. Quelles qu'en soient les conséquences. Au mieux, ils se feront collaborateurs, au pire collaborationnistes... En un mot, collabos[57]. »

Croyant en la victoire définitive de l'Allemagne, après la défaite de 1940, Pétain s'engage dans la collaboration avec Hitler, s'enfermant ainsi dans une logique réductrice du conflit, sans en voir la portée stratégique et mondiale. À partir de 1942, il se rend compte que l'Allemagne peut perdre la guerre, avec l'entrée en lice des États-Unis et de la Russie soviétique. Mais Vichy, après l'invasion de la zone « libre » et le ralliement de l'Afrique du Nord à la lutte aux côtés des

54. Jean SÉVILLIA, *Le Figaro Magazine*, vendredi 5 et samedi 6 avril 2013.
55. Jacques SÉMELIN, *op. cit.*
56. Archives nationales, Paris. Lire également Jean-Pierre AZÉMA, Olivier WIEVIORKA, *Vichy 1940-1944*, Éditions Perrin, 1997.
57. « Les collabos, fonctionnaires, patrons, intellectuels : ceux qui ont pactisé avec l'Occupant », in *Historia*, octobre 2012, n° 790.

Alliés, ne compte plus rien et n'attire plus que les ultras de la collaboration. Pétain n'est plus qu'une « marionnette » aux mains des nazis, d'autant que sa lucidité du fait de son grand âge ne cesse de décroître. À ce sujet, l'écrivain collaborationniste Abel Bonnard décrit ainsi le maréchal Pétain : « Un brochet nageant dans l'eau bénite : les heures de lucidité du vieillard sont courtes comme les heures de lumière des jours d'hiver[58]. »

En guise de conclusion

Pétain condamne l'entrée en guerre de la France en septembre 1939, car il estime que l'armée française n'est pas prête à affronter la puissance militaire allemande. Il fallait selon lui intervenir militairement au début de la prise de pouvoir d'Adolf Hitler en 1933, lorsque la puissance militaire allemande était faible, ou en 1936 lors de la réoccupation allemande de la Rhénanie.

Alors ambassadeur d'Espagne en 1939, il parvient à convaincre Franco de ne pas se ranger aux côtés des nazis. Rappelé en France en pleine déroute militaire française en mai 1940, il tente de redresser une situation déjà largement compromise par les fautes des chefs militaires et politiques français, sans oublier les défaillances des alliés britanniques, belges et hollandais. Avec le général Weygand, il sauve cependant l'honneur de l'armée française sur la Somme et l'Aisne en juin 1940, qui oppose une résistance héroïque durant une semaine. Contraint de demander un armistice fin juin 1940, devant la progression inexorable des divisions allemandes, il parvient à maintenir une partie de la souveraineté française sur 40 % du territoire français en métropole avec une zone « libre », ainsi que sur son important empire colonial, tout en préservant la flotte française dans son intégralité des mainmises allemandes ou italiennes.

Tout en s'engageant dans une politique de collaboration économique avec l'Allemagne, il refuse toute alliance militaire avec l'occupant, parvient à faire libérer 45 % des 1 500 000 prisonniers de guerre français retenus en Allemagne, soutient les premiers réseaux de Résistance – dont ceux des colonels Heurtaux et Rémy –, approuve le camouflage de matériels de l'armée française en zone « libre » et dans l'empire colonial. En 1943, l'armée française d'Afrique, forte de

58. Archives nationales, Paris.

600 000 hommes (terre, air, marine), permet à la France de retrouver son rang de grande puissance aux côtés des principaux alliés dans la lutte contre l'Axe. Pétain maintient des liens diplomatiques secrets avec les Britanniques et les Américains.

Contrairement à ce qui est affirmé par Paxton, les premières mesures antisémites du régime de Vichy se font bien sous la pression de l'occupant dès 1940. Pétain s'oppose au port de l'étoile jaune en zone « libre » et refuse de retirer la nationalité française aux juifs nationaux. Cependant, 40 % des 76 000 juifs déportés en France sont arrêtés avec la collaboration de la police française, mais 75 % des juifs présents en France (dont 50 % des juifs étrangers et plus de 90 % des juifs français) sont sauvés de la déportation. Dans les pays où sévissent des administrateurs nazis, on déplore 40 à 99 % des juifs déportés. Après le Danemark et l'Italie, la France est le pays qui a sauvé le plus de juifs en Europe. En de nombreuses occasions, Pétain tente de s'opposer ou de ralentir les déportations des juifs. Les ultras de la collaboration fustigent la mollesse de Pétain dans sa collaboration avec Hitler.

Dans le climat passionné et peu objectif de la Libération, Pétain devient le bouc émissaire de la défaite de 1940 et de la collaboration. Son jugement expéditif en 1945, pour satisfaire la haine ambiante et hystérique du moment, doit faire oublier les erreurs des politiques dans l'impréparation militaire et la défaite de 1940. De grands résistants comme le colonel Rémy et le général Loustaunau-Lacau témoignent pourtant en faveur de Pétain.

Souvent réductrice, l'historiographie sur Pétain et Vichy sombre avec Paxton dans un dénigrement systématique partisan, relayé par des médias politisés, pratiquant le masochisme national, le terrorisme intellectuel, le sectarisme et la diabolisation de ceux qui ne pensent pas comme eux.

2

La résistance méconnue de l'armée d'armistice

Souvent présentée injustement comme une armée exclusivement vichyste, voire collaboratrice et défaitiste, l'armée d'armistice a pourtant engagé dès 1940 une incontestable action résistante contre l'occupant, aussi bien dans le renseignement que dans la constitution de dépôts clandestins, la mise en place d'une mobilisation secrète. Surtout animée par un esprit de revanche germanophobe, l'armée d'armistice forme en grande partie l'ossature de la puissante armée française de libération, aussi bien en zone Sud de la métropole qu'en Afrique du Nord. Certains de ses cadres fondent de puissants maquis qui vont s'illustrer dans la lutte contre les Allemands.

Une armée de 100 000 hommes en zone Sud de la métropole

Après les accords d'armistice de juin 1940 qui coupent la France en deux, l'article 4 des conventions prévoit le maintien d'une armée française en zone Sud. Elle sera connue sous le nom d'armée d'armistice. Ses effectifs sont fixés en métropole à 100 000 hommes (3 768 officiers, 15 072 sous-officiers et 75 300 hommes de troupe), tous volontaires, auxquels s'ajoutent les 60 000 hommes de la gendarmerie et les 10 000 hommes des sept groupements de défense aérienne du territoire. Les forces terrestres sont organisées en huit divisions d'infanterie aux moyens réduits. L'armement lourd est interdit par le vainqueur : aucun char, pas d'artillerie lourde, ni d'armes antichars. Seuls sont autorisés huit automitrailleuses Panhard (sans canon de 25 mm) par division, quelques mortiers et canons de 75 mm, l'armement individuel, fusils Mas 36 ou mousquetons et pistolets-mitrailleurs de divers types. Sauf exception, chaque division se compose de trois régiments d'infanterie, d'un régiment d'artillerie et d'un régiment de cavalerie. La cavalerie dispose en outre de quatre autres régiments de réserve générale.

L'action clandestine

Dans chaque régiment de l'armée d'armistice, deux officiers exercent des fonctions clandestines. L'un a la charge de garder le contact avec les hommes rendus à la vie civile pour entretenir l'esprit de revanche et « remettre ça » à l'issue d'une mobilisation secrète. Le second est le gestionnaire des armes et du matériel interdits par l'occupant, mais récupérés et camouflés à l'insu de la commission d'armistice. Un plan de mobilisation établi en secret doit permettre, grâce au camouflage du matériel, de tripler le nombre de divisions en cas de reprise des hostilités. Le général Colson, René Carmille, les colonels Périsse, Zeller et Pfister, le général de La Porte du Theil avec ses Chantiers de jeunesse, le capitaine Jacques Faure avec Jeunesse et montagne et bien d'autres... participent activement à un plan de mobilisation secrète de l'armée en zone libre, en cas de reprise des hostilités contre l'Axe sur le sol français.

Sur proposition du colonel d'Anselme, le capitaine André Pommiès se voit confier, le 15 novembre 1940, la mobilisation secrète de l'armée dans les Landes, les Basses-Pyrénées, les Hautes-Pyrénées et l'arrondissement de Mirande dans le Gers. Avec l'aide précieuse du lieutenant Plaud, Pommiès parvient à constituer en une seule année plus de cinquante dépôts contenant 1 200 fusils-mitrailleurs, 200 mitrailleuses, 10 mortiers de 81 mm, 4 canons de 75 mm, 3 500 fusils, 400 tonnes de cartouches, 8 000 obus de 81 mm, 5 000 obus de 25 mm...

Le commandant Mollard et le camouflage de matériel

En 1941, le commandant Mollard, responsable du CDM (camouflage de matériel), prend la décision de monter en zone libre des ateliers clandestins qui doivent construire quarante-cinq tourelles de chars. Les fabrications de tourelles sont entreprises sous le faux nom des établissements Dubourg et Cie, dont le siège social se trouve à Sarlat. Les ateliers de montage sont installés à Saint-Cyprien. À Auch, dans le Gers, le commandant Maurice Corominas travaille pour les services spéciaux de l'armée d'armistice. Il est appuyé dans son entreprise par des éléments du 2e régiment de dragons, unité stationnée à Auch en septembre 1940. À sa tête se trouve l'ancien chef du contre-espionnage de l'armée, le colonel Schlesser, germanophobe et ardent patriote. Une de ses premières visites à Auch est naturellement pour le commandant Corominas. Au sein du 2e dragons, Schlesser charge le capitaine d'Ornans de camoufler le matériel et l'armement ayant échappé aux Allemands. Les armes et les munitions dissimulées dans la nature proviennent soit des départements des Hautes-Pyrénées et du Lot-et-Garonne, soit des propres dépôts du 2e dragons, dont des canons antichars de 25 mm, interdits par les commissions de contrôle. Seuls les officiers et sous-officiers sont admis pour ce genre de missions délicates. Le colonel Schlesser en personne fait les premières sorties. On y retrouve toujours le capitaine de Neuchèze, ainsi que le lieutenant Maître, sans oublier l'action importante du commandant de Bentzmann.

Ces opérations ont toujours lieu de nuit. Les hommes sont en bleu de travail, sans insigne et sans grade. Le matériel, transporté dans des camions à immatriculation civile, est de préférence déchargé dans les combles, les caves ou les granges des châteaux environnants.

En 1941, une équipe permanente du CDM est mise en place à Auch. Elle comprend le capitaine Picaud, le lieutenant Robin et les sous-officiers Combres, Mariage, Pilard et Salvat. Le colonel Schlesser prête ses dragons dans bien des cas. Le CDM gersois prend pour PC une maison de campagne proche de Pavie. Son rôle est de camoufler aussi bien des armes, que les uniformes, le matériel optique, les casques, les roulantes… Là encore, les châteaux isolés dans la nature servent de refuge : Brézillac à Belmont, Aulagnères à Valence-sur-Baïse… ainsi que les communautés religieuses d'Auch. L'orphelinat de Monferran-Savès abrite des caisses de munitions et tout un hôpital de campagne. Le bois de Monpardiac, suffisamment grand, sert de cache d'armes. Hormis les propriétaires qui accueillent les dépôts du

CDM, certains fonctionnaires (Voizard et Cousteau), le mécanicien Rivière, l'entrepreneur Branet, les frères Gazeran (garagistes) participent aux opérations. Malheureusement, une partie du matériel tombera aux mains des Allemands lors de l'invasion de la zone libre. Cependant, des stocks sauvés de justesse, feront la joie des certaines unités combattantes de la Résistance du département.

La zone Sud devient un immense dépôt d'armes

Un peu partout en zone « libre », des armes et du matériel sont cachés. D'importants dépôts existent autour de Lyon, dans le Rhône, sous la surveillance du lieutenant-colonel Planet, du commandant de Reynies et des capitaines Agostini et Desgeorges. Dans l'Isère, le capitaine Richard et les lieutenants Lancelon, Daurelle, Bertaux parviennent à constituer plus de 150 dépôts clandestins, dans lesquels sont entassées plus de 300 tonnes d'armement et des munitions.

La totalité du matériel camouflé en zone « libre », au 1er avril 1941, représente 65 000 armes individuelles, 10 000 armes collectives d'infanterie, 400 pièces d'artillerie dont 55 canons de 75, mille tonnes de munitions d'infanterie, 10 000 obus de 75, 150 000 grenades, un important matériel de transmission.

Le colonel Mollard passe en 1942 un contrat avec la société Lorraine-Lunéville, usine de Bagnères-de-Bigorre, pour un marché intéressant le ministère de l'Agriculture, portant sur la fourniture de deux cent cinquante engins chenillés désignés sous le nom de tracteurs forestiers. Ce sont en réalité des chenillettes Lorraine destinées à l'armée et camouflées par les Eaux et Forêts. De nombreux autres projets clandestins se trouvent en cours à l'époque : un projet de char de 35 tonnes, le montage de canons de 90 mm et de chars Somua…

L'action clandestine se poursuit en Afrique du Nord

Aux 100 000 hommes de l'armée d'armistice en métropole, il convient d'ajouter les 112 786 hommes (dont 4 114 officiers) se trouvant en Afrique du Nord (AFN), les 156 996 hommes des autres possessions françaises, soit quelque 379 000 soldats de toutes armes, ainsi que 60 000 marins et 40 000 aviateurs. Le 10 septembre 1940, le général Weygand arrive à Alger pour restaurer le potentiel de l'armée d'Afrique par des apports clandestins, malgré le regard inquisiteur des commissions allemandes et italiennes d'armistice. Des ateliers sont créés pour la fabrication d'armes antichars, une main-d'œuvre travaille à la construction de pistes d'atterrissage. La fraude semble être partout, comme la dissimulation de 10 000 soldats venus de métropole camouflés en ouvriers, comme 5 500 militaires que la Poste embauche à titre civil. Sous prétexte de maintenir l'ordre dans les tribus du sud marocain, le général Weygand obtient des Allemands la présence de 16 000 soldats français. Il en met rapidement le double.

Au début de 1941, Weygand aligne 200 000 hommes en AFN. Les Allemands, qui savent que le général Weygand « prépare la revanche », obtiennent son rappel la même année et un an après son retour, l'arrêtent et l'internent en Allemagne. Mais son impulsion a été décisive. Lorsqu'en novembre 1942 l'Afrique du Nord fait son retour dans la guerre, les forces militaires françaises représentent 225 000 hommes, dont 6 700 officiers, qui vont jouer un rôle important lors de la campagne de Tunisie en 1943. Le camouflage de l'armement en AFN est également une réussite exceptionnelle : 55 000 fusils, 4 000 armes automatiques, 210 mortiers de 81, 80 canons de 75, 43 canons antichars de 47, 45 canons antichars de 25 ou 37, 45 000 grenades, 8 000 mines antichars, 300 000 obus, 26 millions de cartouches et plus de 6 000 camions.

La création de l'Organisation de résistance de l'armée (ORA)

Dans le contexte de novembre 1942, faute d'une intervention alliée directe sur les côtes françaises à brève échéance, l'armée d'armistice est dissoute en métropole. Mais l'organisation clandestine déjà esquissée s'étoffe considérablement. Dès le mois de décembre 1942, l'Organisation de résistance de l'armée (ORA) est mise sur pied. Son ossature est le deuxième bureau, camouflé de diverses façons ; le contre-espionnage devenant par exemple Travaux ruraux. Son premier chef, le général Frère, arrêté et déporté, est remplacé par le général Verneau, arrêté lui aussi, auquel le général Revers va succéder. L'ORA va contribuer à faire passer en Afrique du Nord, par l'Espagne, les cadres et les spécialistes que réclame la nouvelle armée française, engagée dans la lutte contre l'Axe. Mais elle forme aussi des cellules régionales, des maquis et des corps francs, dont le célèbre corps franc Pommiès, l'une des plus efficaces unités de la Résistance armée.

L'honneur injustement souillé du commandant Jacques de Bentzmann, résistant de la première heure

L'affaire Jacques de Bentzmann, brillant officier français engagé dans la Résistance dès le début de l'occupation allemande, met en lumière la profonde injustice ayant frappé l'armée d'armistice, accusée à tort de collaboration.

Les Bentzmann appartiennent à l'une des plus vieilles familles de la noblesse du royaume de Westphalie. L'arbre généalogique remonte au XIIIe siècle, à l'époque des chevaliers teutoniques, pour lesquels certains des ancêtres se sont illustrés. Nous trouvons par la suite les Bentzmann établis, durant trois siècles au moins, dans la cité hanséatique de Dantzig. Un certain Thomas de Bentzmann est mentionné comme sénateur de cette ville au XVIe siècle. Afin d'échapper aux persécutions, liées aux guerres civiles qui désolent les territoires germaniques, une branche vient se fixer en France durant la première moitié du XVIIe siècle.

Christian de Bentzmann, écuyer, s'établit en Guyenne, dans la paroisse d'Agnac, en Agenais, après avoir épousé en 1640 demoiselle Jeanne Bruseau, issue d'une famille de Duras. De ce mariage naissent plusieurs enfants, dont Gabriel de Bentzmann qui deviendra chanoine trésorier de l'église primatiale de Saint-André de Bordeaux. Un autre fils, Jacques, marié à Marie de Menou, sera avocat au parlement de Bordeaux.

Joseph de Bentzmann, né en 1700, maire de Sainte-Bazeille et conseiller du roi de France, épouse le 30 avril 1737 Marie Joly de Sabla. Il se voit confirmer la validité de ses titres de noblesse par Mgr de Tourny en 1758. La famille de Bentzmann est ainsi l'une des rares familles d'origine étrangère ayant pu conserver ses privilèges de noblesse en France. Les Bentzmann vont s'illustrer sur les champs de bataille au service de la France, indépendamment des régimes qui traversent son histoire. Jean-François de Bentzmann, baptisé le 28 juin 1788, meurt comme capitaine d'infanterie en 1814, des suites de plusieurs blessures reçues lors de la campagne de Russie.

Théobald de Bentzmann, né le 8 mai 1812, fait également une brillante carrière militaire. Admis en octobre 1831 à l'École polytechnique, il alterne, avec les grades de lieutenant puis de capitaine d'artillerie, les garnisons entre la métropole et l'Algérie de 1836 à 1850. Il participe à la guerre de Crimée (janvier 1855 à juillet 1856), au cours de laquelle il est promu au grade de lieutenant-colonel, le 2 octobre 1855. On le retrouve en Chine (janvier 1860 à juillet 1861), où il est nommé général de brigade, le 6 novembre 1860. Sa santé laisse à désirer depuis la Crimée et la Chine. Lors de la guerre franco-prussienne, il commande à Paris l'enceinte de la rive gauche de la Seine et les forts s'y rattachant. Il meurt d'épuisement à 58 ans, le 28 décembre 1870.

Christian de Bentzmann, né le 18 novembre 1857, se marie en secondes noces, après le décès de sa première épouse (Clotilde de Brocas de Lanauze), avec Élisabeth Fournier du Pellan, le 1er juin 1892. De cette union vont naître neuf enfants, dont Jacques, le 12 juin 1895. C'est lui qui va se trouver au cœur d'une incroyable affaire, devenue l'affaire Bentzmann.

Jacques de Bentzmann a hérité de ses ancêtres le sens de l'honneur et du sacrifice. C'est un jeune homme, âgé de 18 ans, de grande taille, distingué, généreux et courtois, qui s'engage le 24 septembre 1914 pour défendre la France. Intégré au 5e régiment de cuirassiers, comme simple cavalier de 2e classe, il gravit rapidement les échelons, du fait de son extrême vaillance au front.

Le 29 avril 1916, il rejoint le 167e régiment d'infanterie en tant que sergent, unité qu'il quittera avec le grade de lieutenant en 1918. Participant aux grandes batailles sur le front français, il est plusieurs fois blessé : le 10 septembre 1916, par des éclats d'obus aux jambes, par une balle au pied gauche le 8 septembre 1917, par des éclats de grenade aux reins, deux jours après, puis par une balle, avec plaie pénétrante au niveau de la poitrine, le 3 juin 1918, à Oigny.

Il termine la guerre avec plusieurs décorations, ainsi que deux citations, dont l'une mentionne que « dans les combats du 20 avril 1917, par son sang-froid, son énergie et ses habiles dispositions, l'aspirant Jacques de Bentzmann a réussi à faire progresser sa section, sous un violent feu d'artillerie et de mitrailleuse, sans subir aucune perte[1] ». Cette citation sera celle de référence pour l'attribution de la Légion d'honneur.

Malgré ses nombreuses blessures, il rejoint l'armée française affectée au Levant, au sein du 21e régiment de tirailleurs algériens, puis au service télégraphique, de juin 1921 à juillet 1923. Les rivalités franco-britanniques sont fortes dans cette région stratégique, ayant assisté à l'éclatement de l'Empire ottoman. Lors d'une reconnaissance dans le désert, le lieutenant de Bentzmann fait prisonnier Lawrence d'Arabie qui transportait dans sa voiture de grosses sommes d'argents

1. Archives familiales de Bertrand de Bentzmann, Bordeaux.

destinées à soutenir les Bédouins, luttant contre la présence française en Syrie.

Jacques de Bentzmann est rapatrié en France le 23 juillet 1923, afin d'intégrer le célèbre 151e régiment d'infanterie. Le déroulement de sa carrière le porte au grade de capitaine, le 25 décembre 1931, au gré des garnisons, de la Rhénanie à la France. Cet homme de convictions conserve le grade de capitaine durant près de dix ans, pour avoir contesté, lors d'une manœuvre, un ordre qu'il a jugé stupide en temps de guerre et dangereux pour ses hommes. Le 3 juin 1929, il se marie avec Marguerite Beraud-Sudreau, issue d'une vieille famille bordelaise, qui lui donnera quatre enfants, dont Bertrand, futur président de la Chambre de commerce et d'industrie de Bordeaux et d'Aquitaine. Ses blessures de la guerre 1914-1918 continuent de le faire souffrir cruellement, comme le mentionne un document du ministère de la Guerre : « Raideur de l'épaule gauche, suite à une fracture de la clavicule, avec sclérose discrète du sommet. Section ancienne du tendon d'Achille. Fatigabilité rapide de la marche de l'une des jambes[2]. » Cet état de santé le rend inapte au front.

Lorsque la guerre éclate en septembre 1939, le capitaine de Bentzmann se trouve à l'état-major de Montauban. Il prend le commandement du centre régional d'instruction de mortiers dans la même ville, le 15 janvier 1940. Il dirige ensuite un bataillon de marche, chargé de la défense du Lot, le 9 juin 1940.

En juin 1940, le département du Lot-et-Garonne se trouve en zone « libre ». Les premières manifestations résistantes sont le fait de quelques isolés qui refusent la défaite de la France. Dans le cadre de l'armée d'armistice, des opérations de camouflage d'armes sont réalisées par les officiers du 150e régiment d'infanterie.

Dès le 1er juillet 1940, le commandant de Bentzmann, de son propre chef, commence à cacher du matériel automobile, des armes, des munitions, afin de les soustraire aux Allemands et aux investigations de la commission d'armistice. Il agit ainsi avec l'unique volonté de reprendre la lutte contre l'occupant.

Le mois suivant, le colonel Migeot, commandant le 150e RI, reçoit des instructions de l'état-major du général Weygand de rechercher un officier capable de prendre la direction, pour le Lot-et-Garonne, du service secret du camouflage d'armes et de matériel. Les détails ont été mis au point par le général Colson et le commandant Mollard.

---

2. Archives militaires françaises, Vincennes.

Le colonel Migeot, qui sera par la suite déporté en Allemagne pour fait de résistance, désigne sans hésiter le commandant de Bentzmann.

C'est un officier de cavalerie de l'état-major général qui accrédite le commandant de Bentzmann auprès des services préfectoraux, comme peut en témoigner M. Heureude, alors préfet, révoqué par la suite par Vichy. Ce préfet résistant désigne M. Labonne, chef de division, pour assurer la liaison entre la préfecture et le service de camouflage.

Dans la région d'Agen, où s'active Jacques de Bentzmann, on compte parmi ses adjoints le lieutenant Savard, le sergent Lepine et M. Moussac. La direction régionale des camouflages se trouve à Toulouse, sous les ordres du commandant Bertrand jusqu'en 1941, du commandant Rison jusqu'au 11 novembre 1942. Le commandement de toute la zone Sud est assuré par le général Picquendar, puis par le général Delmotte après le 1er décembre 1942.

Outre le camouflage proprement dit (dissimulation des armes et du parc automobile), le commandant de Bentzmann est chargé de l'organisation de l'armée secrète dans le département. À ce titre, il recense, suivant les directives du commandant Chausson, de l'état-major de Toulouse, avec l'aide de la gendarmerie, 4 500 fantassins qui se trouvent organisés clandestinement en bataillons, afin de porter le 150e RI à ses effectifs de temps de guerre, et de constituer une part des 300 000 hommes prévus au plan Weygand. Jacques de Bentzmann, épaulé par le capitaine Vecchioni, conserve la direction de ce service jusqu'au printemps 1942.

Au sein du parc automobile, la tâche est double. Le commandant de Bentzmann doit rechercher dans tous les parcs les véhicules utilisables pour l'armée et susceptibles d'être camouflés ; les répartir dans les ateliers de réparation et chez des particuliers sûrs. Cette mission se complique vite du fait que bon nombre de ces véhicules nécessitent d'importantes réparations, pour lesquelles les crédits n'existent pas. Pour remédier à cette difficulté, le commandant de Bentzmann propose à son chef, le commandant Rison, de rechercher des personnes susceptibles d'assurer les réparations à leurs frais. En compensation, elles recevront l'autorisation d'utiliser les véhicules réparés pour les besoins de leur commerce ou de leur industrie, dans des conditions fixées cas par cas, selon l'importance de la réparation effectuée. Cette méthode est de vigueur jusqu'en janvier 1943. On y substitue alors la location pure et simple à raison de 1 000 francs la tonne au mois. Les locations sont perçues par le camp militaire de Bias, auquel le commandant de Bentzmann se borne à transmettre la liste des locataires.

« Il ne faut pas croire que cette mission fut tâche facile, écrit le colonel Migeot. D'une part, le service départemental des Domaines, propriétaire légal des camions, par arcane administratif ou par pusillanimité, n'a pas toujours apporté la compréhension et la souplesse nécessaires. À partir de l'occupation de la zone Sud, en novembre 1942, les réticences prudentes des Domaines augmentèrent. D'autre part, les particuliers hésitaient à entrer dans le feu ; la soumission des services de Vichy aux Allemands s'avérant chaque jour plus grande, tant au niveau national que départemental. Toutefois, de très nombreux camions et voitures furent soustraits aux Allemands, dispersés, camouflés, remis en mains sûres. Il serait trop long d'énumérer tous ceux qui ont participé à cette œuvre. Signalons cependant l'aide efficace du commandant René Blanc, officier de liaison à la commission de contrôle, et de ses services, notamment du capitaine de réserve Precheur ; le large concours de la maison Brouens d'Agen, qui camoufla et répara un grand nombre de véhicules, ainsi que M. Parillaud à Marmande et M. Bourillon à La Réole. Ce travail a fait l'objet de contrats. Le premier, passé en 1941 par le commandant de Bentzmann, précisait que la maison Brouens devait s'engager à prendre, entretenir, réparer et garer les véhicules à ses frais. Un second contrat fut passé en 1942, par le commandant Rison qui prit alors en main la liaison avec la maison Brouens ; le commandant de Bentzmann cessant de s'en occuper directement.

Il convient de signaler le complet concours de M. Bonin, garagiste à Agen, qui répara notamment les 200 camionnettes et motocyclettes reçues de Toulouse au printemps 1942. N'étant pas technicien, le commandant de Bentzmann avait demandé l'expertise du commandant Pointurier, spécialiste adjoint au commandant Rison.

Malgré la destruction ultérieure de certaines archives, malgré la disparition de la comptabilité de Bias, malgré la perquisition de la Gestapo au domicile du commandant de Bentzmann, malgré le vol de documents opéré au même domicile par des membres sans mandat d'un groupe FTP, il est possible de donner une idée approximative de l'importance du camouflage de matériel opéré

> par le commandant de Bentzmann : 250 camions, 100 autos, 100 camionnettes et 200 motocyclettes[3]. »

Le commandant de Bentzmann se charge aussi de dissimuler d'importants stocks d'essence, afin d'assurer les transports d'armes, le fonctionnement du service de camouflage. Plus de 800 litres sont remis à M. Vedel pour ses parachutages, 2 500 litres au sergent-chef Brice pour ses déplacements.

Dans le courant de l'année 1942, on envisage la construction, dans les Landes, d'une usine destinée à fabriquer pour l'armée secrète du carburant synthétique. Afin de mener à bien cette nouvelle mission, le commandant de Bentzmann sollicite les concours de deux techniciens : M. Dortel, ingénieur des mines, et M. Gardelle, ingénieur. Le premier a fait, comme conseiller du commerce extérieur de la France en 1936, un important rapport sur la préparation militaire allemande en matière de carburant synthétique et la menace de guerre qu'elle constituait. Le second a été chargé, pendant la guerre 14-18, d'un service de construction d'usines de guerre. Cette opération résistante doit être interrompue le 11 novembre 1942, du fait de l'invasion de la zone libre par les Allemands.

Toutefois, la mission la plus délicate du commandant de Bentzmann reste le camouflage des armes.

> « Que dire, écrit le colonel Migeot, ce que fut l'odyssée du commandant de Bentzmann, quand, en pleine occupation allemande de la zone Sud, découvert par ses chefs qui opinaient pour une livraison prudente, pisté par les boches qui avaient éventé ce dépôt, il promena de village en village, et de ferme en ferme, pendant cinq à six jours, deux camions d'armes, cherchant en vain qui voudrait recueillir un si redoutable dépôt ! Les sergents Brice et Lepine, qui furent de la fête, purent raconter les angoisses, les risques, les déceptions de cette mission suicide. Ils purent surtout témoigner du magnifique cran de leur chef, sa volonté de réaliser impérativement sa mission de camouflage, en vue de l'utilisation de ce matériel par la Résistance quand sonnerait le jour J. C'est dans ces conditions, ou d'autres analogues, que furent recueillis, triés, camouflés, déplacés de cache en cache : 13 000 fusils, 1 350 revolvers et pistolets,

3. Archives militaires françaises, Vincennes.

> 1 200 fusils-mitrailleurs, 400 mitrailleuses. Plus une quantité importante de grenades et des munitions pouvant assurer l'armement de 3 régiments d'infanterie au moins. Cette mission fut parfaitement accomplie par le commandant de Bentzmann, tout au long des années 1940, 41, 42, 43, en étroite liaison avec le lieutenant Manges.
> Et dire que parmi ces dépôts constitués au prix de tant d'efforts et de périls, il en est qui devaient avoir un sort lamentable! Certains découverts par les Allemands, d'autres livrés par les supérieurs hiérarchiques du commandant de Bentzmann, d'autres tombés aux mains de la Milice par suite de dénonciations ou de trahisons[4] ! »

Ces faits ont, d'ailleurs, eu lieu après l'arrestation et la mise en camp de détention, par les autorités de Vichy, du commandement de Bentzmann, coupable, comme l'écrit en personne le Dr Ménétrel, chef du secrétariat particulier du maréchal Pétain, « d'avoir refusé de livrer aux Allemands le matériel de guerre camouflé par lui et, de ce fait, d'avoir désobéi à ses chefs qui lui prescrivaient de le faire[5] ! »

Heureusement, bon nombre de ces armes ont pu finalement être utilisées par les maquis du Sud-Ouest, comme notamment le corps franc Pommiès, le bataillon d'Armagnac et le bataillon Néracais.

Au mois de février 1943, des divergences de vues relatives à la constitution des dépôts d'armes et à leur importance s'élèvent entre le commandant Rison et le commandant de Bentzmann. Le premier est partisan d'un petit nombre de dépôts importants. Le second se montre favorable à un grand nombre de faibles dépôts, ce qui permettrait de diminuer, en cas de découverte par les Allemands de l'un d'eux, l'importance de la prise de l'ennemi. Le commandant Rison se sépare par la suite du commandant de Bentzmann, sans lui envoyer le successeur annoncé. C'est ainsi que Jacques de Bentzmann, avec son sens du sacrifice coutumier, poursuit sa mission clandestine avec le sergent Brice.

Les Allemands et Vichy le surveillent de près. Le 22 juin 1943, le commandant de Bentzmann est arrêté à son domicile par la gendarmerie sur mandat de Vichy. Le lendemain, il se trouve interné au camp de détention de Saint-Paul d'Eygaux, près de Limoges, tandis qu'une perquisition est effectuée à son domicile par la Gestapo, sous

4. Archives militaires françaises, Vincennes.
5. Archives militaires françaises, Vincennes.

la conduite d'un officier de la Wehrmacht, attestant ainsi la collusion du gouvernement de Vichy et des autorités allemandes dans son arrestation.

Le 15 octobre 1943, il est transféré au camp de Saint-Sulpice-la-Pointe, dans le Tarn. Les Allemands envisagent sa déportation définitive en Allemagne ou en Pologne. Grâce à l'aide de sa femme et de quelques amis, il parvient à s'évader le 4 novembre 1943, pour trouver refuge chez M. Pages, résistant et instituteur à Saint-Maurin, l'un de ses plus actifs agents de camouflage. Jacques de Bentzmann est alors un homme très déprimé par la mauvaise nourriture et les traitements subis, très amaigri. Il souffre en outre d'une grave crise d'eczéma.

Non seulement actif dans le camouflage des armes et du matériel pour le compte de la Résistance, Jacques de Bentzmann a caché dans sa propriété du Lot-et-Garonne, durant toute la guerre, un artiste juif, Gustave Böhm, peintre des vieilles rues d'Agen. Un des enfants, Bertrand de Bentzmann, sert même d'agent de liaison auprès de la Résistance locale :

> « Je devais me rendre chez un professeur demeurant près de chez nous, pour suivre des cours d'allemand. Arrivé chez lui, la leçon ne durait que quelques minutes, l'enseignant me retirait mon manteau, dans lequel se trouvait un message secret dissimulé dans une doublure. Je repartais aussi vite que j'étais venu[6]. »

Telle fut l'action du commandant de Bentzmann, auquel d'aucuns n'oseraient dénier le titre qui lui revient incontestablement en droit comme en fait par l'ancienneté que par l'étendue de son action de premier résistant du Lot-et-Garonne.

Après s'être évadé du camp de détention de Saint-Sulpice-la-Pointe (Tarn), le commandant de Bentzmann se trouve activement recherché par la Gestapo qui, apprenant qu'il a réussi à échapper à la police de Vichy, multiplie les efforts pour le capturer elle-même. Il doit donc vivre strictement caché, éloigné des siens, à l'écart de tout contact. La ferme d'Eugène et d'Adolphine Toudic, à Laugnac, devient l'un des dépôts d'armes constitué par Jacques de Bentzmann. Il tient cependant à rester en Lot-et-Garonne, afin de pouvoir assurer encore quelques liaisons par personnes interposées. Il mène une vie clandestine, avec ses attributs nécessaires : fausses cartes, fausse

6. Entretiens de l'auteur avec Bertrand de Bentzmann en avril 2001.

barbe... Outre M. Pages, il rencontre sa femme, son chef, le colonel Migeot, et M. Dortel. C'est par l'intermédiaire de M. Pages qu'il parvient, malgré l'arrestation du colonel Migeot par la Gestapo, à renouer contact avec la Résistance. Il se rend le 25 juin 1944 au poste de commandement (PC) du capitaine Guérin (*alias* colonel Beck) et du capitaine Montagne (*alias* colonel « Main Noire »). Il se met à leur disposition pour toute action armée, sans oublier la récupération du matériel camouflé. On lui demande les listes des véhicules récupérables. Alors que les Allemands multiplient les patrouilles et les opérations anti-maquis dans tout le département, bien que recherché par la Gestapo, le commandant de Bentzmann circule partout à vélomoteur ! Il peut ainsi fournir dans les huit jours la liste d'une centaine de véhicules immédiatement utilisables. Apprenant qu'aux environs de Saint-Maurin, un important maquis (Antoine) manque de matériel et d'armement, il se rend au PC de ce groupe et lui fournit ce qui lui manque. Il rend des services identiques à d'autres maquis de la région, dont le groupe Lorraine, dirigé par le chanoine Frischmann, qui, lors de l'affaire du château de La Glotte, a perdu une quinzaine d'hommes, ainsi que tout son dépôt d'armes.

Dès la libération d'Agen, en août 1944, le commandant de Bentzmann – avec l'approbation du colonel de Lamezan, successeur du colonel Migeot, du colonel « Main Noire », des capitaines Bernheim, Driot et Loffet –, organise la récupération méthodique de tout le matériel camouflé, et lance même, à cet effet, un appel dans la presse, en accord avec la direction FFI locale. Il doit permettre aux groupes FFI constitués d'avoir les moyens de rejoindre la 1re armée française qui remonte, depuis son débarquement en Provence, vers le centre et l'est de la France, ou les fronts de l'Atlantique des poches du Médoc, de Royan et de La Rochelle. Malgré son âge, sa grande fatigue et ses nombreuses blessures, il se consacre entièrement, les jours suivants, à sa nouvelle tâche de récupération, s'efforçant de retrouver essence, véhicules, armes et pneus.

Les disparitions de certains dépôts camouflés, ayant eu lieu lors de sa période d'incarcération par les autorités de Vichy, font de lui un témoin gênant. Ceux qui ont livré quelques dépôts aux Allemands ou à la Milice souhaitent sa suppression. Les plus prudents tentent de le disqualifier et de retirer toute valeur à son action résistante.

> « Mais il fallait trouver prétexte à accusation, écrit dans son rapport le colonel Migeot (à son retour de déportation). L'action du commandant de Bentzmann était très connue dans le

Lot-et-Garonne, où elle avait eu tant de témoins, l'émotion soulevée par son incarcération par Vichy avait été si vive à Agen, comme se plaisait à le souligner M. Germain, devenu président de la cour d'appel de Toulouse à la Libération, que ce n'était pas chose facile que d'imaginer des calomnies vraisemblables! On utilisa donc deux faits : deux dépôts d'armes qui seraient tombés entre les mains de la Milice, et on s'efforça d'insinuer que le commandant de Bentzmann les aurait volontairement donnés à cette organisation.
Le premier dépôt avait été pris en charge par la Résistance. Dénoncé aux Allemands, ce dépôt fut transféré en divers lieux. Il serait tombé finalement aux mains de la Milice. Or l'enquête du lieutenant-colonel FFI Archidice a établi qu'au contraire c'était ce dépôt qui avait servi à l'armement d'une partie du bataillon FFI d'Armagnac.
Le second dépôt fut confié à l'officier de réserve de Péricaud. Celui-ci est devenu milicien par la suite, et a même eu un grade dans cette organisation. Or, quand le commandant de Bentzmann le lui avait confié, la Milice n'existait pas. Pourrait-on raisonnablement faire au commandant de Bentzmann le reproche de n'être ni devin ni prophète, et de n'avoir prévu ni la création de l'odieuse Milice ni qu'un officier patriote deviendrait un collaborateur aveugle? D'ailleurs, le commandant de Bentzmann ne connaissait pas personnellement M. de Péricaud. Celui-ci avait été signalé et recommandé par le commandant Bereux, successeur du commandant de Bentzmann à la direction des effectifs de l'armée secrète. De plus, la réalité de la livraison qu'a effectuée M. de Péricaud n'a même pas pu être établie par l'enquête[7]. »

Le 1er septembre 1944, le commandant de Bentzmann a une vive altercation avec le colonel Beck. Il proteste contre les bruits tendancieux qu'on commence à faire courir à propos des deux dépôts. Conscient de sa parfaite innocence, des services rendus, pressentant l'hostilité du colonel Beck à son égard, lui qui lui a refusé en juin le commandement actif d'un maquis, le commandant de Bentzmann éclate en reproches véhéments qui ne peuvent être agréables à l'ancien officier comptable du camp de Bias qu'est le capitaine Guérin, devenu

7. Archives militaires françaises, Vincennes.

colonel Beck dans la Résistance. Jacques de Bentzmann use de sa liberté que lui donnent sa supériorité d'âge et de grade dans l'armée régulière, aussi bien que sa qualité d'ancien combattant de 14-18, du Maroc et de Syrie.

> « La première fois que je suis allé le voir en juin 1944, écrit le commandant de Bentzmann, pour me mettre à sa disposition, il m'avait dit qu'il était le capitaine Beck, puis le 25 juillet, il est devenu colonel ! Devant mon étonnement admiratif, il m'a répondu que c'étaient ses hommes qui l'avaient nommé "colonel" ! Je lui ai alors répondu :
> — Puisque je n'utilise pas mes galons, je puis vous les donner, cela vous en fera quatre de plus !
> Je dois ajouter que je n'ai jamais pu, comme d'autres, me mettre au garde-à-vous devant lui et l'appeler mon colonel[8]. »

Ce même 1er septembre 1944, le commandant de Bentzmann, déjà surveillé, déjeune chez des amis, puis va dans une auto de gendarmerie chercher ses dossiers dans une propriété où il les a déposés. De retour à son domicile, il reprend son travail de récupération du matériel. Il est alors convoqué pour 22 heures par le préfet, et ce, par une voie assez insolite. Le préfet, M. Duvigneau, mis à la tête du département par le colonel Beck, connaît bien le passé de résistant du commandant de Bentzmann. Durant l'Occupation, en sa qualité de directeur départemental de l'Enregistrement des Domaines et du Timbre, il était le chef juridique du commandant de Bentzmann comme propriétaire légal de tout le matériel camouflé. Le commandant de Bentzmann se rend à cette convocation. La discussion est longue. Le préfet désire procéder à l'arrestation immédiate du commandant. Mais devant la véhémence des protestations de ce dernier, ainsi que par la pertinence de ses réponses, il hésite et le laisse repartir, se bornant à lui demander sa parole de rester à sa disposition.

Le soir du 2 septembre 1944, vers 17 heures, apprenant que des menaces de mort ont été proférées contre lui et qu'on perquisitionne à son domicile, le commandant de Bentzmann accepte l'hospitalité d'un groupe FFI qu'il a contribué à armer et qui tient à lui prouver ainsi sa reconnaissance.

8. Archives familiales de Bertrand de Bentzmann, Bordeaux.

Pendant ce temps, des hommes, sans mandat, perquisitionnent chez lui. On lui vole ses dossiers. Une descente de FTP se déroule chez son beau-père, où on terrorise ses enfants seuls au logis. On interroge sa femme, sa sœur, sa belle-sœur. On les menace d'arrestation, enfin, la presse et la radio publient d'infâmes calomnies, d'évidentes contre-vérités et même de véritables appels au meurtre.

> « Il est prouvé, écrit le colonel Migeot, que ces notes à la presse et à la radio ont été rédigées par le colonel Beck (presse des 8 et 9 septembre, radio des 8, 9 et 10 septembre 1944)[9]. »

C'est ainsi qu'un homme – qui a tout fait pour la Résistance dès juillet 1940, sortant à peine de cinq mois d'internement dans les camps de Vichy et de dix mois de vie traquée sous la menace de la Gestapo – se trouve sali injustement. On martyrise moralement sa femme, qui a été l'admirable compagne d'un homme de devoir, qui a accepté courageusement avec lui tous les risques de quatre années de clandestinité et à laquelle on ne ménage ni les interrogatoires brutaux, ni les pires menaces. On tente de déshonorer et de salir sa famille, qui a versé depuis des siècles son sang sur tous les champs de bataille pour la France. On s'acharne au point d'inquiéter ses amis, ses relations, de perquisitionner à plus de 250 kilomètres du Lot-et-Garonne !

> « On agit ainsi, écrit le colonel Migeot, à l'égard de celui que notre rapport a présenté comme le premier résistant du Lot-et-Garonne, comme on ne l'a pas fait pour les chefs miliciens les plus notoires ou les tortionnaires de la Gestapo[10]. »

Devant la menace d'arrestation qui se précise à l'encontre de la famille de Bentzmann (25 personnes), un ami parvient à joindre le commandant, le 1er octobre, et le met en rapport avec le capitaine FFI Lescorrat. Celui-ci a tôt fait de voir clair, pressentant l'énormité de l'injustice commise. Il s'efforce de pallier cela. Lescorrat fait publier et radiodiffuser un nouveau communiqué qui innocente le commandant de Bentzmann (2 et 3 octobre 1944). Cependant, le mal est fait.

Une enquête a lieu, menée par M. Buet, juge d'instruction, sous la direction du lieutenant-colonel FFI Archidice, commissaire du

9. Archives militaires françaises, Vincennes.

10. Archives militaires françaises, Vincennes.

gouvernement auprès du tribunal militaire du département. Cette enquête rétablit la vérité. Le 2 novembre 1944, le commandant de Bentzmann se trouve totalement réhabilité. Il sort néanmoins de cette sombre affaire moralement brisé et physiquement épuisé.

Le 10 janvier 1945, il se trouve affecté au 14e régiment d'infanterie. Il rejoint ensuite la 36e division d'infanterie qui franchit la frontière allemande. Promu lieutenant-colonel le 1er mai 1946, il quitte l'armée en mai 1955 et décède le 30 mars 1964.

Le premier résistant du Lot-et-Garonne ne sera jamais récompensé par les instances officielles de la Résistance !

> « Mon père, raconte Bertrand de Bentzmann, estimait uniquement avoir fait son devoir, sans chercher titres, médailles ou récompenses. Son sens du sacrifice prenait source dans un patriotisme et une foi chrétienne ardemment vécus. Mari et père attentionné, il était de ceux qui nous apprenaient à ne jamais baisser les bras, à croire en la France et en la liberté, à surmonter les plus terribles épreuves par une solide intériorité spirituelle[11]. »

L'admirable résistance du commandant François de Carrère

François de Carrère voit le jour le 1er décembre 1896 à Marmande, lieu d'affectation de son père, Gustave, officier de carrière. Élevé dans la religion catholique, il a le malheur de perdre son père à l'âge de 3 ans, victime d'un accident de cheval. Il trouve dans le catholicisme un immense réconfort, va régulièrement à la messe, se rend à Lourdes, se passionne pour la mystique chrétienne. L'histoire militaire de la France est également son autre centre d'intérêt. En décembre 1914, bien que seulement âgé de 18 ans, François de Carrère s'engage dans l'armée, afin de défendre la patrie, menacée par l'Allemagne. Il est promu aspirant de cavalerie le 1er août 1916 et sous-lieutenant en 1917, obtient une citation et la Croix de guerre en 1918 : « Officier de la plus haute valeur morale. Le 1er juin 1918, chargé de couvrir le régiment avec son peloton, est allé seul reconnaître à pied la ligne des avant-postes pendant une attaque ennemie et a fourni des renseignements du plus grand intérêt au commandement, à un moment où la

11. Entretiens de l'auteur avec Bertrand de Bentzmann en avril 2001.

liaison était des plus difficiles[12]. » Il est grièvement blessé par un tir ennemi lors de cette opération à cheval.

Après la guerre, lieutenant au 20e régiment de dragons de Saumur, il est ensuite affecté à Limoges, puis à Tarbes au 2e régiment de hussards. Il poursuit sa carrière dans le prestigieux régiment des hussards de Chamborant, tout en pratiquant les sports équestres de haut niveau, avec plusieurs titres internationaux à son actif.

En 1920, près de Libourne, François de Carrère épouse Louise de Seguin, avec qui il aura sept enfants. Sa femme décède à l'âge de 32 ans, le laissant seul avec ses jeunes enfants. À son décès, manifestant une foi chrétienne profonde, il fait le choix de ne pas se remarier et de rester seul, conservant au-delà de la mort son engagement et son amour pour son épouse : « Une mère ne se dévoue pas comme elle jusqu'à la mort, pour cesser de le faire le jour où elle devient puissante par la récompense dont elle jouit[13]. »

Capitaine le 25 décembre 1931, il est affecté à l'état-major du groupe de cavalerie de Tarbes en octobre 1939, puis prend le commandement de l'escadron à cheval du 29e groupement de reconnaissance divisionnaire d'infanterie (GRDI) le 6 janvier 1940. Le 29e GRDI est rattaché à la 35e division d'infanterie (DI), unité composée de régiments du Sud-Ouest. Le capitaine François de Carrère passe l'hiver rigoureux de 1939-1940 dans le massif des Vosges, avec des températures tombant à – 25 °C. Il a notamment sous ses ordres le comédien Jacques Dufilho. Ce dernier voit en François de Carrère « l'incarnation la plus parfaite du courage chez un militaire[14] ». Les premiers combats s'engagent près de Wissembourg et de Stenay.

Début juin 1940, sur le front de l'Aisne, trois divisions françaises d'infanterie (35e et 6e DI, 1re division d'infanterie coloniale) repoussent durant trois jours cinq divisions allemandes d'infanterie (24e, 299e, 36e, 76e et 58e DI) : 51 000 soldats français contre 90 000 soldats allemands !

De chaque côté, on s'installe dans une guerre de position : tranchées, fils barbelés, mines antichars, dont 800 sont posées le 1er juin devant Oches. L'historique de la 24e DI allemande, adversaire de la 35e DI française, note que la remise en marche d'une scierie de Sedan lui permet d'obtenir le bois de coffrage nécessaire à la réalisation de ses tranchées.

12. Archives militaires françaises, Vincennes.
13. Archives de François Peltier, un de ses petits-fils, et de la famille de Carrère.
14. Archives de François Peltier, un de ses petits-fils, et de la famille de Carrère.

Des sections de chars français du groupement blindé 503 sont mises à la disposition des 74e et 119e RI (6e DI). La 3e compagnie du 10e BCC (bataillon de chars de combat) appuie le 123e RI (35e DI) au sud-ouest de Oches, où combat François de Carrère.

L'activité se compose de patrouilles, coups de main, tirs d'artillerie ; mais le jour, tous mouvement et travaux de défense sont contrariés par l'avion qui règle les tirs de l'artillerie allemande. Des journalistes américains sont accueillis au PC du commandant du 74e RI de la 35e DI.

Le 9 juin 1940, la 24e DI allemande passe à l'offensive sur le bois de Sy et la côte du Chaudron (cote 253) vers Oches. Les 32e et 31e RI allemands tentent de percer les lignes françaises, mais sans succès. Ce même jour, par une violente attaque, la Wehrmacht parvient à s'emparer de la ferme d'Isly malgré la résistance acharnée de la 7e compagnie du 74e RI. En dépit d'assauts répétés, les Allemands échouent devant la ferme de La Polka.

> « Le même jour c'est l'assaut de Oches, écrivent Michel Baudier et José Bouchez, sentinelle avancée, véritable verrou de la ligne de résistance dont il ne restera bientôt qu'un amas de ruines calcinées dans un cadre d'arbres mutilés ou déchiquetés, de matériel éventré et de cadavres d'animaux. Après une forte préparation d'artillerie, l'infanterie allemande monte à l'assaut du village. Mais 170 pièces d'artillerie (75, 105 et 155 mm) des 43e et 243e RA causent de lourdes pertes à l'assaillant ; la résistance du 1er bataillon du 36e RI français est si vive que l'adversaire doit se replier au nord-ouest de Oches. En fin de matinée, essayant de déborder le village par l'ouest, les troupes allemandes se heurtent à la farouche résistance des 36e et 123e RI appuyés par des tirs précis et meurtriers de l'artillerie qui les contraignent au repli. Plus au nord et à l'est, les Allemands s'infiltrent par les haies et les vergers et tentent d'investir le village. Mais une contre-attaque française permet l'après-midi de rétablir la situation, de reprendre la totalité du village et de faire 44 prisonniers.
>
> Le lendemain 10 juin, le 2e bataillon du 119e RI relève le 1er bataillon du 36e RI fort éprouvé. Une nouvelle attaque allemande, appuyée cette fois par l'aviation, se déclenche. Le 119e RI tient bon : ses feux et les tirs ajustés de l'artillerie clouent les assaillants au sol, leur causant des pertes importantes.

> En soirée, l'attaque des fantassins allemands est appuyée par des blindés légers ; les canons antichars en détruisent deux et les autres se replient. L'attaque est définitivement stoppée.
> Le soir, des brancardiers allemands brandissent un grand drapeau blanc à croix rouge, demandent une trêve pour relever leurs blessés et leurs morts. Elle leur est accordée pour deux heures.
> Ce soir-là, les Français ont fait 202 prisonniers dans le secteur de Oches. Pas un pouce de terrain n'a été cédé, mais les pertes sont sévères[15]. »

De Sommauthe à Stenay, à l'est des 35e et 6e DI, la 1re division d'infanterie coloniale (DIC) livre également de glorieux combats en juin 1940. Le 9, à l'aube, après une courte mais violente préparation d'artillerie, le seul secteur du 3e RIC se trouve attaqué par toute une division allemande : 3 000 soldats français contre 18 000 soldats allemands ! Des obus fumigènes dissimulent la progression de l'infanterie allemande vers Wame et la Fontaine-aux-Frênes. Les coloniaux et les tirailleurs résistent, occasionnant de lourdes pertes à l'ennemi. Cependant, en fin de journée, le 3e RIC est enfoncé par endroits. Une contre-attaque des 12e et 14e RTS (régiments de tirailleurs sénégalais), amorcée le 9 juin au soir, se termine le 10 à midi par un succès complet.

> « Notre front est rétabli, écrit Raymond Belly. L'ennemi, engagé devant le PC du 3e RIC, est encerclé, détruit ou fait prisonnier. Nous restons maîtres du champ de bataille dont le désordre est indescriptible. Les actes d'héroïsme ont été nombreux. Les pertes ont été lourdes des deux côtés, mais celles de l'ennemi beaucoup plus que les nôtres. La 2e compagnie sanitaire allemande, qui fonctionnait derrière les troupes d'attaque, évacuait en deux jours 755 blessés. Le nombre des morts devait être à peu près égal. Nous avions fait en outre 300 prisonniers, le lieutenant Fornari, du 12e RTS, et quelques-uns de ses tirailleurs ayant pour leur seule part reçu la reddition en bloc de près de 200 soldats allemands. Nous étions une fois de plus vainqueurs sur un champ de bataille que malgré tous les efforts de l'ennemi nous tenions depuis quatre semaines, et, comme dans la troupe nul n'avait le temps de lire les journaux ou prendre les informations

15. Michel Baudier et José Bouchez, *Les combats de Stonne-Tannay-Oches-Sommauthe du 14 mai au 11 juin 1940*, imprimerie Félix, 1997.

> radiodiffusées, nous ne nous doutions pas que deux semaines plus tard les Allemands occuperaient Bordeaux. Si notre succès a été complet, il sera, hélas, éphémère : le nettoyage n'est pas terminé qu'arrive dans l'après-midi l'ordre du corps d'armée de battre en retraite. C'est l'amorce d'un repli général, car l'ennemi a établi au sud de l'Aisne une forte tête de pont que l'on ne peut réduire et menace déjà Châlons qu'il occupera le 12[16]. »

Le 29e GRDI est contraint de retraiter dans la forêt de l'Argonne à partir du 11 juin 1940. Les troupes du capitaine François de Carrère couvrent le mouvement de repli. Fait prisonnier le 23 juin, il parvient à s'évader le 29 juillet de Nancy. Le chanoine Kir lui fait passer la ligne de démarcation pour rejoindre la zone libre. Il revient à Tarbes et prend le commandement d'un peloton spécial, constitué de jeunes candidats à l'école militaire de Saint-Cyr. L'un d'eux écrit au sujet de François de Carrère :

> « On ne pouvait qu'être subjugué par ce grand chef de guerre et de famille en même temps. J'étais resté très attaché par le cœur et l'esprit à celui qui avait tant marqué nos premiers pas d'homme[17]. »

Au sein du 2e régiment de hussards de Tarbes, il participe au camouflage de matériel de l'armée, au sein du réseau de résistance CDM du colonel Mollard, du 1er novembre 1940 au 27 novembre 1942. Suite à l'invasion de la zone libre par les Allemands, l'armée française d'armistice est dissoute. Le commandant François de Carrère rejoint alors le célèbre corps franc Pommiès, unité prestigieuse de la Résistance dans le Sud-Ouest. Il participe à des sabotages et des embuscades contre l'occupant. Le colonel André Pommiès lui confie le commandement de tout un bataillon, luttant dans les Basses-Pyrénées. Sa dévotion en la Vierge Marie lui permet de lutter avec courage en toutes circonstances.

Effectuant en 1943 un déplacement à vélo sur un trajet habituel, il prend la précaution, avant de s'engager dans le village de Soumoulou, d'observer à la jumelle des Allemands mal camouflés. Il modifie ainsi son itinéraire et apprend quelques jours après par un prisonnier

---

16. Raymond Belly, *La 1re division d'infanterie coloniale dans la campagne de France de 1940*, imprimerie Taffard, 1957.
17. Archives de François Peltier, un de ses petits-fils, et de la famille de Carrère.

allemand que l'occupant était au courant de son déplacement et que c'était lui qu'il attendait. À ses proches qui lui demandent pourquoi ce jour-là il avait eu cette vigilance inhabituelle, il répond : « Dieu me l'avait dit[18]. »

Son fils Gonzague, lui-même officier, raconte : « François de Carrère organise ses unités, recrute activement, instruit ses hommes, les prépare à leurs périlleuses et audacieuses missions, causant des dommages majeurs contre l'occupant[19]. »

Un jour, alors qu'il doit faire fusiller un espion à la solde de la Gestapo, il lui demande : « Tu veux voir un prêtre ? » « Non ! » répond le traître. « Alors tu veux mourir comme un chien ? » « Non ! » répond à nouveau le traître. « Alors tu veux voir un prêtre ? » « Oui », répond le condamné. Ce prêtre est le chanoine Jean Pambrun, aumônier du corps franc Pommiès, très proche de François de Carrère, dont une rue de Pau porte le nom.

Les nombreuses unités de la Résistance passent à l'action dès l'annonce du débarquement en Normandie en juin 1944. Plus de 200 sabotages sont accomplis dans le département des Basses-Pyrénées de juin à août 1944. Les embuscades frappent durement les troupes allemandes. Le 8 juin, à Soumoulou, un convoi allemand de quatorze véhicules, venant de Pau et allant vers Tarbes, est attaqué par une section du bataillon de Carrère du corps-franc Pommiès (CFP), alors en embuscade : quatre officiers allemands sont tués, un blessé et deux véhicules détruits. Le 10, à Sainte-Colombe, la section Bercut, du CFP, attaque à la grenade une colonne motorisée allemande qui laisse cinq véhicules sur le terrain. Le 12, un groupe du bataillon de Carrère, en embuscade sur la D37, à Narcastet, mitraille un convoi de cinq camions puis se replie sur Louvie-Juzon. À hauteur du pont d'Assat, des maquisards du bataillon de Carrère attaquent, le même jour, une colonne ennemie qui abandonne trois tués et trois blessés.

Le 14 juin 1944, les Allemands montent une opération contre le maquis de Rébénacq et fusillent les résistants Michel Bousteau, Pierre Cotonat et Louis Mourlon. Toujours à Rébénacq, le 15, un détachement allemand, harcelé par des FFI du CFP, compte trois tués et deux blessés. Le 19 juin à Capbis, la compagnie Vernet (CFP) attaque une colonne motorisée. Les maquisards poursuivent leur action jusqu'au repli des Allemands. Les pertes ennemies s'élèvent

18. Archives de François Peltier, un de ses petits-fils, et de la famille de Carrère.
19. Archives de François Peltier, un de ses petits-fils, et de la famille de Carrère.

à trois tués (dont un officier). Les résistants récupèrent un important stock de munitions. Pour se venger, les Allemands incendient plusieurs fermes.

La région nord-est de Pau est le théâtre d'une véritable bataille rangée entre une unité du corps franc Pommiès et une importante troupe ennemie. Au matin du 13 juillet 1944, un détachement de reconnaissance et deux sections de combat transportées en camionnettes, aux ordres du chef Sarrazin, traversent Monassut et arrivent au carrefour formé par la D211 et la D943. Le chef Sarrazin se trouve en serre-file du convoi. Chaque section est armée d'une mitrailleuse Browning modèle 1919, provenant des parachutages ; les hommes sont dotés de mitraillettes Sten ou de mousquetons. Les véhicules, tous équipés pour fonctionner au gazogène, éprouvent quelques difficultés de mise en route. Il est 9 h 45 lorsque le chef Sarrazin aperçoit à gauche, sur la D943, des camions allemands roulant dans sa direction. En quelques secondes, il se rend compte qu'il lui est impossible de faire demi-tour, car il n'en a pas le temps sur cette route étroite. En accord avec ses hommes, Sarrazin prend la décision de livrer bataille : les deux mitrailleuses sont mises en batterie sur un talus, battant convenablement le carrefour entre la D221 et la D943. La section Boutin prend position un peu en arrière, à la hauteur d'un cimetière, tandis que la section Viltard s'abrite derrière des sapins.

Sarrazin et ses hommes ignorent que l'adversaire représente une colonne de 59 camions appuyés par deux automitrailleuses. L'ensemble totalise plus d'un millier d'hommes ! La colonne Sarrazin compte moins d'une centaine de combattants. Dès que le véhicule ennemi de tête arrive à la hauteur du carrefour, Sarrazin, avec sa mitraillette, tire le premier. Les deux mitrailleuses crépitent peu après. Les passagers allemands qui se trouvent seulement à une vingtaine de mètres sont tous tués. Puis, le feu meurtrier des maquisards est dirigé sur les autres véhicules, d'où jaillissent les soldats allemands et les miliciens. Un groupe ennemi tente, à l'abri d'un talus, de neutraliser les mitrailleuses, mais il est cloué au sol. Plusieurs assauts sont repoussés par les FFI qui rivalisent de bravoure.

Les Allemands, se rendant compte de l'absence d'armes antichars chez les Français, engagent les deux automitrailleuses. Les balles, impuissantes, s'écrasent sur leur blindage. La position des maquisards devient rapidement intenable : les mitrailleurs Cristol et Dechau sont mortellement blessés à leur poste de combat. Sarrazin donne l'ordre de repli. Guy Lagavre, seul à sa mitrailleuse, refuse de décrocher. Il tient toujours l'ennemi en respect. Sarrazin doit intervenir personnellement pour qu'il accepte de se replier. L'affrontement a été très meurtrier, onze résistants et une cinquantaine d'ennemis sont morts.

Le 22 juillet 1944, un train allemand de munitions est endommagé par des maquisards en gare de Pau. Le 29, à Gan, un groupe du CFP attaque un convoi allemand par surprise : douze soldats allemands sont tués et quatre autres blessés. Le 29, des FFI du bataillon de Carrère tendent une embuscade à un convoi ennemi qui laisse deux tués sur le terrain.

Dans le Pays basque, la compagnie Lavalou, du bataillon de Carrère, surveille depuis plusieurs semaines la garnison allemande de Mauléon. Le 9 août 1944, le chef Lavalou apprend par ses agents de renseignement que l'ennemi quittera la ville le lendemain. Aussitôt, la section Bercut reçoit l'ordre de se mettre en embuscade sur la D11 entre Mauléon et Vidos, après le pont routier enjambant la voie ferrée non loin de la gare. Le reste des éléments se tiendra à proximité de la ville, prêt à intervenir. Le 10 au matin, tout le monde est en place. Lavalou se rend à Pau où le colonel de Rougemont s'y trouve depuis quelques jours, afin de lui envoyer des renforts. À 13 heures, les Allemands quittent Mauléon à bord de trois camions. À peine ont-ils dépassé le pont routier que le résistant Bercut ouvre le feu sur eux avec une mitrailleuse. L'ennemi riposte en poursuivant sa route, mais il est bientôt obligé de s'arrêter, ses véhicules se trouvant hors d'usage. À pied, il va alors essayer de retourner à Mauléon en se défilant. Attaqué à la grenade, l'ennemi n'a d'autre ressource que de se jeter dans la seule habitation existant dans les parages, le château Etchebar, occupé par des réfugiés de l'Est de la France. Au cours de cette première action, le CFP a fait deux prisonniers, dont un blessé qui est dirigé sur l'hôpital de la ville. Vers 15 heures, Lavalou est de retour à Mauléon sans avoir pu obtenir les renforts souhaités. Informé des événements, il prend en main la conduite des opérations. Pendant que la section Bercut fixe les Allemands réfugiés dans le château, Lavalou regroupe le reste de ses hommes et, à la nuit tombée, fait encercler la demeure. La nuit s'écoule sans incident, seulement ponctuée par quelques coups de feu.

Le lendemain, le chef Lavalou décide d'en finir. À 9 h 30, il envoie le prisonnier porter un ultimatum aux Allemands leur ordonnant de mettre bas les armes. Ils répondent qu'ils ne se soumettront qu'à des militaires de l'armée régulière. C'est donc à l'un des chefs de section de la compagnie, l'adjudant-chef de gendarmerie Duplan, entouré de cinq gendarmes en tenue, que l'ennemi, 46 hommes au total, se rend à 11 heures. Les FFI ne comptent qu'un tué et trois blessés.

Les Allemands en garnison à Pau gagnent Orthez le 20 août 1944. D'autres éléments, dépassant rarement l'effectif d'une section, évitent les grands axes et retraitent vers le nord par les routes secondaires. Ils sèment parfois la terreur dans la population. La compagnie FFI du capitaine Peillon, rattachée au bataillon de Carrère, compte quatre sections disséminées dans un rayon de 15 km. Elle a son PC (poste de commandement) à 6 km d'Arthez-de-Béarn, non loin de Saint-Médard. Le 22 août dans la matinée, le capitaine Peillon décide de reconnaître le nœud routier d'Arthez. Il part à bord d'une voiture Peugeot 202, accompagné de son chauffeur Hermann de Connic et de deux combattants.

> « J'étais armé, écrit Peillon, de mon fidèle pistolet de 9 mm et d'un mousqueton auquel m'avaient familiarisé des années de cavalier à cheval. Chacun de mes compagnons avait une mitraillette et des grenades[20]. »

Sur la route, la section Begue signale à Peillon que des Allemands ont été vus en petits groupes à l'ouest du village d'Arthez. Il fait mettre en alerte un groupe de combat, puis repart en reconnaissance. Arrivée à 400 mètres d'Arthez, dans le fond d'un vallon, la Peugeot 202 est arrêtée par des résistants de l'Armée secrète (AS). Le capitaine Peillon rencontre leur chef, un officier de marine, avec qui le dialogue est facile.

> « Peu entraîné à la manœuvre à terre, écrit Peillon, mon interlocuteur me demande mon avis sur son dispositif. Je lui fais remarquer d'abord le danger éventuel que fait courir à la population l'embuscade qu'il a tendue ; si celle-ci ne réussit pas pleinement, les Allemands se replieront sur le village et pourront y exercer des représailles. Puis je lui montre qu'il s'est mis dans la plus mauvaise position tactique en laissant à l'ennemi les hauteurs et en se plaçant dans un bas-fond. À sa grande satisfaction, je lui propose de l'aider à se tirer d'affaire en plaçant l'un de mes groupes de combat au nord-ouest du cimetière ; mais je lui demande de ne faire ouvrir le feu que lorsque l'adversaire sera dans la boucle de la route, à 100 mètres de lui. Mon groupe le prendra alors à revers et l'empêchera de se replier sur le village[21]. »

20. Archives du corps franc Pommiès, Pau et Tarbes.
21. Archives du corps franc Pommiès, Pau et Tarbes.

Malheureusement, au moment où le capitaine Peillon retourne à sa voiture, des cyclistes allemands débouchant de l'agglomération sont pris à partie par les maquisards de l'AS. L'un des Allemands semble tomber de bicyclette, les autres se jettent dans une ferme et ouvrent le feu avec des armes automatiques. Le chef de l'AS, totalement dépassé par la situation, reste inactif et ne donne aucun ordre. Le capitaine Peillon prend alors la direction des opérations. Le groupe de combat de la section Begue accourt au bruit de la fusillade. À sa tête se trouve le jeune officier Lafont, le fils du général qui avait commandé l'école de cavalerie de Saumur en 1940. Peillon engage une manœuvre de débordement. Il donne au groupe de l'AS la mission de fixer les Allemands, tandis que le groupe Lafont doit attaquer les arrières de l'ennemi. N'accordant qu'une confiance relative au groupe de l'AS, Peillon le fait renforcer par quelques-uns de ses combattants. De maison en maison, le groupe Lafont progresse vers la ferme tenue par les Allemands. D'une fenêtre, le capitaine Peillon abat une sentinelle ennemie avec son mousqueton. Après une courte fusillade, le groupe Lafont obtient la capitulation des Allemands (un lieutenant de la Wehrmacht et dix soldats).

Le 22 août 1944, la garnison allemande d'Oloron-Sainte-Marie (150 hommes) prend la direction de la frontière espagnole. Empruntant la N134, elle droit franchir 55 km de montagne, dont le col du Somport à 1 632 mètres, avant d'atteindre l'Espagne. Le commandant François de Carrère donne l'ordre à la compagnie Henry de se lancer à la poursuite des fuyards et de les attaquer. Cette unité, forte de quatre sections, arrive le 23 août dans la soirée à Sarrance, à 6 km de Bedous. La garnison d'Oloron, bloquée dans sa marche par un groupe de guerilleros espagnols, s'est retranchée dans Bedous. Dominé par les montagnes, le village de Bedous se trouve dans une sorte de cuvette, au confluent du Gave et de l'un de ses affluents. Le matin du 24, la compagnie Henry reprend sa progression. La section Vanhouette, en tête, se heurte à l'entrée de Bedous à des soldats allemands. Le chef Henry déploie ses sections. Celle de Charpiat déborde le village par les hauteurs, tandis que celles de Touron et de Clavier progressent par les pentes ouest du Gave. La section Vanhouette reste sur la N134 pour fixer l'ennemi. Elle va maintenir sa pression par des tirs précis au fusil-mitrailleur et au mortier de 50 mm.

Craignant l'encerclement, les Allemands se regroupent et attaquent le point faible du dispositif adverse : les Espagnols au pont d'Esquit. Ces derniers, mal armés, sont rapidement bousculés, si bien que les

Allemands peuvent poursuivre leur route vers l'Espagne franquiste. Ils traversent successivement les localités d'Eygun, d'Estaut et arrivent au pont de Sebers. Mais à l'entrée du pont, ils sont pris sous le feu d'une section de l'AS aux ordres du lieutenant Paillas. Au moment où la compagnie Henry atteint le pont d'Esquit et s'apprête à talonner la colonne ennemie, d'importantes troupes du corps franc Pommiès arrivent en renfort. La voiture du colonel de Clerck, le commandant Bénony et sa 202, puis toute la colonne Miler entrent dans Bedous. Informés de la situation par le chef Henry, les officiers de Clerck, Bénony et de Broissia décident de poursuivre la garnison allemande.

Le lieutenant Coural, témoin des combats, nous raconte la suite :

> « On traversa Eygun et Estaut. Le sous-lieutenant Sehet, chef de compagnie, accompagné du lieutenant Lefèvre et de l'adjudant van Kelst allaient en tête, un fusil-mitrailleur (FM) en batterie sur la voiture. Brusquement, à un tournant, il s'arrêta. C'était à un kilomètre du fort du Portalet, à l'endroit où la route franchit le Gave, au pont de Sebers. Le pont était barré par des grosses pierres et la colonne allemande arrêtée à 500 mètres de là. De l'auto de tête, les occupants descendirent et franchirent le pont à pied. Une rafale de mitrailleuse tua le lieutenant Lefèvre et blessa l'adjudant van Kelst à la jambe. La voiture du colonel de Clerck, qui suivait immédiatement, se mit à l'abri. Le lieutenant de Broissia, puis le sous-lieutenant Coural appuyés sur le pont de Sebers, ouvrirent le feu sur les Allemands. Sur le talus, le commandant Miler et le lieutenant Sehel mirent en batterie un FM. Quelques voltigeurs du camion de tête vinrent les rejoindre. Quelques minutes après, les deux compagnies arrivèrent. Le capitaine Maratier progressa de l'autre côté du Gave, prenant la colonne ennemie sous les feux de ses mitrailleuses et de ses mortiers. Les tireurs au fusil, derrière les rochers, ajustèrent les véhicules allemands et les transpercèrent. Au bout d'une heure de combat, on vit l'adversaire agiter un drapeau blanc[22]. »

Le chef Sarramon avec la section de protection désarment 90 soldats allemands. Le chef de la Gestapo d'Oloron se suicide en se jetant du pont du Gave. On compte également une trentaine de soldats allemands tués ou blessés.

22. Archives du corps franc Pommiès, Pau et Tarbes.

D'autres colonnes allemandes qui tentent de se réfugier en Espagne sont capturées par les FFI, après de violents combats. C'est le cas à Borce, où 104 soldats allemands, encerclés par les maquisards de l'AS et de l'ORA, se rendent le 24 août. La libération de Bayonne, Biarritz, Saint-Jean-de-Luz, Socoa et Hendaye, le 21 août, permet au bataillon FFI Passicot de capturer 168 soldats allemands.

Le bataillon de Carrère participe ensuite au combat d'Autun en septembre 1944, marqué par la capture de 3 500 soldats allemands. Au sein du corps franc Pommiès, le bataillon de Carrère intègre la 1re armée française du général de Lattre de Tassigny, où il lutte avec héroïsme dans les Vosges, sous la neige et un froid terrible durant l'hiver 1944-1945. Le 28 novembre 1944, dans le secteur du Drumont, le commandant François de Carrère est très grièvement blessé par un éclat d'obus qui lui arrache un tibia. Contraint de rester plusieurs mois dans un hôpital pour y être soigné, il quitte l'armée en 1946, avec le grade de colonel, et s'astreint à une rééducation en solitaire qui lui permet de retrouver l'usage de ses jambes.

Son petit-fils François Peltier écrit au sujet de son grand-père maternel :

> « D'un caractère très entier, réputé pour la richesse exceptionnelle de ses jurons, il était aussi d'une bonté et d'une humilité extrêmes. Informé qu'il remplissait les conditions pour être promu commandeur de la Légion d'honneur, il refusa par écrit de constituer un dossier de demande, affirmant que s'il en était jugé digne, il n'avait pas à le demander. Très impliqué dans la défense de l'enseignement libre, il est également durant plus de dix ans conseiller municipal de la ville de Tarbes. Membre très actif et très engagé de la Conférence Saint-Vincent-de-Paul, il recevait régulièrement les plus démunis dans sa maison de Tarbes. Il s'y éteint en 1981 et repose dans le petit village de Salles-Adour, où il avait eu l'honneur de recevoir chez lui le général de Gaulle en 1950[23]. »

Un ancien du corps franc Pommiès écrivait à son sujet :

> « Le corps franc, c'était un groupe d'amis, et François de Carrère nous considérait comme tels. Nous lui témoignions tous une

23. Archives de François Peltier, un de ses petits-fils, et de la famille de Carrère.

> immense confiance, faite d'admiration et de respect, et en plus pour mon compte personnel une très grande affection pour ce meneur d'hommes aux qualités exceptionnelles[24]. »

Un autre lui écrivit :

> « Vous étiez pour nous tous, mon colonel, l'emblème de la Résistance telle que nous l'avions voulue et vécue. Le reste n'est que du vent[25]. »

André Pommiès, officier de l'armée d'armistice, chef d'une des plus puissantes unités de la Résistance

André Pommiès est né à Bordeaux le 9 juin 1904. Après deux années passées à l'école militaire de Saint-Cyr, il est nommé sous-lieutenant au 144e RI en 1926. Breveté de l'École supérieure de guerre dix ans après, il devient capitaine et part à Prague pour enseigner à l'École de guerre tchécoslovaque. En suivant le sort de la mission militaire du général Faucher, il s'occupe également de renseignements. Rentré en France en 1938, il organise et dirige à Lyon le bureau de centralisation des renseignements de la 14e région militaire, selon les directives du lieutenant-colonel Schlesser, chef de la section de contre-espionnage de l'état-major de l'armée. En janvier 1940, il va rejoindre ce dernier à Paris, ce qui lui permettra, le moment venu, de mettre à l'abri d'importantes archives.

Lors de l'armistice de juin 1940, Pommiès est chargé du commandement de la 5e compagnie du 18e RI à Pau. Après avoir accepté d'organiser la mobilisation secrète, il est envoyé, en octobre 1942, à l'état-major de la 5e division de Toulouse. En novembre 1942, l'armée d'armistice est dissoute. Promu commandant peu auparavant, Pommiès va garder, dans une vie désormais clandestine, tous ses contacts militaires. Dans le cadre de l'Organisation de résistance de l'armée (ORA), il pourra ainsi constituer clandestinement le célèbre corps franc Pommiès (CFP), rayonnant en Aquitaine et en Midi-Pyrénées. Unité prestigieuse de la Résistance française, le CFP, fort de 9 000 hommes, joue un rôle déterminant dans la libération du Sud-Ouest de la France. Exécutant, de décembre 1942 à août 1944,

24. Archives de François Peltier, un de ses petits-fils, et de la famille de Carrère.
25. Archives de François Peltier, un de ses petits-fils, et de la famille de Carrère.

750 opérations de sabotages et 102 embuscades, capturant de nombreuses garnisons allemandes, le CFP rejoint ensuite la 1re armée française, se bat avec héroïsme à Autun (septembre 1944), dans les Vosges et en Alsace (octobre 1944 - février 1945), en Allemagne (avril-mai 1945) et défile à Berlin en septembre 1945, en tant que 49e RI.

De 1946 à 1956, le colonel Pommiès commande l'école des troupes aéroportées de Pau, puis le 4e régiment de cuirassiers. Il va ensuite, comme auditeur, à l'Institut des hautes études de la Défense nationale, puis il assume plusieurs commandements dont celui de la subdivision de Pau. De 1956 à 1958, il reçoit la responsabilité du secteur de Tiaret en Algérie. Il est finalement adjoint au général commandant en Allemagne la 5e division blindée, puis est promu général de brigade. Il quitte l'armée quelque temps après et s'installe à Pau avec sa famille. C'est près de cette ville, à Arbus, qu'il meurt le 16 septembre 1972.

La brigade FFI Charles Martel et ses officiers de l'armée d'armistice

À l'origine, la brigade Charles Martel est une unité de la Résistance intérieure, dont l'encadrement provient en grande partie de sous-officiers et d'officiers de l'armée d'armistice. Son premier chef, le colonel Raymond Chomel, entre dans la Résistance au sein de l'ORA (Organisation de résistance de l'armée), à la suite de la dissolution de l'armée d'armistice en novembre 1942. Chomel passe dans la clandestinité sous le pseudonyme de Charles Martel. Grâce aux nombreux dépôts d'armes clandestins de l'ancienne armée d'armistice, puis aux équipements parachutés par les Alliés, Chomel est en mesure de mettre sur pied une brigade de combat lors du débarquement de Normandie. La brigade Charles Martel comprend donc le 32e RI du commandant Constantini, le 27e RI du commandant Fox, le 17e bataillon de chasseurs à pied du commandant Jean Costa de Beauregard. En août 1944, Chomel obtient le ralliement d'une partie du 1er régiment de France, unité vichyste, qui va former le 8e régiment de cuirassiers des commandants Calvel puis de Beaumont. Les effectifs de cette brigade FFI sont alors de 2 350 hommes, dont une centaine d'officiers de carrière, issus de majorité de l'armée d'armistice.

Durant les opérations menées en août et début septembre 1944, la brigade Charles Martel s'organise en sept bataillons pour les besoins de la guérilla, à savoir les bataillons d'Epernon, Lenoir, Carol, Calvel, Marceau, Kerlinion et Médard.

À partir du 6 juin 1944, suivant les instructions de l'ORA, la brigade Charles Martel multiplie les sabotages et les embuscades contre les forces allemandes. Les axes routiers sont barrés, des embuscades montées sur les principaux carrefours, avec des moyens motorisés permettant de rapides décrochages. En août 1944, la brigade Charles Martel harcèle quotidiennement la colonne allemande Täglischbeck, forte de 10 000 soldats, partie du Centre-Ouest de la France pour rejoindre la frontière allemande. La brigade Charles Martel déplore quatre tués, l'ennemi 38 tués et 40 prisonniers. De plus, cinq canons de 88 mm sont capturés.

Une autre colonne allemande, composée de 25 000 hommes, sous les ordres du général Elster, quitte Libourne le 21 août 1944 pour se replier également sur la frontière allemande. Elle est constamment harcelée par tous les maquis des environs. Le 1er septembre 1944, son avant-garde entre dans le secteur d'opération de la brigade Charles Martel qui l'attaque en permanence par des embuscades et des sabotages. Le 8, l'importante colonne Elster est acculée à se rendre à la brigade du colonel Chomel. Mais dans la nuit du 9 au 10 septembre, la colonne allemande lance une violente attaque pour forcer le passage de la Loire au pont de Decize sans y parvenir, devant la résistance acharnée des maquisards français. Les négociations reprennent. Le 10, en fin d'après-midi, le général Elster signe sa reddition devant le colonel Chomel et des officiers américains, à la sous-préfecture d'Issoudun. Le lendemain, cette reddition est confirmée à la mairie d'Arcay. Le 16, le général Elster est fait prisonnier avec les 19 000 soldats et officiers qui lui restent. La brigade Charles Martel déplore 74 tués et 68 blessés, mais peut revendiquer, avec l'aide d'autres maquis et d'unités américaines, la capture de 19 000 soldats allemands (dont 1 500 blessés), de 110 camions et de 14 canons, sans oublier 800 soldats allemands tués. C'est sans aucun doute l'une des plus grandes victoires de la Résistance française lors des combats de la Libération de l'été 1944.

Lorsque le 11 novembre 1944, la brigade Charles Martel arrive sur le front de la poche de Saint-Nazaire, ses effectifs reposent sur 2 552 hommes. Les combats, qui sont quotidiens, se présentent sous forme de duels d'artillerie, d'embuscades, d'escarmouches et de patrouilles avec des commandos d'infiltration. Elle participe ensuite en mai 1945 à la reddition de cette poche. En tout, ce sont près de 28 000 soldats allemands, dont deux amiraux et deux généraux, qui partent en camp de prisonniers pour une captivité qui va durer jusqu'en 1947-1948. Les prisonniers allemands doivent accomplir le déminage de la poche de Saint-Nazaire. Un millier d'entre eux, ayant tout perdu en Allemagne, restent dans le département pour s'y fixer. Ils se marieront avec des Françaises.

Ainsi, de juin 1944 à mai 1945, la brigade Charles Martel, forte en moyenne de 2 500 hommes, participe avec d'autres unités françaises et américaines à la capture de près de 50 000 soldats allemands, un des plus beaux exploits de la Résistance intérieure. Issue en grande partie de l'armée d'armistice, notamment par son encadrement militaire, elle illustre parfaitement le rôle considérable joué par l'ORA, injustement décrié et méconnu, dans la défaite allemande.

En guise de conclusion

Il convient de souligner que sur les quatre maréchaux français de la Seconde Guerre mondiale ayant largement contribué à la victoire finale des Alliés, deux sont issus de l'armée d'armistice (Alphonse Juin et Jean de Lattre de Tassigny) et deux des Forces françaises libres (Philippe Leclerc de Hauteclocque et Pierre Kœnig). Alphonse Juin joue un rôle clef, au sein du corps expéditionnaire français, dans la défaite allemande sur le front italien en 1943-1944, tandis Jean de Lattre de Tassigny libère, à la tête de la 1re armée française, un quart du territoire français en 1944 et parvient à conquérir un quart du sud de l'Allemagne en 1945. Ses actions d'éclat, avec celles de la Résistance intérieure et des Forces françaises libres, permettent à la France de figurer parmi les quatre grandes puissances alliées victorieuses (Russie soviétique, États-Unis, Grande-Bretagne et France), lors de la reddition allemande en mai 1945. C'est Jean de Lattre de Tassigny qui signe, au nom de la France, l'acte de capitulation du IIIe Reich à Berlin, à la demande du général de Gaulle, fondateur de la France libre.

3

Le rôle trouble des Britanniques dans l'affaire Grandclément

Considérée comme l'une des plus incroyables affaires de la Résistance, elle n'a cessé d'alimenter de nombreuses controverses et de conserver sa part d'ombres et de mystères. Pour la première fois, tous les faits sont enfin dévoilés dans ce chapitre explosif, grâce à la consultation de toutes les archives et aux entretiens avec les derniers témoins. On y découvre le rôle trouble joué par les services spéciaux britanniques, à des fins stratégiques pour tromper Hitler, quitte à sacrifier des résistants français.

Une résistance multiple et variée

Cette affaire débute à Bordeaux, où la Résistance s'est implantée à travers divers réseaux et mouvements clandestins. Tout comme partout en France, la Résistance bordelaise est multiple et variée. Des hommes aussi éloignés que peuvent l'être un industriel (Brudigoux), un ancien député socialiste (Audeguil), un professeur de faculté (Auriac), un membre du comité central du parti communiste (Tillon), un négociant en vins de l'Action française (Paillère), un pilote du port de Bordeaux (Fleuret), un aristocrate monarchiste (Louis de La Bardonnie), un militant syndicaliste de gauche (Bonnac)… vont lutter dès 1940 contre l'occupant. Cette grande diversité se retrouve également dans la collaboration. À la fin de 1940, des groupes sont constitués, d'autres se forment. Il est impossible de parler d'une résistance, mais plutôt de résistances.

Par son ouverture sur l'Atlantique et l'importance de son port, Bordeaux devient l'une des plus importantes bases stratégiques du IIIe Reich. Il n'est donc pas étonnant que la Résistance s'y soit implantée en force. Le jour même de l'appel du 18 juin 1940, Charles Tillon, délégué clandestin du parti communiste, rompt avec l'attitude attentiste de son parti en distribuant des tracts patriotiques sur le port de Bordeaux. Dès le mois de septembre, Charles Tillon, Marie Beyer et René Michel forment les premiers groupes chargés de l'action armée contre l'occupant. Un premier sabotage est effectué le 7 décembre 1940 contre une ligne téléphonique allemande. Parallèlement, un groupe de jeunes communistes, animé par Claude Meyroune et Raoul Claveria, ronéotype et diffuse le journal *Le Volontaire* ainsi que des tracts clandestins.

Toujours à Bordeaux, l'instituteur Jean Ferrier établit une filière pour gagner l'Angleterre, via l'Espagne, que cinq jeunes utilisent dès l'été 1940. Le 24 août 1940, un juif polonais, Israël Karp, ancien engagé volontaire de 14-18, manifeste son hostilité aux soldats allemands qui hissent le drapeau nazi devant la gare Saint-Jean. Cet acte courageux lui vaudra le poteau d'exécution. Il en sera de même pour Pierre-Lucien Mourgues, un Bordelais de 74 ans, qui sera fusillé en décembre 1940.

En septembre 1940, le général d'Harcourt et le capitaine Jacquemet fondent le réseau de renseignement Jacky, comprenant notamment les officiers Besson, Douence et Salefran. En décembre, le capitaine Sabadie, l'aumônier Lasserre et le lieutenant de vaisseau Scherrer, émissaire du commandant Loustaunau-Lacau, forment une équipe de renseignement. Le groupe Georges-Aubert voit le jour en octobre 1940. Ses principaux membres, l'aspirant Aubert, Georges Bonnet, le père Louis de Jabrun, Paul Mamert et Mohamed Mould Abdallah mettent en place un réseau d'évasion, spécialisé dans le passage clandestin de la ligne de démarcation. Le groupe Dominique, formé par Lucienne Souillié en septembre 1940, sabote avec succès plusieurs camions allemands. Pierre Girard, serrurier d'art, et ses compagnons se lancent dans la collecte de renseignements militaires, tels l'emplacement et l'organisation des troupes allemandes au port de Bordeaux et à l'aérodrome de Mérignac. Le commandant Étienne Grandier-Vazeille, dégagé des cadres depuis 1932, organise un noyau actif de Résistance. Jules Domercq, sous-chef de gare à Bordeaux-Saint-Jean, renseigne la Résistance sur les déplacements des trains. Arrêté par les autorités d'occupation, ce résistant de la première heure sera torturé au fort du Hâ où il mourra après avoir eu les yeux arrachés.

Le 8 octobre 1940, des élus socialistes et des fonctionnaires, dont le député de la Gironde Fernand Audeguil, Georges Bonnac et André Mureine fondent le comité d'action socialiste de la Résistance.

> « Les réunions, raconte le résistant René Dumas, se tenaient clandestinement dans une salle de l'Athénée municipal, chez maître Costedoat, et aussi dans un bureau de la rue du Chai-des-Farines où nous accueillaient Domec et le regretté Domingine... Chacun avait ses tâches et Georges Bonnac allait régulièrement à Paris[1]. »

Dès la fin du mois de juin 1940, Louis de La Bardonnie, monarchiste et propriétaire viticulteur à Saint-Antoine-de-Breuilh, groupe autour de lui des hommes décidés à résister activement : Paul Armbruster, Pierre Beausoleil, l'abbé de Dartein, Jean Eschbach, le docteur Pailloux, Paul Dungler, Jean Fleuret et Ange Gaudin. Cet embryon du réseau de la Confrérie Notre-Dame (CND) établit des points de passage de la ligne de démarcation en Gironde et ailleurs, sabote des véhicules allemands et collecte des renseignements de tous ordres sur les troupes d'occupation. C'est en Gironde que le réseau CND, fondé par le colonel Rémy, prend une extraordinaire expansion. Le commandant Gaudin et le colonel Fleuret se chargent de renseigner les Alliés sur les navires italiens et allemands ancrés dans le port de Bordeaux, et surtout de signaler leurs mouvements.

> « Il semble certain, écrit le colonel Rémy, que les renseignements fournis par l'antenne bordelaise du réseau CND aient été à l'origine de la destruction de onze sous-marins allemands et italiens et plus de vingt cargos dont certains transportaient du matériel de guerre de première importance. Ce résultat équivaut à une grande victoire navale[2]. »

1. Archives du centre national Jean Moulin, Bordeaux.
2. Archives du centre national Jean Moulin, Bordeaux.

En juin 1942, la trahison de l'un des membres du réseau entraîne l'arrestation d'Ange Gaudin, puis celle de Jean Fleuret.

Le colonel Rémy (Gilbert Renault), âgé de 36 ans, rejoint la Grande-Bretagne dès la fin juin 1940. Il rencontre à Londres le général de Gaulle et le colonel Passy, chef des services spéciaux de la France libre. Le 11 novembre 1940, il revient en France pour créer le réseau de renseignement CND qui obtient des résultats surprenants grâce à la qualité de son recrutement. Durant le conflit, pas un navire allemand ou italien n'aborde ni ne quitte les ports de l'Atlantique sans que Londres en soit prévenu. Dans le cadre de la Confrérie Notre-Dame à Bordeaux, les docteurs Chauvenet et Colas forment, en mai 1941, un groupe de renseignement avec le professeur Jean Auriac, André Bergez, le professeur Vilar, Vilain, Blanc, Barthe, Guilbaud, Raufaste, Silberberg, Marcelle et Pierre Girard. Le 18 juillet 1941, suite à la trahison de Geneviève Sauvaneix, le professeur Auriac se donne la mort en avalant deux doses de cyanure.

> « Cela dut être dur, raconte le docteur Chauvenet, mais le sacrifice n'a pas été inutile. Le sinistre commissaire Poinsot l'a reconnu dans un rapport où il déclare que le suicide du professeur Auriac empêchera de faire définitivement la lumière sur cette affaire. Personnellement, je lui dois de vivre, d'autres résistants aussi. Je ne connais pas de sacrifice plus pur que le sien[3]. »

Le réseau CND est l'un des rares réseaux fondés en 1940 qui a continué à transmettre des informations jusqu'à la Libération.

Le réseau de renseignement Jade-Amicol de l'Intelligence Service britannique (IS), né en 1941 de la fusion de deux sous-réseaux dirigés respectivement par Claude Arnould (colonel Olivier) et Philippe Keun, peut compter sur une équipe dynamique en Gironde, dirigée par Pierre Moniot et le révérend père (RP) Antoine Dieuzayde. Le travail de renseignement réalisé par le groupe Moniot est extraordinaire. Un rapport adressé aux Alliés présente la totalité du système défensif des Allemands à Bordeaux et ses environs : postes de DCA, batteries d'artillerie, projecteurs, ballons, postes de commandement, tranchées, obstacles variés, blockhaus, camps, dépôts d'essence ou de munitions, cantonnements d'unités spéciales...

3. Archives du centre national Jean Moulin, Bordeaux.

Une des principales recrues d'Arnould à Bordeaux est le RP jésuite Bernard de Gorostarzu, directeur du célèbre collège de Tivoli, dont les élèves appartiennent souvent aux « bonnes familles » de la ville. Cet homme de Dieu se charge du recrutement du réseau Jade-Amicol parmi les jeunes gens des classes de terminale. C'est lui qui fait entrer dans la Résistance le jeune Hélie Denoix de Saint-Marc en 1941. Le maréchal Montgomery signera un certificat de reconnaissance, nominatif, au jésuite de Tivoli « comme volontaire au service des Nations unies pour la grande cause de la Liberté[4] ». Rattaché à l'état-major interallié, depuis le 1er octobre 1940, le RP de Gorostarzu s'est acquitté avec loyauté et dévouement de toutes les missions qui lui ont été confiées. On ne pourra s'empêcher de remarquer que certains piliers de la Résistance bordelaise sont des religieux, comme le RP Dieuzayde, l'abbé de Dartein, le RP de Gorostarzu, l'abbé Lasserre, le père Louis de Jabrun et bien d'autres…

Le 21 octobre 1941, à Bordeaux, le communiste Pierre Rebière abat au revolver le commandant Reimers, officier d'état-major de la Wehrmacht, et blesse le conseiller administratif de guerre Kohlmann. L'occupant, fou de rage, menace de fusiller des centaines d'otages si le coupable n'est pas découvert. Un inspecteur de police, Philippe Châtelier, membre de la Résistance, lance les Allemands sur une fausse piste.

> « C'est dans cette atmosphère, écrit-il, que j'ai pris part à l'enquête. J'avais l'intention bien arrêtée de ne livrer personne à l'ennemi, quoi qu'il arrive. Peu de temps avant l'Occupation, j'avais connu un espagnol républicain, Antonio Coll, originaire de Barcelone, qui était venu à Bordeaux comme réfugié. Cet Espagnol était parti avant l'Occupation, il avait quitté la France pour se rendre en République argentine. Il m'avait envoyé un mot depuis l'Argentine où il était donc bien arrivé. Son signalement correspondait d'assez loin à celui de l'auteur de l'attentat, mais ça ne pouvait être lui puisqu'il était en Argentine. J'étais le seul à le savoir. Craignant une nouvelle fusillade d'otages et des sanctions graves, j'eus l'idée d'aller à la préfecture (service des étrangers) pour me procurer la photographie d'identité de mon Espagnol. Cette photo fut montrée au conseiller Kohlmann qui affirma qu'elle était bien celle de l'auteur de l'attentat. Immédiatement,

4. Archives du centre national Jean Moulin, Bordeaux.

> des recherches furent prescrites et un mandat d'arrêt délivré. Bien entendu l'Espagnol ne fut jamais découvert mais les menaces allemandes ne furent pas mises à exécution[5]. »

Une affiche et un avis stigmatisent l'attentat. Cent otages sont désignés pour être fusillés dans la lande de Souge. Mais, grâce à l'intervention de l'inspecteur Châtelier, la liste est ramenée à cinquante. Depuis le mois de juillet, quarante-trois communistes sympathisants, sept jeunes gaullistes appartenant au réseau Alliance de la Jeunesse ont été arrêtés. Suspectés d'avoir agi sous la direction d'André Bergez et du docteur Auriac, les jeunes gaullistes avaient recueilli de précieux renseignements sur l'aérodrome et les dépôts d'armes de Mérignac. Quant aux autres otages, aucun dossier n'a été établi à leur rencontre, sinon leur appartenance au parti communiste et leur responsabilité dans l'organisation clandestine.

Parmi les cinquante fusillés du 24 octobre 1941 figure le docteur Raymond Nancel-Penard, héros de la Résistance bordelaise. Médecin-résident du sanatorium Xavier-Arnozan de Pessac, membre du parti communiste, il participe à la guerre d'Espagne. Mobilisé au 218e RI en septembre 1939, il fait une brillante campagne. Peu après sa démobilisation, Nancel-Penard est arrêté le 22 novembre 1940, avec cent vingt membres syndicalistes et communistes. Ils sont enfermés au 24 quai de Bacalan où ils subissent le premier bombardement anglais sur le port de Bordeaux. En mars 1941, le docteur Nancel-Penard est relâché à la suite d'une pétition signée par ses collègues médecins. Il reprend son service au sanatorium et entre dans la Résistance. Suite à une dénonciation, il est de nouveau arrêté en avril 1941 et interné au fort du Hâ à Bordeaux. Il subit de multiples pressions jusqu'à sa mort. On lui demande notamment de désavouer son parti et de se déclarer prêt à collaborer avec l'occupant. Grâce à quoi, il aurait la vie sauve. Il refuse catégoriquement. La veille de son exécution, le préfet de la Gironde François Pierre-Alype lui rend visite et renouvelle son offre. Le docteur Nancel-Penard lui répond :

> « Monsieur le Préfet, il vous faut cinquante otages. Si je signe, demain matin, vous n'en aurez que quarante-neuf?
> — Qu'importe? répond Pierre-Alype, on prendra celui qui vient après vous sur la liste.

5. Archives du centre national Jean Moulin, Bordeaux.

— Eh ! bien, Monsieur le Préfet, si je n'avais d'autres raisons de refuser votre marché, en voici une[6]. »

L'abbé Mabille, aumônier de l'hôpital Saint-André, désigné pour accompagner les otages à Souge, témoigne :

> « Le docteur Nancel-Penard a été admirable. Il a réconforté totalement les jeunes gens désorientés devant le poteau d'exécution, leur a fait chanter *La Marseillaise*, et refusant d'avoir les yeux bandés, a déclaré : Je veux voir l'ennemi en face[7]. »

L'aide de la France libre et des services spéciaux britanniques

À Londres, la France libre du général de Gaulle entend aider les résistants de la métropole. Dans la nuit du 11 au 12 mai 1941, les sous-lieutenants Forman, Vanier et Cabar sont parachutés près de Bordeaux pour saboter la centrale électrique de Pessac. Le capitaine Georges Bergé, héros des FFL, est l'organisateur de cette mission. La centrale alimente en énergie les usines de la région et surtout la base sous-marine de Bordeaux. La première tentative de sabotage n'aboutit pas. Les trois officiers français découvrent que la centrale est protégée par un haut mur d'enceinte que couronne un câble à haute tension, et devinent derrière le mur une certaine animation. Les trois hommes montent à Paris où Forman prend contact avec le résistant Joël Le Tac. L'équipe ainsi renforcée repart pour la Gironde. Là, elle peut être mieux renseignée sur les rondes de nuit, préparer sa retraite, récupérer son matériel et ses explosifs, les mettre en état. Dans la nuit du 7 au 8 juin 1941, le commando passe à l'action : Forman escalade le mur d'enceinte, se glisse de l'autre côté en évitant le câble à haute tension, saute à l'intérieur et ouvre le portail d'entrée, afin que les trois autres saboteurs le rejoignent. Ils s'introduisent dans la centrale et procèdent à la mise en place d'explosifs sur les huit principaux transformateurs. L'explosion retentit, suivie d'un incendie, alors que l'équipe s'éloigne dans la nuit. La base sous-marine, qui abrite quarante-trois submersibles de la 12e flottille allemande de U-Boote et dont le bassin à flot n° 1 accueille trente-deux sous-marins italiens, se voit ainsi privée d'électricité durant plusieurs semaines.

6. Archives du centre national Jean Moulin, Bordeaux.
7. Archives du centre national Jean Moulin, Bordeaux.

Le Special Operation Executive (SOE) du colonel britannique Buckmaster s'intéresse également à la Gironde. Créé par Churchill le 19 juillet 1940, le SOE se trouve placé, en partie, en concurrence avec l'Intelligence Service (IS). Sa mission est de soutenir la résistance intérieure par tous les moyens, en envoyant notamment des agents et du matériel. Dès août 1942, Claude de Baissac, agent du SOE, est parachuté près de Châteauroux. Il rejoint rapidement Bordeaux afin d'y établir des contacts avec la Résistance locale. Il demande au colonel Buckmaster de lui envoyer le radio Roger Landes (Aristide). Parachuté en Sologne, celui-ci gagne Bordeaux et rencontre Claude de Baissac dans un café du quai des Chartrons, où il installe son émetteur-radio, avant de se réfugier, pour plus de sûreté, à Cenon puis à Caudéran, au domicile d'une veuve, Marcelle Carralp-Jardel, avenue de la République. Il y séjourne plusieurs mois, reconnaît les zones de parachutage, organise des équipes de réception, recrute des agents (Bouillard, Dussarat, Duboué, Daniel et Léo Paillère, Tronche, Corbin…). Claude de Baissac, Roger Landes et leurs agents passent à l'action à la fin de l'année 1942. La centrale électrique de Bayonne, les câbles d'alimentation électrique de Mérignac, ceux des batteries antiaériennes des Deux-Poteaux, et l'émetteur-radio des Quatre-Pavillons, sont sabotés ou détruits. Soixante terrains de parachutage ou d'atterrissage sont homologués par Londres.

La puissance de l'Organisation civile et militaire (OCM)

À la fin de l'année 1942, la Gironde est l'un des départements où la Résistance s'est le mieux implantée. L'Organisation civile et militaire (OCM), solidement épaulée par le SOE, semble tout diriger. L'OCM est un mouvement né de la fusion d'un groupe d'origine militaire, recrutant dans les amicales régimentaires, avec un groupe émanant de la Confédération des travailleurs intellectuels, dirigé par Maxime Blocq-Mascart. L'OCM rassemble tout une élite de hauts fonctionnaires, de cadres supérieurs, d'industriels, de militaires, d'étudiants… La région Sud-Ouest est celle que l'OCM peut citer en exemple. Grâce au soutien massif du SOE, de nombreux parachutages ont fourni des milliers d'armes à cette importante force clandestine.

Le mérite d'une telle organisation revient en grande partie à André Grandclément, chef de l'OCM dans la région. Cet homme de 33 ans en 1942, grand et séduisant, fils d'amiral, s'occupe d'un portefeuille d'assurances à Bordeaux, ce qui lui permet de connaître beaucoup de monde. Politiquement, Grandclément se situe à droite et n'aime guère les communistes ; mais la politique servile de Vichy à l'égard des Allemands l'écœure rapidement. Il entre dès 1941 dans la Résistance. Très rapidement, l'organisation de Grandclément prend un essor considérable, disposant bientôt d'un état-major avec le colonel Rollot, le commandant Grandier-Vazeille et le capitaine de corvette Goyau.

En tant que neveu du général Jouffrault et ami du capitaine Rauzée (chef de l'amicale de Saumur), André Grandclément, qui a combattu vaillamment comme lieutenant en 1940, bénéficie d'un préjugé favorable aux yeux des chefs de l'OCM. Il gravit facilement les échelons et se trouve en 1942 chef de l'OCM en région B, qui couvre la Charente-Maritime, la Charente, la Gironde, les Landes et les Basses-Pyrénées.

Activement secondé par le colonel Rollot, Grandclément organise de son mieux la Résistance : il recrute dans les milieux étudiants, reçoit de fortes mensualités du SOE, dispose d'un état-major, de plusieurs groupes de combat, d'une équipe de parachutage, d'écoles d'entraînement au maniement des armes, de maquis en Corrèze et dans les Landes, d'une filière d'évasion, d'une liaison radio avec Londres. Enfin, l'armement est important avec plus de deux mille mitraillettes Sten, des explosifs, des fusils, des pistolets… Du fait de l'activité conjuguée de Léo Paillère, Claude de Baissac, Roger Landes, Jean Duboué, Grandclément, Rollot, Grandier-Vazeille… la région B pourra compter sur des milliers d'hommes le jour du débarquement.

La mort héroïque d'Édouard Tarif

Résistant bordelais mort en héros, Édouard Tarif a joué un rôle capital en fournissant aux Alliés des renseignements très précieux sur l'ensemble du trafic ferroviaire allemand dans le Sud-Ouest. Cet ancien combattant de la Première Guerre mondiale assure, le 10 mai 1940, son service comme chef intérimaire à la gare maritime du Havre, où il est chargé d'organiser la composition des trains militaires. Devant l'avance allemande, en juin 1940, Édouard Tarif et ses collègues (Dussauge et Hélène) restent volontairement sur place au Havre, où ils se chargent de détruire les installations ferroviaires, pour éviter qu'elles ne tombent intactes aux mains des Allemands. En contact avec Londres dès l'automne 1940, Édouard Tarif indique à la RAF l'arrivée d'un train allemand de munitions dans la région de Grainville-Saint-Honoré qui est bombardé la nuit même. Nommé sous-chef de gare à Bordeaux, en février 1941, Édouard Tarif poursuit activement son action patriotique. Malgré les menaces réitérées de l'ennemi, Tarif fait parvenir à Londres la copie de chaque tracé des convois allemands dans le Sud-Ouest, ainsi que le relevé du nombre de locomotives et de leurs dépôts, avec le diamètre des plaques tournantes et la façon de les neutraliser, sans oublier le service de la voie, concernant les ouvrages d'art, ponts, tunnels, viaducs et aiguillages. Ces très précieux renseignements sur l'ensemble du trafic ferroviaire allemand en France permettent la destruction de 847 locomotives et 4 600 wagons en une seule année !

> « Lorsque l'ordre en était donné depuis Londres, raconte son fils Jean Tarif, le plus grand travail des agents comme mon père, était, en raison des coupures de voies, de faire converger tous les trains de troupe et de matériel allemand sur un même centre afin d'y provoquer un bouchon et de donner ainsi une cible idéale à la RAF. Édouard Tarif est bénévolement assisté par un cadre de la SNCF, André Billote. Il établit également une liaison secrète avec Louis Armand, devenu directeur de la SNCF[8]. »

La Gestapo, qui enquête depuis un certain temps sur lui, l'arrête, le torture et le fait déporter en camp de concentration, où il subit un véritable martyre. Après une tentative d'évasion, sévèrement réprimée par les SS, Édouard Tarif décède des suites de ses blessures le 6 mars 1945, sans avoir jamais révélé l'identité des agents des réseaux avec lesquels il travaillait depuis 1940.

> « J'ai su par la suite, relate son fils Jean, comment mon père est mort. Lors de sa tentative d'évasion, une sentinelle allemande lui a lancé un wagonnet qui l'a gravement blessé à une jambe. Sa blessure s'étant infectée, le docteur Duffieu, un résistant déporté, l'a opéré pour lui couper la jambe. Les Allemands l'ayant laissé sans aucun soin, il mourut à petit feu de la gangrène à Wolfsburg-Fallersleben[9]. »

Un rapport de l'intendant régional du maintien de l'ordre, adressé à la Gestapo de Bordeaux, rend compte des activités d'Édouard Tarif :

8. Archives du centre national Jean Moulin, Bordeaux.
9. Archives du centre national Jean Moulin, Bordeaux.

> « Il fournit de façon régulière les listes de trains allemands avec les itinéraires, les horaires, les compositions (types de rames) plusieurs jours avant le passage de ces trains. Il indique aussi les rames vides ou chargées de munitions et d'essence, en attente sur des voies de garage. L'arrestation du responsable du secteur suspend l'activité de Tarif pendant quelques semaines. Malgré la surveillance accrue des Allemands, il recommence en communiquant les graphiques des trains de troupe et de permissionnaires, ainsi que de nombreux détails sur les marchandises expédiées en Allemagne[10]... »

La situation se dégrade

Le démantèlement des réseaux Alouette et Prosper, durant l'été 1943, permet à la Gestapo de remonter jusqu'au chef de l'OCM en région B. Les règles strictes de cloisonnement n'ayant pas été toujours respectées, notamment au sein du réseau SOE Prosper, Friedrich Wilhelm Dohse, un des chefs nazis de la Gestapo à Bordeaux, prend ainsi connaissance du nom de Grandclément, assureur, domicilié 34 cours de Verdun à Bordeaux. Dohse sait aussi que la plupart des membres de cette organisation se camouflent sous le masque d'une compagnie d'assurances, dont le directeur est Grandclément lui-même et que, pour compléter cette couverture, une police d'assurance est établie au nom de chaque membre. La Gestapo mène une perquisition minutieuse au cabinet d'assurances de Grandclément. Découverte qui entraîne de nombreuses arrestations. Le 30 juillet 1943, Lucette Grandclément, seconde épouse du chef de l'OCM, tombe ainsi entre les griffes de la Gestapo à Bordeaux.

André Grandclément, se sachant recherché par l'occupant, remplace pour un mois son ami Paul Pierson dans son cabinet d'assurances de Paris. Cependant, il ne perd pas contact avec la région B : Thinières, puis Camplan continuent de recevoir des instructions. Il est également en relation constante avec les agents anglais du SOE, dont plusieurs réseaux sont en train de sombrer... Dès qu'il apprend l'arrestation de sa femme, Grandclément commence à s'agiter afin d'obtenir sa libération et va jusqu'à menacer de se constituer prisonnier. Alfred Touny, chef national de l'OCM, l'en dissuade rapidement.

10. Archives du centre national Jean Moulin, Bordeaux.

De son côté, la Gestapo de Bordeaux ne reste pas inactive en signalant aux services allemands parisiens que le chef de l'OCM en région B se cache à Paris. « Enfin, écrit Dohse, nous répartîmes un grand nombre de photos de l'homme établies d'après celles que nous avions prises dans son appartement[11]. »

L'arrestation de Grandclément et le pacte avec le « diable »

Le 18 septembre 1943, Dohse est informé par un agent double qu'un rendez-vous est prévu pour le 19 à Paris, avenue de Wagram, avec Grandclément. Ne pouvant obtenir un avion pour monter à Paris, Dohse donne l'ordre d'arrêter « le gibier » au lieu indiqué. Le lendemain, Grandclément, accompagné du résistant Marc Vuillemin, doit rencontrer le résistant Marc O'Neill, au nº 15 de l'avenue de Wagram. Terriblement méfiant depuis les arrestations en série ayant frappé le SOE et l'OCM, Grandclément décide d'arriver en retard et s'attable à la terrasse d'un café des environs. À 11 h 15, Jacques Désoubrie, un indicateur de la Gestapo ayant infiltré la Résistance, téléphone à Dohse : « Je suis dans un café où se trouve Grandclément. » Des ordres sont immédiatement donnés pour l'arrêter. À 11 h 30, Grandclément et Vuillemin sont ceinturés par plusieurs nazis en civil et enfermés à Fresnes.

Le 21 septembre 1943, Grandclément est transféré au siège de la Gestapo bordelaise au Bouscat, un château du XIXe siècle. Le lieutenant SS Kunesch et un interprète le prennent en charge. Ce premier interrogatoire n'ayant rien donné, Dohse s'en charge lui-même. C'est sur la détention de sa femme et de ses compagnons que Dohse se met au devoir de jouer le grand jeu, sans user de la moindre brutalité. Avant de l'interroger, il lui dit que son épouse est en excellente santé. Il lui laisse entrevoir la possibilité de la retrouver. À la nuit tombée, Dohse prend congé et donne l'ordre d'aménager une chambre pour son prisonnier, de bien le nourrir et de lui accorder d'autres petites commodités.

Le lendemain matin, d'après la version donnée par Dohse, l'interrogatoire aurait pris l'allure d'une discussion portant sur la situation politique générale, la situation militaire, les divergences de vues dans la Résistance française, le gouvernement de Vichy et autres sujets.

---

11. Archives du centre national Jean Moulin, Bordeaux.

Dohse aurait accordé à Grandclément l'entière liberté de s'exprimer et même de critiquer l'Allemagne. Au cours de cette longue conversation, l'Allemand tente de trouver une solution au problème qui le hante : les dépôts d'armes de l'OCM et la manière de s'en emparer. En fin d'après-midi, Dohse a pu fixer trois points lui permettant d'aller droit au but : Grandclément se préoccupe fort du sort des 250 hommes arrêtés, membres de son organisation, dont il se sent responsable ; son attitude est nettement hostile au communisme ; il est soucieux de l'emprisonnement de sa femme, craint de la voir gravement compromise, entraînant éventuellement sa déportation ou sa condamnation à mort.

Le 22 septembre, après avoir obtenu l'approbation de ses supérieurs, Dohse fait venir dans son bureau les deux époux et assiste à de touchantes retrouvailles. Le 23, Grandclément est laissé en liberté surveillée. Il aurait entrepris de réaliser d'incroyables accords avec le policier SS Dohse : livraison d'une partie des armes parachutées en échange de la libération d'un certain nombre de résistants de son organisation, ainsi que l'annulation des autres arrestations prévues. Lors de sa rencontre avec Dohse au Bouscat, Grandclément est fort surpris de constater que le policier allemand sait tout : le nom des agents britanniques, des membres de l'OCM, leurs lieux de rendez-vous, l'emplacement de presque tous les dépôts d'armes. Grandclément se croit assez habile pour manipuler Dohse, mais face à la toute-puissance de la Gestapo, que peut-il faire ?

Grandclément a-t-il agi seul ?

Toujours est-il que la Résistance en région B se trouve en partie démantelée. Grandclément a-t-il agi seul ou a-t-il reçu d'abord l'accord du SOE de livrer les armes à la Gestapo ? Bien entendu, l'officier du SOE Roger Landes prétend que non. Assez curieusement, l'adjoint de Landes, Charles Corbin, d'abord interrogé par la Gestapo, est à son tour libéré. Dans un rapport confidentiel, rédigé par Gabriel Delaunay, ancien préfet des Basses-Pyrénées et ancien président du Comité départemental de Libération de la Gironde (CDL), nous apprenons que

> « Dohse rencontra plus tard Corbin avec lequel il déjeuna. Dohse précise qu'au cours d'un déjeuner avec Corbin, il a présenté en détail l'accord qu'il avait passé avec Grandclément, tant en ce

> qui concernait la remise des armes que la non-arrestation de 150 personnes appartenant à la Résistance identifiées par ses services. Dohse affirme d'ailleurs qu'à cette époque les renseignements parvenus de Paris sur l'organisation du SOE en France indiquaient que la fille de Corbin était fiancée avec Roger Landes. L'identité de Claude de Baissac, officier du SOE, est également clairement identifiée[12]. »

Grillé, Claude de Baissac a déjà quitté la France, mais Roger Landes ne tarde pas à le suivre. Ce dernier reviendra quelques mois plus tard reprendre la direction des opérations et s'occuper de Grandclément…

La livraison des armes

À partir du 27 septembre 1943, les livraisons des armes se succèdent durant quelques semaines. Dohse et ses indicateurs se rendent successivement près de Pissos, dans la forêt de Sabres, où 45 containers d'armes sont saisis, 260 containers à La Brède, dans une ferme abandonnée, 356 au Temple, 80 à Lacanau, 115 à Saint-Médard, 44 à Saint-Jean-d'Illac, 35 à Blaye. Soit 935 containers, atteignant le poids total de 45 tonnes, dont plus de 2 000 mitraillettes Sten. Par contre, les dépôts d'armes de Morcenx et Rion-des-Landes restent entre les mains de la Résistance. Selon Dohse, 30 tonnes environ ont été sciemment détournées par Grandclément et ses hommes. En contrepartie de la remise des armes, Dohse aurait fait libérer une centaine de résistants de l'OCM, dont bien entendu la femme de Grandclément, le chiffre allant de 82 à 180 selon les témoignages et les documents. Léonce Dussarat, un des chefs de la Résistance landaise, aurait refusé de rencontrer Grandclément, accompagné de Dohse, et préféré prendre la fuite.

L'affaire du maquis de Lencouacq

Dohse et Grandclément auraient alors eu des préoccupations convergentes face au « danger » communiste. Si les Allemands doivent quitter la France, des maquis blancs se tiendront prêts à la lutte pour

12. Archives du centre national Jean Moulin, Bordeaux.

éviter le « grand soir » des révolutionnaires rouges. À Lencouacq, dans les Landes, Grandclément caresse l'incroyable projet de faire inspecter un maquis par Dohse !

> « Je voulais faire visiter ce camp par deux officiers allemands, pour leur donner une fière impression de ce que nous avons su faire. Je demandais à mes hommes de faire flotter nos couleurs, symbole non de leur reddition mais de leur volonté de maintenir la France », racontera Grandclément un peu plus tard pour se justifier[13].

Le chef du maquis, Guy Sarramagnan, informe ses supérieurs des propositions de Grandclément. Le colonel de Marguerittes, un des chefs de l'OCM, affirme que toute tractation avec l'ennemi est considérée d'après le règlement militaire comme un acte de haute trahison et, comme tel, punie de mort. La sanction dictée par le fougueux colonel de Marguerittes est rapidement appliquée. Le fils du colonel Rollot, qui a accepté la visite de Grandclément, est jugé responsable de haute trahison et fusillé le 1er novembre à 11 heures. Le même jour, à 16 h 15, les voitures transportant la commission « d'armistice franco-allemande » arrivent près du maquis de Lencouacq. Dohse, Grandclément et son adjoint Malheyrand continuent à pied. Chazeau, autre adjoint de Grandclément, marche en tête du détachement. Une rafale de mitraillette le tue sur le coup. Les autres prennent la fuite, échappant de justesse à l'embuscade tendue par les maquisards. Ces derniers trouvent dans les vêtements de Chazeau un laissez-passer et un permis de port d'arme délivré par la Gestapo de Bordeaux.

Une heure après cet incident, le maquis de Lencouacq se retire en direction du Sud-Est dans la forêt de Geaune.

> « Le lendemain de cette affaire, déclarera Dohse en 1987, accompagné d'une douzaine d'hommes de notre service, je suis allé à Lencouacq pour chercher les cadavres de Chazeau et Rollot. Je savais que les maquisards avaient pris la fuite après notre retraite[14]. »

Le 2 novembre 1943, Grandclément, furieux, se précipite chez le professeur Joubert, membre de l'OCM, et parle de vengeance ;

13. Archives du centre national Jean Moulin, Bordeaux.
14. Archives du centre national Jean Moulin, Bordeaux.

il accuse les résistants Ferrier et Patanchon d'être à l'origine de cette tuerie. Le 3 novembre, Ferrier est arrêté, puis relâché après une perquisition sans résultat à son domicile. Le Résistance se divise au bénéfice de la Gestapo…

La Résistance du Sud-Ouest semble cependant se ressaisir après l'affaire de Lencouacq. Une conférence d'état-major réunit le colonel Camplan, le colonel de Marguerittes, Yvon Toussaint et le professeur Joubert. Marguerittes relate les événements survenus à Lencouacq et annonce la mort de son agent de liaison, Auguste, assassiné près de Morcenx. Il accuse Grandclément et Malheyrand d'en être responsables et demande la convocation du comité national de l'OCM, présidé par Touny. Aucune réponse cohérente ne sera donnée au colonel de Marguerittes qui, se sachant traqué par Dohse, va devoir quitter la région.

Une réorganisation de façade

Le chef de l'OCM, Alfred Touny, ne reste cependant pas inactif. Il confie à Camplan la mission de coordonner l'action de la Résistance en région B. Le docteur Alain Boyau doit de son côté assurer la liaison entre Paris et le Sud-Ouest. Enfin, Michel Pasteau verse 3 000 francs à Camplan. Cette réorganisation de façade ne va pas empêcher Dohse de porter de nouveaux coups à la Résistance. Alain Boyau, membre de l'OCM, résume la situation de la façon suivante :

> « À Paris, les échelons de commandements de l'OCM sont plus ou moins noyautés et en tout cas connus des Allemands, qui semblent ne rien ignorer des ordres qui y sont pris. On peut se rendre compte à la suite des événements qui viennent de se passer que l'OCM n'est pas non seulement infiltrée, mais que même à l'intérieur de ses éléments sains, il existe une dissension certaine[15]. »

15. Archives du centre national Jean Moulin, Bordeaux.

Une rencontre clandestine entre Dohse et le révérend père Riquet

Cette « dissension certaine », Dohse ne va pas cesser de l'entretenir afin d'arriver à ses fins : neutraliser la Résistance. Au mois de novembre 1943, il rencontre clandestinement, à l'insu de son chef à Paris, le révérend père Riquet, une nuit dans un immeuble parisien. Dohse n'ignorait pas à l'époque le rôle important que jouait cet homme d'Église dans la Résistance. En 1950, le révérend père Riquet reconnaîtra dans une déposition avoir rencontré Dohse :

> « Il est exact qu'à la demande de Grandclément, j'ai consenti... à avoir un entretien avec le lieutenant Dohse dont on m'assurait qu'il avait des sentiments bienveillants à l'égard de la Résistance. L'entrevue a eu lieu dans un appartement vide rue de Bourgogne, en présence de mon ami Marcel Beaufils, professeur d'allemand au lycée Pasteur qui me servait d'interprète et de témoin. J'avais caché mon nom et m'appelais pour la circonstance l'abbé Lefèvre. Le lieutenant Dohse est arrivé accompagné de Grandclément et de sa femme. Dohse m'a dit à plusieurs reprises qu'il voulait être humain et qu'il l'avait prouvé en libérant, à la demande de Grandclément, de nombreux résistants. Il disait également vouloir lutter, non pas contre les Français, mais contre les communistes. D'après ce que Grandclément m'avait écrit, le lieutenant se serait montré à son égard, et à l'égard de ses compagnons de Résistance, particulièrement compréhensif et même chevaleresque, ayant même proposé, paraît-il, de laisser subsister plusieurs des maquis de Grandclément, et je n'ai pas eu l'occasion de constater le comportement du lieutenant Dohse, en dehors du court entretien ci-dessus indiqué[16]. »

D'autres rencontres incroyables

Cette incroyable rencontre entre un révérend père résistant et un officier SS n'aura pas de suite. Quelques mois plus tard le RP Riquet sera arrêté à Paris et déporté en Allemagne. Mais il en faut davantage pour décourager Friedrich Wilhelm Dohse :

16. Archives du centre national Jean Moulin, Bordeaux.

« Ensuite je vis, raconte-t-il dans ses Mémoires, Alain Boyau, officier de liaison du Comité national de la Libération (CNL) à Paris, André Noël, lieutenant de Grandclément et chef d'un grand maquis dans la Corrèze, Charles Corbin, officier de liaison de l'organisation anglaise du SOE, ainsi que le commissaire Pelletier, officier de liaison du CNR (Conseil national de la Résistance) de Paris. Je leur expliquais mes idées et essayais de les gagner à notre cause. André Noël me déclara qu'il préférait lutter armes en main jusqu'à la mort contre les Allemands. Notons qu'ils venaient me voir armés, et s'en allaient sans être poursuivis. À la demande de Grandclément, je leur fournis des "lettres de sauvegarde", des "laissez-passer" et des "autorisations de ports d'armes", comme en avaient reçu Lacaze, Malheyrand, Chazeau, Cazenave et beaucoup d'autres[17]. »

De son côté, Grandclément multiplie les contacts. Il rencontre des membres de l'OCM parisien. Il proclame son double jeu, assure mener les Allemands par le bout du nez et, pour preuve de son efficacité, agite une liste de 180 résistants libérés. Il a livré 45 tonnes d'armes aux Allemands, mais affirme que plus de 30 tonnes sont encore cachées. La Résistance est préservée, et le restera puisque la Gestapo a mis fin aux arrestations. Les chefs de l'OCM restent sans réaction, comme hébétés devant cette situation pour le moins unique dans toute l'histoire de la Résistance.

L'arrivée d'un homme à poigne

L'homme à poigne dont a besoin le Sud-Ouest arrive d'Angleterre le 15 novembre 1943. On le surnomme « Hypoténuse ».

Depuis la fin de l'année 1941, le Bureau central de renseignement et d'action (BCRA, services spéciaux de la France libre) a procédé par étapes successives à l'implantation de missions et de réseaux divers. Afin de coordonner et d'unifier les mouvements de la Résistance intérieure, chaque région reçoit, à partir de 1943, un délégué militaire régional (DMR). En mission, le DMR a une autorité qui doit théoriquement s'imposer à tous les mouvements de Résistance.

17. Archives du centre national Jean Moulin, Bordeaux.

Le général de Gaulle estime que seul un DMR d'exception peut redresser la situation catastrophique en région B. Cet homme exceptionnel se nomme Claude Bonnier (Hypoténuse en mission). Né à Paris le 4 novembre 1897, il quitte le 6 avril 1915 la classe de mathématiques spéciales du lycée de Condorcet pour s'engager dans l'armée à 17 ans seulement. À l'armistice du 11 novembre 1918, il est lieutenant, chevalier de la Légion d'honneur et titulaire de la Croix de guerre avec quatre citations. Il n'a que 21 ans. Claude Bonnier reprend ses études. Après dix mois de travail acharné, il est brillamment reçu à Polytechnique et à l'École des mines. Il choisit cette dernière et en sort ingénieur civil à 25 ans. Le 6 novembre 1942, il s'engage dans les Forces françaises libres (FFL). Résistant de la première heure, il a publié divers articles dans la presse clandestine. En Écosse, il suit l'entraînement des commandos parachutistes à 45 ans. Au début de l'année 1943, Claude Bonnier est volontaire pour partir comme délégué militaire en région B. Pour le BCRA, cette région est devenue, depuis l'affaire Grandclément, « la région pourrie ». Le commandant Bonnier, qui devient colonel, quitte Londres le soir du 14 novembre 1943. Mais il n'est pas seul dans l'avion chargé de le conduire en France occupée. Un mois avant son départ, le BCRA lui a présenté celui qui doit l'accompagner pour le seconder en qualité de chef de l'organisation de sabotage. Il s'agit de Jacques Nancy, né à Carthage, en Tunisie, ancien ingénieur diplômé de l'École supérieur de mécanique et d'électricité de Paris. Mobilisé en 1939, il est décoré de la Croix de guerre le 19 juin 1940. Prisonnier en Allemagne, il s'évade, rejoint Londres et s'engage dans le service action du BCRA. Peu après la Libération, Jacques Nancy se souviendra de sa première rencontre avec Claude Bonnier :

> « C'est à l'automne 1943 que je fus présenté au colonel Bonnier à Londres. D'allure très jeune, les épaules carrées, les cheveux en brosse, les yeux très doux, brillant d'intelligence derrière ses lunettes, une figure calme et énergique d'où se dégage une impression extraordinaire à la fois de force et de douceur. Tout en lui respire le chef fort moralement et physiquement[18]. »

Dans la nuit du 14 au 15 novembre 1943, dans une prairie qui borde la Charente, une équipe de réception attend l'arrivée de Claude

18. Archives du centre national Jean Moulin, Bordeaux.

Bonnier et de Jacques Nancy. L'organisation des opérations aériennes en région B est l'œuvre d'un brillant étudiant en médecine, Jean Lapeyre-Mensignac. Cet homme d'action s'est occupé, dès l'automne 1940, des passages clandestins de la ligne de démarcation. Engagé volontaire au BCRA en 1941, il est chargé de recruter les cadres responsables de ces opérations : René Chabasse, Pierre Barrère, Guy Margariti, Philippe Boireau et Charles Franc.

En janvier 1944, Claude Bonnier, Jacques Nancy et leur équipe ont déjà créé, armé et instruit 70 groupes de résistants dans le Sud-Ouest. Malheureusement, Bonnier ne parvient pas à s'entendre avec le nouveau chef de l'OCM en région B, le colonel Eugène Camplan, héroïque pilote de chasse de la Grande Guerre, plusieurs fois décoré. Ce dernier a sans aucun doute désapprouvé l'attitude de Grandclément, sans pour autant rompre avec lui. Dans le climat empoisonné de la Résistance bordelaise, tout le monde est soupçonné de travailler pour la Gestapo.

La mort énigmatique du colonel Camplan

Le 18 janvier 1944, par le train de 17 heures, Camplan part pour Paris assister à une réunion de l'OCM qui doit définir sa position à l'égard de Bonnier et de Grandclément. Mais Camplan descend en gare d'Angoulême. Il n'arrivera jamais à Paris. Le 14 mars 1946, son corps sera retrouvé par hasard par des promeneurs non loin de Ruffec, en Charente. L'autopsie montrera qu'il a été tué par une balle de gros calibre. Camplan a-t-il été victime d'un ordre ferme et répressif de Bonnier ? On a longtemps cru à cette thèse. Or Camplan a quitté la gare de Bordeaux en compagnie de deux résistants douteux, Butté et Augier. D'après une enquête de Jean Lapeyre-Mensignac, officier du BCRA, Butté et Augier auraient été des agents doubles travaillant pour la Gestapo. Selon une autre hypothèse, Camplan aurait été abattu sur ordre d'un des chefs de la Résistance nationale, Jean de Voguë.

La fin tragique de Claude Bonnier

Comble de malheur, Claude Bonnier va lui aussi connaître une fin tragique. Suite à l'arrestation des frères Lespine, anciens résistants de l'OCM, le policier SS Dohse apprend que Bonnier a des contacts directs avec Louis Durant, le radio de Camplan. Le matin du 9 février 1944, c'est l'incident tragique. Claude Bonnier se rend, sans protection, au domicile de Durant, 14 rue Galard à Bordeaux. La police allemande est là, en force. Bonnier est arrêté. Amené au siège de la Gestapo au Bouscat, il se donne la mort en croquant sa pilule de cyanure. Pour être sûr de ne pas compromettre ses camarades, Bonnier a préféré la mort au déshonneur.

Claude Bonnier a malheureusement été arrêté une valise à la main. Dohse affirme qu'elle contenait des documents importants :

> « En dehors d'une somme de 4,5 millions de francs, nous avons découvert un rapport du colonel Passy à Londres : ces sept pages, tapées à la machine, étaient vraiment uniques en leur genre. Ce rapport représentait pour nous une belle aubaine puisqu'il comprenait tous les éléments que nous désirions connaître : la situation clairement établie de l'ancienne OCM dans le Sud-Ouest, les noms des chefs et les effectifs de l'organisation dans neuf départements, la qualité des armes parachutées disponibles[19]... »

Comme souvent, Dohse exagère. La Gestapo bordelaise était déjà bien renseignée sur l'OCM depuis le démantèlement de plusieurs réseaux du SOE lors de l'été 1943.

Le plan le plus audacieux de Dohse

À l'époque où Bonnier et Camplan se disputent le commandement de la Résistance en région B, le lieutenant Dohse met en place le plan le plus audacieux de toute sa carrière. Il persuade Grandclément d'envoyer deux délégués auprès du général de Gaulle à Alger, pour lui proposer ni plus ni moins un armistice entre l'occupant allemand et la Résistance non communiste dans le Sud-Ouest de la France. Le Reichsführer SS Heinrich Himmler donne son accord personnel et annonce qu'il en informera Hitler.

Dans un rapport de police judiciaire, établi après la guerre, le 26 février 1946, on apprend que le pacte proposé par Dohse aurait été le suivant :

---

19. Archives du centre national Jean Moulin, Bordeaux.

1° Constitution de dépôts d'armes communs.

2° Engagement pris par les membres de l'OCM en région B de ne pas tirer sur les Allemands si ceux-ci étaient obligés de quitter la France.

3° Engagement pris par les Allemands de ne pas arrêter les membres de l'OCM en région B, dont la liste serait fournie, tant que dureraient les négociations.

4° Engagement de ne pas commettre des actes de sabotage pendant le séjour de l'armée occupante en France.

5° Engagement des membres de l'OCM en région B d'aider les Allemands dans la lutte contre les communistes.

> « À cette époque, raconte Dohse, je me suis rendu compte que Grandclément, essentiellement par l'intermédiaire de Malheyrand et de Boyau à Paris, gardait, malgré son isolement à Bordeaux et dans les Landes, des contacts importants dans la Résistance. D'autre part, devant l'action croissante de ces mouvements d'une manière générale, je sentais qu'il était nécessaire de prendre personnellement une nouvelle initiative. Il me fallait entrer en relation avec une haute personnalité de la région pour, d'abord au plan régional et ensuite même au niveau national, régulariser la lutte entre l'occupant et la Résistance. Je m'en suis ouvert à Grandclément et lui ai proposé de me mettre en relation avec le professeur Joubert que je connaissais déjà de nom et de personnalité et dont je n'ignorais pas le rôle important dans l'OCM.
>
> J'entrevis une espèce de trêve possible entre nous autres Allemands et l'OCM et un moyen de contrecarrer les efforts de l'opposition pour renforcer la position de Grandclément. C'est ainsi que je conçus le plan d'entrer en relation avec le professeur Joubert, soit pour le gagner à la cause de Grandclément ou à une autre encore meilleure, soit le cas échéant, pour le compromettre, lui et l'opposition de façon que tous deux perdent leur crédit auprès des leurs. Cette action pouvait ou réussir ou obligatoirement freiner sérieusement la réorganisation de l'OCM sous la conduite du colonel Camplan, et, par là, renforcer la position de Grandclément. Le risque était donc pour nous relativement minime[20]. »

20. Archives du centre national Jean Moulin, Bordeaux.

À la fin du mois de novembre 1943, Grandclément rencontre le professeur Joubert et lui tient ces propos :

> « Les Allemands se savent perdus et mesurent toute la gravité du danger russe ; ils seraient désireux de rencontrer l'appui de la France dans ses éléments actifs, et, pour cela ne pas brusquer la Résistance. Ils voudraient qu'elle prenne conscience de son inefficacité et qu'elle accepte une entente. Pour moi, ajoute Grandclément, je suis hors jeu et j'ai donné ma parole de ne plus me battre. J'ai d'ailleurs sauvé de nombreux résistants en livrant les armes. Il faut penser aux jeunes, aux maquis. Dohse les respectera s'ils prennent l'engagement de ne plus combattre. Ils seront nourris, équipés et formeront une force anticommuniste le jour du départ des Allemands[21]. »

Lors de ce premier entretien, Joubert aurait répondu :

> « Impossible. Votre action n'a qu'un nom : trahison. Tout militaire touché par vous est suspect et écarté. Moi-même suis de ceux-là[22]. »

Grandclément, qui ne désespère pas, revient, peu de temps après, chez Joubert et lui présente de nouvelles propositions : fin des arrestations et des exécutions d'otages, les résistants incarcérés seront considérés comme prisonniers de guerre, et non comme francs-tireurs, et leurs biens ne seront pas confisqués. Cette fois, Joubert semble convaincu de la bonne foi de Grandclément. Enthousiasmé par de telles propositions, il se voit déjà le négociateur d'une paix entre la France et l'Allemagne !

Une rencontre entre Dohse et Joubert a lieu le 22 novembre 1943, au siège de la Gestapo au Bouscat.

> « Lors de notre entretien, raconte Dohse, j'étudiais avec le professeur Joubert un projet de trêve et, finalement avec la participation de mes chefs, je proposais que les résistants arrêtés soient traités comme des prisonniers de guerre. Ces conditions par les

21. Archives du centre national Jean Moulin, Bordeaux.
22. Archives du centre national Jean Moulin, Bordeaux.

> deux parties formaient une base pour des négociations dans le sens du projet connu : maquis anticommunistes, etc[23]. »

Joubert déclare que la Résistance n'a qu'un chef, le général de Gaulle, et que c'est à lui qu'il faut s'adresser. Dohse, qui n'espérait pas une autre réponse, demande à Joubert de faire connaître ses propositions aux chefs de l'OCM. Le lendemain même, Joubert, accompagné du colonel Thinières, se rend à Paris afin de recevoir l'approbation du colonel Touny, chef national de l'OCM. Celui-ci pense que les propositions de Dohse ne sont pas sérieuses et ne mènent à rien. Mais estimant que l'hiver sera dur, il convient qu'il faut gagner du temps. Aussi ordonne-t-il de poursuivre les conversations avec Dohse à condition que les arrestations et les exécutions d'otages et de résistants cessent.

De retour à Bordeaux, Joubert communique les conditions à Dohse, qui les accepte aussitôt. Quelques résistants sont libérés, dont l'épouse du colonel Thinières. Une véritable détente s'établit dans la région.

Cependant, les tractations ne rencontrent pas l'approbation du commandant Paillère et du colonel de Marguerittes. Ils le font savoir au colonel Touny qui déclare finalement que seul le général de Gaulle a la compétence de trancher une telle affaire. Pour ce faire, il demande à Joubert et Thinières de se rendre à Alger où se trouve le chef de la France libre.

Dohse nous raconte la suite :

> « J'ai vu Joubert à Paris. Il m'a tenu au courant des pourparlers. Il s'est décidé à partir pour l'Afrique du Nord. Je lui ai proposé de lui faciliter le passage en Espagne ; il a accepté ! Je lui précisai que ni à Paris et ni mes chefs à Bordeaux ne furent au courant que le colonel Thinières accompagnerait le professeur Joubert. Inutile d'ajouter que je m'étais engagé volontairement sur mon honneur de garantir la liberté au colonel Thinières. Ma parole transmise, il accepta ma proposition. Nous avions fixé rendez-vous à la gare d'Hendaye, où j'eus l'occasion de m'entretenir longtemps avec le colonel Thinières. Puis je cachais le colonel et le professeur Joubert dans le coffre de ma voiture et franchis la frontière. Vers une heure de l'après-midi (le 20 décembre 1943), je passais le

23. Archives du centre national Jean Moulin, Bordeaux.

> pont international d'Irun et quittais mes deux émissaires près du consulat d'Angleterre de San Sebastián. Nous étions convenus d'un message à lancer dès leur arrivée à Alger : "Louis et Charles sont bien arrivés." Nos services d'écoute ont capté ce message, si mes souvenirs sont bons, dans la nuit du Nouvel An 1944. Dans le courant du mois de février, j'ai appris que le général de Gaulle s'était refusé à donner suite à mes propositions. Je l'ai su par deux canaux différents : l'un par la Résistance, Grandclément et Malheyrand – dont la source était Alain Boyau, officier du CNL à Paris – et l'autre par nos services de contre-espionnage, émanant d'un réseau à Alger[24]. »

Le professeur Joubert, cherchant à se justifier après la guerre, déclarera avoir été présenté, en compagnie de Thinières, au général de Gaulle par André Philip, le 8 janvier 1944. Le général aurait alors donné l'ordre de rompre les entretiens avec les Allemands. Mais, d'après le colonel Rollot se trouvant à la même époque à Alger, Joubert et Thinières n'ont pas été reçus par le général de Gaulle. Le 12 janvier, celui-ci les a fait envoyer à Laghouat, en résidence surveillée.

Thinières sera libéré en juin 1944 et nommé après la guerre « commissaire du gouvernement auprès du tribunal militaire de cassation des troupes d'occupation en Allemagne et en Autriche ». Cet homme, couvert par la gauche du fait de son appartenance au parti socialiste et à la franc-maçonnerie, se permettra de juger les Alsaciens-Lorrains engagés dans l'armée allemande, alors que lui-même avait traversé la frontière espagnole en compagnie de l'officier SS Dohse !

L'historien Guérin a retrouvé trace d'activités de Thinières encore plus anciennes, puisque datant de novembre 1940 :

> « Le futur colonel était alors commissaire du gouvernement auprès d'un tribunal militaire de Vichy et se distinguait par la dureté de ses réquisitoires contre les communistes et par son regret publiquement exprimé de ne point disposer à leur encontre d'un appareil répressif plus sévère[25]. »

Le professeur Joubert ne sera libéré qu'en juillet 1945, après qu'une longue enquête l'aura lavé de tout soupçon. Berlin ne fut pas plus séduit par les tractations. Informé par Himmler, Hitler ordonna la

24. Archives du centre national Jean Moulin, Bordeaux.
25. Archives du centre national Jean Moulin, Bordeaux.

rupture des négociations. La mission Thinières-Joubert, malgré le refus du général de Gaulle, aura parfaitement servi les intérêts de la Gestapo. Elle n'a fait qu'accentuer davantage les dissensions au sein de la Résistance. Après les morts de Bonnier et de Camplan, la « mascarade d'Alger » et les coups portés par la Gestapo, la situation de la Résistance dans le Sud-Ouest paraissait désespérée au début de l'année 1944. Dans un rapport du 4 mars 1944, le résistant Alain Boyau présentait l'état de l'OCM en région B :

> « 1° Grandclément semble posséder 3 000 hommes dans la région du Sud-Ouest qui ont une entière confiance en lui et à qui il reste 25 tonnes de matériel environ. L'attitude de Grandclément reste à expliquer, et que doit-on faire de ses protestations de foi ?
> 2° Ce qui reste de l'organisation de Paillère après son départ en Espagne : environ 1 500 hommes pour toute la région, presque tous dans la région bordelaise, mais avec des ramifications possibles dans toute la région du Sud-Ouest. Ils ont été mis en sommeil depuis quelque temps, mais il est possible de s'en servir car ils possèdent un bon commandement, un bon moral, des terrains et des équipes de parachutages, mais à l'heure actuelle, ils ne doivent pas posséder plus de 10 mitraillettes.
> 3° Quelques groupes épars assez peu armés, tenant plus ou moins le maquis, en particulier dans la Charente et dans les Landes, comprenant environ 530 hommes et qui sont en liaison avec les maquis de Corrèze.
> 4° On me signale d'autre part que dans la partie sud des Landes et des Basses-Pyrénées, on peut compter sur les restes de l'OCM, environ 700 hommes qui semblent en bonne condition et un peu armés.
> 5° Il existe d'autre part, surtout dans le nord de la région, des organisations dépendantes de Libération, mais qui semblent disposer de beaucoup plus de comités de libération locaux, que d'hommes et de matériel[26]. »

Cette présentation des forces de l'OCM en mars 1944 ne doit pas faire oublier que d'autres organisations résistantes n'ont pas cessé de se renforcer. L'immense travail accompli par Claude Bonnier, Lucien Nouaux, André Jolit, André Bouillard, André Pommiès, Léonce

26. Archives du centre national Jean Moulin, Bordeaux.

Dussarat, Jacques Nancy, Roger Landes et bien d'autres n'a pas été vain. La Résistance du Sud-Ouest va être en mesure de porter des coups sévères à l'occupant durant l'été 1944.

Le comportement de Grandclément trouble et divise la Résistance au point que le soupçon de la trahison empoisonne l'atmosphère et déclenche une guerre des chefs qui cause la mort de nombreux hommes. Dohse est ainsi parvenu à diviser la Résistance pour mieux la neutraliser.

Grandclément : traître ou bouc émissaire ?

Après la guerre, André Grandclément devient, pour l'historiographie officielle, l'unique responsable des vagues d'arrestations qui ont décimé l'OCM et le SOE en région B. Pourtant, dès 1948, l'excellent rapport de l'inspecteur Borderie du SRPJ de Bordeaux sur les actes de trahison reprochés à Grandclément est formel : « Aucune des dénonciations dont Grandclément fut accusé n'a laissé de trace[27]. » Mais son « double jeu » à l'ombre de la Gestapo a certainement affaibli la Résistance.

Les historiens René Terrisse et Guy Penaud ont démontré que l'on a imputé à tort à Grandclément de nombreuses affaires. Il ne serait que le bouc émissaire d'une situation plus compliquée.

> « Il a fait libérer certaines personnes, convient le britannique Roger Landes. Celles qui ont voulu continuer à travailler avec lui. Les autres ont été déportées. Quand il a été libéré avec sa femme par les Allemands, qu'est-ce qui les empêchait de passer en Espagne et d'aller se disculper en Angleterre[28] ? »

D'autres résistants partagent le même point de vue que celui de Roger Landes, dont les officiers du BCRA Jean Lapeyre-Mensignac et Pierre Barrère. Pour eux, même si Grandclément n'a fait arrêter personne, son comportement a divisé la Résistance au plus grand bénéfice de la Gestapo.

Grandclément donne lui-même une autre version : « L'histoire de notre lutte ne compte pas, puisque l'incompréhension et la légèreté de ceux qui devaient être nos amis nous ont fait perdre la seconde

27. Archives du centre national Jean Moulin, Bordeaux.
28. Archives du centre national Jean Moulin, Bordeaux.

manche[29]. » Cette phrase étrange de Grandclément, entendue par l'un de ses proches, révèle une terrible désillusion. Les « amis » en question, ce sont les Anglais.

> « Lui qui s'est dépensé sans compter, écrivent Dominique de Laage et Dominique Richard, pour que la Résistance du Sud-Ouest soit prête à soutenir un débarquement allié en France à l'automne 1943, est tombé de haut. L'invasion a eu lieu mais… en Italie ! Et dans les griffes de la Gestapo, Grandclément s'est rendu compte de la surprenante connaissance de son organisation par les Allemands[30]. »

Le rôle trouble des Britanniques

D'après le correspondant de guerre britannique Charles Wighton, les services secrets anglais, avec l'accord de Churchill, auraient utilisé en 1943 l'organisation de Grandclément pour intoxiquer les Allemands et leur faire croire à l'imminence d'un débarquement sur la côte Aquitaine, de façon à fixer plusieurs divisions de la Wehrmacht loin de la péninsule italienne. Cette délicate mystification est aujourd'hui un fait établi… et possède même un nom : Starkey. Au cours de cette opération, on n'hésitera pas à sacrifier une partie de la Résistance française pour tromper Hitler.

Pendant toute la guerre, les dirigeants britanniques ne ménageront guère les résistants français. Ils hésiteront rarement à les sacrifier à des buts jugés par eux supérieurs. Et tel sera également le sort des groupes et réseaux de Résistance immolés aux idéaux obscurs et irresponsables de la stratégie. La destruction d'une partie de l'OCM et du SOE, en 1943, en fournit une illustration. Les agents français, comme Grandclément, seront intentionnellement trompés sur la véritable nature de l'opération. Croyant à l'imminence d'un débarquement réel, les résistants se lancent à fond dans l'action qu'on leur prescrit, assumant des risques qu'ils n'auraient jamais pris s'ils avaient su qu'il s'agissait d'une ruse. La police allemande, qui dispose de renseignements précis, grâce à des imprudences et à l'infiltration des groupes et des réseaux, riposte par un vaste coup de filet. En quelques jours, la plupart des réseaux du SOE, étroitement liés à l'OCM, sont détruits.

29. Archives du centre national Jean Moulin, Bordeaux.
30. Archives du journal *Sud-Ouest*, Bordeaux.

Au sein du réseau Prosper (major Francis Suttill) mis en place pour contrôler et ravitailler en armes une soixantaine de groupes dans la région parisienne, plus de 1 500 personnes sont arrêtées. Il en va de même pour le réseau Savant (Claude de Baissac) qui s'étend sur tout le Sud-Ouest. Plus de 300 résistants sont capturés.

Le démantèlement d'une importante partie de la Résistance sera le résultat de cette simulation visant à tromper les Allemands. Or le maréchal von Rundstedt, commandant en chef à l'ouest, ne se laisse pas berner par un tel piège. Hitler est tellement convaincu qu'il s'agit d'une feinte, qu'il retire au même moment les deux tiers des armées de l'Ouest pour renforcer le front de l'Est, l'Italie et les Balkans.

L'existence au sein du SOE d'un agent qui transmettait depuis plusieurs mois les courriers de l'organisation anglaise en France aux Allemands, accrédite davantage cette thèse. Grandclément a-t-il été manipulé par les Britanniques pour tromper les Allemands ? Tout semble le confirmer. Le long plaidoyer que Grandclément a rédigé peu de temps avant sa fin tragique se trouve dans les archives du SOE. Que contient-il ? Certains documents ont mystérieusement disparu, mais d'après deux agents français des services spéciaux de la France libre, qui ont tenu à garder l'anonymat, on pourrait lire les faits suivants : Grandclément n'aurait collaboré qu'apparemment avec Dohse. Il n'aurait livré qu'une partie des armes et non la totalité, afin d'obtenir la libération d'une partie de ses hommes « trahis » par les Anglais. On aurait mis sur son compte des actions qui étaient en réalité le fait de personnalités importantes du SOE. Le même SOE aurait de lourdes responsabilités dans l'arrestation de Grandclément à Paris, ainsi que dans le démantèlement de l'OCM en Gironde. La constitution de maquis « anticommunistes » et la mission Thinières-Joubert ne seraient que des mesures provisoires, afin de suspendre les arrestations massives de résistants de l'OCM.

Un fait est certain, les accusations portées contre Grandclément sont fondées principalement sur les témoignages de Roger Landes, de certains résistants et de Dohse. Le fait que le principal intéressé ne soit plus là pour se défendre jette bien entendu l'ombre d'un doute sur les versions données par les adversaires les plus acharnés. Il n'en demeure pas moins vrai que l'OCM, comme la Résistance en général, était un mouvement créé dans le but de combattre l'occupant. Celui qui pactise avec l'ennemi se rend théoriquement coupable de trahison tant moralement que juridiquement. Le cas de Grandclément est bien entendu plus compliqué que cette affirmation qui arrange les manichéens de l'histoire. Il est prouvé que « l'accord »

Dohse-Grandclément a été un marché de dupes, où les deux protagonistes ont cherché à se tromper l'un et l'autre. René Terrisse estime que l'accord n'a jamais existé : « C'est par des représailles sur la population civile que Dohse aurait obtenu de Grandclément la livraison de certains dépôts d'armes[31]. »

> « Après son arrestation, écrit Guy Penaud, Grandclément s'est aperçu que les Allemands étaient au courant de tout. Il s'est rendu compte qu'il avait été manipulé comme l'ont été plusieurs équipes du SOE. Ils croyaient être les véritables hommes de l'ombre. Mais en fait, on s'est servi d'eux pour accréditer l'idée d'un débarquement dans le Sud-Ouest[32]. »

Grandclément a-t-il bien été abattu ?

Le 10 juillet 1944, André Grandclément, l'homme que toute la Résistance recherche, se trouve avec son épouse à Pyla-sur-Mer. Condamné par les messages de mise à mort de la BBC, envoyés depuis Bordeaux par l'agent du SOE Roger Landes (de retour en France depuis mars 1944), Grandclément rédige un long plaidoyer dans lequel il tente d'expliquer son comportement. Après avoir déjoué la vigilance de la Gestapo le 20 juillet, il tente d'obtenir un avion Lysander pour rejoindre Londres, afin de pouvoir se justifier devant le général de Gaulle. Lors de son errance à travers la lande girondine, le couple Grandclément est rejoint par un authentique résistant de Biganos, Marc Duluguet. Très enthousiaste à l'idée de rejoindre Londres, Duluguet accepte de devenir le garde du corps de Grandclément. Finalement, après maintes péripéties, Grandclément, son épouse Lucette et Duluguet tombent dans un piège tendu par Roger Landes et son équipe. Interrogés par Roger Landes, dans la propriété de Franck Cazenave, près de Belin, les trois prisonniers auraient été emmenés sur le territoire de la commune de Muret, et abattus sur place, le 27 juillet 1944. André Bouillard se serait chargé de Grandclément, Roger Landes de l'épouse, Christian Campet du jeune Duluguet, totalement innocent à l'affaire. Duluguet, membre du réseau Jade-Amicol, avait participé à plusieurs opérations de

31. René Terrisse, *Grandclément, traître ou bouc émissaire? Ombres et lumières sur un dossier brûlant de la Résistance à Bordeaux*, Éditions Aubéron, 1999.
32. Archives du journal *Sud-Ouest*, Bordeaux.

sabotage dans le département. Roger Landes s'empare ensuite de la serviette contenant les documents de Grandclément.

Selon certains témoins, l'idée initiale de Roger Landes consistait à mener Grandclément à Londres par avion. Il se ravisa lorsqu'il constata que Grandclément connaissait la cause du démantèlement de l'OCM et du SOE dans le Sud-Ouest en 1943, à savoir l'opération Starkey, visant à sacrifier une partie de la Résistance française pour faire croire à Hitler à l'imminence d'un débarquement en France, de façon à fixer plusieurs divisions allemandes loin de la péninsule Italienne. Roger Landes, amoureux de la fille de Charles Corbin (son adjoint), a voulu couvrir celui-ci de ses liens avec la Gestapo. Il est clairement prouvé que Corbin a rencontré Dohse, en compagnie de Grandclément. L'a-t-il fait pour renseigner Roger Landes des intentions de la Gestapo ? En abattant Grandclément et son épouse, Roger Landes se serait prémuni contre toute révélation compromettante. Nullement rassuré, Alban Bordes, résistant actif de la région, qui a participé à la capture de Grandclément, prend la précaution d'exiger du délégué militaire du SOE (Roger Landes) un ordre d'exécution écrit. Les proches de Grandclément, témoins gênants, sont abattus les uns après les autres par les hommes de Roger Landes. Il en sera ainsi pour André Noël, dont le cadavre sera retrouvé à Parempuyre, le 13 août 1944. Les documents de la famille Duluguet, prouvant l'innocence de leur fils, vont être subtilisés par Roger Landes, sous la menace, après la guerre. À ce sujet, le témoignage de Renée Nadeau est accablant :

> « J'ai travaillé chez Mme Duluguet, aux Argentières, après la guerre. Un jour, elle m'a dit qu'il fallait voir ce qu'il y avait dans le grenier. Nous avons traîné une échelle et je suis montée. Rien, sauf une valise en bois dans un coin. Je l'ai descendue et nous avons constaté qu'elle était fermée à clef. À l'aide d'un démonte-pneu, Mme Duluguet a réussi à l'ouvrir. Cette valise contenait du linge, un drap cousu en sac de couchage, une serviette de toilette, un gant, une serviette de table, un torchon, un linge de corps, un carnet de notes, des papiers et trois cartes d'identité à différents noms. Mme Duluguet en larmes m'a dit : "J'ai la preuve de l'innocence de mon fils et de son départ prévu pour l'Angleterre!" Environ un an après, au bar Bleu, à Facture, un après-midi, j'étais seule dans la salle du bar, faisant du ménage (Mme Duluguet était dans la petite pièce sur l'arrière, à classer son courrier), quand un homme est entré. Il a demandé

Mme Duluguet. Je l'ai prié d'attendre, et il m'a répondu : "Je sais qu'elle est là et qu'elle va me recevoir. Dites-lui que je suis Aristide (Roger Landes)." Il s'est avancé, elle ne voulait pas le recevoir, mais trop tard, il était rentré dans la petite pièce. Il est resté assez longtemps. Ils parlaient à voix basse. Lorsque cet homme est parti, Mme Duluguet est venue me rejoindre. Elle était bouleversée, en pleurs. Elle m'a dit qu'elle ne pouvait plus rien faire pour son fils; que cet homme l'avait menacée, elle, ses neveux, ses nièces, toute sa famille, et qu'elle ne pouvait pas mettre leurs vies en danger[33]. »

Certains résistants, ayant gardé le silence durant plus de soixante ans après les événements, ont décidé de parler. C'est le cas de Louis Chalifour, dont l'une des nombreuses citations à l'ordre de l'armée précise qu'il a été « un patriote ardent, animé d'une foi ardente en la victoire. En octobre 1941, favorisant les passages clandestins de la ligne de démarcation, il est entré en lutte contre la Feldgendarmerie. Réfractaire au STO, il a participé à de nombreux transports d'armes et de matériel, à des sabotages de toute nature. Malgré les recherches de la Gestapo, il a continué à servir avec un mépris du danger au-dessus de tout éloge, se distinguant au cours des combats de la libération du Bordelais[34] ». Ce grand résistant rejoint le corps franc Marc, puis le maquis de Grignols; il participe comme officier à la campagne du Médoc en 1944-1945, où il est blessé. Proche de Lucien Nouaux (chef du corps franc Marc), Chalifour apprend de sa bouche que « Roger Landes aurait des contacts avec le policier SS Dohse. Les deux hommes se seraient rencontrés à l'hôtel du Splendid, à Bordeaux[35] ».

Dohse a-t-il été un agent double travaillant aussi bien pour la Gestapo que pour les services spéciaux britanniques? Rien ne permet de l'affirmer avec exactitude. Il est cependant troublant de constater que cet officier SS, arrêté par les Britanniques au Danemark en mai 1945, sera renvoyé en France pour y être jugé, ce qui lui sauvera la vie. Réclamé par la Pologne, Dohse cherchera un moyen d'éviter l'extradition. Les tribunaux militaires polonais ont, à cette époque, une très mauvaise réputation parmi les officiers SS. Il écrit une longue lettre au tribunal militaire de Bordeaux pour y être jugé. Les autorités

33. Archives de Dominique Lormier, Bordeaux.
34. Archives du centre national Jean Moulin, Bordeaux.
35. Archives du centre national Jean Moulin, Bordeaux.

françaises obtiendront très facilement, auprès des Britanniques, son extradition. Lors de son procès, de nombreux faits seront curieusement occultés, comme sa responsabilité évidente dans la dernière fusillade d'otages à Souge, en août 1944. Le tribunal condamnera Dohse à seulement une peine de sept ans d'emprisonnement. Mais, tenant compte de sa captivité de guerre, de l'internement et de la détention préventive à partir du 8 mai 1945, il sera libre le jour du jugement, en avril 1953.

Quant à Roger Landes, même s'il était en France pour servir les intérêts britanniques, les nombreux parachutages, dont il est à l'origine, ont permis d'armer de très nombreux maquis. Sans cet homme courageux, la Résistance girondine et landaise aurait manqué d'armes pour lutter efficacement contre l'occupant.

Une question demeure cependant : Grandclément est-il bien mort en juillet 1944 ? D'après certains témoins, son exécution n'aurait été qu'un simulacre. Roger Landes lui aurait laissé une chance de s'échapper, lorsque Grandclément lui révéla qu'il détenait des documents compromettant à son sujet, cachés en plusieurs endroits différents.

Le 27 décembre 1944, l'inspecteur de police Louis Durand se rend à Saugnacq-et-Muret, afin d'identifier les corps du couple Grandclément et de Duluguet. Le policier français est accompagné de Mme Hermann, capitaine de la DGSS (Direction générale des Services spéciaux), de l'inspecteur chauffeur Guiberteau et de l'inspecteur photographe Vielcazal. Le petit groupe marche dans les fougères, s'arrête à quatre ou cinq kilomètres de la route, près d'une ancienne bergerie. Malgré le travail de deux bûcherons, également présents, il n'est pas possible de dégager le corps de Grandclément, l'eau remplissant le trou au fur et à mesure. Seule la tête peut être dégagée et photographiée. Un peu plus loin, la seconde tombe, celle de Lucette Grandclément est découverte, mais là encore, l'eau inonde le trou creusé. Il en va de même de la tombe de Duluguet. Les photos prises par l'inspecteur Vielcazal ne permettent aucunement d'identifier les corps vu l'état de décomposition très avancé dans lequel ils se trouvaient. Très curieusement, Mme Hermann les identifie formellement, même si le corps de Marc Duluguet se trouve vêtu d'un vêtement... de femme !

Le 5 septembre 1946, l'inspecteur photographe Jean Belloc, chef du service régional de l'Identité judiciaire, se rend à Saugnacq-et-Muret, afin d'identifier les corps avant de les faire enterrer plus dignement. Le maire du village lui montre le chemin. Belloc identifie le corps de

Grandclément, en se fiant au très mauvais cliché pris par Vielcazal près de deux ans auparavant... Les trois cadavres sont retirés de la forêt et enterrés dans le cimetière de Saugnacq-et-Muret, dans la plus grande discrétion. En 1947, les corps du couple Grandclément vont être finalement placés en terre à Pompignac, au nord de Bordeaux, dans le caveau de la famille Chastel, la famille de la mère de Lucette Grandclément. Les cercueils ne sont pas ouverts et disparaissent dans le caveau massif, sur le sommet duquel est apposée une plaque « Aux martyrs de la Résistance. Lucette et André Grandclément, lâchement assassinés le 28 juillet 1944. » Ainsi, aucune authentification sérieuse des corps n'a été faite par la police.

Une très étrange lettre du meilleur ami d'André Grandclément, Armand Cartron (exécuteur testamentaire), datée du 17 février 1945, adressée à une proche de la famille, révèle les faits suivants :

> « J'ai pu, hier, avoir des premières nouvelles du père (André Grandclément). Elles sont infiniment meilleures qu'on ne pouvait les espérer. Peut-être sa santé se rétablira-t-elle tout à fait, de même que celle de sa femme qui suit le même traitement que lui. Les voiles sombres paraîtraient se déchirer. Je ne puis vous dire à quel point j'en suis heureux. Je vous communique cela confidentiellement [...].
> Il faut pour qu'ils guérissent, conserver à leur égard la discrétion la plus absolue et s'abstenir de quoi que ce soit qui les touche. On risquerait fort de ne pas échapper à la contagion. D'où ma prudence qui a pu vous surprendre.
> Je ne connais, ou ne crois connaître, du reste, leur clinique que depuis hier[36] [...]. »

Si la possible survie d'André Grandclément est difficile à admettre, cette lettre troublante et d'autres faits viennent pourtant étayer cette incroyable hypothèse. Armand Cartron, exécuteur testamentaire d'André Grandclément, refuse dans les années 1965-1970 de rencontrer l'une des filles de Grandclément, Francine, dont il est pourtant le parrain. Cette attitude semble vouloir conserver un secret bien gardé, mais lequel ? Il n'y a pourtant entre le parrain et sa filleule ni brouille ni mésentente d'aucune sorte. Francine repart, dépitée et surprise, sans pouvoir obtenir la moindre explication.

36. Daniel Grandclément, *L'Énigme Grandclément. Le chef de réseau qui voulait un pacte entre la Résistance et les S.S.*, Éditions Balland, 2003.

Autre fait troublant, lors des funérailles de Philippe Grandclément en 1970, à Saint-Laurent-de-la-Prée, le cortège funèbre jure avoir vu se recueillir André Grandclément sur la tombe de son frère…

Plus étrange encore, André Delage, président et fondateur du Centre national et de l'institut Jean Moulin à Bordeaux, ancien résistant à la section spéciale de sabotage de Jacques Nancy, déclara avoir reçu la visite, dans les années 1980, d'un homme âgé et distingué, ressemblant fortement à André Grandclément, qui lui demanda diverses informations confidentielles sur la Résistance en Aquitaine, dont l'OCM…

> « À l'évidence, écrit Daniel Grandclément, les différentes identifications des corps sont trop malhabiles et incomplètes pour ne rien cacher[37]. »

Une partie du mystère de cette incroyable affaire demeure. Seule une expertise ADN permettrait de savoir qui se trouve dans le cercueil d'André Grandclément à Pompignac.

---

37. *Ibid.*

4

Le rôle trouble des Américains dans l'affaire Jean Moulin

L'affaire Jean Moulin conserve encore sa part de mystères. Pour la première fois ce chapitre aborde un aspect souvent négligé, à savoir le rôle trouble joué par les Américains. En effet, le président des États-Unis Franklin Roosevelt ne cache pas son hostilité à l'encontre du général de Gaulle, préférant à plusieurs reprises s'entendre avec des personnalités vichystes ou maréchalistes pour représenter la France. Il compte, lors de la libération de la France, placer ce pays sous administration anglo-américaine en tant que puissance vaincue, au même titre que l'Italie ou l'Allemagne. Il n'a que faire du rôle important joué par la Résistance intérieure, les Forces françaises libres et l'armée d'Afrique dans la lutte contre l'Axe. Pour lui, la France n'est plus une grande puissance depuis la défaite de 1940. La volonté d'indépendance nationale du général de Gaulle lui est insupportable. Jean Moulin, envoyé par le général de Gaulle en France occupée pour unifier la Résistance intérieure derrière sa propre personne va à l'encontre de la volonté de Roosevelt qui fait tout pour marginaliser le chef de la France libre. Une Résistance intérieure unifiée derrière le général de Gaulle risque de le légitimer politiquement et militairement comme chef de la France combattante, luttant à armes égales aux côtés des Alliés. Jean Moulin devient alors une cible à « abattre » par tous les moyens pour le président des États-Unis.

Afin de mieux connaître cette affaire et en comprendre les tenants et les aboutissants, il convient dans un premier temps de s'attarder sur la carrière et la vie de Jean Moulin.

Plus jeune préfet de France

Jean Moulin est né le 20 juin 1899 à Béziers, au sein d'une famille originaire de Saint-Andiol, bourgade provençale située entre Avignon et Cavaillon. Ses ancêtres y étaient paysans ou artisans. Son père, Antonin, est le premier à quitter le village pour aller enseigner l'histoire et la géographie au collège de Béziers. Jean partage son enfance entre le modeste appartement de ses parents à Béziers et la maison familiale de Saint-Andiol, où il passe ses vacances, entouré de cousins et d'amis.

Arrière-petit-fils d'un soldat de la Révolution, petit-fils d'un homme qui a connu les prisons du Second Empire pour avoir proclamé son attachement à la République, Jean Moulin est fier d'être issu d'une famille qui a contribué à enraciner la République dans la France du XIXe siècle. Son père s'engage activement dans la vie politique locale à Béziers. Membre du parti radical socialiste, président de la Ligue des droits de l'homme, il s'oppose au boulangisme, soutient le capitaine Dreyfus, plaide pour la séparation de l'Église et de l'État. Il défend la laïcité, la tolérance, la justice sociale et la démocratie, mais se montre hostile au socialisme naissant, car l'unité républicaine est pour lui primordiale. Parallèlement à ses activités politiques, Antonin Moulin rencontre les artistes et les écrivains, comme Frédéric Mistral et Alphonse Daudet.

Jean Moulin effectue sa scolarité primaire et secondaire au collège Henri-IV de Béziers. Bon élève dans les petites classes, son travail et sa conduite se détériorent dès son entrée en classe de sixième : c'est sans éclat qu'il obtient son baccalauréat en 1917. Il se passionne très tôt pour le dessin, améliore vite sa technique et réalise des croquis, des caricatures très expressives et ressemblantes de son entourage. Il s'inspire également des événements de son temps.

> « Contrairement à son père, écrit Jean-Paul Grasset, le jeune Jean Moulin ne se passionne pas pour l'histoire et les grands débats politiques. Pourtant il renonce à suivre une carrière artistique et s'inscrit à la faculté de droit de Montpellier en 1917. Par les relations politiques de son père, il obtient un poste d'attaché

> au cabinet du préfet de l'Hérault ce qui lui permet de subvenir à ses besoins d'étudiant. Mobilisé en avril 1918, il participe aux derniers combats de la Première Guerre mondiale, puis obtient un sursis pour études en novembre 1919. Il termine sa licence en droit en 1921 et est nommé chef de cabinet du préfet de la Savoie au début de l'année suivante. Jean Moulin entame ainsi une carrière de haut fonctionnaire : rien ne laisse alors supposer le héros qu'il deviendra ; ce sont les circonstances exceptionnelles des années 1940 qui le révéleront[1]. »

Plus jeune sous-préfet, puis plus jeune préfet de France, Jean Moulin n'offre pas une image conforme à celle du notable traditionnel de la IIIe République. Il aime se mêler à la vie mondaine de Paris et des villes dans lesquelles il est en poste. Il affectionne le sport, comme la natation, la navigation, les promenades en automobile ou à bicyclette, le tennis, et surtout le ski et la marche en montagne.

Entré sans vocation dans la carrière administrative, Jean Moulin se révèle vite un fonctionnaire compétent et ambitieux. Appuyé par les relations politiques de son père au début de sa carrière, il est unanimement apprécié par ses supérieurs et ses collaborateurs. Aidé par des amis influents, dont Charles Daniélou et Pierre (tous deux députés radicaux socialistes et plusieurs fois ministres de la IIIe République), il gravit rapidement les échelons de la carrière préfectorale et occupe à plusieurs reprises des postes de responsabilité dans les ministères parisiens. Témoin privilégié de quelques grands événements politiques de son temps, il acquiert aussi une réputation d'homme de gauche, lui assurant plus tard l'hostilité du régime de Vichy.

De 1925 à 1934, Jean Moulin est successivement sous-préfet à Albertville (Savoie), à Châteaulin (Finistère), à Thonon (Haute-Savoie), puis secrétaire général de la préfecture de la Somme. De 1936 à 1937, il devient chef de cabinet au ministère de l'Air, puis au ministère du Commerce. Préfet de Rodez en 1938, il exerce la même fonction à Chartres en 1939. Dès la déclaration de guerre, le préfet Jean Moulin, qui est sergent de réserve, essaie de se faire mobiliser, mais l'administration le contraint à rester à son poste à la préfecture d'Eure-et-Loir.

1. Archives de l'institut Jean Moulin, Bordeaux.

> « Célibataire, écrit-il le 15 novembre 1939 au ministère de l'Intérieur, appartenant à la plus jeune classe de la 2e réserve, je continue à penser que ma place n'est point à l'arrière, à la tête d'un département essentiellement rural, où la mobilisation a fait des vides profonds, où le préfet est dans l'obligation de faire appel, à tout instant, au patriotisme et à l'esprit de sacrifice des populations. C'est pourquoi je me permets d'insister respectueusement pour que je sois autorisé à rejoindre mon corps, le 12 décembre prochain, pour que, par voie de conséquence, toutes les dispositions soient prises pour désigner dès à présent mon successeur intérimaire[2]. »

Le Premier ministre se borne à confirmer son maintien en appel différé jusqu'au 12 décembre 1939, ce qui semble l'autoriser à rejoindre son unité après cette date. Le 14 décembre, Jean Moulin, enfin mobilisé, écrit cette lettre à sa famille :

> « Me voici depuis deux jours sous l'uniforme! J'ai rejoint le 13 la base aérienne 117, où je suis fort bien. Je ne vous ai point annoncé cet événement plus tôt, car pendant ces deux jours, j'ai dû aller passer une visite médicale à Tours. Je suis affecté provisoirement au bureau du capitaine major qui est fort aimable et qui me laisse grande liberté. Tout va donc fort bien. Je prends mes repas en ville et bien entendu je couche chez moi[3]. »

Fin décembre, sur ordre du ministre de l'Intérieur, Jean Moulin doit de nouveau rejoindre son poste de préfet à Chartres, en affectation spéciale pour une durée indéterminée.

L'offensive allemande en mai 1940, puis la percée du front de la Somme et de l'Aisne le mois suivant jettent sur les routes du sud des millions de civils. Beaucoup passent par Chartres. Suivant les ordres du ministre de l'Intérieur Georges Mandel, le préfet Jean Moulin s'ingénie à accueillir et à ravitailler les réfugiés. S'efforçant de maintenir l'ordre dans son département, il essuie les bombardements aériens allemands à partir du 12 juin, ce qui ajoute à la confusion provoquée par le passage des réfugiés.

Lorsque les Allemands entrent dans Chartres le 17 juin, il ne reste pour les accueillir que le préfet Jean Moulin, le coadjuteur de l'évêque

2. Archives de l'institut Jean Moulin, Bordeaux.
3. Archives de l'institut Jean Moulin, Bordeaux.

et un seul conseiller municipal ! Jean Moulin demande aux autorités allemandes de veiller à ce que la population civile, particulièrement les femmes et les enfants, soit traitée avec humanité et avec dignité. Dès le début de l'occupation de la ville par les troupes ennemies, Jean Moulin a l'occasion de manifester son courage et son esprit de résistance : les Allemands lui demandent de signer un protocole affirmant que des troupes sénégalaises ont commis des atrocités à l'égard de la population civile, alors que les victimes ont été tuées ou blessées par les bombes des avions de la Luftwaffe… Jean Moulin refuse de signer : il est conduit dans le hangar où se trouvent les corps des personnes martyrisées, puis on l'enferme dans une petite pièce du pavillon d'entrée de l'hôpital de Chartres, après avoir été brutalisé par les Allemands ; dans la nuit, il tente de se trancher la gorge à l'aide d'un morceau de verre, afin d'échapper aux tortures qui auraient pu le faire céder. Secouru à temps, il est reconduit à la préfecture et il reprend ses fonctions… sans avoir signé le protocole ! Dans ses rapports officiels adressés au gouvernement de Vichy, Jean Moulin évoque à peine « l'incident » dont il a été victime les 17 et 18 juin 1940. Il consigne le récit de son arrestation dans ses carnets, préférant en partie garder le silence, dans un but d'apaisement :

> « La mort ?… Dès le début de la guerre, comme des milliers de Français, je l'ai acceptée, écrit-il. Depuis, je l'ai vue de près bien des fois… Elle ne me fait pas peur. Il y a quelques jours encore, en me prenant, elle eût fait un vide ici, dans le camp de la Résistance. Maintenant, j'ai rempli ma mission, ou plutôt, je l'aurai remplie jusqu'au bout quand j'aurai empêché nos ennemis de nous déshonorer. Mon devoir est tout tracé. Les Boches verront qu'un Français aussi est capable de se saborder… Je sais que le seul être humain qui pourrait encore me demander des comptes, ma mère, qui m'a donné la vie, me pardonnera lorsqu'elle saura que j'ai fait cela pour que des soldats français ne puissent pas être traités de criminels et pour qu'elle n'ait pas, elle, à rougir de son fils[4]. »

Durant l'été 1940, la position de Jean Moulin est difficile. Il décide de rester à son poste de préfet d'Eure-et-Loir, exerçant alors une triple fonction : chef de l'administration départementale, il doit

4. Archives de l'institut Jean Moulin, Bordeaux.

continuer à veiller au bon fonctionnement des services administratifs et assurer la sécurité de la population ; préfet du gouvernement de Vichy, il est le représentant du maréchal Pétain dans le département et se trouve tenu de diffuser les directives ministérielles ; responsable d'un territoire situé dans la zone occupée, il lui incombe, en vertu des dispositions issues de la signature de l'armistice du 22 juin 1940, d'appliquer les ordres des autorités militaires.

Si Jean Moulin applique avec conscience les directives administratives, économiques et financières du gouvernement de Vichy, il est beaucoup moins empressé lorsqu'il s'agit de circulaires dont le contenu s'inspire de l'idéologie de la Révolution nationale. Dans une lettre du 21 septembre 1940, adressée au recteur de l'académie de Paris, il défend la cause de Daniel Zwiebel, professeur de philosophie, congédié du collège de Châteaudun, parce que d'origine juive. Il intervient ainsi à plusieurs reprises en faveur des victimes de la politique de Vichy. La sanction ne se fait pas attendre. Le 2 novembre 1940, le gouvernement de Vichy relève Jean Moulin de ses fonctions de préfet d'Eure-et-Loir, à cause de ses idées jugées trop républicaines. Il est ainsi victime de la mise à l'écart de la plupart des hommes de la IIIe République. Seule sa conduite exemplaire à Chartres, durant l'été 1940, a retardé sa révocation de quelques semaines. La comtesse de Leusse, dans une lettre du 7 août 1940, rend hommage au préfet Jean Moulin :

> « Monsieur le Préfet, c'est de tout cœur que je tiens à vous féliciter de votre brillante et courageuse conduite à l'entrée des Allemands dans votre belle ville de Chartres. Les exemples comme le vôtre n'ont pas été très fréquents, aussi sommes-nous d'autant plus fiers de notre préfet. Permettez-moi, Monsieur le Préfet, de vous redire mes félicitations pour votre tenue si brave et si française[5]. »

Lors d'un colloque présidé par Daniel Cordier (adjoint de Jean Moulin dans la Résistance) en 1999, Yves Bernard a dévoilé que les archives nationales contiennent la preuve que des listes de juifs ont été constituées en Eure-et-Loir à l'époque où Jean Moulin était encore préfet. Sur les 112 juifs recensés, 55 seront tués et exterminés à Auschwitz. Les arrestations de ces juifs ont été coordonnées par le commissaire Lautier, en charge des renseignements généraux. La liste

5. Archives de l'institut Jean Moulin, Bordeaux.

a été signée par le sous-préfet Maurice Violette, nommé à ce poste par Jean Moulin, et adressée aux autorités allemandes locales. Jean Moulin se trouve à cette date en attente de sa révocation et de son successeur. Sa signature n'apparaît donc pas sur la lettre d'envoi. L'historien Gérard Leray rappelle que les préfets étaient tenus d'obéir aux autorités d'occupation et que personne en 1940 « ne se doute de l'exploitation ultérieure de ces listes à des fins génocidaires ». Il estime cependant que Jean Moulin, bientôt grand résistant, doit être tenu « responsable de la fabrication du dossier juif transmis aux Allemands ».

Débuts dans la Résistance

Au moment de sa révocation, Jean Moulin ne connaît de la Résistance que ce que les circulaires du gouvernement de Vichy lui ont appris : il sait que quelques groupes se forment en France et que le général de Gaulle a lancé un appel à la radio de Londres le 18 juin 1940. Officiellement, Jean Moulin rejoint sa famille en zone libre et s'installe dans sa maison familiale de Saint-Andiol comme agriculteur. En réalité, il entre en contact avec les responsables des mouvements de la Résistance qui s'organisent dans le sud du pays et participe même à certaines actions clandestines, comme la distribution de tracts et de journaux. Il se persuade rapidement que la Résistance ne sera efficace que si elle s'unit sous un commandement unique : il décide alors d'être l'homme qui établira le lien entre la Résistance intérieure, celle des mouvements, et la Résistance extérieure, celle du général de Gaulle. Bien que surveillé par la police de Vichy, il parvient à gagner l'Angleterre en octobre 1941, muni d'un rapport très précis sur la Résistance intérieure, qu'il présente au général de Gaulle.

Plusieurs raisons expliquent la confiance immédiate qui s'établit entre le général de Gaulle, de tempérament conservateur, et l'ancien préfet du Front populaire. Le général de Gaulle mesure tout de suite les qualités de Jean Moulin : son expérience administrative, ses relations dans le monde politique, son expérience de la vie clandestine, sa clarté d'esprit et son intelligence hors du commun. De plus, le général de Gaulle n'a pas le choix : Jean Moulin est le seul fonctionnaire de haut niveau qui se présente à lui pour lui permettre d'unifier et de contrôler la Résistance. De son côté, Jean Moulin se pénètre très vite des conceptions politiques du chef de la France libre, même si celui-ci ne ressemble pas exactement aux représentants du peuple qu'il a rencontrés au cours de sa carrière : le général de Gaulle lui apparaît comme le seul garant de la légitimité républicaine. L'histoire a montré qu'il ne s'est pas trompé.

Dans ses *Mémoires de guerre*, le général de Gaulle raconte sa rencontre avec Jean Moulin :

> Cet homme, jeune encore, mais dont la carrière avait déjà formé l'expérience, était pétri de la même pâte que les meilleurs de mes compagnons. Rempli, jusqu'aux bords de l'âme, de la passion de la France, convaincu que le "gaullisme" devait être, non seulement l'instrument du combat, mais encore le moteur de toute une rénovation, pénétré du sentiment que l'État s'incorporait à la France libre, il aspirait aux grandes entreprises. Mais aussi, plein de jugement, voyant choses et gens comme ils étaient, c'est à pas comptés qu'il marcherait sur une route minée par les pièges des adversaires et encombrée des obstacles élevés par les amis. Homme de foi et de calcul, ne doutant de rien et se défiant de tout, apôtre en tant que ministre, Moulin devait, en dix-huit mois, accomplir une tâche capitale. La Résistance dans la métropole, où ne se dessinait encore qu'une unité symbolique, il allait l'amener à l'unité pratique. Ensuite, trahi, fait prisonnier, affreusement torturé par un ennemi sans honneur, Jean Moulin mourrait pour la France, comme tant de bons soldats qui, sous le soleil ou dans l'ombre, sacrifièrent un long soir vide pour mieux "remplir leur matin"[6]. »

Nommé représentant personnel du général de Gaulle, ainsi que délégué du Comité national, Jean Moulin est parachuté en Provence, près de son village de Saint-Andiol, dans la nuit du 1er janvier 1942. Porteur de deux ordres de mission, un civil et un militaire, il doit organiser une armée clandestine, à partir des éléments militaires des trois principaux mouvements de la zone non occupée (Combat, Libération et Franc-Tireur), coordonner l'action de tous les mouvements de Résistance de cette zone et leur faire connaître l'autorité du général de Gaulle. Conformément aux ordres reçus, Jean Moulin s'efforce de séparer à l'intérieur de chaque mouvement l'action militaire de l'action politique, ce qu'admettent difficilement les dirigeants des mouvements.

---

6. Charles de Gaulle, *Mémoires de Guerre*, Éditions Plon, 1989.

Trois principaux mouvements en zone Sud

Trois principaux mouvements de Résistance sont donc nés en zone Sud en 1941 et 1942 : Combat, Libération et Franc-Tireur. Henry Frenay, qui a fondé le Mouvement de libération nationale (MLN) en 1940, entretient des contacts étroits avec des officiers du deuxième bureau de l'armée d'armistice, dont certains des membres travaillent avec les services spéciaux britanniques. Dans l'immédiat, Frenay porte la lutte sur la propagande et le renseignement. Le journal *Les Petites Ailes*, devenu *Vérités* en août 1941, informe l'opinion de la zone Sud de la réalité de la situation militaire et du pillage de la France par le IIIe Reich. Formé à l'origine dans le Sud-Est, le MLN s'étend dans toute la zone Sud et dispose même d'une antenne en zone Nord avec les résistants Froment et Guédon. Le groupe formé par François de Menthon attache la même importance à la propagande. Son journal, *Liberté*, publié à Marseille avec les démocrates-chrétiens Courtin, Teitgen et Coste-Floret, dénonce le défaitisme et le nazisme. Le groupe Liberté se voit renforcé, à Montpellier, par l'adhésion de Renouvin, activiste de droite, et de ses groupes francs qui, à partir de l'été 1941, mènent des sabotages et des attentats en zone Sud. Renouvin et son adjoint Faloc recrutent parmi les étudiants, les ouvriers et les républicains espagnols exilés, rassemblés par le socialiste Tixador. Étrange union d'hommes de droite et de gauche, luttant cependant pour une cause identique. En novembre 1941, le groupe de Frenay fusionne avec celui de François de Menthon, donnant ainsi naissance au mouvement Combat, qui devient la plus puissante et la plus structurée des organisations de résistance au début de l'année 1942.

L'ensemble est dirigé par un comité directeur composé de Frenay, Bourdet, Chevance, de Menthon, Teitgen, Coste-Fleuret. Plus tard, Roure et Bidault les rejoindront. La structure de Combat repose autour de deux axes : l'Action (renseignement, groupes francs) et le ROP (Recrutement-Organisation-Propagande) chargé de la diffusion du journal *Combat*, tiré à plus de 80 000 exemplaires à la fin de 1942. De nouveaux services viennent renforcer le mouvement : financier et social (Albrecht), noyautage des administrations publiques (Bourdet à Lyon), faux papiers (Degliame-Fouché), sabotage-fer (Lacroix). À la fin de l'année 1942, Combat regroupe plusieurs milliers d'hommes répartis surtout en zone Sud, dont les principaux chefs sont Pecq à Lyon, Michelet à Limoges, Chevance à Marseille, Courtin à Montpellier et Dhont à Toulouse.

Emmanuel d'Astier de La Vigerie, ancien officier de marine, refuse l'armistice. Dès l'été 1940, il tente de former un premier groupe de résistance à Port-Vendres. Son projet se réalise peu à peu. En novembre 1940, à Clermont-Ferrand, il entre en contact avec Jean Cavaillès, les époux Aubrac (Lucie et Raymond), Georges Zarapha, et fonde une organisation (La dernière colonne) qui placarde des tracts appelant à la résistance. D'Astier cherche à créer un mouvement qui sera le point de rencontre des syndicalistes, des socialistes et des communistes. Il rencontre ainsi les syndicalistes Jouhaux et Buisson pour la CGT, Morandet pour la CFTC. Il se lie avec les socialistes Mayer, Gouin et Ribière. Le mouvement Libération voit le jour en juillet 1941 à Clermont-Ferrand. Le comité directeur comprend, en octobre 1942, E. d'Astier, R. Aubrac, Brunschwig, P. Viénot, R. Lacoste et M. Poimbœuf. Les principaux chefs régionaux sont Canguilhem à Clermont-Ferrand et Forgues à Toulouse.

> « Libération, écrit Jean-François Muracciole, se différencie de Combat par sa structure plus légère. On retrouve la même division entre l'action paramilitaire (Aubrac) et l'action politique (Brunschwig), dont la mission essentielle est la diffusion de *Libération*, le périodique clandestin du mouvement, tiré à 35 000 exemplaires en 1942. Cependant, les groupes "militaires" de Libération ne peuvent rivaliser avec l'Armée secrète de Combat. En fait, Libération est un mouvement plus radical que Combat et s'affirmant chaque jour plus révolutionnaire et plus marqué à gauche. Alors que Frenay, homme de droite, rêve de former des militants spécialisés et hiérarchisés, d'Astier pense que le rôle des résistants est de susciter et d'encadrer un soulèvement populaire[7]. »

À la fin de 1940, des patriotes venus d'horizons très divers, Georges Valois, ancien membre de l'Action française, Élie Pujeu, ex-communiste, Antoine Avinin de Jeune République, fondent le mouvement France-Liberté à Lyon, qui va devenir Franc-Tireur en décembre 1941. Jean-Pierre Lévy s'associe au groupe qui élargit son activité à toute la zone Sud. Le périodique clandestin devient l'emblème du mouvement, qui recrute des journalistes lyonnais comme Altmann, Farge, Nocher… Ne voulant pas se limiter à la

7. Jean-François Muracciole, *Histoire de la Résistance en France*, Éditions Puf, coll. « Que sais-je ? », 1993.

propagande, le mouvement forme des groupes francs qui passent à l'action par des sabotages et des attentats en 1942. Le comité directeur repose en 1941 sur J.-P. Lévy, Avinin, Péju, Clavier et Pinton, auxquels s'ajoutent Altmann et Petit-Claudius à partir de 1942.

Regrouper les trois mouvements en une Armée secrète

Au milieu de l'année 1942, Jean Moulin parvient à regrouper les effectifs paramilitaires des trois mouvements de la zone libre (Combat, Libération et Franc-Tireur) en une seule organisation, l'Armée secrète (AS).

> « Dans la situation actuelle de la guerre, écrit Jean Moulin, une action d'envergure de l'Armée secrète ne peut être envisagée que si elle est liée à une action directe des forces alliées débarquant sur le territoire français, en vue d'y rechercher la décision. L'Armée secrète évitera d'engager dans des opérations de caractère désespéré, des effectifs et des cadres d'élite qui risqueraient d'être anéantis prématurément. Par contre, les cellules professionnelles et les groupes francs doivent être à même d'agir à tout moment. Si le débarquement allié en France se produit, l'Armée secrète devra utiliser les possibilités d'action qui lui seront offertes. L'action de sabotage déjà commencée sera poursuivie. À cet égard un programme sera envoyé. En attendant son arrivée, les centrales électriques seront attaquées en première urgence. La mission de l'Armée secrète est de paralyser la manœuvre allemande par une action générale déclenchée au moment opportun après le débarquement allié[8]. »

Le général Delestraint, âgé de 65 ans et qui n'est membre d'aucun mouvement, devient le chef de l'Armée secrète.

Au sein des services civils, le Bureau d'information et de propagande (BIP), dirigé par Georges Bidault, voit le jour et accomplit un double rôle : agence de presse, il centralise les renseignements et les diffuse auprès des mouvements et en direction de Londres. Service de propagande, il répartit le matériel de propagande fourni par Londres et prépare les articles à publier dans la presse clandestine.

8. Archives de l'institut Jean Moulin, Bordeaux.

Le Comité général des études (CGE), créé en zone libre en juin 1942, s'installe à Paris en avril 1943. Composé d'experts, il a un double but : mener une vaste enquête sur les responsables économiques, politiques, administratifs du pays et préparer des projets sur le futur régime politique économique et social de la France après la Libération. Les principaux membres du CGE sont Robert Lacoste, P.H. Teitgen et R. Courtin, François de Menthon, Paul Bastid et Alexandre Parodi.

Le Noyautage des administrations publiques (NAP), service fondé par le mouvement Combat du capitaine Henry Frenay et approuvé par Jean Moulin, se propose d'obtenir la complicité de certains fonctionnaires travaillant dans l'administration de Vichy. Pour coordonner tous ces services, Jean Moulin se dote d'un secrétariat général qu'il confie à Daniel Cordier, ancien sympathisant de l'Action française de Charles Maurras, parachuté de Londres en août 1942. D'abord installé à Lyon, le secrétaire général se déplace à Paris en mars 1943. Tony de Graaf assure le secrétariat à Lyon à compter de cette date.

Représentant du général de Gaulle

Les conversations préparatoires à la coordination des mouvements ont lieu à Londres au début d'octobre 1942, sans Jean Moulin qui n'a pu venir. Frenay et d'Astier de La Vigerie acceptent le rapprochement mais se plaignent de Moulin, qu'ils accusent d'autoritarisme. Le général de Gaulle tranche cependant en faveur de son délégué. Avec la création du Comité de coordination, Jean Moulin peut croire que sa mission unificatrice est terminée. En fait, il n'en est rien : le débarquement des Alliés en Afrique du Nord en novembre 1942 et l'occupation par les Allemands de la zone libre, ainsi que la renaissance des partis politiques et des syndicats, amènent Jean Moulin à suggérer de modifier le Comité de coordination. En février 1943, Jean Moulin retourne à Londres pour rendre compte de sa mission et recevoir de nouvelles instructions. Le général de Gaulle lui remet la Croix de la Libération et le nomme Délégué général du comité national français (avec rang de ministre). Commissaire national en mission, Jean Moulin quitte Londres le 21 mars muni d'instructions qui le chargent de créer le Conseil national de la Résistance (CNR) et devient le seul représentant permanent du général de Gaulle et du Comité national pour l'ensemble du territoire métropolitain.

Le Conseil national de la Résistance

À la différence des organismes précédents, le CNR regroupe les mouvements de Résistance de l'ancienne zone libre (unifiés par Jean Moulin) et ceux de la zone occupée (unifiés par Pierre Brossolette qui a fondé le Comité de coordination de la zone Nord, dont la première réunion s'est tenue le 3 avril 1943, en présence de Jean Moulin). Le CNR comprend, outre les représentants des principaux mouvements de Résistance, des membres des forces politiques et syndicales qui se sont ralliées aux grands principes de la Résistance. Le CNR forme donc l'embryon d'une représentation nationale réduite, appelée à être étoffée après la libération du territoire. Pour mettre sur pied le CNR, Jean Moulin doit longuement négocier avec les principaux mouvements de Résistance. En effet, ceux-ci acceptent mal à leurs côtés la présence des représentants des anciens partis politiques et supportent difficilement de se soumettre à l'autorité du général de Gaulle.

Finalement, la première réunion du CNR peut se tenir à Paris le 27 mai 1943. Seize représentants sont présents, dont huit pour les mouvements, six pour les partis politiques et deux pour les syndicats. Les communistes ont deux représentants. On note dans cette liste l'absence des trois chefs historiques de la Résistance de la zone libre, qui, aidés par Moulin, ont construit l'Armée secrète et les Mouvements unis de la Résistance (organisation administrative de l'AS). Les circonstances ont voulu que d'Astier de La Vigerie et Jean-Pierre Lévy se trouvent à Londres. Quant à Frenay, il a refusé de siéger.

La séance du 27 mai 1943 peut être considérée comme le couronnement de la mission unificatrice de Jean Moulin. En 18 mois, il a doté la Résistance d'une triple unité : unité militaire avec l'Armée secrète (AS), unité administrative avec les Mouvements unis de la Résistance (MUR) et unité politique avec le Conseil national de la Résistance (CNR). L'AS compte 208 240 hommes en mai 1943.

Dissensions au cœur même de la Résistance et coup tordu des Américains

La création du CNR ne met pas fin aux querelles intestines de la Résistance. Les chefs des mouvements continuent à s'opposer. Plusieurs remettent en cause l'autorité du Comité national français de Londres, rattaché au général de Gaulle. Certains essaient de profiter de la création du Comité français de libération nationale à Alger le 3 juin 1943, fidèle au général Giraud, pour s'émanciper de la tutelle du général de Gaulle et obtenir la révocation de Jean Moulin de la présidence du CNR. Le général Giraud, proche de Roosevelt et donc des Américains, est un rival de taille au général de Gaulle.

On connaît assez bien les divergences profondes qui opposent Moulin et le capitaine Frenay (chef de Combat). Ce que l'on a par exemple appelé « l'affaire suisse », sur le financement de la Résistance par les services spéciaux américains, a également mêlé les membres de la délégation des Mouvements unis de la Résistance à Genève (avec Bénouville notamment) à ces déchirements internes.

Moulin taxe ces négociations des responsables de Combat avec les représentants de services secrets américains (OSS) de « coup de poignard dans le dos de de Gaulle[9] ». Tout cela sur fond de querelles entre gaullistes et giraudistes.

Mais les relations avec les autres chefs des mouvements de zone Sud sont aussi tendues. Daniel Cordier relève que « d'Astier de La Vigerie (Libération) a recherché tout ce qui pouvait lui nuire[10] ». À Londres, André Philip, un des proches du général de Gaulle, qui reçoit les rapports de Moulin, est ébranlé par les capacités de Moulin à remplir la mission qui lui a été confiée. Daniel Cordier précise que Jacques Bingen, un des responsables des services secrets de la France libre (BCRA), dans cette première crise de mai 1943, a pris position en faveur de Moulin.

Des désaccords profonds, créant plusieurs incidents, se sont produits par ailleurs au sujet des initiatives prises par Pierre Brossolette, en ce qui concerne l'organisation de la Résistance en zone Nord. En revanche, Moulin s'est appuyé jusqu'à son arrestation sur le chef de l'Armée secrète, le général Delestraint, alors que celui se trouve également au centre de débats passionnés.

Dans un rapport du 4 juin 1943, Jean Moulin fait état des divisions entre les différentes composantes de la Résistance :

> « À notre retour d'ici, Delestraint et moi, nous avons trouvé en zone Sud les dirigeants des mouvements, plus exactement Frenay (Combat) et d'Astier de La Vigerie (Libération) – le représentant de Lévy (Franc-Tireur) étant demeuré plus calme – dans un état de surexcitation considérable.

9. Archives de l'institut Jean Moulin, Bordeaux.
10. Archives de l'institut Jean Moulin, Bordeaux.

Le Comité directeur (CD) adressait des circulaires incendiaires aux régions et publiait des tracts invitant à la révolte ouverte, les armes à la main. Ces instructions prévoyaient, entre autres, la constitution de "bastions armés" dans les usines.
Cet état d'esprit, qui est loin d'être en état d'harmonie avec celui que nous avons trouvé à Londres, nous amena, Delestraint et moi, à faire avec tous les dirigeants nécessaires une mise au point avec le CD au lendemain même des importantes conversations de Delestraint avec l'état-major anglais sur l'utilisation de l'AS.
Delestraint se heurta à une position bien arrêtée de la part de Frenay qui entendait agir coûte que coûte, tout de suite, distribuant toutes les armes aux gens dans le maquis pour qu'ils fassent acte de guerre dès à présent. La séance se termina d'ailleurs par une altercation entre Delestraint et Frenay, ce dernier s'étant laissé aller, une fois de plus, à des violences de langage inadmissibles à l'encontre du chef de l'AS.
En outre, d'Astier de La Vigerie qui, jusqu'à ces derniers mois, était en désaccord fréquent avec Frenay et apportait un contrepoids à l'emprise de Frenay et de Combat a, depuis la fusion, fait absolument cause commune avec Frenay. D'Astier de La Vigerie ayant personnellement pris en main l'action politique des Mouvements unis, il était nécessaire de conserver une activité à Frenay, et cette activité ne pouvait être que militaire. Donc, volonté très nette de d'Astier d'appuyer toutes les revendications de Frenay en ce domaine.
Les syndicats ont appuyé ma position dans la querelle des Services centraux. Par contre, ils ont été effrayés par les circulaires de Frenay préconisant une insurrection immédiate et prévoyant la création de "bastions armés".
Nous estimons que la plupart des circulaires portées par Frenay sur le plan des régions – et de là à celui des départements et des communes – pour les faire juges de nos divergences de vues, sont aussitôt connues des Anglais, des Américains, de la police, voire de la Gestapo. Je regrette les imprudences commises par les Mouvements. Le cloisonnement doit être de rigueur; les membres subalternes ne doivent pas connaître l'adresse et le nom d'un autre. Il n'existe aucune préparation morale prévoyant l'arrestation et l'interrogatoire[11]... »

11. Archives de l'institut Jean Moulin, Bordeaux.

L'absence de cloisonnement suffisant entre les mouvements, malgré les recommandations de Moulin, va être à l'origine de bien des drames. Début 1943, la Gestapo est parvenue à infiltrer divers réseaux du mouvement Combat de Frenay, ainsi que d'autres mouvements rattachés à l'AS. Le général Delestraint est arrêté le 9 juin 1943 au métro Muette à Paris. Il sera fusillé en 1945 à Dachau. Klaus Barbie, un des chefs de la Gestapo de Lyon, a déjà procédé à l'interrogatoire de René Hardy (résistant du mouvement Combat) et l'a relâché le 10 juin… Le 21 juin 1943, Jean Moulin réunit à Caluire, près de Lyon, les principaux responsables militaires de la Résistance, afin de pourvoir au remplacement provisoire du général Delestraint, chef de l'AS, qui vient d'être arrêté à Paris.

L'arrestation et la mort de Jean Moulin

Les chefs de la Résistance qui doivent se rencontrer, avec Jean Moulin, chez le Dr Frédéric Dugoujon, place Castellane (aujourd'hui place Gouailhardou), à Caluire, le 21 juin 1943, sont les suivants : Raymond Aubrac, membre de Libération, apparaît comme un possible délégué général de l'AS en zone Nord. Henri Aubry, membre de Combat, est le chef d'état-major de l'AS. Sur les conseils de Guillain de Bénouville (Combat), il fait venir René Hardy à la réunion de Caluire, alors que ce dernier vient d'être arrêté puis libéré par la Gestapo… Le Dr Frédéric Dugoujon, ancien camarade de lycée du résistant André Lassagne, a donné son accord pour que sa maison de Caluire, qui abrite son cabinet médical, serve à des réunions clandestines. Elle ne fut, en fait, utilisée qu'une seule fois, le 21 juin 1943. René Hardy, membre de Combat, est le chef de NAP-Fer, l'organisation de sabotage du rail. Bien que non invité par Jean Moulin, il s'incruste à la réunion, sous les conseils imprudents d'Aubry et Bénouville… Le colonel Albert Lacaze, membre du mouvement France d'abord, n'occupe encore aucune place dans l'organigramme « officiel » de l'AS. Il a été invité à Caluire par Bruno Larat. Bruno Larat, parachuté par les services secrets de la France libre en mars 1943, est responsable du Centre d'opérations de parachutage et d'atterrissage, fondé dès avril à la place du Service des opérations aériennes et maritimes, « grillé ». André Lassagne, membre de Libération, est l'adjoint de Gastaldo, le chef du 2e Bureau de l'AS arrêté à Paris. Moulin l'a chargé de mettre sur pied la réunion de Caluire. Émile Schwarzfeld, colonel de réserve, chef de France d'abord, a été pressenti par Moulin pour diriger, par intérim, l'AS de zone Sud en attendant la nomination du remplaçant de Delestraint. Il n'a pas eu le temps de prendre ses fonctions.

Le 21 juin 1943, vers 14 h 15, le colonel Lacaze, qui connaît l'adresse de la réunion par Bruno Larat, arrive le premier à la maison du Dr Dugoujon. La réunion est prévue pour 14 h 30. Il est conduit au 1er étage. À 14 h 25, André Lassagne conduit Henri Aubry et René Hardy à la maison. Ils se sont retrouvés à 13 h 40 au funiculaire de la Croix-Paquet à Lyon, puis ont pris le tram no 33. Ils sont descendus à l'arrêt des Frères, puis ont marché jusqu'à la maison. La bonne du Dr Dugoujon les fait monter au 1er étage. Hardy est filé par Edmée Delétraz (espionne à la solde de la Gestapo) depuis Lyon. En vue de la maison, elle fait demi-tour, reprend le tram et le funiculaire. À la Croix-Paquet, elle prévient les Allemands. À 14 h 30, Bruno Larat arrive tout seul. Il est l'un des organisateurs de la réunion et connaît donc l'adresse du Dr Dugoujon. Il rejoint les premiers arrivés au 1er étage. À 15 heures, on assiste à l'arrivée de Jean Moulin, Raymond Aubrac et du colonel Schwarzfeld. Seul Jean Moulin connaît l'adresse. Ils ont une demi-heure de retard, car Schwarzfeld n'était pas au rendez-vous au terminus funiculaire de la Croix-Paquet. La bonne du Dr Dujougon, croyant avoir affaire à des patients, les introduit au rez-de-chaussée dans la salle d'attente où se trouvent déjà les malades.

À 15 h 10, une dizaine d'Allemands de la Gestapo, conduits par Klaus Barbie lui-même, arrivent à bord de plusieurs voitures. Toutes les personnes présentes dans la maison sont arrêtées et interrogées pendant une heure environ. Barbie, violent à l'extrême, veut savoir qui est « Max », surnom de Jean Moulin dans la Résistance. Vers 16 h 30, les hommes menottés, sauf Hardy dont les mains sont retenues par un simple « cabriolet », une sorte de ficelle, sont transférés dans les voitures allemandes. À cet instant, Hardy réussit à s'enfuir, malgré les tirs des Allemands, qui visent assez mal… Vers 18 heures, Hardy, légèrement blessé, est arrêté par la police française chez sa logeuse Mme Damas, quai de Serin, actuel quai J. Gillet à Lyon. Après des soins d'urgence à l'hôpital Édouard-Herriot, il est transféré le 22 juin à l'hôpital de l'Antiquaille, puis est récupéré par les Allemands le 28 juin, qui le transfèrent à l'hôpital militaire de la Croix-Rousse. Il s'évade le 3 août.

Le Dr Dugoujon, Albert Lacaze, André Lassagne, Henri Aubry et Émile Schwarzfeld sont transférés à Paris le 26 juin. Bruno Larat est transféré à Paris le 18 juillet. Déporté, il meurt le 5 avril 1944 au camp de Dora. Raymond Aubrac reste à Lyon. Il est emprisonné à Montluc dans la cellule n° 77 jusqu'au 21 octobre, date à laquelle il réussit à s'évader lors d'un transfert en camion, grâce à l'aide de sa femme et d'un groupe de résistants.

Après son arrestation, Jean Moulin est interné au fort Montluc à Lyon. De là, tous les jours, le prisonnier est transféré à l'École de santé, lieu de torture de la Gestapo, pour y être interrogé par Klaus Barbie. Décidé à ne pas parler, Jean Moulin s'enferme dans son silence. « Il n'a rien avoué », dira plus tard son bourreau[12]. On ne saura plus jamais rien de précis sur lui. Le seul témoignage est celui de Christian Pineau, incarcéré au fort Montluc au même moment. À son retour de déportation, il racontera que, sur ordre de la Gestapo, il avait été amené à raser un moribond, dont « seuls les yeux vivaient encore » et dans lequel il reconnut Jean Moulin[13]. De Lyon, Jean Moulin aurait été transporté en voiture jusqu'à Paris et de là conduit à la villa « Bömelburg » à Neuilly, comme semble le confirmer le témoignage de Meiners Heinrich, fonctionnaire allemand à la Sûreté de Paris en 1943 :

> « Dès les premiers jours où j'ai été interprète dans cette Section, j'ai reçu l'ordre d'aller au 40 du boulevard Victor Hugo, à Neuilly dans la villa "Bömelburg". Dans cette villa habitait le chef de la section IV, le SS Sturmbannführer Bömelburg. Le véritable propriétaire devait être un industriel israélite. Les caves et le premier étage étaient installés pour servir de cellules. On y mettait les prisonniers importants. J'ai reçu l'ordre d'y prendre un prisonnier et de l'amener pour un interrogatoire, 84 avenue Foch. Pendant que j'attendais que le prisonnier se prépare, j'ai regardé dans une cellule au premier étage où une femme de ménage faisait le nettoyage. Un gardien de la SS surveillait. La pièce était meublée d'un lit, d'une table, une armoire et une chaise. J'ai vu un prisonnier dans cette cellule qui me fit une impression très bizarre. Le prisonnier était allongé, puis il s'est assis et je l'ai vu marcher une fois dans la chambre en s'appuyant aux meubles et aux murs. Il était oppressé et se tenait le ventre ou les reins. Il m'a fait l'impression d'un homme très malade et qui n'avait plus pour longtemps à vivre. Il avait des yeux fixes et par instants hagards. Son âge était très difficile à déterminer

12. Archives de l'institut Jean Moulin, Bordeaux.
13. Archives de l'institut Jean Moulin, Bordeaux.

> parce qu'il avait "fondu" et son costume était devenu trop large. Il était visiblement amaigri et avait des cheveux grisonnants. J'ai demandé au gardien qui était ce prisonnier. Il m'a dit que c'était une haute personnalité française, un ancien préfet, Jean Moulin, de Montpellier, je crois[14]. »

De Paris, Jean Moulin aurait été envoyé à Berlin par le chemin de fer et serait mort en gare de Metz « d'une défaillance cardiaque », selon le rapport de l'infirmier allemand qui l'accompagnait. Ses cendres ont été déposées au cimetière du Père-Lachaise en juillet 1943. Jean Moulin disparu, sans avoir parlé, l'édifice qu'il avait construit ne s'effondra pas. Il avait assuré les plus hautes responsabilités : président du Comité de coordination des MUR, délégué général du Comité national, ministre en mission, président du CNR. Bafoué, torturé, lui qui savait tous les secrets de la Résistance, garda le silence.

Rares sont les villes, en France, où le nom de Jean Moulin ne figure pas sur une plaque de rue, un monument ou un établissement scolaire. C'est la nation entière qui perpétue le souvenir de celui que Malraux devait appeler « le chef du peuple de la nuit ». Parmi tous les hommages, nous soulignerons la citation dont Jean Moulin fit l'objet, à Londres en octobre 1942, rédigée par le général de Gaulle, en le décorant de l'ordre de la Libération :

> « Chef de mission d'un courage et d'un esprit de sacrifice exemplaires, a, en personne, établi la liaison entre les Forces françaises combattantes et les Mouvements de Résistance en France, en déployant pour y arriver, une ardeur exceptionnelle[15]. »

Le 18 décembre 1964, dans le cadre des cérémonies commémoratives du vingtième anniversaire de la Libération, sur décision du général de Gaulle, président de la République, et du gouvernement, les cendres de Jean Moulin furent transférées dans la crypte de la Déportation où des résistants venus de tous les coins de France montèrent la garde autour du cercueil de leur chef avant de le conduire au Panthéon, à Paris.

14. Archives de l'institut Jean Moulin, Bordeaux.
15. Archives de l'institut Jean Moulin, Bordeaux.

« L'idéal n'est pas une chose qui se consomme, mais une valeur qui s'entretient et qui passe comme un flambeau », écrivait Jean Moulin[16].

Les soupçons se portent sur René Hardy

Dans les mois qui suivent les arrestations de Caluire, René Hardy se trouve au centre des enquêtes et des accusations. Les services secrets de la France libre (BCRA) ont de fortes présomptions à son sujet, puisque dès le 2 juillet 1943, le commandant Manuel, adjoint du colonel Passy à la tête du BCRA, diffuse le message suivant :

> « Faire connaître extrême urgence si Hardy, je dis Hardy, est actuellement en liberté, soit évadé soit relâché. Si Hardy libre, prenez toutes les mesures de précaution, car avons fortes présomptions contre lui. Prévenir ami[17]. »

D'après le Dr Frédéric Dugoujon, survivant de l'affaire de Caluire, les preuves contre Hardy sont monumentales :

> « C'est René Hardy qui a vendu Jean Moulin. Mais il ne le connaissait pas sous son vrai nom. Pour lui il s'agissait de "Max", son surnom dans la Résistance. C'est le mercredi 23 juin 1943 qu'a été révélée son identité véritable. Les preuves contre Hardy sont monumentales, aussi énormes que la tour Eiffel. Le juge d'instruction du deuxième procès Hardy m'avait dit à l'époque : "Vous savez docteur, des preuves contre Hardy, j'en ai plus haut que votre maison qui a trois étages" ; or il a été acquitté à la minorité de faveur. Au premier procès, il a été acquitté parce qu'il avait soutenu qu'il n'avait jamais été arrêté par Barbie le 8 juin. Or on sait qu'après son arrestation, Barbie était venu chercher Hardy en voiture et l'avait ensuite contraint d'aller le voir au siège de la Gestapo, tous les deux jours… J'ai toujours dit que je le tenais pour le seul responsable de l'arrestation de Jean Moulin[18]. »

---

16. Archives de l'institut Jean Moulin, Bordeaux.
17. Archives de l'institut Jean Moulin, Bordeaux.
18. Archives de l'institut Jean Moulin, Bordeaux.

Jean-Louis Théobald a été arrêté le même jour que le général Delestraint. Il a travaillé aux côtés de Daniel Cordier, au secrétariat de Jean Moulin. Sur l'affaire Hardy, il donne son opinion :

> « La plupart des gens qui ont été arrêtés ont donné d'autres gens. Ce n'est pas de la délation ; sous la torture, bien des gens sont obligés de parler. Il y aurait eu 43 000 arrestations de Français en 1943 ; nombre d'entre eux ont parlé. Ce ne sont pas les Allemands qui avaient les fichiers. Trois hommes étaient au courant de la réunion de Caluire : Hardy, Aubry et Aubrac. Or je n'ai jamais compris pourquoi tous ceux qui ont été arrêtés avec Moulin, ont été transférés à Paris, sauf Aubrac. Je n'ai pas compris non plus pourquoi Aubrac n'a pas été jugé ensuite à Paris comme nous tous. On a tous été interrogés, condamnés et déportés sauf le Dr Dugoujon qui a été relâché. Par ailleurs, Aubry et Hardy étaient tous deux membres du mouvement Combat, aux côtés de Frenay et de Bénouville. Tous deux sont morts depuis. Aubry a été arrêté à Caluire ; je crois qu'Aubry était encore plus coupable que Hardy. J'ai rencontré Aubry sur les Champs-Élysées quelque temps avant sa mort, et je lui ai dit : "On a passé de drôles de moments à cause de toi : la taule, la déportation, etc." Il m'a répondu : "C'est vrai, j'ai été maladroit." Personne n'a jamais eu la preuve formelle ni contre l'un ni contre l'autre ; ce qui est sûr, c'est que dans l'entourage de Frenay, on n'aimait pas Moulin[19]. »

Le docteur François-Yves Guillin, qui a été secrétaire du général Delestraint, témoigne au sujet de l'affaire Jean Moulin :

> « Le coup de foudre entre le général de Gaulle et Jean Moulin a eu lieu en 1941. C'est là que le courant est passé entre les deux hommes. Ils se sont retrouvés à Londres entre le 15 février et le 20 mars 1943. Moulin a supplié plus tard de Gaulle de lui apporter de l'aide pour sauvegarder l'Armée secrète. Henri Frenay, chef du mouvement Combat, lui était farouchement hostile. Or Frenay n'a jamais pardonné à de Gaulle de lui avoir préféré Delestraint comme chef de l'Armée secrète. Moulin était soumis à des pressions énormes ; Frenay en effet écrivait de son côté à de Gaulle : "Débarrassez-vous de Jean Moulin !" Qui

19. Archives de l'institut Jean Moulin, Bordeaux.

> a vendu Moulin ? René Hardy ? Ce qui est sûr c'est qu'il était plus que suspect. Mais Hardy était un instrument. Delestraint a été arrêté avant Moulin. Hardy n'est pas coupable pour Delestraint, ce n'est pas possible. Je suis formel. Pour Caluire, c'est autre chose, même s'il y a encore des zones d'ombre. Il est vrai que Moulin gênait, comme Delestraint. Les Allemands auraient profité des dissensions au sein de la Résistance. Je l'ai ressenti malgré mon jeune âge à l'époque. J'avais 21 ans, j'étais un témoin, cependant il y a des choses que je ne comprenais pas. Mais il était évident que Moulin et Delestraint marchaient, unis dans leur combat. L'accusation que Moulin aurait été communiste est une absurdité. Il a eu cependant des contacts avec les communistes au moment de la guerre d'Espagne et avec certains chefs de la Résistance pour former l'Armée secrète. De Gaulle qui savait fort bien qui était Moulin lui a donné toute sa confiance alors qu'il aurait pu choisir un autre homme politique. Il n'a pas accepté Pierre Cot, par exemple. De Gaulle jaugeait les hommes. Jean Moulin était pour lui un homme d'État en herbe[20]. »

Jean-Louis Crémieux-Brilhac, résistant au sein de la France libre, historien, ancien conseiller d'État, donne également son opinion sur l'affaire Jean Moulin :

> « Il est certain que Moulin sentait le cercle se refermer. Il l'écrit dans son rapport du 4 juin à de Gaulle ; il lui dit qu'il est menacé, que la police et la Gestapo n'ignorent rien de son identité ni de ses activités. Il dit que les méthodes de certains éléments de la Résistance ont contribué à rendre plus dangereuse la situation. Entre le mouvement Combat et Moulin, il y avait un antagonisme, c'est certain. Frenay était un résistant hautement estimable, il a été l'inventeur de l'idée de l'Armée secrète et se voyait jouer un grand rôle dans la Résistance et après la guerre. Or il supportait mal l'autoritarisme certain de Moulin. Pour l'affaire de Caluire, il n'est pas impossible qu'il y ait plusieurs pistes. En tout cas, je considère que les présomptions contre Hardy sont extrêmement fortes. Certes, il avait été un grand résistant, mais il avait déjà été arrêté. Traqué, il faisait, semble-t-il, aussi l'objet d'un chantage à propos de sa maîtresse.

20. Archives de l'institut Jean Moulin, Bordeaux.

Les Allemands avaient infiltré la Résistance. En mars 1943, la Gestapo est parvenue à saisir une valise qui contenait entre autres un rapport de Frenay donnant un organigramme de la Résistance. Je peux attester que dans les jours qui ont suivi Caluire, dont la nouvelle est parvenue à Londres le 23 juin, nous espérions que Moulin n'avait pas été identifié ; le premier télégramme laissait penser en effet que les Allemands savaient qu'ils avaient fait une grosse prise, mais pensaient qu'il s'agissait de Frenay, alors que celui-ci était à Londres. Nous avons considéré à Londres que Hardy était l'un des suspects les plus probables. Aubry a commis une grave imprudence. Certains ont su que Hardy avait été arrêté et l'ont amené à Caluire où il n'avait rien à faire. Aubry a simplement renforcé les avocats du mouvement Combat, afin de défendre sa succession à Delestraint. En accordant une telle confiance à Hardy, il ne s'est pas rendu compte du risque… Mais il est difficile d'incriminer Untel ou Untel[21]. »

Polémiques autour de Jean Moulin

Divers auteurs ont publié des livres accusant Jean Moulin d'être soit un agent des communistes soit un agent des services secrets anglo-américains. Toutes ces accusations saugrenues ne reposent sur aucune preuve sérieuse. Jean Moulin, délégué fidèle du général de Gaulle, a servi jusqu'au bout les intérêts de la France gaullienne et de la Résistance. Il est par contre certain que le mouvement giraudiste Combat, en acceptant l'argent des services spéciaux américains, devenait un instrument de division au sein de la Résistance. La lutte entre giraudistes (favorables à la tutelle américaine) et gaullistes (défenseurs acharnés de l'indépendance nationale), pour la prise du pouvoir, se trouve au cœur de l'affaire Jean Moulin. Les Américains avaient tout intérêt à semer la division au sein de la Résistance, afin d'administrer la France en tant que pays vaincu au moment de la Libération et après la guerre.

Fait troublant, Klaus Barbie, le bourreau de Jean Moulin, sera après la guerre activement recherché par les services secrets français. Ce chef de la Gestapo va bénéficier d'étranges protections venant des services secrets américains… C'est grâce à ces mêmes services qu'il va pouvoir

21. Archives de l'institut Jean Moulin, Bordeaux.

se réfugier en Amérique latine, échappant durant plusieurs dizaines d'années à la justice française. Nous savons également que Barbie a travaillé, durant la guerre froide, pour les services secrets américains. L'arrestation de Jean Moulin, chargé d'unifier la Résistance derrière le général de Gaulle, arrangeait aussi bien les Allemands que certains impérialistes américains… Le président américain Roosevelt n'aimait guère le général de Gaulle, préférait le général Giraud, plus militaire que politique, donc plus facilement manipulable…

L'ouverture de certaines archives militaires américaines a révélé que l'amiral Darlan travaillait depuis 1938 pour les services secrets des États-Unis. Après sa mort, le général Giraud lui a ensuite succédé pour un temps, à la tête de l'Afrique française du Nord, sous les bons hospices du président Roosevelt… Le général de Gaulle, grâce en partie à l'action de Jean Moulin, est finalement parvenu, en écartant Giraud, à déjouer le « rêve » américain de faire de la France une puissance administrée par les États-Unis.

Henry Frenay a la conviction que Lydie Bastien, maîtresse de René Hardy, a joué un rôle dans l'arrestation de Jean Moulin. Dans un livre qu'il lui consacre, Pierre Péan estime qu'elle aurait été la maîtresse de Harry Stengritt, un des adjoints de Klaus Barbie[22].

Lors du procès de Klaus Barbie en mai-juillet 1987 à Lyon, son avocat, Me Jacques Vergès, insinue que Lucie et Raymond Aubrac auraient trahi Jean Moulin. Cette thèse a été réfutée par divers historiens.

Au sujet d'une prétendue alliance secrète entre Jean Moulin et les communistes, Jacques Baumel, membre de Combat et secrétaire général des MUR, déclare n'avoir

> « jamais constaté chez Jean Moulin la moindre tendance à privilégier la Résistance communiste. Bien au contraire, Jean Moulin refusait régulièrement de verser des fonds aux FTP, et il s'opposait à la stratégie d'insurrection prématurée. Moulin a fait uniquement entrer des communistes au CNR pour qu'ils soutiennent de Gaulle contre Giraud, agent des Américains[23] ».

22. Pierre Péan, *La diabolique de Caluire*, Éditions Fayard, 1999.
23. Entretiens de l'auteur avec Jacques Baumel en avril 2000.

Klaus Barbie et la protection américaine

Klaus Barbie mérite l'attention du fait non seulement de son rôle clef dans l'arrestation de Jean Moulin, mais également de l'étrange protection dont il a bénéficié des services spéciaux américains.

Klaus Barbie est né le 25 octobre 1913 à Bad Godesberg, une plaisante station thermale de la banlieue sud de Bonn, sur la rive gauche du Rhin. Son père, d'abord employé de bureau, devient ensuite instituteur et meurt à 45 ans des suites d'une blessure reçue durant la Première Guerre mondiale contre l'armée française, d'où en partie la haine de son fils pour la France, pays où son père a été blessé. Klaus Barbie fait ses études secondaires au gymnasium Frederic-Wilhelm de Trèves, puis obtient son Abitur (baccalauréat) en 1934. Trois mois à peine après la prise de pouvoir par Hitler en 1933, il rejoint les Jeunesses hitlériennes. Il accomplit durant six mois le service du travail obligatoire. Début 1935, il rencontre Heinrich Himmler et, le 25 décembre, devient membre du SD (service de sécurité du Reich). Il se trouve affecté à la section IV, le service secret, à Berlin. En 1937, il est nommé à Düsseldorf, où les registres prouvent qu'il adhère en mai au parti nazi, sa carte de membre portant le numéro 4 584 085. Il reçoit ensuite une formation d'enquêteur au quartier général de la police de l'Alexanderplatz. Après quelques semaines à la brigade criminelle, il est affecté à la brigade des mœurs. En 1936, il est muté à Düsseldorf. C'est là qu'il rencontre Regine Margareta Willms, une activiste du mouvement féminin nazi. Ils se fiancent en 1939 et se marient à Berlin le 25 avril 1940. En 1937, il est passé par l'école du SD à Bernau. Fin 1938, il accomplit son service militaire au 39e régiment d'infanterie, puis suit une formation d'officier. Cinq mois avant son mariage, il est nommé sous-lieutenant SS.

> « En mai 1940, écrit Erhard Dabringhaus, Barbie, envoyé en Hollande qui venait d'être envahie, eut à s'occuper des problèmes juifs, d'abord à La Haye puis à Amsterdam. C'est en Hollande qu'on le nomma lieutenant. Le 20 avril 1941, il reçut la Croix de fer de seconde classe pour avoir "nettoyé" un ghetto de 300 juifs. De janvier 1941 à mars 1942, il montra un zèle très actif à Amsterdam dans la poursuite des juifs. On le détacha ensuite pour un court laps de temps à Bruxelles. Le 4 juillet, sa femme

donnait naissance à une fille, Ute Regina, dans leur maison de Trèves[24]. »

Klaus Barbie aurait été envoyé en Russie, de l'été 1941 au printemps 1942, dans un commando spécial de la Sipo-SD, chargé de la lutte contre les partisans sur les arrières de l'armée allemande et aurait commis de nombreux massacres. En mai 1942, comme il est bien noté et qu'il parle français, Klaus Barbie est nommé chef de la sécurité à Gex, dans l'Ain, près de la frontière suisse. Il tente vainement de s'emparer de l'agent secret allié Alexander Foote. En juin 1942, il est affecté au KDS de Dijon, puis, après l'invasion de la zone libre au KDS de Lyon, où il dirige la section IV, chargée de la lutte contre les résistants, les communistes et les juifs. En février 1943, Klaus Barbie devient le chef de la Gestapo de toute la région lyonnaise, devenant ainsi le troisième officier, par ordre d'importance, au sein du KDS de Lyon. Surnommé le « boucher de Lyon », il donne l'ordre d'exécuter de nombreux otages et de déporter des milliers de juifs à Drancy, étape intermédiaire avant Auschwitz. Parmi ses victimes se trouvent les 86 personnes arrêtées le 9 février 1943, au siège d'une association juive française, 12 rue Sainte-Catherine à Lyon, mais également les 44 enfants d'Izieu raflés le 6 avril 1944.

> « Il a également été prouvé, écrit Erhard Dabringhaus, qu'au printemps 1943, ayant capturé un résistant nommé Kemmler, il le frappa pendant quatre heures d'affilée à coups de gourdin, l'abandonnant ensuite à ses hommes qui continuèrent avec des chaînes. Kemmler en mourut [...].
> Les tribunaux militaires français l'ont jugé pour la déportation de 7 400 personnes, sa participation active aux tortures infligées à 14 311 combattants de la Résistance[25]. »

Durant le premier semestre de l'année 1944, Barbie dirige le commando de la Sipo-SD qui accompagne les troupes luttant contre les maquis dans l'Ain et du Jura, où de nombreux civils sont massacrés par les nazis. Il est également très actif en Savoie à la frontière franco-suisse, contre les filières de passage de clandestins. Il conduit des interrogatoires, suivis d'actes de torture à l'hôtel Pax d'Annemasse en Haute-Savoie. Le 11 août 1944, Barbie fait partir directement de

24. Erhard Dabringhaus, *L'agent américain Klaus Barbie*, Éditions Pygmalion, 1986.
25. Erhard Dabringhaus, *op. cit.*

Lyon pour Auschwitz le dernier convoi de 650 déportés. Il est accusé d'avoir fait fusiller 22 otages, dont des femmes et des enfants, ainsi que 70 juifs à Bron et beaucoup d'autres parmi les 120 prisonniers de la prison Montluc, exécutés à Saint-Genis-Laval durant l'été 1944, où le second officier du KDS de Lyon, Fritz Hollert, est également présent.

En septembre 1944, Klaus Barbie se trouve dans les Vosges, participe à la lutte contre les maquis locaux. Le 14, il est recommandé pour être nommé au grade de capitaine SS. Après la libération de la France, Barbie, blessé, parvient à gagner la ville de Baden-Baden en Allemagne. Le 9 novembre 1944, il est officiellement promu au grade de capitaine SS. En poste à Halle, puis à Düsseldorf et à Essen, il termine la guerre à Wuppertal.

En mars 1946, les services secrets américains, décrétant que l'ennemi principal est désormais la Russie de Staline, embauchent massivement des agents nazis, comme Klaus Barbie, agent des services américains de contre-espionnage de 1947 à 1951. Bien que recherché par les Alliés comme criminel de guerre, il est officiellement employé par les Américains qui l'utilisent dans la lutte anticommuniste. En 1948, la France réclame cependant son extradition d'Allemagne qui est refusée par les Américains pour trois raisons :

> « Son aide est vraiment précieuse dans le cadre de la guerre froide, ensuite ses prétendus crimes contre la Résistance sont des actes de guerre, enfin les Français recherchent davantage la vengeance que la justice, dans une France submergée par les communistes[26]. »

En 1951, Barbie, accusé de vol par la police allemande, est exfiltré vers l'Argentine par les services secrets américains. Sous l'identité de Klaus Altmann, il s'installe en Bolivie, obtient la nationalité de ce pays et dirige une entreprise d'exploitation du bois, puis, de 1966 à 1971, une compagnie maritime qui s'adonne au trafic d'armes et de drogues au profit des dictatures militaires d'Amérique latine. À partir de 1964, il collabore même étroitement avec l'armée bolivienne, notamment dans la lutte contre les opposants, en faisant usage de la torture. De 1965 à 1967, il est de nouveau au service des États-Unis, au sein de la CIA. En 1971, il soutient le coup d'État du colonel

26. Document cité par Erhard Dabringhaus, *op. cit.*

Hugo Banzer en Bolivie. Il fonde même une organisation paramilitaire d'extrême droite « Les fiancés de la mort », qui se livre à de nombreuses exactions contre les adversaires politiques. Sa compagnie maritime ayant fait faillite, il s'installe au Pérou. Cependant, l'arrivée de Beate Klarsfeld, spécialisée avec son mari Serge dans la chasse des criminels nazis, l'oblige à regagner la Bolivie, où il bénéficie de la protection du régime en place, dans lequel il est même nommé colonel honoraire des services de renseignements. Cependant, après que le gouvernement français de François Mitterrand eut accordé une importante aide au nouveau gouvernement bolivien, plus démocratique depuis 1981, Klaus Barbie est finalement expulsé vers la France en février 1983. Son procès débute en 1987. Il est finalement condamné à la prison à perpétuité pour crimes contre l'humanité. Le 25 septembre 1991, Barbie meurt en prison à Lyon, à près de 78 ans, des suites d'un cancer du sang et de la prostate.

En guise de conclusion

L'arrestation et l'affaire Jean Moulin ne peuvent se limiter à la supposée trahison d'un des membres de la Résistance, comme René Hardy ou de sa maîtresse, Lydie Bastien, voire d'autres résistants. En réalité, on se trouve au cœur d'une lutte entre de Gaulle et Roosevelt pour la mainmise de la Résistance française, afin d'asseoir un nouveau pouvoir au moment de la libération du territoire national : soit sous administration anglo-américaine, soit sous la direction du général de Gaulle et de son entourage. La Résistance unifiée par Jean Moulin au bénéfice du général de Gaulle est insupportable à Roosevelt, car cette légitimité gaullienne représente un obstacle majeur à sa volonté hégémonique sur la France. En faisant du général de Gaulle le chef de la Résistance intérieure, Jean Moulin devient l'un des ennemis jurés des impérialistes américains qui rêvent de réduire la France à la place d'un pays vaincu et administrable par les services alliés non français.

Le mouvement Combat, financé en grande partie par les services spéciaux américains à compter de 1943, mène avec certains de ses chefs une lutte sans merci pour écarter Jean Moulin. Comme par « hasard », c'est par ce mouvement que la Gestapo parvient à remonter la filière pour arrêter Jean Moulin. La trahison ou les imprudences de certains membres de Combat aboutissent au drame de Caluire, au bénéfice non seulement des nazis, mais également des services spéciaux américains les plus hostiles à Jean Moulin et au général de Gaulle.

Klaus Barbie bénéficie après la guerre de la protection américaine, devenant même agent des services spéciaux de cette puissance mondiale au nom de la lutte contre le communisme de 1947 à 1967, voire au-delà. Finalement lâché par l'Amérique, il est jugé en France en 1987 pour ses nombreux crimes commis durant l'Occupation.

5

Des Français au service de la Gestapo

Les 6 000 agents français de la Gestapo et les 24 000 informateurs occasionnels peuvent surprendre par le nombre. C'est oublier que la défaite militaire française et l'occupation du territoire national bouleversent l'échiquier politique traditionnel, favorisent la collaboration, où l'on retrouve des idéalistes politisés, des fanatiques haineux, des opportunistes en tous genres, des aigris en quête de revanche sociale, des truands et des voyous, des paumés et des pervers, des résistants retournés et des agents doubles. Toutes les classes sociales y sont représentées, de même que la grande variété des motivations : anticommunisme, antisémitisme, haine de la démocratie, avidité financière, désir de revanche et de vengeance contre l'ordre républicain précédent, fascination pour l'Allemagne hitlérienne et le nazisme, pangermanisme, trahison pour sauver sa vie et son entourage…

Jacques Delarue, auteur d'un ouvrage de référence sur la Gestapo, écrit à ce sujet :

> « Pendant près de dix ans, de 1945 à 1955, j'ai réuni une masse considérable de notes personnelles, à l'occasion des procès intentés en France aux agents de la Gestapo, à leurs chefs et aux criminels de guerre que les tribunaux français ont pu juger. J'ai alors compris qu'ils n'étaient que des hommes, parfois obtus,

parfois intelligents, toujours sans caractère, sans scrupule moral, incapables de discerner les notions du bien et du mal dès qu'ils obéissaient à un ordre[1]. »

Il est impossible de faire une synthèse exacte du profil de ces gens, du fait que nous trouvons des personnalités très différentes, aux motifs et aux destins divers et contrastés. Par contre, nous présentons dans ce chapitre quelques portraits de gestapistes français incontournables, permettant de mieux connaître les motivations, les modes de rémunération dont ils ont bénéficié, ainsi que la fin de leur parcours dans cette aventure tragique.

En pages annexes, nous présentons de nombreuses figures de cette Gestapo « tricolore », afin d'essayer de mieux « comprendre » comment des Français ont pu trahir et collaborer, parfois de la pire manière, avec l'occupant.

Henri Chamberlain, dit Lafont

Henri Lafont, de son vrai nom Chamberlain, est né le 22 avril 1902 à Paris, dans le 13e arrondissement. Il grandit dans un milieu populaire. Son père décède rapidement et sa mère l'abandonne. Enfant, il traîne souvent dans le quartier des Halles à Paris. À l'adolescence, il exerce de nombreux petits métiers, de manœuvre à coursier. En 1919, il vole la bicyclette de son patron qui l'exploite et décide de partir pour la Côte d'Azur. Arrêté, il passe devant le tribunal qui le condamne à la maison de correction. Libéré, il voyage à travers la France, du Havre à Chambéry, en passant par Marseille, où il est de nouveau condamné, mais cette fois pour proxénétisme. En 1930, il devient l'un des indicateurs de l'inspecteur Bernolle.

En 1932, il accomplit son service militaire dans les tirailleurs algériens, puis se marie et a deux enfants, Pierre et Henriette. Il débute alors une vie tranquille avec un travail régulier. Mais un coup dur le frappe : sa femme le quitte avec la caisse du magasin où il travaille. Responsable de la caisse, la justice lui demande des comptes. Il décide de prendre la fuite et change de nom. Jusqu'en 1938, il est condamné onze fois à diverses peines de prison. Au début de la guerre, il se fait appeler Lafont, gère un garage Simca à la porte

1. Jacques Delarue, *Histoire de la Gestapo*, Éditions Fayard, 1987.

des Lilas, où il noue des contacts avec des policiers. En mars 1940, il parvient à devenir gérant du mess de l'Amicale de la préfecture de la police. En mai, poursuivi et arrêté pour insoumission, il est envoyé au camp de Cepoy.

En juin 1940, Lafont s'évade avec Max Stoecklin, agent de l'Abwehr (service de renseignement et contre-espionnage militaire allemand), gagne Paris où son compagnon le présente au capitaine Radecke, du service de renseignement allemand (SRA), qui l'incorpore dans le système des bureaux d'achat Otto. Il fonde un bureau d'achats pour le compte de la Wehrmacht, achète divers produits, des vêtements aux meubles, en passant par les denrées alimentaires. Il s'installe au 93 rue Lauriston, dans un immeuble qui appartenait à un juif américain d'origine polonaise, obligé de fuir en 1940 pour les États-Unis. Lafont recrute ses premiers hommes de main parmi les détenus de Fresnes, dont 28 sont libérés à sa demande et sur ordre de Radecke, entre le 6 et le 9 juillet 1940. Quelques jours plus tard, il obtient sa carte de policier allemand n° 10 474R. Il se rend dans le Sud-Ouest, afin d'enlever Otto Lambrecht, un des chefs de la Résistance belge à Toulouse, et le livre à la Gestapo de Bordeaux. Lafont le torture de ses propres mains, le ramène à Paris dans le coffre de sa voiture pieds et poings liés. Le résultat aboutit à l'arrestation de 600 membres du réseau. La bande de Lafont se compose désormais d'une centaine de permanents sur lesquels il règne en maître. Il n'y a pas que des malfrats et autres gangsters, mais également des policiers, dont le plus connu, l'ancien « premier policier de France », Pierre Bonny, qui devient le second de Lafont.

Né en 1895, Pierre Bonny, fils d'un agriculteur du Bordelais, entre dans la police en 1918. Il intervient en 1923 dans l'affaire Seznec, reçoit en 1927 la médaille d'argent de la police et obtient la promotion d'inspecteur principal de la police judiciaire. En 1934, il intervient dans l'affaire Stavisky. Cependant, en 1935, il est condamné à trois ans de prison avec sursis et chassé de la police pour trafic d'influence et détournements de fonds dans l'exercice de la fonction publique. L'occupation allemande lui permet de reprendre du service, mais cette fois au sein de la Gestapo française, au 93 rue Lauriston.

Henri Lafont a de nombreuses maîtresses qu'il exhibe, comme Geneviève de Penthièvre, Magda Fontanges, maîtresse de Mussolini, la comtesse Natacha Kolnikov, la marquise d'Abrantès, maîtresse du prince de Monaco, la comtesse Tchernicheff-Bezobrazof, Marga d'Andurian…

En mars 1941, Lafont obtient la nationalité allemande et le grade de capitaine. Dès 1942, il travaille pour le colonel von Behr, proche d'Alfred Rosenberg, chargé par Hitler de collecter les informations sur les ennemis de l'Allemagne national-socialiste. Il participe activement au pillage d'œuvres d'art ayant appartenu à des familles juives ou à des opposants au nazisme. Il participe à l'arrestation de juifs qu'il fait envoyer dans les locaux de la Gestapo, à Paris. Les trésors s'accumulent rue Lauriston. Un jour de décembre 1942, Lafont partage le butin de l'ancienne ambassade américaine, composé de vaisselle de luxe, avec les principaux chefs nazis de Paris. Il mène grande vie, organise de nombreuses soirées mondaines, où se côtoient le préfet de police Amédée Bussière, le journaliste Jean Luchaire, l'actrice Yvette Lebon. Il est lié au monde du spectacle et des médias, rend parfois des services à des célébrités, comme l'actrice juive Nita Raya.

Parallèlement à ses activités lucratives et mondaines, Lafont poursuit ses activités de gestapiste. Le 27 juillet 1943, son équipe participe activement à l'arrestation de nombreux résistants du mouvement Défense de la France. Parmi les victimes se trouve Geneviève de Gaulle, la nièce du chef de la France libre. Au début de l'année 1944, il forme une milice armée, composée en grande partie de Nord-Africains ralliés au nazisme par anticolonialisme. Cette milice prend part à diverses opérations contre les maquis du Limousin, du Périgord et de la Franche-Comté, où elle multiplie les atrocités contre la population locale, sans parler du massacre de résistants.

En août 1944, alors que de nombreux collaborateurs fuient vers l'Allemagne, Lafont fait cacher par ses proches son trésor de guerre, estimé à 200 millions de francs, puis part se dissimuler dans sa propriété des Baslins, à Bazoches-les-Bray, en Seine-et-Marne, accompagné de sa dernière maîtresse, de ses deux enfants, ainsi que de Bonny. Il attend que la situation se calme pour ensuite se réfugier en Espagne. Les FFI locaux et l'inspecteur Morin, renseignés de sa présence par Joseph Joanovici (juif agent double, indicateur de la Gestapo et soutien du mouvement résistant Honneur de la Police), encerclent l'habitation le 30 août 1944. Lafont et son entourage se rendent sans résister. Cinq millions de francs en liquide, des bijoux, des armes et des papiers sont saisis.

Devant le magistrat instructeur, Pierre Bonny avoue tout et cite plus de mille noms de personnes, impliquées dans les affaires de la rue Lauriston. Un vent de panique semble secouer Paris, surtout après la révélation d'un marché noir de faux certificats de résistants.

Le procès débute le 1er décembre 1944 et se termine le 11 du même mois. Des personnes témoignent en faveur de Lafont pour service rendu, y compris des résistants pour lesquels il aurait eu une indulgence ou dont il aurait sauvé un membre de la famille. D'autres, beaucoup plus nombreux, témoignent des crimes commis par Lafont et ses acolytes. Bonny et Lafont sont condamnés à mort, ainsi que sept autres membres de cette équipe de gestapistes français. Lors du verdict, Pierre Bonny, effondré, doit être soutenu par les gendarmes, tandis que Chamberlain, dit Lafont, accueille la nouvelle avec le sourire aux lèvres, visiblement détendu.

Le 27 décembre 1944, au moment d'être fusillé au fort de Montrouge, Lafont adresse quelques mots à son avocate, Me Drieu :

> « Je ne regrette rien, madame, quatre années au milieu des orchidées, des dahlias et des Bentley, ça se paie ! J'ai vécu dix vies, je peux bien en perdre une. J'ai vécu dix fois plus vite, voilà tout. Dites à mon fils qu'il ne faut jamais fréquenter les caves. Qu'il soit un homme comme son père[2]. »

À 9 heures 50, il tombe sous les balles du peloton d'exécution, la tête découverte et la cigarette aux lèvres.

Lucien Dehan

Né le 9 mai 1907 à Louviers, dans l'Eure, il suit durant sa jeunesse son père, industriel, successivement à Vienne, Chanterac, Périgueux et Bordeaux. C'est dans ces deux dernières villes qu'il poursuit ses études secondaires jusqu'au baccalauréat, sans toutefois obtenir le moindre diplôme. Appelé en octobre 1927 à La Rochelle, au 57e régiment d'infanterie, pour y accomplir son service militaire, il est réformé pour insuffisance physique. Ainsi dégagé de ses obligations militaires, Lucien Dehan se rend à Louvain, auprès de son frère, qui tient un magasin Electro-Fil, spécialisé dans l'achat et la revente d'appareils de TSF. Mais une mésentente entre les deux hommes met fin à leur collaboration. Lucien se rend alors en Belgique et se fait embaucher comme représentant de commerce pour le compte de la société Siegel et Stockmann à Bruxelles. Il y reste jusqu'en 1933, date

---

2. Cité par Grégory Auda, *Les Belles Années du « milieu » 1940-1944. Le grand banditisme dans la machine répressive allemande en France*, Éditions Michalon, 2002.

à laquelle il entre à la société Régy, où il travaille jusqu'en 1937. Le 3 avril de cette même année, il épouse Marie-Jeanne M..., qui lui donnera trois filles.

Dehan monte un commerce de mercerie dans la capitale belge, mais fait faillite. Il renouvelle la même expérience à Waterloo, sans plus de succès. La guerre ayant éclaté en septembre 1939, il désire éloigner sa famille du front, en rentrant en France. Il s'installe finalement à Bordeaux. En février 1940, sans emploi depuis plusieurs mois, il obtient finalement une place de vendeur au rayon mercerie, dans un grand magasin de la rue Sainte-Catherine, *Les Dames de France*.

Le 27 juin 1941, il adhère au Rassemblement national populaire (RNP) de Marcel Déat, dont le siège bordelais se trouve rue du Maréchal-Joffre, sans occuper de place particulière, se contentant de payer régulièrement ses cotisations. En novembre de la même année, il rejoint le Mouvement social révolutionnaire (MSR) d'Eugène Deloncle, né des cendres de La Cagoule, visant à regrouper les collaborateurs français dans la lutte contre le capitalisme libéral, le communisme, le judaïsme et la franc-maçonnerie. En mai 1942, au sein du MSR, il remplit des fiches concernant la position politique des personnalités et des fonctionnaires des différentes administrations de la ville. Dehan est alors contacté par l'inspecteur allemand Maurice Raiser, afin de collaborer avec ses services dans la lutte contre les juifs et les résistants. Vivement intéressé par les propositions de Raiser, il devient son indicateur privilégié, touchant désormais une commission en récompense de tous les renseignements qu'il fournit concernant les juifs. Le mouchard à la petite semaine devient un informateur appointé, ce qui améliore considérablement sa modeste paie de vendeur.

Le 1er janvier 1943, Dehan est nommé par les nazis inspecteur aux Questions juives. Il s'adonne alors à une chasse sans pitié à l'encontre des juifs, dont 473 sont arrêtés par lui et son équipe, en lien étroit avec la Gestapo et certains services de la préfecture de Bordeaux. C'est Dehan lui-même qui fournit aux services répressifs une partie des listes des juifs incarcérés à Mérignac et ensuite déportés. Par la suite, il intègre la Milice en 1943, sous les ordres du chef régional colonel Franc. Immatriculé à l'Abwehr depuis 1942, puis à la Gestapo en 1944, il livre de nombreux résistants aux nazis.

Le 18 août 1944, Dehan quitte Bordeaux au sein d'un convoi de gestapistes et de miliciens commandés par le lieutenant Schröder et le capitaine Gardner. Le soir même, cette équipe de tueurs se trouve au château du Porteau, à Poitiers. À peine arrivés, ils apprennent l'exécution d'un collaborateur local par la Résistance. Cette nouvelle fait naître en eux un désir de vengeance contre ceux qu'ils nomment les « terroristes assassins ». Ils se livrent alors à la chasse aux résistants du coin. Leur première victime, Pierre Gendrault, est arrêtée le 23 août. Affreusement torturé, brûlé jusqu'à l'os avec une bougie, des lambeaux de chairs prélevés dans son dos à coups de canif, le supplicié donne quelques noms. À la suite de ses aveux, trois autres résistants, Jules Basile, René Montenay et Christine Gouniot, sont appréhendés dans la nuit du 23 au 24. Le lendemain, Henri Darrès est arrêté. Les malheureux sont affreusement torturés au château du Porteau, par Dehan et ses sbires. Christine Gouniot, à son tour interrogée par Dehan, est frappée à coups de crosse de revolver, puis attachée sur un banc, où elle subit des strangulations successives, avant d'être finalement livrée, entièrement nue, à la soldatesque nazie. Les victimes sont ensuite jetées dans le puits qui se trouve au milieu de la cour du château.

Après avoir quitté Poitiers dans l'après-midi du 25 août 1944, la sinistre colonne, toujours commandée par le capitaine Gardner, se dirige vers Bourges. Ce sont ensuite Nevers, Vesoul, Belfort et enfin Strasbourg le 2 septembre. Trois jours plus tard, le convoi parvient à Landau, dans le Palatinat, en Allemagne. Dehan et son équipe française se trouvent ensuite cantonnés à Weyher. Durant les premiers jours de novembre, Dehan part à Rosenheim, près de Münich, où il retrouve sa maîtresse, Mireille F..., et ses enfants. Vers le 20, il part à Säckingen, près de la frontière suisse, afin de trouver un refuge pour ses trois filles. Puis, lors d'un voyage à Berlin, il retrouve Roger Besson, ancien délégué régional de la LVF à Bordeaux, qui lui présente Henri Millou, ancien chef du service de renseignements de la Milice à Vichy, qui travaille désormais pour le colonel SS Perey, de la section III du RSHA, dans la capitale allemande. Enfin, Dehan va à Constance, dans le but de retrouver un de ses adjoints, en la personne de Guy de Lavaissière de Verduzan.

Dans les premiers jours de février 1945, Dehan se trouve à Baden-Baden, puis à Säckingen, où il revoit le commissaire Poinsot, connu à Bordeaux. En avril 1945, les troupes alliées ne sont plus très loin, l'étau se resserre autour de Dehan. Bien décidé à sauver sa peau, il prend alors, accompagné de sa maîtresse, un bateau qui les emmène à Meersburg. Les deux fuyards atteignent à pied Schongau le 27 avril. Le 29, ils repartent, toujours à pied, pour Garmisch, puis Innsbruck. En se faisant passer pour un requis du STO, Dehan parvient à Mulhouse le 21 mai 1945, toujours en compagnie de sa maîtresse.

Il détient en effet une fausse carte de travailleur, établie au nom de Yves Le Goff. Deux jours plus tard, le couple arrive à Paris. Dehan reprend contact avec son beau-frère qui lui remet une somme de 8 500 francs. Mais le couple ne profite pas longtemps de la liberté. Les services français de police, prévenus de leur retour en France, procèdent à leur arrestation le 12 juillet 1945. Ramené à Bordeaux les jours suivants, Dehan est longuement interrogé par le commissaire Georges Kuhn, de la brigade de surveillance du territoire. On lui reproche notamment d'être à l'origine de la déportation de plus de 400 juifs qui ne sont pas revenus des camps de concentration. Jugé en novembre 1949 devant le tribunal militaire de Bordeaux, présidé par Me Guyonnet-Duperat, Lucien Dehan est passé par les armes le 2 juin 1953 au stand de tir du Luchey, à Mérignac.

Assez curieusement, la justice de l'époque se focalise sur Dehan et les responsables nazis, sans trop tenir compte de la responsabilité de la préfecture de Bordeaux dans les rafles antisémites durant l'Occupation. Il faut dire qu'en 1949, on a bien peu de recul sur ces tragiques événements, et le sinistre personnage que représente Dehan suffit largement pour que l'on n'aille pas chercher ailleurs d'autres responsables…

Jacques Désoubrie

Ce Franco-Belge, né le 22 octobre 1922 à Luingne en Belgique au sein d'une famille extrêmement modeste de la classe ouvrière, devient l'un des plus redoutables agents des services nazis. Dès le début de l'année 1941, il infiltre le groupe de résistance Vauban, dont les membres sont arrêtés peu après. Il part s'installer à Paris, où il infiltre au mois d'août le groupe de résistance La Vérité française, dont le chef parisien, le comte Jehan de Launay, ancien membre de l'Action française, le prend comme secrétaire. Le 25 novembre de la même année, 140 résistants de cette organisation sont arrêtés. Le 29 janvier 1942, Jehan de Launay, emprisonné à Fresnes, parvient à faire sortir un message qui accuse « le jeune Jacques Désoubrie, que j'avais recueilli chez moi par pitié et par bonté, le traitant comme un fils, un père, un véritable ami[3] ».

3. Cité par Patrice Miannay, *Dictionnaire des agents doubles dans la Résistance*, Éditions Le Cherche Midi, 2005.

Lors du procès de Jacques Désoubrie, après la guerre, une de ses victimes, le docteur Delort, fait de lui ce portrait :

> « Cet individu m'est apparu comme un monstre anodin, un dévoyé banal. Comme il m'arrivait de demander à mes amis comment ils avaient pu être trompés par ce garçon qui ne se recommandait ni d'une famille, ni d'un travail, ni d'aucun des signes de la discipline élémentaire, ils m'ont dit que le sentiment auquel ils avaient répondu était la pitié envers un être jeune [...]. Lui de son côté n'a jamais cessé de jouer la comédie, sollicitant leurs confidences pour mieux les trahir, et n'en épargnant aucun[4]. »

Jacques Désoubrie infiltre avec d'autres agents (Jean Desuttere, Peronnet, Jean-Paul Lien, Henri Devillers) le réseau Hector du capitaine Guédon. L'affaire se termine par 73 arrestations de résistants en février 1942. Il pénètre ensuite le réseau Turma-Vengeance, mais la Sûreté de Vichy l'arrête dans le train entre Mâcon et Lyon, le 6 août 1942, et le fait interner au camp de Vernet. On l'accuse de divers larcins commis en juin 1940 lors de la débâcle. L'occupant intervient pour obtenir sa libération, qui devient effective le 24 octobre 1942. Il reprend alors son activité d'espion au service des Allemands, sous l'autorité de la Gestapo du KDS de la rue des Saussaies, et dépend de l'adjudant Genzel. Sa nouvelle mission est alors d'infiltrer le groupe Liberté. Les 7 et 8 juin 1943, de nombreux résistants de cette organisation clandestine sont arrêtés. Le 3 septembre, Désoubrie part pour Angoulême, afin de pénétrer le réseau Centurie. Peu après, les résistants Robert Geoffroy, Francis Louvel, Maurice Chillou de Saint-Albert et Marc Tullier sont capturés par les nazis.

Jacques Désoubrie revient à Paris et parvient à contacter Marc Vuillemin, un des responsables de l'Organisation civile et militaire (OCM), un des plus importants mouvements de la Résistance française. Le 19 septembre 1943, Vuillemin, accompagné d'André Grandclément, un des autres chefs de l'OCM, ont rendez-vous avec Désoubrie à Paris, au coin de l'avenue de Tilsitt et de l'avenue de Wagram, à la terrasse du café Monte-Carlo. Les deux résistants sont immédiatement arrêtés par la Gestapo.

4. Cité par *ibid*.

Fin septembre 1943, Désoubrie infiltre de nouveau le réseau Turma-Vengeance, à Paris. Il gagne facilement la confiance d'une Belge de cette organisation, en la personne d'Alice Goret, qui le présente à divers responsables du réseau, à savoir Mme de Virel, Lorrain Cruse, Jean-Pierre Mallet et la comtesse d'Arcy. Les arrestations pleuvent peu après.

Le révérend père Riquet (un des chefs de la Résistance), informé qu'un agent français de la Gestapo sème la terreur au sein de divers réseaux, demande à un de ses adjoints, le docteur Vic Dupont de neutraliser cet individu, qui désigne... Désoubrie pour cette action punitive! Comme le traître est introuvable... et pour cause, Désoubrie peut poursuivre son action destructrice. Il donne rendez-vous à Maurice Grapin, chef par intérim du réseau Comète de Paris. Le 17 janvier 1944, ce dernier est capturé par la Gestapo. Peu après, les résistants Jacques Le Grelle et François Nothomb sont arrêtés à leur tour. Enfin, le révérend père Riquet tombe entre les mains des nazis les jours suivants.

Début février 1944, l'abbé Beauvais, nouveau chef du réseau Comète, présente Jacques Désoubrie, qu'on ne soupçonne toujours pas (!), à Goldschmidt, un des chefs de la Résistance des Ardennes. Durant la seconde quinzaine du même mois, il fait la connaissance de Louis Terrenoire, membre du Conseil national de la Résistance. Il le fait arrêter le 23 mars 1944 et participe activement à son interrogatoire, en usant de la torture pour le faire parler. Terrenoire perd l'usage de son œil gauche sous les coups de Désoubrie. Durant la même période, il est présenté au capitaine Kergaradec, chef d'un important maquis. Parallèlement, il livre plusieurs dizaines de pilotes alliés à la Gestapo.

Début août 1944, Désoubrie, désormais démasqué par la Résistance et les Alliés, échappe de peu à un attentat. Le 18, il quitte Paris, avec femme et enfants, pour l'Allemagne, vit avec sa famille à Geislingen, jusqu'à la fin de la guerre. À l'arrivée des Alliés, il se rend spontanément au service de contre-espionnage américain qui ne trouve rien à lui reprocher! Il est vrai que ses multiples identités (Jacques Léman, Jacques Verger, Jean Masson, Jean-Pierre Lebon, Pierre Poulain) déroutent les agents les plus avisés du renseignement militaire allié. On pense que ces noms concernent plusieurs personnes.

Sa concubine, Marie-Thérèse Verger, le quitte et donne à la police militaire alliée son adresse, qui se trouve désormais à Stuttgart. Les autorités françaises, intriguées par la présence de ce Franco-Belge vivant en Allemagne avant même la défaite définitive du IIIe Reich, décident de l'interroger. Un commando de la gendarmerie française l'arrête à son domicile, en mars 1947. On découvre alors, après de longs interrogatoires, que les multiples indicateurs ayant causé des centaines d'arrestations de résistants sont une seule et même personne. Désoubrie est notamment accusé d'avoir livré aux nazis 600 patriotes, exécutés ou morts par la suite en camps de concentration.

Les débats de son procès se déroulent à Paris du 7 au 20 juillet 1949. On le condamne à la peine de mort. Il a alors 27 ans, quatre enfants en bas âge, n'avait pas 17 ans au début de la guerre, et moins de 20 ans lorsqu'il s'est mis au service des Allemands. Le 15 décembre 1949, le président de la République rejette son recours en grâce. Il est exécuté le 20 décembre au fort de Montrouge, en compagnie de Guy de Marcheret d'Eu, également traître à la solde de la Gestapo, dont le parcours a, un moment, croisé celui de Jacques Désoubrie.

« La presse a rapporté, écrit Patrice Miannay, que Désoubrie aurait crié "*Heil Hitler*!" lors de la salve du peloton d'exécution[5]. »

Pierre Goupil

Né le 11 janvier 1902 à Bordeaux, il épouse le 2 décembre 1922 Armande L..., originaire de Sabres dans les Landes, avec laquelle il aura cinq enfants. Bien qu'ayant pour tout bagage un brevet élémentaire, il devient chef de service commercial à la maison Colin Barbet. Il y travaille jusqu'en 1924, puis se trouve embauché avec les mêmes fonctions à l'Union commerciale de Bordeaux-Bassens. En 1932, il s'établit à Mussidan, en Dordogne, comme négociant en grains jusqu'en 1937. Il revient ensuite à Bordeaux, où il se fait engager par la Société générale de surveillance, chargée du contrôle des grains qui arrivent dans la cité girondine. En octobre 1941, il devient directeur de la Société anonyme de manutention et de transit, dont le siège se trouve à La Pallice, en Charente-Maritime. Il est finalement renvoyé par le conseil d'administration et se trouve désormais sans emploi. Il se lance dans le trafic du marché noir et se fait piéger par un agent du Service des devises, si bien qu'il est aussitôt arrêté et emprisonné au fort du Hâ, à Bordeaux.

Libéré le 27 décembre 1942, sans travail et pratiquement sans ressources, Pierre Goupil devient acheteur officiel pour le compte des

5. Cité par *ibid.*

autorités d'Occupation, concernant le trafic de l'or. Cette activité ne s'arrête pas là : il accepte de devenir agent de Dohse, un des chefs de la Gestapo de Bordeaux-Bouscat, dès le printemps 1943. Il participe au démantèlement des réseaux de résistance Agir et Bordeaux-Loupiac, spécialisés dans le renseignement et l'évasion.

Devenu agent n° 212 de la Gestapo de Dohse, Goupil agit ensuite contre la Résistance d'Arcachon, du Moulleau et du Pyla, dont les opérations débutent dans la nuit du 30 juin au 1er juillet 1944 et permettent l'arrestation de 24 personnes, dont André Foulon, Jean Sensevin, Marie Bartette, Jean Castagnet, François Campet et bien d'autres. Dans la nuit du 8 au 9 juillet, c'est au tour d'André Patelin, d'être capturé par Goupil. D'autres personnes sont encore arrêtées dans la journée du 9 juillet, comme Raymond Berger et son frère Robert, Catherine Lafon et Maurice Leboucher. Grâce à l'action de Goupil et de la police allemande, une quarantaine de personnes, suspectées d'appartenir à la Résistance, sont emprisonnées. Toutefois, les chefs de la Résistance locale comme Édouard de Luze, Robert Duchez, Raymond Gauvin et Lucien de Gracia ont échappé à la rafle.

Lors de la libération d'Arcachon, fin août 1944, Pierre Goupil est arrêté par le commissaire de police d'Arcachon Quellec et transféré à Bordeaux pour y être incarcéré et jugé. Lors du dernier trimestre de la même année, les complices gestapistes de Goupil tombent également entre les mains des autorités françaises : Roger-Philippe Tardy, Maurice Petiteau et sa femme Yvette, Robert Menuau, André-Jules Perreau et Jean-Marcel Perin.

Le procès s'ouvre le mercredi 24 janvier 1945 devant la Cour de Justice de Bordeaux, sous la présidence du conseiller Baixas. Cette affaire, jugée comme une des plus importantes concernant ce qu'il est convenu d'appeler la « Gestapo bordelaise », attire, dans la salle des assises, l'assistance des grands jours. Seuls Pierre Goupil et Maurice Petiteau sont condamnés à mort, tandis que les autres complices subissent diverses peines d'emprisonnement. Le 24 février 1945, les deux gestapistes français tombent sous les balles du peloton d'exécution.

François et Frantz Lespine

François Lespine voit le jour le 23 juin 1921 à Paris dans le 10e arrondissement, tandis que son frère Frantz est né le 4 mars 1923, dans le même quartier. Leur père dirige une fabrique de paillons pour les bouteilles à Préchac, en Gironde. Après avoir suivi un enseignement primaire à l'école communale de Préchac, François poursuit ses études secondaires au collège Saint-Jean-Baptiste de Bazas. Le baccalauréat en poche, il s'inscrit à la faculté de droit de Bordeaux, où il obtient son premier certificat de licence. Menacé d'être envoyé en Allemagne dans le cadre du STO, François décide de se cacher, afin de rester en France. Son jeune frère, Frantz, l'aide dans cette tâche. En effet, ce dernier, ancien élève de l'École de santé navale de Bordeaux, a dû abandonner ses études, suite à la fermeture de cet établissement militaire. Il s'est alors inscrit à la faculté de Bordeaux pour y préparer une licence d'anglais. En juin 1943, Frantz rejoint la Résistance, par l'intermédiaire d'un de ses anciens camarades de Santé navale, Pierre Lasserre. Ce dernier s'occupe de réunir des jeunes au sein du groupe Renaud, dirigé par Jean Renaud-Dandicolle, un des lieutenants d'André Grandclément, chef régional de l'OCM dans le Sud-Ouest.

Sur recommandation de Lasserre, François Lespine se réfugie chez un certain André Latour, secrétaire de mairie à Saint-Laurent-d'Arce, chargé d'organiser les parachutages dans la région de Saint-Laurent-d'Arce et de Saint-André-de-Cubzac, sous le commandement de Grandclément.

Le 4 août 1943, les Allemands, bien informés, viennent à Saint-Laurent-d'Arce pour arrêter Latour, qui se trouve à ce moment-là à Bordeaux. François Lespine, échappant de peu au contrôle de l'occupant, décide aussitôt d'aller le prévenir du danger. Il parvient à le joindre et lui évite ainsi l'arrestation. Puis François Lespine part se réfugier chez ses parents à Préchac, tandis que son frère Frantz se trouve à Agen, afin de se procurer de fausses cartes d'identité pour le compte de la Résistance. Il revient avec l'adresse d'une personne susceptible d'héberger à Grignols des réfractaires du STO. En septembre, François Lespine peut ainsi se cacher chez un fermier du coin, André Lartigues, domicilié à Saint-Loubert, commune de Grignols.

En octobre 1943, Frantz Lespine est chargé de rétablir un contact avec les organisations clandestines en Charente-Maritime depuis l'arrestation de Grandclément en septembre. Peu après, François décide de rejoindre son jeune frère dans la Résistance. Il quitte alors son refuge de Grignols le 10 novembre, pour rejoindre Bordeaux et y accomplir diverses missions. Il est affecté au service du résistant Pierre Grolleau, qui le charge de recueillir des renseignements dans le département de la Gironde.

Le 14 janvier 1944, en gare d'Arcachon, François Lespine est interpellé par un inspecteur de la Douane allemande, nommé Gilk, qui procède à la fouille de sa valise et y découvre des plans des défenses militaires allemandes du Moulleau, du Pyla et du Cap-Ferret. Gilk le fait conduire sous bonne escorte dans les locaux de la Kriegsmarine d'Arcachon et lui propose, sous la menace de le faire fusiller pour espionnage, de travailler pour le compte de la Gestapo, en plus des 20 000 francs qui lui sont proposés. Il donne divers noms de résistants travaillant avec lui, sans toucher l'argent. Dans la soirée, il est transféré à Bordeaux, au fort du Hâ. La Gestapo du Bouscat compte bien l'interroger.

> « Le lendemain de son transfert à Bordeaux, écrit René Terrisse, François Lespine est brutalement extrait de sa cellule et poussé vers une voiture qui prend la direction du Bouscat. Là, il subit un nouvel interrogatoire mené par le lieutenant SS Kunesch, assisté de son fidèle Anton Enzelberger, surnommé, à juste titre d'ailleurs, Tony le boxeur. Mais celui-ci n'aura pas à faire preuve de ses talents. En effet, François Lespine, déjà rentré dans la voie des aveux à Arcachon, va continuer à se montrer très coopératif[6]. »

Les jours suivants, François Lespine livre à la Gestapo d'autres noms de son organisation, y compris l'identité de son propre frère Frantz. Les Allemands libèrent leur prisonnier, qui doit désormais renouer des contacts avec la Résistance locale, pour ensuite en livrer les membres à la Gestapo. Devenu agent du KDS de Bordeaux, il donne ainsi toute l'organisation de son réseau, avec la complicité de son frère Frantz, arrêté peu après. François Lespine reçoit des Allemands un fixe de 3 000 francs par mois, plus 5 000 francs de prime d'engagement. Les deux frères infiltrent divers mouvements, font arrêter de très nombreux résistants, assistent à leurs interrogatoires musclés dans les locaux de la Gestapo, paradent même en uniformes nazis.

Au moment de la libération de la Gironde, en août 1944, les frères Lespine ne suivent pas la Gestapo dans sa retraite vers l'Allemagne, mais se réfugient dans le groupe FFI Roche, venu de Dordogne, en se faisant passer pour d'authentiques résistants ! Toutefois reconnus par plusieurs témoins, les deux frères sont arrêtés le 31 août 1944, en se rendant dans une librairie du cours de l'Yser de Bordeaux, afin de

6. René Terrisse, *À la botte de l'occupant, itinéraires de cinq collaborateurs*, Éditions Aubéron, 1998.

s'y procurer une carte d'état-major destinée au lieutenant Marcel, du bataillon FFI Roche. Ils sont aussitôt désarmés par la police française et ensuite incarcérés au fort du Hâ.

L'instruction est longue car les accusations pesant sur eux sont lourdes, principalement en ce qui concerne François. Les deux frères sont finalement inculpés de trahison et d'intelligence avec l'ennemi. La procédure suivie contre eux les amène le 16 juillet 1945 devant la première section de la Cour de Justice de Bordeaux.

Cette grave affaire de trahison attire au palais de justice une foule immense. La première audience est consacrée aux interrogatoires des deux inculpés. Les accusés reconnaissent n'être entrés dans la Gestapo que sous l'emprise de la violence, de la peur et de menaces de représailles sur leur famille. Dès le début du procès, il apparaît que le cas du plus jeune, Frantz, doit être séparé de celui de son frère aîné, nettement plus compromis, puisqu'on lui reproche 41 arrestations de personnes. François est accusé d'avoir livré de lui-même presque tous les membres du groupe de Résistance dont il faisait partie.

> « Fait plus grave, écrit René Terrisse, les arrestations de certains d'entre eux devaient entraîner à leur tour celles de nombreux autres résistants de la région bordelaise. Parmi eux, Claude Bonnier (alias Hypoténuse), nommé délégué militaire régional par Londres, qui devait se suicider après son arrestation [...]
> L'accusé reconnaît tout d'abord avoir eu la faiblesse de présenter l'agent SD Antonio à ses camarades résistants, et de se taire.
> Il reconnaît également s'être engagé dans la Hauskapelle, service annexe de la Gestapo de Bordeaux, et avoir à ce titre, revêtu l'uniforme allemand, et avoir été armé par ce service [...].
> Il reconnaît avoir, dès cet instant, été amené à participer à plusieurs opérations contre la Résistance et contre les maquis de la région, en particulier à Grignols. Au cours de ces différentes opérations, il reconnaît avoir effectué certaines arrestations, dont celle du capitaine Lévy à Cocumont, qui devait être fusillé par la suite[7]. »

Les témoins à décharge n'apportent rien de bien concret au dossier. Le fait d'avoir prévenu quelques rares résistants ne pèse pas bien lourd dans la balance, malgré la personnalité de certains d'entre eux, comme Jacques Nancy, rédacteur de l'attestation suivante :

---

7. *Ibid.*

« Je soussigné, capitaine Jacques Nancy, commandant de la 2e compagnie du 50e régiment d'infanterie (ex-saboteur de la région B), certifie que M. François Lespine m'a rendu en février 1944 un très grand et inoubliable service. M. François Lespine, me sachant surveillé par la Gestapo, m'a prévenu au péril de sa vie de ne pas me rendre rue Kyrie, à Bordeaux, où un piège était tendu pour me prendre.
J'ajoute de plus que MM. François et Frantz Lespine m'ont rendu de très grands services, comme agents de liaisons et de renseignements, exposant leur vie pour la Résistance dans de nombreuses circonstances[8]. »

Robert Boulin, alors avocat stagiaire à Villandraut, témoigne également en faveur de François Lespine :

« Dans les premiers jours de juin 1944, Lespine me fit prévenir par l'intermédiaire de l'inspecteur Niel, que j'étais l'objet d'une surveillance étroite de la Gestapo, et que mon arrestation était imminente. J'ai alors gagné le maquis, et rejoint le groupe Mickey du commandant Minvielle à Grignols.
Je dois reconnaître également que, sur ordre de mes chefs, je suis resté en contact avec François Lespine, quoique sachant qu'il était à la Gestapo. Lespine m'a fourni sur la Gestapo et sur les agissements de certains des renseignements qui m'ont été très utiles, que j'ai transmis à la Résistance. Notamment, il m'a indiqué que Gombeau était allé à la frontière espagnole pour déceler les organisations qui faisaient passer les jeunes gens à l'étranger. J'ai pu alerter la Résistance à la frontière. Il m'a également donné d'utiles renseignements sur l'organisation interne de la Gestapo[9]. »

Malgré ces deux témoignages, ainsi que d'autres en sa faveur, François Lespine est condamné à la peine de mort, par la Cour de Justice de Bordeaux. Son jeune frère, Frantz, bénéficiant de circonstances atténuantes, se voit, quant à lui, condamné à une peine de travaux forcés à perpétuité.

Le 27 juillet 1945, François Lespine, détenu à la maison d'arrêt de Bordeaux, au quartier des condamnés à mort, écrit une lettre

8. Archives du Centre national Jean Moulin, Bordeaux.
9. Archives du Centre national Jean Moulin, Bordeaux.

au général de Gaulle, président du gouvernement provisoire de la République française :

> « Mon général,
> J'ai l'honneur de solliciter de votre très haute bienveillance, une commutation de la peine de peine de mort, à laquelle j'ai été condamné par arrêt de la Cour de Justice de Bordeaux [...].
> Je n'ai jamais voulu, contrairement à ce qu'on m'a reproché, favoriser les Allemands et trahir les résistants français dans le groupe desquels je me trouvais. J'ai toujours eu des sentiments violemment anti-allemands, personne ne pourra le contester.
> Je reconnais que j'ai eu la faiblesse, sous la pression, la violence et les menaces (particulièrement celles dirigées sur ma mère et mon grand-père!) de me laisser aller à donner certains noms que je connaissais et d'entrer dans un service allemand. Mais dans ce service allemand, je me suis toujours efforcé de limiter au maximum ce que mon action aurait pu avoir de nuisible, et d'être une simple unité.
> Je regrette profondément le manque de courage dont j'ai fait preuve, et les conséquences qu'il a pu avoir. Mais je n'ai pas voulu ce qui est arrivé.
> Je n'ai pu le vouloir, car j'ai toujours éprouvé et manifesté des sentiments français. J'ai, toutes les fois que j'en ai eu l'occasion (ainsi qu'en ont fait foi des témoignages entendus à l'audience, et des déclarations écrites produites lors du procès), essayé de rendre des services à des membres de la Résistance, et à des gens poursuivis par l'ennemi. Quelquefois, j'ai eu la chance de réussir. En raison de mon passé sans tache, des fréquents efforts que j'ai faits pour sauver ceux que je savais menacés, j'ose espérer qu'il me sera possible de bénéficier de votre clémence, et je vous prie de daigner agréer, mon Général, les hommages de mon profond respect[10]. »

Le condamné François Lespine voit sa peine commuée en travaux forcés à perpétuité, par un décret du 16 août 1945. Transféré ultérieurement à la centrale d'Eysses, il ne purgera qu'une partie de sa peine, et sera libéré quelques années plus tard, ainsi que son frère Frantz, à la grande déception des rescapés de cette affaire, qui, même près de soixante-dix ans plus tard, n'ont toujours pas pardonné.

10. Archives du Centre national Jean Moulin, Bordeaux.

Frédéric Martin, *alias* Rudy de Mérode

Né le 28 décembre 1905 à Silly-sur-Nied, en Moselle, il est condamné, en septembre 1934, par le tribunal correctionnel de Metz, à 1 000 francs d'amende pour trafic de stupéfiants. Devenu ensuite entrepreneur de travaux publics à Metz, il travaille notamment à la construction de la ligne Maginot, dont il communique les plans au Service de renseignement allemand (SRA) ! Sa trahison est découverte par le 2e Bureau de l'armée française qui le fait condamner, le 16 octobre 1936, à dix ans d'emprisonnement, à la maison centrale de Clairvaux. En 1937, dans cet établissement pénitentiaire, il fait la connaissance de Van Houten et de Lucien Bernard, condamnés comme lui pour espionnage en faveur des Allemands. En juin 1940, il est transféré à Dijon. Finalement récupéré par les nazis, après la défaite militaire de la France, Frédéric Martin, devenu Rudy de Mérode, est incorporé comme capitaine dans l'Abwehr, sous les ordres du commandant Brandl. Il participe, avec les agents Werkshagen Poire et Gustave Muller, au pillage des biens juifs, en touchant notamment 30 % de bénéfice de ces larcins. Il s'associe avec ses compagnons de cellule Van Houten et Lucien Bernard pour les basses besognes contre les juifs. En lien étroit avec Bömelburg, Rudy de Mérode (Frédéric Martin) devient le chef de la Gestapo française de Neuilly, composée d'une trentaine d'individus, dont le Luxembourgeois Wiroth, l'Alsacien Louis Schmitt, le Français Raymond Rougery, la Française Violette Morris, le Russe Raineroff, Marcel Duplaix, Pierre Lahaye et sa maîtresse Marie Muratore, une tigresse qui aime torturer les prisonniers.

Rudy de Mérode (Frédéric Martin) sévit non seulement avec le chef de la Gestapo Bömelburg, mais également avec Dannecker, responsable de l'action antijuifs, sans oublier le capitaine Radecke. Il loge à l'époque avenue du général Dubail. Son supérieur, Otto Brandl, lui ordonne d'infiltrer la Résistance. En collaboration avec Masuy, il démantèle le réseau Agoutin, puis le réseau Famille-Martin, causant ainsi de nombreuses arrestations de patriotes, qui seront fusillés ou déportés. Fin décembre 1943, il est ensuite envoyé à Saint-Jean-de-Luz, pour infiltrer les réseaux d'évasion du Pays basque. Puis, avec une vingtaine de gestapistes français, sous les ordres d'Hans Vogler, il pourchasse la Résistance et les juifs dans la région niçoise.

> « Après-guerre, écrit Patrice Miannay, on estime les bénéfices réalisés par von Mérode, dans ses différentes activités,

à 900 millions de francs. Début 1944, Rudy de Mérode crée un réseau SD sur l'Espagne, en rivalité avec celui de l'Abwehr dirigé par Masuy. Tous deux travaillent pour le contre-espionnage franquiste, et se dénoncent mutuellement comme agent d'une puissance extérieure. Ils sont l'un et l'autre arrêtés par la police franquiste mais seul Masuy est livré aux Alliés, pour avoir joué sur les deux tableaux, et sera fusillé. Rudy de Mérode jouit de sa fortune pendant de nombreuses années, n'hésitant pas à donner des interviews, à visage découvert, à la presse occidentale, protégé par Paolini Uzcudun, champion basque de boxe de renommée mondiale, membre de la Phalange. De temps à autre, Rudy fournit des renseignements aux services français [...]. En 1946, en France, il est condamné à mort par contumace. Installé à San Sebastian, hôtel Christie, sous le nom de Landeman, puis à Barcelone, il a placé ses fonds dans des affaires de transports et dans des cabarets[11]... »

Pierre-Napoléon Poinsot

Pierre-Napoléon Poinsot voit le jour le 27 janvier 1907 à Bouxières-aux-Dames, en Meurthe-et-Moselle. Après avoir accompli des études primaires, il s'arrête au niveau de la troisième et obtient son brevet élémentaire. À 19 ans, il part pour Casablanca, au Maroc, pour s'engager dans l'armée de l'air, où il devient pilote aviateur, avec le grade de sous-lieutenant. Rendu à la vie civile en 1930, il entre sur concours dans la police du protectorat du Maroc, en tant qu'inspecteur de la Sûreté. La même année, il épouse Solange F..., originaire de Nancy, qui lui donnera deux enfants.

Le 11 août 1932, il est muté dans la police nationale à sa demande, pour être successivement affecté à Montbéliard dans le Doubs, à Marignane dans les Bouches-du-Rhône, puis aux Andelys dans l'Eure, où il devient commissaire, et enfin en 1936 à Saint-Lô dans la Manche, où il se fait déjà connaître pour ses idées violemment anticommunistes.

En 1938, il est envoyé à Bordeaux, où il s'installe 4 cité Charlemagne. Versé dans la police spéciale de la préfecture, il est placé pour un temps au commissariat de la gare Saint-Jean que dirige le

11. Patrice Miannay, *op. cit.*

commissaire David. Ses qualités professionnelles le font remarquer par ses supérieurs qui décident de l'affecter au commissariat spécial de la préfecture. Ce service coiffe les antennes de la préfecture, de la gare et du port, sous les ordres du commissaire divisionnaire Seugnard, secondé par le commissaire Sangla. Lors de la défaite de 1940, ces deux hommes, menacés d'arrestation par les Allemands, quittent leur poste pour se réfugier en zone « libre ».

> « Tenaillé par une ambition démesurée, doublée d'un esprit assez aventureux, écrit René Terrisse, Poinsot, doté par ailleurs d'une intelligence nettement au-dessus de la moyenne, va trouver dans les tragiques circonstances du moment une occasion inespérée de faire carrière[12]. »

Il met habilement à profit le départ hâtif de ses deux chefs de service en essayant de prendre leur place. Pour ce faire, il fournit sur eux des renseignements les accablant aux Allemands, allant même jusqu'à proposer de travailler pour les nazis. Sa hiérarchie, qui n'apprécie guère cette manière d'agir, tente de le faire transférer à Évreux, mais les autorités allemandes d'occupation de Bordeaux interviennent pour faire annuler cette décision. La direction du commissariat spécial de la préfecture est finalement confiée aux commissaires Duclos et Poinsot, ce dernier prenant plus particulièrement en main la brigade anticommuniste.

Dans cette nouvelle fonction, le caractère autoritaire et indépendant de Poinsot se manifeste particulièrement. Secondé par les inspecteurs Roger Laffargue et Pierre Langlade, le nouveau promu se lance dans une chasse sans pitié contre les militants et les sympathisants communistes, devenus hors la loi depuis les lois Daladier de 1939. Les arrestations se multiplient dans toute la Gironde, avec le soutien de l'occupant. Les localités comme Bègles, Villenave-d'Ornon, La Bastide, Pessac et Mérignac sont particulièrement visées, du fait d'une intense propagande communiste appelant à la lutte contre Vichy.

Le 22 juin 1941, suite à l'invasion allemande de la Russie soviétique, les services SS de Bordeaux travaillent en étroite collaboration avec Poinsot. Le capitaine SS Hagen donne de nouvelles directives pour frapper les milieux communistes espagnols de Bordeaux, Floirac

12. René Terrisse, *À la botte de l'occupant*, *op. cit.*

et Cenon, où les perquisitions massives se multiplient, ainsi que les arrestations.

Malgré le zèle déployé par Poinsot, la propagande communiste continue toujours, à la grande colère des Allemands. Le 21 octobre 1941, à Bordeaux même, le conseiller de guerre Reimers est abattu par la résistance communiste sur le boulevard Georges-V, à l'angle de la rue de l'Ormeau-Mort. Le commissaire Poinsot fournit des renseignements complémentaires concernant les 50 otages devant être fusillés, suite à cet assassinat. Ils tombent sous les balles allemandes au camp de Souge, le 24.

Poinsot parvient à faire infiltrer plusieurs réseaux communistes, dont celui de Claude Meyroune, responsable du Front national des étudiants. Ce dernier est finalement arrêté en janvier 1942, avec Clément Corbières, Paulette Sauboua, Daniel Planet et les sœurs Tamise. En quelques semaines, divers groupes clandestins de résistants communistes sont anéantis dans Bordeaux et ses environs. De novembre 1940 à janvier 1942, Pierre-Napoléon Poinsot fait arrêter 428 communistes.

De plus en plus lié à la Gestapo du Bouscat, dans la banlieue bordelaise, Poinsot prend la direction en juillet 1942 de la Section régionale des affaires judiciaires d'origine politique (SRAJOP), forte d'une vingtaine de fonctionnaires français, dont quinze inspecteurs, sans oublier de nombreux informateurs, travaillant aussi bien pour ce service que pour la Gestapo. Poinsot est lui-même en rapport permanent avec le policier SS Dohse. Les méthodes d'interrogatoire le plus souvent inhumaines de Poinsot s'avèrent particulièrement efficaces contre les résistants arrêtés. En novembre 1942, la SRAJOP devient la SAP, la Section des affaires politiques. Certains bureaux de la SAP, cours du Chapeau-Rouge, se transforment en salles de torture.

Agent n° 192 du SD de Bordeaux-Bouscat, tout en prenant la direction de la SAP, Poinsot perçoit 25 000 francs par mois. Ses dizaines d'indicateurs lui permettent de nombreuses arrestations de résistants, communistes, gaullistes et giraudistes, qui sont ensuite livrés aux Allemands. Ce sont par exemple les arrestations et les aveux obtenus de plusieurs membres du SOE britannique et de l'OCM, arrêtés par Poinsot et Dohse, durant l'été 1943, qui déclenchent l'affaire Grandclément, présentée dans le troisième chapitre de cet ouvrage.

Promu sous-directeur des Renseignements généraux de la police à Vichy en janvier 1944, Poinsot emmène avec lui son équipe de tortionnaires, dont Célérier et Tournadour. Lors de la retraite des troupes allemandes en France, Poinsot se replie à Constance. Au mois d'avril 1945, devant l'avance de la 1re armée française, il tente de rejoindre la Suisse. Il est finalement arrêté le 28, porteur d'une fausse carte d'identité, de 3 500 francs suisses, 70 000 francs et 2 000 marks allemands ! Le même jour, sa femme est arrêtée en gare de Dijon, elle-même porteuse de 312 000 francs !

Jugé par la Cour de Justice de Riom, Poinsot est exécuté le 12 juillet 1945. Comme le raconte Lucien Steinberg : « La plus terrible des pièces à conviction retenues contre lui a été son propre registre, mentionnant à l'encre rouge les noms de 900 personnes fusillées par sa faute[13]... »

Ferdinand Vincent

Né le 30 mai 1908 à Charzais, en Vendée, il suit des études primaires à Fontenay-le-Comte, puis entre à Nantes dans une école spécialisée, où il obtient un brevet professionnel de travaux publics. Après avoir accompli son service militaire à Paris, en tant qu'affecté au Bureau de recrutement, il se fait engager durant une année comme conducteur de travaux à la Société immobilière de la Banque de France. Suite au décès de son père, il prend sa succession à la tête de l'entreprise familiale de travaux publics à Fontenay-le-Comte. Six mois plus tard, il fonde au même endroit la Coopérative des ouvriers français du bâtiment. Il se marie la même année avec Jeanne T..., qui lui donnera deux enfants.

Du fait de la crise économique de 1929, Ferdinand Vincent est contraint de liquider sa société et part à Nanterre, où il se fait embaucher à la Papeterie de Brioux, en qualité de cadre. Depuis longtemps sympathisant de la cause communiste, il adhère à ce parti en 1937, occupant même le poste de secrétaire d'une cellule à Nanterre. Au début de l'année 1938, il part pour l'Espagne comme volontaire dans les brigades internationales, afin de lutter contre l'armée franquiste. Après quatre mois de formation militaire à l'école d'Albacete, il est affecté à la 14e brigade internationale, au sein de laquelle il sert jusqu'en septembre de la même année. À son retour

13. Lucien Steinberg, *Les Allemands en France 1940-1944*, Éditions Albin Michel, 1980.

d'Espagne, il revient à Nanterre et parvient à se faire embaucher comme cantonnier au sein de la municipalité de cette ville.

Au début de la Seconde Guerre mondiale, Ferdinand Vincent est mobilisé dans les sapeurs-pompiers de Paris. Rendu à la vie civile en juillet 1940, il retourne à Nanterre, où il retrouve durant deux mois son poste de cantonnier. En octobre, il abandonne cet emploi pour occuper le poste de chef de chantier dans l'entreprise Zurblain et Larrieu, à Paris. Le 10 mai 1941, il signe un contrat avec la société Arts et Bois, qui lui propose un poste de chef de chantier à La Rochelle, en Charente-Maritime. Prévenu par son chef du personnel de la menace d'arrestation qui pèse sur lui, en tant que militant communiste, il doit quitter son emploi en mai 1942. Il est alors contacté par Jean Barrière, un des responsables régionaux du parti communiste, qui lui propose d'entrer dans la Résistance.

Fin juin 1942, Vincent se présente chez Roger Peltan, membre du réseau Kléber et chef de l'organisation FTP pour la région de Jonzac. Début juillet, il participe à une action de sabotage de la voie ferrée près de Saintes, puis accomplit une opération similaire sur la ligne Saintes-La Rochelle. Le commissaire Poinsot enquête avec son équipe de gestapistes français. Le 8 juillet, Vincent échappe de peu à une arrestation devant la gare de Jonzac. Le 27, Poinsot part à 23 heures pour les Charentes avec les autorités allemandes et six inspecteurs avec chiens, afin d'effectuer une action simultanée à La Rochelle, Saintes, Cognac et d'autres localités, en vue d'arrêter des groupes de résistants communistes. Le lendemain, à 5 heures du matin, Ferdinand Vincent est arrêté par plusieurs policiers français à La Rochelle, 17 rue des Voiliers. Dès le 31, date à laquelle il est interrogé pour la première fois par l'inspecteur Max Hugon dans les locaux de la brigade Poinsot, à Bordeaux, où il a été transféré, Vincent trahit en livrant de nombreux noms et adresses de ses compagnons de Résistance. Lors d'un second interrogatoire, il signale plusieurs planques d'armes à Matha, Authon, Cognac et Saintes. Finalement, Vincent devient une recrue de choix pour Poinsot et le SD. Grâce aux informations livrées aux nazis, de très nombreux résistants communistes sont arrêtés et déportés, dont le chef FTP Yves Tasset, que Ferdinand Vincent, en présence de Poinsot, tente de retourner pour le compte de la Gestapo. Tasset refuse catégoriquement et sera déporté à Mauthausen, puis à Buchenwald.

Jusqu'au mois de février 1943, Ferdinand Vincent travaille surtout pour le compte du commissaire Poinsot. Puis Dohse, un des chefs de la Gestapo du Bouscat en Gironde, décide de l'utiliser pour ses propres services, en faisant de lui un agent permanent. Le réseau Brutus-Vidal, infiltré par Vincent, est victime ensuite de nombreuses arrestations de ses membres. Au début de l'année 1944, Dohse crée à Bordeaux un nouvel organisme baptisé Hauskapelle, dépendant totalement de la Gestapo, composé de 25 civils français et espagnols. Ce service comprend deux équipes : l'une commandée par le Français Louis Tournier, l'autre par l'Espagnol Manuel Mugica. Ces deux groupes sont placés sous la direction de Ferdinand Vincent, qui transmet à ses deux subordonnés les ordres qu'il reçoit lui-même de Dohse, devant lequel il est directement responsable de la bonne exécution des missions qui lui sont confiées.

À peine créé, ce nouveau service entre aussitôt en action. Dès les premiers jours de février 1944, certains de ses membres, sous les ordres de Vincent, participent à l'arrestation de plusieurs résistants du groupe Camplan, à Bordeaux et ses environs. D'autres résistants sont capturés en mars, dont Robert Brettes, un des chefs locaux. Vincent participe également, aux côtés de la Wehrmacht et de la SAP de Poinsot, à une vaste opération de police effectuée les 4 et 5 avril 1944 dans diverses communes de Dordogne, durant laquelle de nombreux résistants sont emprisonnés. Une quinzaine de jours plus tard, dans la région de Bazas, Bourriot-Bergonce et Roquefort, se déroule la grande rafle contre les camps forestiers des Landes. Vincent et son équipe participent à cette action répressive, entraînant de nombreuses déportations. Le 19 mai 1944, Vincent et ses sbires luttent aux côtés des Allemands contre le maquis Grand-Pierre, à Camiran.

À compter du mois de juin 1944, Ferdinand Vincent est promu par Dohse au poste de direction du Bureau des affaires extérieures, véritable officine de renseignements de la Gestapo. Début juillet, Vincent parvient à faire infiltrer un maquis près de Mauriac, grâce à son agent Louis Tournier, entraînant l'arrestation de plusieurs résistants, fusillés par la suite. Fin août, Vincent suit ses maîtres nazis dans leur retraite. Après un court séjour dans l'est de la France, il passe en Allemagne, où il retrouve son ancien employeur, le commissaire Poinsot, qui s'empresse de le reprendre à son service.

Après la défaite militaire de l'Allemagne, Vincent parvient à se faire admettre à la Sécurité militaire française, en se faisant passer pour un résistant évadé d'un camp de concentration. C'est ainsi qu'on décide de lui confier des missions pour retrouver d'anciens chefs nazis ! Finalement découvert en tant qu'ancien homme de confiance de la Gestapo, il est arrêté par les autorités militaires françaises et ramené à Bordeaux pour y être jugé. Il comparaît le 27 octobre 1948, devant le tribunal militaire de Bordeaux, que préside Me Guyonnet-Dupeyrat. Le commandant Guille occupe le siège de commissaire du gouvernement, le capitaine Delfau celui de juge d'instruction et le lieutenant-colonel Chastan celui de greffier en chef. Condamné à mort pour trahison le 29 octobre 1948, il est fusillé le 28 juillet 1949, à 6 heures du matin, au stand de tir de Verthamon à Pessac, en Gironde.

Henri Barbé

Né le 14 mars 1902 à Paris, dans le 10e arrondissement, Henri Barbé devient membre des Jeunesses communistes après le congrès de Tours de 1920, puis secrétaire général au collectif du Parti communiste français (PCF). Au début des années 1930, il fonde le groupe Barbé-Célor, partisan de la lutte absolue des classes par une guerre révolutionnaire. Professeur à l'institut Lénine de Moscou, il quitte subitement son poste et devient un anticommuniste viscéral. Ce revirement radical et soudain s'explique, en partie, par sa fascination pour le régime fasciste italien qui, selon lui, parvient à réconcilier le socialisme et le nationalisme. Il semble également avoir pris connaissance de l'ampleur de la répression massive du régime instauré par Staline en Russie. Exclu du PCF en septembre 1934, il rejoint Jacques Doriot, ancien responsable communiste français, également séduit par le régime mussolinien. Barbé devient secrétaire général du nouveau parti fondé par Doriot, le Parti populaire français (PPF), dont l'idéologie fasciste est avérée. Il occupe ce poste de 1936 à 1939, puis adhère, dès sa création en 1941, au Rassemblement national populaire de Marcel Déat, ancien responsable socialiste devenu fasciste et partisan acharné de la collaboration. Dès l'été 1941, Dohse présente Barbé à Bömelburg, le chef de la Gestapo à Paris, dont il devient l'agent personnel. Barbé s'oriente surtout dans l'action propagandiste en faveur de l'Allemagne hitlérienne dans sa lutte contre le bolchevisme. En 1943, les nazis l'aident notamment à monter Radio-Vérité. Il déteste le régime de Vichy et l'entourage du maréchal Pétain, trop conservateurs à ses yeux, qu'il accuse même de « double jeu ».

Arrêté à la Libération, Barbé est condamné le 18 avril 1947 à plusieurs années de prison, mais finalement libéré en 1949 et définitivement amnistié en 1957. Il reprend alors son action anticommuniste en tant que journaliste au *Figaro*, collabore au journal d'Albertini *Est & Ouest* et à la revue catholique traditionaliste *Itinéraires* de Jean Madiran. Converti au catholicisme en prison, il meurt le 24 novembre 1966 à la clinique Saint-Michel de Paris, puis est enterré religieusement dans la Creuse. Il ne semble pas avoir été compromis dans des affaires opposant la Résistance à la Gestapo, ni même dans la lutte contre les juifs. C'est surtout par anticommunisme qu'il s'est engagé dans la collaboration avec l'occupant, ce qui explique la relative clémence de la justice française, à l'époque où la guerre froide opposait le bloc occidental au bloc soviétique.

Roger Bardet

Né le 14 mars 1916 à Lyon, ce bel homme aux yeux bleus et aux traits réguliers, devenu ingénieur chimiste chez Rhône-Poulenc, rejoint l'École de l'air en avril 1940. Lieutenant de la 63e escadre aérienne durant la campagne de mai-juin 1940, il se réfugie ensuite en Algérie, où le couple Cornet l'héberge. En août 1942, à Cannes, en zone « libre », il fait la connaissance du résistant Henri Frager, qui le recrute pour le réseau Carte, en tant qu'instructeur en sabotage. Le 2 décembre 1942, Bardet est arrêté à Cannes par la police française. Il parvient à s'évader du commissariat dans la nuit du 3 au 4 décembre de la même année, rejoint clandestinement Frager, avec lequel il fonde le réseau Jean-Marie, dépendant des services secrets britanniques. Le 15 janvier 1943, Bardet est de nouveau arrêté au poste de commandement (PC) du réseau, à Aix-en-Provence, avec Maurice Lejeune qui prend les charges sur lui, afin de le dédouaner. Si bien que Bardet retrouve de nouveau la liberté. Entre-temps, Frager déplace le PC du réseau à Saint-Jorioz en Savoie.

Le 18 mars 1943, Bardet rencontre le commandant Valette d'Osia et le lieutenant Tom Morel, deux des chefs de la Résistance locale, afin de régler les problèmes de parachutage sur le plateau des Glières. Le 26 mars 1943, l'adjoint de Frager, André Marsac, tombe dans un piège tendu par la police allemande, au café des Champs-Élysées à Paris. L'agent allemand Bleicher, bien informé, peut entreprendre l'arrestation de Roger Bardet, le 15 avril 1943. Ce dernier, envoyé à la prison de Fresnes, est recruté par Bleicher et devient l'agent E 8010, du service III F2 du commandant allemand Schaeffer. Bardet fait arrêter le nouvel adjoint de Frager, Saget, dans un restaurant de Passy.

Le 28 mai 1943, Bardet infiltre la Résistance normande, à l'aide d'un faux réseau appelé Lysianna, en réalité « pure » création allemande. À Londres, les services secrets britanniques, bien informés, signalent Bardet comme « agent boche de Lyon ». Bardet parvient à rencontrer le résistant Pierre de Bénouville pour lui assurer son double jeu au bénéfice des Alliés. Sceptique, Bénouville décide de prendre ses distances avec Bardet, sans cependant informer la Résistance de cette rencontre insolite. Bardet parvient à infiltrer le réseau giraudiste Dunoyer-de-Segonzac, ce qui entraîne l'arrestation des résistants Roland Farjon et du général Verneau, le 23 octobre 1943 à Paris. En décembre 1943, Bardet fait arrêter l'agent britannique Sydney Jones. Il reprend ensuite contact avec Bénouville qui lui assure une mission pour la Suisse, afin de lui permettre de se justifier auprès d'officiers alliés des services secrets. Fort étrangement, Bénouville échappe de peu à un piège tendu par la Gestapo.

Après le débarquement des Alliés en Normandie, en juin 1944, l'agent allemand Bleicher est informé que Bardet est en contact avec le commandant Charles Bodio, officier français du 2e Bureau, spécialisé dans le renseignement. Bardet rejoint ensuite un maquis dans l'Yonne, dispersé peu après par la Gestapo, visiblement bien informée. Bardet revient à Paris avec la liste des dépôts d'armes du maquis de l'Yonne, qu'il transmet à la police allemande. Le 27 juillet 1944, le résistant Henri Frager, de retour de Londres, est arrêté par les Allemands, avec le concours de Bardet, qui infiltre de nouveau le maquis de l'Yonne, avec lequel il participe aux combats de la Libération, sous le nom de capitaine Roger des FFI.

Le colonel britannique Buckmaster, officier du SOE et les chefs des réseaux Résistance et honneur de la police, couvrent Bardet. Le 27 octobre 1944, Bardet est arrêté par la police française et ensuite relâché. Cependant, le 5 décembre 1945, un mandat de dépôt est délivré contre Bardet, accusé de trahison. Dans la nuit du 28 avril 1946, il tente vainement de s'évader de la prison de Fresnes, avec Bernetta et Lucchesi, deux agents de la Gestapo. Finalement, le 16 décembre 1949, Bardet est condamné à mort par la justice française. Mais rien n'est joué : le 12 juillet 1950, un décret du président de la République Vincent Auriol commue la peine en travaux forcés à perpétuité, puis à quinze années. Une libération anticipée, le 17 janvier 1952, lui permet de retrouver la liberté. Roger Bardet est décédé le 7 avril 1972 à Créteil.

Jany Batissier

Né le 25 mai 1909 à Moulins-sur-Allier, il devient inspecteur de police à Nice en 1934, fait la connaissance de Joseph Darnand, héros de la guerre 14-18 et militant d'extrême droite, membre de La Cagoule, ce qui lui vaut d'être suspendu de ses fonctions par le Front populaire en 1938. Après l'armistice de juin 1940, Jany Batissier s'installe à Vichy, où il est affecté au service de sécurité personnel de l'amiral Darlan. Il reprend alors contact avec les cagoulards se trouvant également à Vichy, comme Gabriel Jeantet, le docteur Martin et Darnand, devenu responsable de la Légion française des combattants.

Après l'invasion de la zone « libre » en novembre 1942, Batissier est recruté comme agent auprès de la police allemande de Vichy, dirigée par Geissler. Il prend le pseudonyme de capitaine Schmitt, sous les ordres directs du capitaine allemand Lagenbach. Batissier dirige un groupe d'agents français collaborant aux opérations de police allemande. Sa sœur, devenue la maîtresse de Geissler, lui apporte une position importante dans la sphère répressive de l'occupant.

Le 1er février 1943, Batissier, Geissler et un groupe d'agents du SD de Vichy arrêtent à Lyon, lors d'un rendez-vous clandestin, le capitaine Claudius Billon, chef résistant de l'Armée secrète (AS) de la région R1, couvrant plusieurs départements du sud-est de la France, ainsi que son adjoint Pierre Lavergne. Trois jours après, le même groupe arrête à Saint-Étienne le responsable de l'AS de la Loire, Roger Laporte, et son adjoint le lieutenant Gaétan Vidiani. L'AS de la région lyonnaise est durement frappée par la multiplication des arrestations menées par Batissier et Geissler. Le 19 avril 1943, l'important réseau Alliance subit à son tour les foudres de cette sinistre équipe, décidément bien renseignée.

Avec la complaisance de René Bousquet, secrétaire général de la police française de Vichy, et l'appui de Geissler, Batissier est réintroduit dans les cadres de la police régionale d'État de Nice, comme inspecteur. Il poursuit son action dévastatrice contre la Résistance. Inscrit également au PPF de Doriot, il se rend régulièrement chez Geissler. Le 24 avril 1944, Darnand fait de lui un commissaire de la Sûreté.

Batissier suit les troupes allemandes lors de leur repli en août 1944 et se trouve à Baden-Baden en décembre. Il y côtoie son collègue, l'intendant de police de Toulouse, Marty, ainsi que ses adjoints. Figurant sur la liste des criminels de guerre recherchés par les Alliés, il est finalement arrêté, puis jugé par la Cour de Justice de Moulins le 18 avril 1946, et fusillé le 18 juillet 1946, à Nevers, dans le département de la Nièvre.

Mathilde Bélard, épouse Carré, dite la Chatte

Née le 30 juin 1908 au Creusot, en Saône-et-Loire, au sein d'une famille modeste, Mathilde Bélard reçoit cependant une bonne éducation scolaire. À 20 ans, elle suit les cours d'infirmière et se passionne pour la psychiatrie. À 24 ans, elle rédige divers articles dans la presse. De taille moyenne, mince, plus sensuelle que belle, elle séduit par sa féminité et son « chic » très parisien.

> « Ambitieuse et intrigante, écrit Patrice Miannay, intelligente et dépensière, elle a les qualités d'une aventurière. Se plaisant à ne jamais passer inaperçue, elle porte un chapeau souvent extravagant. Une légère claudication rappelle qu'elle a été victime d'un accident d'automobile. Profondément égocentrique, rancunière et amorale, tout le monde lui reconnaît une instruction éclectique, un dynamisme à toute épreuve, un indéniable talent pour la conversation, et, qualité suprême des séductrices, elle est "spirituelle". Mariée sur un coup de tête, en 1933, avec Maurice Carré, soldat de métier, puis enseignant, qui se trouve en Syrie à la déclaration de guerre. Pour Mathilde Bélard, la guerre est l'occasion d'une belle aventure, exaltante intellectuellement et satisfaisant ses penchants sensuels[14]. »

En mai 1940, elle se trouve dans la zone des Armées, dans la région de Beauvais. Elle rencontre un membre des services secrets français. Après l'armistice de juin 1940, elle se trouve à Toulouse et fait la connaissance de Roman Czerniawski, afin de l'assister dans la création d'un réseau de Résistance. Fin octobre 1940, elle revoit son mari, rentré de Syrie, et lui annonce son intention de divorcer. Dès le mois de novembre, son activité résistante est appuyée par les services secrets britanniques de l'IS. En 1941, la capture de Robert Kiffer, retourné par les Allemands, entraîne une cascade d'arrestations au sein du réseau de Mathilde Carré, surnommée la Chatte. La même année, elle tombe à son tour entre les mains de l'occupant. Interrogée

14. Patrice Miannay, *op. cit.*

et retournée par Hugo Bleicher de la GFP de l'hôtel *Edouard VII* à Paris, elle donne tout le réseau, ainsi que les contacts avec d'autres réseaux. Présentée à Bömelburg, chef de la Gestapo en France, elle devient un de ses agents personnels.

Plusieurs centaines d'arrestations anéantissent le réseau Interallié en l'espace seulement de quelques semaines. La Chatte habite avec son amant allemand Bleicher dans la villa d'Harry Baur, réquisitionnée, à Maisons-Laffitte. Elle infiltre le réseau Overcloud, causant ainsi en grande partie son démantèlement. Elle pénètre ensuite le réseau Autogyro de Pierre de Vomécourt, qui subit à son tour les foudres de l'occupant. En 1942, pourvue de la fausse identité de Margueritte de Roche, elle parvient à infiltrer le SOE britannique et peut ainsi se rendre à Londres et rencontrer le responsable de l'antenne française, le colonel Buckmaster ! Elle loge chez l'acteur Peter Ustinov, ami de Tom Greene, un des dirigeants de l'IS. Les nombreuses arrestations, causées après son passage au sein des divers réseaux, alertent les Britanniques qui décident de l'interner pour la durée de la guerre. Elle passe ainsi trente-cinq mois dans plusieurs prisons anglaises. Ironie du sort, sa soudaine disparition en France, fait croire aux nazis qu'elle a rejoint de nouveau le camp de la Résistance. Si bien que la Gestapo livre d'importantes recherches pour la retrouver, laissant ainsi croire aux Alliés qu'elle joue un double jeu.

Le mari de Mathilde Carré, officier dans l'armée d'Afrique, est tué sur le front italien le 30 janvier 1944. Le 1er juin 1945, elle est transférée par avion en France, où la sécurité militaire française l'interroge longuement, à Paris. Le 29 octobre 1945, on l'enferme dans la prison de Fresnes. Elle doit répondre à vingt-six interrogatoires du juge Fougères. Outre les nombreux résistants qu'elle a directement livrés aux Allemands et ceux qui furent arrêtés indirectement, on lui reproche d'avoir révélé les activités résistantes de l'attaché militaire américain à Vichy.

Assez curieusement, devant la Cour de Justice de la Seine, ceux qui viennent témoigner pour l'accuser s'équilibrent avec ceux qui lui trouvent des excuses. Elle est cependant condamnée à mort et à la dégradation nationale, le 7 janvier 1949. La Chatte bénéficie cependant de diverses mesures de grâce, si bien que le 2 août 1952, sa peine est commuée à vingt ans de travaux forcés. Le 7 septembre 1954, elle est finalement libérée, après douze années de détention. Elle aurait menacé de livrer de nombreux noms de résistants, retournés par la Gestapo, devenus d'importantes personnalités de la vie publique après la guerre…

Kléber Combier

Né le 16 février 1915 à Saint-Gervais-la-Forêt, dans le Loir-et-Cher, Kléber Combier est d'abord recruté au début de l'occupation allemande par Krabbe, directeur des entrepôts de la Kriegsmarine, dont il devient l'homme de confiance et le chauffeur, jusqu'en juillet 1943. Responsable d'un accident de la route durant lequel il tue un soldat allemand, Combier passe devant un tribunal militaire de l'armée d'occupation qui, après l'intervention de Krabbe, classe l'affaire. Pour faire oublier cette affaire, Combier s'engage au KDS de la rue des Saussaies, sous le commandement du capitaine Kleindienst, au bureau 417 du service économique, avec un port d'arme de pistolet automatique de 9 mm. Au début de l'année 1944, il passe au bureau 535, spécialisé dans la répression contre la Résistance, dirigé par l'allemand Roger. Dès mars de la même année, Combier est fiché comme agent de la Gestapo de la rue des Saussaies. Il a sous ses ordres une équipe, composée de René Schoumacher, recruté en octobre 1943, Bousselaire, recruté fin 1943, René Beller, affecté d'office en 1943 comme interprète, Jacques Duquesnoy, chauffeur de Combier à partir de janvier 1944, Violette Morris, recrutée par le SRA (Service de renseignement allemand) depuis 1937, et enfin Jouaire, recruté en mars 1944. Cette équipe commet, avec le soutien de Christian Schnell et de Friedrich Berger, de très nombreux crimes. Selon diverses sources, on attribue à cette bande de gestapistes la mort de 300 à 2 000 résistants, notamment lors de l'affaire du château du général Lelong le 22 juin 1944, dans l'affaire des maquis du Loir-et-Cher en juillet 1944, dans l'affaire de huit parachutistes américains massacrés dans le bois de Torfon, près de la Croix-de-Bernis, début août 1944, dans l'affaire des fusillés de Vincennes le 10 août 1944, dans l'affaire de Sainte-Ménéhould le 17 août 1944, dans l'affaire du château de Graurupt, le 24 août, où 25 résistants de l'AS sont exécutés.

Réfugié ensuite en Allemagne, Combier améliore sa formation à l'École de radio de Fribourg et prend le pseudonyme de Robert Linge. Il est finalement parachuté le 19 février 1945 aux environs de Salbris, en Loir-et-Cher, avec deux postes et 1 million de francs-dollars, afin d'espionner les Alliés. Découvert et arrêté par la Surveillance du territoire, il est interrogé par la Sécurité militaire du boulevard Suchet, à Paris. Dans un rapport de 35 pages, il raconte 35 affaires et dénonce la bande de Friedrich Berger, la Gestapo de la rue de la Pompe. Le 3 mars 1947, Kléber Combier est condamné à mort par la Cour de Justice de la Seine, et fusillé le 14 août de la même année, au fort de Montrouge.

Michel Dassonville

Né le 13 avril 1908 à Tourcoing, dans le Nord, cet industriel est l'ami personnel d'Helmut Knochen, futur chef du BDS de Paris, qu'il a rencontré avant la guerre. Il habite square du Bois-de-Boulogne, dans le 16e arrondissement de la capitale. Lié à l'homme d'affaires juif Édouard Worms, Michel Dassonville parvient, grâce à l'appui de Knochen durant l'Occupation, à s'emparer de la plupart de ses entreprises, suite à la spoliation des biens juifs. Agent personnel de ce même Knochen, sous l'indicatif T 531, il se lie également avec Bömelburg, le chef de la Gestapo à Paris.

Pour le compte de la Gestapo, Dassonville se rend régulièrement en Espagne ou au Portugal, afin d'infiltrer divers réseaux alliés. C'est ainsi qu'il dénonce par lettre, le 24 décembre 1943, au lieutenant Röthke (adjoint de Knochen), un certain M. Donati qui, habitant 4 rue Berri à Paris, a fait passer en Espagne plusieurs milliers de juifs, porteurs de faux passeports. Dassonville agit également en Italie, à Modène, près de Parme et dans la région de Florence.

Lors de son interrogatoire après la guerre, le colonel Knochen précise au sujet de Dassonville :

> « Il m'a donné des renseignements extrêmement précis sur les dates et le lieu de débarquement des Alliés en Normandie et sur les effectifs qui devaient y participer. Ces renseignements ont été transmis aussitôt mais notre état-major ne semble pas les avoir pris au sérieux, car il me semble qu'il ne croyait pas à la possibilité d'un débarquement en Normandie[15]. »

Extrêmement prudent et sentant le vent tourner, Dassonville part se réfugier à Rio de Janeiro, au Brésil, alors que la libération de la France vient de débuter. Il développe alors une maison d'édition. Après la guerre, la France tente vainement d'obtenir son extradition. Le 22 décembre 1948, la Cour de Justice de la Seine le condamne à mort par contumace. Dans son réquisitoire, le commissaire du

15. Archives du Centre national Jean Moulin, Bordeaux.

gouvernement, M. Gagneur, déclare : « S'il est une affaire dans laquelle le mot de trahison prend tout son sens, c'est assurément, l'affaire Dassonville[16]. » Ce redoutable espion de la Gestapo meurt à Rio de Janeiro le 16 août 1952.

Max Dumas

Né le 8 février 1915 à Nîmes dans le Gard, Pierre Dumas devient durant l'Occupation agent du commissaire Richard et de la Gestapo de la rue Mallet-Stevens, à Paris. En janvier 1944, il infiltre avec Jacques Désoubrie le réseau Turma-Vengeance, qui est décapité dans la capitale et à Orléans. Le 13 mars, il fait arrêter le résistant Jacques Depanis, rue Cardinet, à Paris. Le lendemain, les résistants Jacques Bonnel de Mézière, Michel Foulon, Georges Brulé, Lucien Chopy, Jovignot, François Jacquemin, le commandant Cano et Serge Brion tombent dans les pièges tendus par Dumas et ses acolytes. Le surlendemain, François Wetterwald, chef des corps francs Vengeance, est capturé lors d'un rendez-vous fixé par Dumas, au métro Muette.

Le 21 août 1944, Pierre Dumas est grièvement blessé lors d'un accrochage contre des résistants, boulevard Exelmans, dans le 16e arrondissement de Paris. Il décède peu à après.

Jean Filiol

Il voit le jour à Bergerac, en Dordogne, le 12 mai 1909. Militant de l'Action française et chef de la section des Camelots du roi, responsable de l'agression contre Léon Blum, lors des obsèques de Jacques Bainville en 1936, Jean Filiol devient l'un des cinq chefs de La Cagoule, avec Eugène et Henri Deloncle, Jacques Corrèze et Gabriel Jeantet. Cette organisation clandestine d'extrême droite, en lien avec le fascisme italien, entend renverser la République pour y installer un régime fidèle au modèle transalpin. Filiol participe à plusieurs assassinats, dont ceux des frères Rosselli, adversaires de Mussolini, massacrés le 9 juin 1937.

Dès juillet 1940, Jean Filiol entre en contact avec le SD de la section VI, qui le recrute à Paris. Il participe à diverses actions contre

16. Archives du Centre national Jean Moulin, Bordeaux.

les juifs, comme notamment des attentats contre des synagogues de la capitale. Deux coups de feu sont tirés contre lui, boulevard Malesherbes à Paris, le 4 décembre 1941. Laval, qui voit en lui un danger dans son accession et son maintien au pouvoir, le fait arrêter et interner administrativement durant quinze mois. Dans les centres d'internement où il passe, sa présence terrorise les hommes politiques issus du Front populaire, qui craignent qu'il ne soit là pour les tuer.

Finalement envoyé au camp de Castres, il parvient à s'évader. Il rejoint son protecteur, Joseph Darnand, devenu secrétaire du Maintien de l'ordre. Filiol s'engage dans la Milice, tout en maintenant des liens étroits avec l'Abwehr, le SD et la Gestapo. Il sévit notamment dans la région de Limoges contre la Résistance, dirige de nombreux interrogatoires musclés.

À la Libération, cinq mandats d'arrêt sont lancés contre lui. Il se réfugie à Sigmaringen, en Allemagne, puis part se mettre à l'abri en Espagne, sous la protection de Franco. La Cour de Justice de la Seine le condamne à mort par contumace. Après la guerre, Filiol se rend sous un faux nom en France, afin de faire chanter les industriels ayant collaboré avec l'occupant, passés entre les mailles du filet de l'épuration. Le gouvernement français craint qu'il prépare un attentat contre le général de Gaulle. En 1947, Franco refuse de l'extrader. Filiol devient un des dirigeants du groupe l'Oréal en Espagne. Les conditions exactes de sa mort demeurent un mystère.

Albert Gaveau

Né le 26 septembre 1901 à Angers, dans le Maine-et-Loire, Albert Gaveau adhère en 1924 à la franc-maçonnerie, qu'il quitte en 1937. En 1935, il se rapproche du groupe néo-socialiste de Marcel Déat, proche du fascisme italien. Devenu moniteur de voile, il fréquente Achille Boitel, qui l'embauche dans son bureau d'études en septembre 1940. Il fait la connaissance de Boris Vildé, responsable du réseau de Résistance du Musée de l'Homme. Parallèlement, il est présenté par Boitel à Roland Nosek et à Bömelburg, chef de la Gestapo, qui le confie à son adjoint Doering. Gaveau devient ainsi l'agent DOE VIII. Il infiltre le réseau de Vildé, fait arrêter le résistant Nordmann, le 13 janvier 1941, à Versailles. Le mois suivant, il livre à la Gestapo le résistant Jean-Paul Carrier. En mars de la même année, le résistant Weil-Curiel tombe dans un traquenard tendu par Gaveau et ses sbires gestapistes, sur la ligne de démarcation, à La Haye-Descartes. À la fin du mois, il fait arrêter Vildé, lors d'un rendez-vous dans un café de la place Pigalle. En avril, ses victimes sont Pierre Walter et Jacqueline Bordelet.

Sur ordre de la Gestapo, Gaveau infiltre une filière d'évasion vers l'Angleterre. C'est ainsi que le 21 octobre 1941, il fait arrêter le résistant Roger Lefèvre. Les services secrets britanniques, renseignés par la résistante Germaine Tillion, apprennent finalement que Gaveau est un traître, agent de la Gestapo. La BBC diffuse des mises en garde à son sujet, donnant même son adresse, 6 rue d'Héliopolis, dans le 17e arrondissement. Se sachant repéré, il change d'adresse et se consacre à ses affaires commerciales, au sein d'une société de publicité, dont le siège se trouve au 1 rue Lord Byron, dans la capitale.

Fin 1942, pour se faire oublier en France, Gaveau accepte une mission en Espagne, dirigée par la Gestapo, causant l'arrestation de nombreux résistants, rattachés à un réseau d'évasion dans les Pyrénées. En août 1944, il suit les troupes allemandes en retraite, fonde en Allemagne une école de formation pour les saboteurs. Lors de la capitulation du IIIe Reich, il revient sous une fausse identité en France et achète une maison en Normandie. Reconnu par hasard, il est arrêté par le commissaire Jean Pradon. Condamné aux travaux forcés à perpétuité le 5 novembre 1949 par la Cour de Justice de la Seine, pour intelligence avec l'ennemi, sa peine est finalement commuée à vingt ans de travaux forcés, par un décret du 30 septembre 1953. À la même époque, le jeune ouvrier père de quatre enfants Jacques Désoubrie, aussi coupable que Gaveau, n'a pas la même chance : il est fusillé au fort de Montrouge. Albert Gaveau est décédé le 12 août 1990 à Marines, dans le Val-d'Oise.

Michel Harispe

Né le 28 août 1906 à Pantin, Michel Harispe suit des études au lycée Janson-de-Sailly et à l'école Breguet, à Paris. Il devient ingénieur électricien, travaillant à Central Radio, puis à Emy Radio, dans la capitale. Membre de l'Action française depuis 1921, il quitte ce mouvement pour rejoindre La Cagoule. Il participe à divers attentats visant à renverser la République. Il est finalement arrêté par la police le 16 novembre 1937. On le libère le 29 septembre 1939, afin de lui permettre de rejoindre l'unité militaire où il se trouve mobilisé. En septembre 1940, il est l'un des créateurs du Mouvement social révolutionnaire (MSR), organisation fasciste de Deloncle, de même qu'il adhère au Rassemblement national populaire (RNP) de Marcel Déat, dont les idées politiques rejoignent celles du MSR. Il est également en contact étroit avec le nazi Sommer, adjoint de Knochen au BDS. Il espionne pour le compte des Allemands les diverses organisations collaboratrices, afin de leur faire connaître les diverses tendances politiques. Il agit également sous le couvert du secrétaire général de la police de Vichy, René Bousquet, en accord avec Pierre Laval. Il obtient une carte de la section VI du BDS allemand sous la fausse identité d'Henri Mercier.

Durant l'été 1943, Harispe se rend en Suisse, afin d'enquêter sur les activités résistantes du colonel Groussard, ainsi que pour participer à la mise en place du réseau nazi Sommer, chargé d'espionner. En janvier 1944, il fonde un service de renseignement pour le parti populaire de Jacques Doriot. Le 15 juin, Laval le convoque à Vichy et l'envoie en mission à Madrid, où il rencontre diverses personnalités alliées (!), afin de connaître les conditions américaines d'une capitulation de l'Allemagne. Il revient rendre compte de son incroyable mission. Sa femme meurt en juillet 1944, en lui laissant quatre enfants. Il se réfugie en Allemagne le 23 août 1944, allant jusqu'à Berlin, puis au Ridderkulm, jusqu'au 15 septembre 1944. Sous, bien entendu, une fausse identité, Harispe se cache à Belfort, afin de recruter des miliciens pour la constitution de maquis nazis, chargés d'agir derrière les lignes alliées. Instructeur au commando de Baden-Weiler, il organise deux groupes qui doivent être parachutés : le premier, le groupe Jeanne-Michel doit opérer en Italie, tandis que le groupe Jeanne doit sévir en France.

En décembre 1944, avec des miliciens du groupe Jeanne-Michel, il rejoint l'Italie en passant par Ulm, où Darnand lui donne ses consignes. Il se trouve à Vérone, Milan, Turin, puis finalement San Remo en février 1945. En mars, il renvoie les miliciens qui veulent retourner en France. De son côté, Harispe se présente, le 25 juin 1946, au consulat français de Milan, sous une fausse identité. On le laisse en liberté, puis finalement découvert par des officiers français de la Sécurité militaire (SM), un mandat d'arrêt est lancé contre lui. Il est écroué à Fresnes en octobre 1947. La Cour de Justice de la Seine le condamne à la peine de mort, le 9 octobre 1948, commuée en travaux forcés à perpétuité, en 1949. Il meurt le 21 février 1951, à Ville-sous-Ferté, dans l'Aube.

Antony Le Gargan

Né le 18 octobre 1892 à Lorient, dans le Morbihan, il est élevé en Allemagne par son beau-père d'origine suédoise. Capitaine au 12e régiment d'infanterie avant la Seconde Guerre mondiale, il mène une vie militaire de garnison, portée par la boisson. Relevé de ses fonctions par mesure disciplinaire, il décide de travailler pour le Service du renseignement allemand (SRA), puis devient durant l'Occupation agent de la Gestapo, aux ordres du major Klauss et du capitaine Geissler. Il recrute une dizaine de Français sous ses ordres, afin de noyauter les réseaux de résistance et les maquis du Puy-de-Dôme. Il cause de nombreuses arrestations. Immatriculé au BDS de Paris, il suit la retraite des troupes allemandes et participe à la création du réseau nazi Homère de Graf Kreutz.

Le Gargan est finalement arrêté après la guerre, transféré à Paris, fin mars 1946 et jugé par la Cour de Justice de Paris, en 1949, qui classe subitement l'affaire ! Le Gargan disposerait d'un abondant fichier mettant en cause des personnalités, auxiliaires occasionnels de la Gestapo, passées entre les mailles des filets de l'épuration, et dont il menaçait de livrer au grand jour le contenu à la presse... Il décède le 29 mai 1959 au Vésinet, en Seine-et-Oise.

Charles Léoni

Né le 14 mai 1907 à Singapour, il est condamné quatre fois à des peines de prison pour vols qualifiés, avant même la Seconde Guerre mondiale, par la cour d'assises de la Seine. En février 1941, il retrouve, en sortant du *Fouquet's*, Robert Ritz, un ancien compagnon de la centrale de Poissy, qui le recrute pour le compte du SRA. Charles Léoni est arrêté par la police française à Toulouse, le 4 mai 1942, pour espionnage en faveur des Allemands en zone « libre ». Il s'évade du tribunal militaire de Toulouse, le 26 juin 1942, et rejoint Paris, où il prend le pseudonyme de Jacques d'Arcangues. Il appartient alors au groupe de gestapistes français de Maurice Sion, sous les ordres de l'adjudant Placke, de la section IV du BDS. Le 15 novembre 1942, Sion, Léoni et leur équipe arrivent à Agen, afin d'y faire régner un véritable climat de terreur durant plusieurs jours, suite à l'invasion de la zone Sud. Léoni et ses sbires mènent diverses opérations pour infiltrer la Résistance locale. Prosper Delpuech, dit Bouboule, membre du PPF de Doriot et gérant du café *La Gaîté*, rue d'Alsace-Lorraine à

Agen, se joint à Léoni et ses sbires. La trace de Léoni se perd durant la Libération. A-t-il été finalement abattu par les maquisards ? A-t-il pu se réfugier en Allemagne ? Nul ne le sait. La Cour de Justice de la Seine le condamne par contumace, le 27 juin 1949, à la peine de mort. Certains enquêteurs auraient retrouvé sa trace en Espagne, à l'époque de Franco.

Jean-Paul Lien

Né le 16 septembre 1912 à Saint-Louis, dans le Haut-Rhin, il devient agent SNCF à la sous-direction de Strasbourg, après son service militaire en 1935-1936. Mobilisé en 1939 avec le grade de sergent, il termine la campagne de mai-juin 1940 à Toulouse. Dès la fin novembre, il fait la connaissance du capitaine Henri Frenay qui lui propose de rentrer dans la Résistance. Lien accepte et recrute dans son entourage, dont notamment une cinquantaine de réfugiés alsaciens. En juillet 1941, il est convoqué à Lyon et envoyé à Villeurbanne, au service des assistantes sociales, dirigé par la résistante Berthie Albrecht. Il accomplit plusieurs missions à Paris, près de l'Odéon. Il est finalement arrêté le 2 novembre 1941 par les Allemands, près du métro Filles-du-Calvaire. On le conduit dans un hôtel derrière la place Clichy et on l'interroge jusqu'au 13 novembre. Transféré en voiture à Dijon, il est pris en main par l'agent allemand Heinz Kayser, puis par le lieutenant Merk. Il accepte finalement de travailler pour les nazis, donne le signalement de Frenay et celui de Berthie Albrecht, ainsi que l'adresse de cette dernière à Villeurbanne. Recevant l'ordre de Kayser de reprendre contact avec la Résistance, pour espionner et livrer un maximum de personnes aux services allemands, il se voit allouer 10 000 francs. Après l'arrestation de Berthie Albrecht, il perd tout contact avec le mouvement Combat de Frenay. Cependant, il parvient à infiltrer, en novembre 1942, le 2e Bureau de Lyon, chargé de renseigner les Alliés. En janvier et en mars 1943, les autorités allemandes lancent un grand coup de filet contre le 2e Bureau de Vichy, de Clermont-Ferrand et celui de Lyon.

Agent du service de renseignement allemand, rémunéré jusqu'à 50 000 francs par mois, Lien pénètre le réseau Alliance, en tant que responsable du contre-espionnage de cette organisation clandestine ! Sous les ordres du commandant Kieffer du BDS, il intègre un commando gestapiste, comprenant également l'officier Kurt Merk, Robert Moog et Lucien Doussot. Le 15 septembre 1943, Lien communique à Doussot la date exacte et le lieu du retour de Londres du nouveau chef du réseau Alliance, le commandant Faye. La Gestapo décide l'arrestation de ce dernier et une importante opération contre ce réseau dans la région parisienne. Finalement capturé, le commandant Faye refuse de conclure un accord avec la Gestapo et meurt en déportation à Sonnenburg, le 30 janvier 1945. Le travail de Lien et son équipe est dévastateur : 420 résistants du réseau Alliance sont fusillés et 170 autres ne reviennent pas de déportation ! Ce « coup de maître » fait l'objet d'une grande fête au champagne où l'équipe de traîtres et de gestapistes s'exhibe au Lido. Lien dépense ensuite un million de francs de récompense au casino de Monte-Carlo. On estime à 200 les résistants d'Alliance livrés uniquement par Lien, sans son équipe, aux Allemands.

Jean-Paul Lien infiltre ensuite le réseau Mithridate, fait arrêter le capitaine Duver, et parvient à pénétrer le réseau Interallié, causant encore de très nombreuses arrestations de résistants, dont beaucoup sont passés par les armes ou déportés. À la Libération, il fête à Dijon, à la tête des hommes du maquis qu'il a fondé, la victoire au champagne ! Puis il participe à divers combats dans une unité FFI, rejoint la 1re armée française du général de Lattre de Tassigny dans les Vosges. Il prend même contact avec la sécurité militaire française de Paris qui désire le recruter comme agent ! Il est finalement reconnu par un ancien résistant déporté, l'officier radio Ferdinand Rodriguez, alors qu'il parade dans un bar des Champs-Élysées en uniforme de capitaine de l'armée française. Arrêté, il parvient à s'évader. Jean Roger, dit Sainteny, rescapé du réseau Alliance, le retrouve et le fait incarcérer au fort de Charenton. Entendu par la DST, il est jugé devant la Cour de Justice de Dijon. Le verdict du 20 juillet 1946 le condamne à mort, en compagnie de vingt autres co-inculpés. On compte également 16 condamnations à mort par contumace, 21 condamnations à des peines temporaires allant de vingt ans de travaux forcés à un an de prison, et 4 acquittements. Jean-Paul Lien tombe sous les balles de peloton d'exécution le 30 octobre 1946, à Dijon.

Georges Mathieu

Né le 28 avril 1920 à Clermont-Ferrand, dans le Puy-de-Dôme, cet élève de l'école militaire de Saint-Cyr, promotion Pétain, est finalement réformé. Étudiant à l'université de Strasbourg, repliée à Clermont-Ferrand après l'invasion allemande, il se met au service de la Gestapo, infiltre les groupes francs de Combat et devient même l'adjoint de Jean-Paul Gauchy. Le 23 novembre 1943, il fait arrêter de nombreux étudiants résistants, avec l'aide de la tigresse Ursula Brandt. L'opération, ordonnée par le BDS de Paris, est dirigée par le chef de la Gestapo de Clermont-Ferrand, Blumenkampf. Il livre également des juifs aux nazis, qui sont dirigés sur Drancy.

Georges Mathieu est finalement capturé par la Résistance à la Libération. La Cour de Justice de Riom le condamne à mort, le 17 novembre 1944, et le fait fusiller le 12 décembre de la même année, par un peloton d'exécution formé uniquement de résistants.

Robert Moog

Né à Paris en 1915, il combat vaillamment dans un escadron motorisé de l'armée française en 1940. Fasciné par la puissance militaire allemande et finalement fanatique de « l'idéal » hitlérien, il est recruté par un camarade de front, René Saumade, également membre du PPF de Doriot, pour le compte du service de renseignement allemand du capitaine Kramer, et devient l'agent K.

En janvier 1943, le groupe Abwehr de Kramer est mis à la disposition de Kieffer, adjoint du chef de la Gestapo de Paris, pour la réalisation d'une opération de radio, visant à tromper l'ennemi par de faux messages. Moog infiltre la Résistance, en prenant contact avec le lieutenant Hitter, membre du réseau Gilbert, en liaison avec le lieutenant Monjaret, un des adjoints directs de Jean Moulin. Les renseignements fournis par Moog permettent de démanteler ce réseau, en abattant le capitaine Bulard, dont Moog emprunte l'identité, et en arrêtant le lieutenant Hitter, Mme Delétraz, ainsi que le capitaine Devigny, chef de cette organisation clandestine.

Moog poursuit son action destructrice, en pénétrant le réseau Prunus, dans la région de Toulouse. Puis, au printemps 1943, il est affecté du KDS de Lyon, à l'École de santé militaire, avenue Berthelot, tout en continuant à dépendre également de la Gestapo de Paris. Il travaille avec le lieutenant Barbie, et dispose de sa propre équipe de gestapistes français. Il fait tomber dans ses filets les résistantes Dumoulin et Méfret, ainsi que Berthie Albrecht, sans oublier quelques autres. Il capte un message de la Résistance annonçant un rendez-vous à Paris, le 9 juin 1943, entre le général Vidal, alias Delestraint, chef de l'Armée secrète (AS) au niveau national, et son chef du 3e Bureau, en la personne de Didot, alias René Hardy. Il arrête ensuite ce dernier dans le train Lyon-Paris, dans la nuit du 7 au 8 juin 1943, puis capture le lendemain le général Delestraint, au métro Muette à Paris, et enfin le commandant Gastaldo et Jean-Louis Théobald, au métro Pompe. Il revient à Lyon pour exploiter les renseignements recueillis et réaliser la filature et la surveillance, qui va aboutir à l'arrestation de Jean Moulin à Caluire, à laquelle il ne participe pas directement.

Moog dirige l'équipe de gestapistes français qui arrête, en septembre 1943, le commandant Faye, chef du réseau Alliance, à son retour de Londres. Il poursuit son action contre la Résistance jusqu'en août 1944, puis suit les troupes occupantes dans leur repli en Allemagne. Il participe à la mise en place de réseaux nazis, devant opérer derrière les lignes alliées. Sa mort annoncée, suite à un accident d'avion à Fulda, fin 1944, ne convainc personne, puisque la justice française délivre un mandat d'arrêt contre lui. Il est condamné à mort par contumace, en juillet 1951, procès durant lequel ses complices René Saumade et André Morin sont présents et condamnés à la peine capitale. Si Robert Moog est mort en 1944, comment expliquer qu'il divorce après-guerre à Nice de la femme qu'il a épousée dans les années 1930 ?

Jean Multon

Né le 3 juillet 1908 à Preuilly-sur-Claisse, en Indre-et-Loire, il exerce le métier d'agent d'assurances à Civray, dans la Vienne, où il se trouve domicilié depuis 1937. Mobilisé en septembre 1939, avec le grade de maréchal des logis, il participe à la campagne de France de mai-juin 1940. De retour à Civray, il rejoint le groupe de Résistance de l'avoué Renard, mais ce réseau est démantelé en août 1942 par la Gestapo de Poitiers. Les arrestations sont nombreuses. Multon affirme avoir échappé de peu à la capture, or une fiche de police de Vichy affirme le contraire : « Arrêté le 21 août 1942. Motif : activité gaulliste[17]. » Quoi qu'il en soit, on retrouve curieusement Multon libre à Marseille, accueilli par la Résistance locale. Il participe à la formation du groupe Poitevin, incorporé au mouvement Combat de Frenay, devenant même l'adjoint de Maurice Chevance.

17. Cité par Patrice Miannay, *op. cit.*

De septembre 1942 à avril 1943, il rencontre presque tous les grands chefs régionaux et nationaux de la Résistance du sud-est de la France.

Multon est de nouveau arrêté le 28 avril 1943, vers 18 heures, à la brasserie Charley, à Marseille, en même temps que le résistant Benjamin Crémieux, par la Gestapo du chef Dunker, de la rue de Paradis. Le soir même, plusieurs chefs locaux de la Résistance tombent à leur tour entre les mains de l'occupant. Multon a déjà accepté de travailler pour cette même Gestapo, en livrant de nombreux noms de résistants. Il est ensuite envoyé à Lyon, où Klaus Barbie le félicite pour son action dévastatrice contre les « terroristes ». Il fait également équipe avec Dunker, en lui permettant d'arrêter en quelques jours les principaux chefs de la Résistance de toute la Côte d'Azur. De retour à Lyon avec Robert Moog, ses informations permettent d'arrêter Berthie Albrecht, René Hardy et bien d'autres, dont même le général Delestraint, capturé à Paris. Multon rejoint à nouveau Dunker à Marseille, où il donne des informations causant les arrestations de l'abbé Blanc, du colonel Mollard, du capitaine Morhange et de bien d'autres.

En se faisant passer pour résistant, il passe en Espagne, en avril 1944, et parvient à gagner le Maroc. En septembre 1944, il est incorporé dans l'armée du général de Lattre de Tassigny. Démobilisé en décembre 1944, suite à la naissance de son troisième enfant, il cherche à se blanchir de son passé de gestapiste, en faisant croire à une infiltration de ce service au bénéfice de la Résistance. À ce titre, il tente vainement de rencontrer Frenay, absent ce jour-là. Il est finalement reconnu, lors de cette démarche du 1er février 1945, par la résistante Monique Gouze-Raynal. Elle signale sa présence à Paris à son patron, Henri Frenay qui, nullement dupe à son sujet, prévient aussitôt la DST. Multon est finalement arrêté le 7 février, chez un membre de sa famille. Jugé par la Cour de Justice de la Seine, condamné à mort, il est exécuté le 11 septembre 1946, au fort de Montrouge. Peu de temps avant de tomber sous les balles du peloton d'exécution, il avouera que René Hardy aurait bien trahi et livré le lieu de la réunion de Caluire, ayant entraîné l'arrestation de Jean Moulin.

Jacques Vasseur

Né le 9 octobre 1920 à Valenciennes, ce fils d'un caissier de la Banque de France reçoit une formation du SD à Berlin dès 1941. En

1942, devenu chef de la Gestapo française d'Angers, il fait infiltrer de nombreux réseaux de Résistance du Maine-et-Loire et de la Loire-Atlantique, tout en centralisant l'action des bureaux de Tours, Nantes, Laval et du Mans. Du fait de son action destructrice, 60 patriotes sont abattus, 300 autres déportés, dont 200 ne reviennent pas. En se faisant passer pour un résistant traqué, il dénonce les personnes qui l'hébergent. Sentant le vent tourner, il quitte la France le 4 août 1944 pour se réfugier en Allemagne. Porté disparu, il est condamné à mort par contumace par la Cour de Justice d'Angers, le 11 septembre 1945.

En novembre 1962, la police française le retrouve chez sa mère, à La Madeleine-lez-Lille, caché depuis de nombreuses années dans un grenier, sous la fausse identité de Jean Delpierre. Son procès débute le 18 octobre 1965, devant la cour de sûreté de l'État, durant 14 jours. Sur 200 témoins cités, 172 racontent les atrocités commises par Jacques Vasseur et ses agents contre les résistants emprisonnés. Il est reconnu responsable du démantèlement des réseaux Honneur et patrie et Libération-Nord, entre autres, dans la région d'Angers. Condamné à mort en novembre 1965, son pourvoi en cassation est rejeté le 13 janvier 1966, mais il bénéficie de la grâce du général de Gaulle, le 13 février 1966. Sa peine est finalement commuée en temps de détention criminelle. Ayant retrouvé la liberté, il change de nationalité le 19 septembre 1984 et disparaît dans la nature… Il serait toujours en vie à l'heure actuelle…

Guy Vissault

Né le 12 mars 1921 à Angers, il milite en 1936 à l'Action française. À l'été 1938, il passe deux mois en Irlande, où il fait la connaissance du docteur von Tevenar et des frères Owen, membres d'une organisation celtique proche du nazisme, couverture des services allemands de renseignement. Il obtient une bourse qui lui permet d'accomplir des études à Cologne, avec l'aide du docteur Otto Wagner, un nazi convaincu travaillant notamment pour la Gestapo.

En juin 1939, Vissault rentre à Paris, mais compromis avec des mouvements séparatistes bretons à la solde des nazis, il est poursuivi pour atteinte à la sûreté de l'État, en août 1939, par le capitaine Maurice, juge d'instruction militaire à la 11e région de Nantes. L'affaire aboutit finalement à un non-lieu en février 1940. Vissault tente alors de s'engager dans l'armée française, mais sa demande est finalement refusée. Il retourne à Paris en octobre 1940, où il se mêle à des groupes collaborationnistes. Otto Wagener, chef de la Feldkommantur de Rennes, le recrute en décembre 1940, où il retrouve les frères Owen. Vissault suit durant un mois des cours de sabotage à l'école de la rue de Longchamps, avec neuf camarades et trois instructeurs, Rooms, Conradi et Hans. Devenu lui-même instructeur, il trouve des marins qui font passer des agents allemands en Angleterre, comme Auguste Le Calvez à Saint-Malo.

En mars 1942, son beau-frère, Jacques Ménard, rédacteur en chef du journal collaborationniste *Le Matin*, le fait entrer dans la Légion des volontaires français (LVF) en tant que sous-officier. De retour à Paris en août 1942, il entre à la section VI du SD du colonel Bickler, où il s'occupe particulièrement des liaisons avec l'Irlande. Puis de septembre 1943 à mars 1944, il lutte, aux côtés des nazis, contre divers maquis français. Promu au grade de lieutenant SS, il commande une dizaine d'hommes, sous le contrôle du capitaine Wenzel, du lieutenant Schnell et du docteur Kely. Il mène de multiples actions contre la Résistance dans le Morbihan, la Corrèze, le Limousin, la Haute-Savoie et même à Paris. Il prend la direction des gestapistes français des groupes Spirito, Odicharia, Berger, Louis Schmitt et Mourra. À partir de juin 1944, il s'occupe de la formation d'équipes avec liaisons radio, dans le but de former un réseau nazi, chargé d'infiltrer les Alliés et la Résistance.

Guy Vissault est reconnu et arrêté à Sens par les FFI, le 21 août 1944. Remis au contre-espionnage militaire américain, il est dirigé en Grande-Bretagne, le 17 septembre 1944, pour être entendu par les services secrets de ce pays concernant ses activités en Irlande, puis restitué à l'autorité militaire française. Il est finalement condamné à mort par la Cour de Justice de la Seine, le 4 avril 1945 et passé par les armes le 24 du même mois.

6

Des Français dans la Waffen SS

Comment expliquer l'engagement de plusieurs milliers de Français dans cette armée maudite, celle de la Waffen SS ? La terrible saignée de 14-18 plonge une partie de la France dans un pacifisme béat, cherchant par tous les moyens à s'entendre avec l'Allemagne, même devenue hitlérienne... C'est ainsi que des hommes de gauche vont s'engager dans la collaboration. Spécialiste de l'antisémitisme, l'historien israélien Simon Epstein a constitué au fil des ans un socle informatif considérable sur les itinéraires contrastés de deux catégories de Français, à travers notamment un livre remarquable, *Un paradoxe français. Antiracistes dans la Collaboration, antisémites dans la Résistance* :

> « Ceux qui protestèrent contre le racisme et l'antisémitisme dans les années 1920 et 1930, avant de s'engager dans la collaboration ; et ceux qui exprimèrent une hostilité ou un préjugé à l'égard des juifs, puis qui se retrouvèrent, l'heure venue, dans la Résistance [...]. Les principaux chefs de la collaboration ont traversé, chacun à sa manière, une phase de dénonciation de la haine antijuive ; beaucoup furent même militants de la Ligue internationale contre l'antisémitisme (LICA). Réciproquement, de nombreux résistants, et non des moindres, sont originaires

> d'une extrême droite nationaliste qui, dans les années 1930, fut fertile en prises de position hostiles aux juifs[1]. »

L'itinéraire de Jacques Doriot et de Marcel Déat, deux personnalités importantes de la gauche pacifiste des années 1920, devenus des admirateurs du régime fasciste durant les années 1930, puis des collaborateurs actifs durant l'Occupation, est révélateur de cette évolution. On pourrait multiplier les exemples à ce sujet. Il convient cependant de ne pas généraliser. La collaboration compte également dans ses rangs de nombreux militants nationalistes d'extrême droite, anticommunistes viscéraux, déjà très engagés politiquement bien avant la Seconde Guerre mondiale. La défaite militaire de la France en mai-juin 1940 ne fait qu'augmenter en eux la haine de la IIIe République, qu'ils estiment entièrement responsable de cette humiliation nationale. Ils cherchent alors un idéal politique « rédempteur » dans les régimes totalitaires allemand ou italien, et finissent pour certains dans la Waffen SS. Car il s'agit de trouver des boucs émissaires à l'effondrement de mai-juin 1940. À partir de juin 1941, la guerre de l'Allemagne contre l'Union soviétique pousse les ultras de la collaboration à la lutte militaire aux côtés de l'occupant. L'ennemi est alors clairement identifié : le bolchevisme. L'habile propagande nazie pousse à la mise en place d'une armée européenne contre le bolchevisme. La Waffen SS, avec notamment des divisions de diverses nationalités, devient l'élément fondateur de cette armée dite « européenne ».

Chez beaucoup d'engagés français dans la Waffen SS on retrouve la quête d'un « idéal » fasciste, porté par la camaraderie indestructible du front, la nostalgie fraternelle des tranchées de 14-18, le culte de la force virile, la fascination pour l'univers militaire allemand, la haine du communisme et du capitalisme, le goût de l'aventure et de l'épopée guerrières, la volonté de restaurer l'héroïsme militaire français dans un cadre européen… Pour de nombreux Waffen SS français, il faut purger la France de ses ennemis, qui sont pour eux les responsables de la défaite de 1940, à savoir les francs-maçons, les communistes et les démocrates. Ils rêvent d'un ordre militaire nouveau, hérité de la chevalerie médiévale. Un ordre fondé sur la discipline, l'honneur, la fidélité, le sens du sacrifice, le mépris de la mort. Un ordre quasi religieux, où se retrouvent des catholiques

1. Simon Epstein, *Un paradoxe français. Antiracistes dans la Collaboration, antisémites dans la Résistance*, Éditions Albin Michel, 2008.

traditionalistes et des païens convaincus. Les volontaires disent s'engager « contre le communisme, l'égoïsme bourgeois, l'individualisme, la franc-maçonnerie, la dissidence gaulliste, le capitalisme international ; pour la civilisation chrétienne, le paganisme européen, la hiérarchie, la discipline, la justice sociale, la solidarité, le corporatisme, l'unité et la pureté françaises[2] ». Tous ne sont pas antisémites mais avant tout anticommunistes.

La Waffen SS recrute des idéalistes, des braves types, des moins braves types, des fanatiques, des fourvoyés, des malchanceux. Les promesses de l'aventure, la possibilité de satisfaire les sensations les plus fortes, la quête pour certains d'une respectabilité reconquise sous l'uniforme jouent dans cet engagement. Les motifs idéologiques sont bien présents, comme l'anticommunisme et le fascisme ; mais ne sont pas toujours déterminants. Des Waffen SS français sont d'authentiques héros de 14-18, des guerres coloniales et de la campagne de mai-juin 1940 : germanophobes au début, mais également très anticommunistes, finalement persuadés de servir la grandeur de la France en luttant contre le bolchevisme. On y retrouve toutes les classes sociales de la France de l'époque : aristocrates, bourgeois, fonctionnaires, ouvriers et paysans.

Le cas de Robert Lambert est révélateur d'un parcours typique menant à la Waffen SS. Né le 10 février 1918 à Grand-Verly, dans l'Aisne, il suit ensuite sa famille qui s'installe à La Roche-Guyon en Seine-et-Oise. Il dévoile très jeune un caractère affirmé tourné vers l'action. Intrépide, il traverse la Seine en kayak, entre un temps au séminaire, puis décide de s'engager dans l'armée. Ses idées nationalistes et son anticommunisme viscéral le poussent dans un premier temps à rejoindre les troupes franquistes durant la guerre civile d'Espagne. Revenu en France, il signe le 9 septembre 1937 pour trois ans au 3e régiment de spahis marocains (RSM), en garnison à Meknès. Il rêve de grands espaces, d'aventures viriles en plein désert. Déjà familiarisé avec quatre langues, il apprend également deux ou trois dialectes du Maghreb.

Jusqu'à la fin juin 1940, le maréchal des logis Robert Lambert assure la surveillance de la frontière commune avec le protectorat espagnol au Maroc. En effet, son régiment, le 3e RSM ne rejoint pas la métropole en septembre 1939. Par la suite, l'armée d'armistice le maintient en activité au Maroc. Le déclenchement de l'offensive allemande contre la Russie soviétique, le 22 juin 1941, est pour

---

2. Archives nationales, Paris.

lui l'occasion de s'engager dans cette lutte titanesque, au sein de la Légion des volontaires français (LVF) contre le bolchevisme, fondée dès juillet. Il se présente à la caserne Borgnis-Desbordes, à Versailles, parmi les premiers, sans doute dès le 25 août, recevant le matricule numéro 74. Il rejoint ensuite le camp militaire de Deba, en Pologne occupée, endosse l'uniforme allemand de la Wehrmacht, reçoit une formation militaire. Dès la fin octobre, son régiment, le 638e d'infanterie, rejoint le front russe, en partie par voie ferroviaire, à pied, puis en camion. Le sergent Lambert combat avec son régiment dans la zone des opérations de la 7e division d'infanterie bavaroise, opposée à la 32e division sibérienne. Les soldats français de la LVF participent notamment à l'attaque victorieuse du 1er décembre 1941 devant le village de Djutkowo. Les lourdes pertes et la température polaire provoquent la relève rapide des Français. Lambert, victime de la faim et du froid, voit sa santé se dégrader rapidement. Évacué le 12 avril 1942 vers Breslau en Allemagne, siège du dépôt régimentaire, il est finalement réformé, lors de son retour à Versailles le 14, où son engagement est résilié. Il sera par la suite décoré de la Médaille de l'Est, réservée aux combattants du premier hiver de la campagne de Russie. Les mois suivants, il se rapproche du parti franciste, dont le chef Marcel Bucard est l'un des fondateurs de la LVF en juillet 1941.

Une loi du 22 juillet 1943 autorise les Français à s'engager dans la Waffen SS. Comme deux ans auparavant avec la LVF, Robert Lambert est l'un des premiers à rejoindre les rangs de cette « armée d'élite ». Il se présente en août 1943 au conseil de révision à Paris, subit avec succès la visite médicale, où 50 % des postulants sont refusés. Certains de ces recalés rejoindront par la suite la Résistance, l'armée De Lattre, voire la division Leclerc ! J'ai connu le cas d'un Bordelais, refusé dans la Waffen SS, qui rejoindra la brigade FFI Carnot sur le front du Médoc et sera gravement blessé au combat contre les Allemands en avril 1945 ! Le 17 octobre 1943, Robert Lambert rejoint le camp de Sennheim. Les Français y découvrent l'univers « mystique » de la Waffen SS, sa discipline et son esprit « européen » différent de celui de la LVF, nettement plus « tricolore ». Ils doivent se mettre à l'allemand. À leur arrivée, Robert Lambert et les autres volontaires détenant un grade d'officier ou de sous-officier dans l'armée française redeviennent simples soldats.

Du 10 janvier au 11 mars 1944, Lambert suit finalement les cours pour élèves officiers de la Waffen SS à l'école de Bad Tölz, au pied des Alpes bavaroises. Après l'obligatoire serment de fidélité au Führer, il est nommé sous-lieutenant, puis envoyé fin mars avec ses principaux compagnons faire du ski en Italie, à San Martini di Castrozza, à titre de récompense. Il est par la suite promu au grade de lieutenant. En août 1944, au sein de la brigade d'assaut des Waffen SS français, il combat avec bravoure en Poméranie, où il est tué le 22, à Mokré. Il est enterré à l'hôpital de campagne de Lipigny, à une quinzaine de kilomètres au nord de Tarnow. La Croix de fer lui sera attribuée le 21 septembre 1944.

L'anticommunisme et « l'idéal européen » ne suffisent pas à expliquer que des milliers de Français aient volontairement porté l'uniforme de la Waffen SS. Les raisons sont multiples : la rupture avec l'ordre ancien, le rêve d'un « socialisme européen », faire partie du dernier carré de la Waffen SS contre le bolchevisme, militant d'un parti fasciste, plutôt au front qu'au stalag, pour avoir fréquenté les Allemands, des chantiers de jeunesse à la Waffen SS, devenir soldat d'un corps d'élite, pour ne pas abandonner ses camarades…

Voici quelques exemples :

> « En 1943, raconte Jean-Pierre, je suis en classe de philo et furieusement romantique comme on l'est à 17 ans. Je découvre un livre qui me fascine, *La Gerbe des forces*, d'Alphonse de Châteaubriant. Ce vieux gentilhomme breton prophétise la résurrection de Siegfried, héros de la mythologie germanique, exalte le pangermanisme, ordonne que nous apportions en renfort toute la spiritualité du vieux monde celtique. C'était très exaltant ce rêve de réconcilier les Allemands et les Français dans cette quête mystique. Après avoir été scout avant-guerre et dévoré les livres de la collection *Signe de piste*, du style *Prince Éric* de Serge Dalens, j'ai lu l'œuvre de Nietzsche et écouté la musique de Wagner. Je commence à croire que Parsifal se trouve aux commandes d'un char Tigre et qu'il roule sur les pistes du front de l'Est. L'uniforme et le casque allemands me fascinent comme une armure médiévale. Je rêve de chevalerie, de combat légendaire. Je décide de partir à mon tour pour cette folle aventure. Je m'engage dans la Waffen SS. J'ai lu *Les Réprouvés* de l'écrivain combattant Ernst von Salomon. Je veux rompre avec le monde bourgeois qui m'entoure, celui de ma famille. Je crois au mythe de la révolution fasciste. Cet engagement dans la Waffen SS est pour moi une rupture avec le monde ancien[3]. »

3. Entretiens de l'auteur avec Jean-Pierre en mai 1985. Lire également « L'Internationale SS, 600 000 étrangers français, belges, suisses… », in *Historia*, hors-série n° 32, Éditions Tallandier, janvier 1973.

Michel témoigne ainsi :

> « Mon père était instituteur. Un homme honnête et droit, avec des idées socialistes. Attaché à la paix, à l'amitié entre les peuples, à la juste répartition des richesses, à la lutte contre la pauvreté. Grâce à lui, je découvre l'écrivain pacifiste Romain Rolland et l'Allemagne. Je crois qu'il faut éviter un nouveau bain de sang équivalent à celui de 14-18. L'amitié avec l'Allemagne à tout prix ! Je m'inscris dans les auberges de jeunesse. Je découvre l'Allemagne national-socialiste en plein été : l'air pur de la montagne, le soleil, la camaraderie franco-allemande, la beauté esthétique des défilés militaires et hitlériens...
> Mobilisé en 1939, je subis la défaite de 1940 comme un traumatisme cataclysmique. Je vois autour de moi la veulerie, la lâcheté, même si les hommes de mon régiment luttent avec courage contre un ennemi mieux équipé et mieux commandé. Je retourne à Angers. Mon père, dégoûté par cette défaite, rejoint le Rassemblement national populaire de Marcel Déat, un socialiste converti à l'idéal fasciste. Je trouve qu'il a raison, mais cette mascarade sans combat ne me tente guère. Les chemises de couleur, les bottes et les bérets basques, cela me semble ridicule. Ce qui m'intéresse c'est l'Europe nouvelle. Un socialisme à la dimension de tout un continent. Je ne suis pas particulièrement militariste, mais je pense qu'il faut gagner la guerre contre le bolchevisme soviétique que je n'ai jamais aimé, contre le capitalisme apatride que j'ai toujours détesté. La LVF ne me tente pas à cause de son côté tricolore. On y trouve trop de militaires de carrière. À la Waffen SS, j'espère trouver une armée européenne, une sorte de socialisme chevaleresque dans la pauvreté, le courage, la discipline volontaire. Je m'engage dans cette chevalerie moderne[4]. »

Paulin s'exprime ainsi :

> « J'étais à 19 ans en première année de droit et je m'ennuyais terriblement, j'avais l'impression d'y perdre mon temps alors que le monde était en guerre. En 1940, les soldats allemands m'avaient à la fois rempli d'horreur et d'admiration. J'étais fasciné par la beauté esthétique de leurs uniformes, de leur

4. Entretiens de l'auteur avec Michel en mai 1985.

armement, du casque d'acier à la forme médiévale. En 1943, ils me firent pitié. Ils luttaient contre le monde entier, je savais qu'ils risquaient désormais de perdre la guerre. Après El Alamein et Stalingrad, on ne voyait plus guère de grands athlètes blonds de cette armée d'occupation. Je croisais dans Paris des adolescents pâlichons de 16 ou 17 ans, avec des casques trop grands et des vieux fusils Mauser de l'autre guerre, voire des fusils Lebel français capturés. Parfois aussi des vieillards avec des yeux tristes. Mais soudain, à l'appel des chefs de la Waffen SS, se forma une armée européenne, composée de soldats conformes à la légende : sportifs, silencieux, solitaires, des traits à la fois endurcis et enfantins. Au revers de leur col, les deux éclairs de la Waffen SS. Les portes s'ouvrent pour les Français désirant rejoindre cette armée d'élite. Je m'engage aussitôt pour lutter contre le bolchevisme, au sein de cette chevalerie d'un ordre nouveau[5]. »

Didier, traumatisé par la défaite de 1940, rêve d'un idéal militaire nouveau, plus européen, luttant contre le bolchevisme :

« À 20 ans en 1943, alors que la guerre fait rage sur le front de l'Est, je suis avide d'aventures guerrières, dans un esprit nouveau, guidé par un idéal fasciste. Au début, je calme cette volonté d'action avec les Jeunes du Maréchal, par le service social, l'aide aux vieillards et aux sinistrés, l'entraide d'hiver. Mais finalement ce n'est qu'une sorte de "conférence de Saint-Vincent-de-Paul"... Le maréchal Pétain entretient notre esprit dans une mentalité de vaincus. Cela devient insupportable. Je découvre en ville des affiches d'une grande beauté esthétique appelant à s'engager dans la Waffen SS, une nouvelle armée européenne en lutte contre le bolchevisme. Je deviens ouvertement fasciste. On ne pourra pas me reprocher d'être un opportuniste : la guerre semble être perdue par l'Allemagne, assiégée de tous côtés. On commence à échanger des coups de feu entre collabos et résistants. Je ne désire pas entrer dans cet engrenage, je ne veux pas faire couler de sang français. J'estime alors que la seule place possible pour un fasciste français se trouve dans la Waffen SS sur le front de l'Est contre les Rouges soviétiques. Je m'engage en 1944 dans cette nouvelle chevalerie du Graal[6]. »

5. Entretiens de l'auteur avec Paulin en juin 1985.
6. Entretiens de l'auteur avec Didier en juin 1985.

Arnaud se souvient qu'il avait 25 ans le 6 février 1934 :

> « Je militais à cette époque à l'Action française. Je me retrouve place de la Concorde, les mains nues contre la police qui nous tire dessus avec des armes. Des anciens combattants de 14-18 tombent sous les balles des policiers. Nous protestions contre un régime politique corrompu, marqué par de nombreux scandales, de multiples affaires. Le soir, on ramasse les blessés et les morts en jurant de revenir le lendemain avec des grenades. Mais nos "chefs" nous ordonnent de rester à la maison. J'ai alors compris que Maurras était un vieux con, pire : un bourgeois aigri de la IIIe République.
> Avec un groupe de copains, on commence à stocker des armes pour écraser une éventuelle révolution communiste en France. On admire Mussolini et son régime romain. Puis arrive la guerre. Je me retrouve dans l'infanterie, dans les corps francs. Je suis fasciste mais ne veux pas que la France devienne allemande, même si je n'aime pas les politiciens de notre régime décadent. Avec mon fusil Lebel de 14-18, je ne fais pas le poids contre les Panzers et les Stukas. Je me retrouve dans un Stalag en Allemagne, prisonnier de guerre comme beaucoup d'autres. Le grand problème c'est la bouffe. On parvient à voler quelques conserves aux Boches qui nous gardent. On se dispute entre pétainistes et gaullistes. Moi, je suis impatient de combattre à nouveau. Je trouve que Pétain est trop mou et de Gaulle trop loin. Je travaille dans une ferme, mais j'en ai vite marre de pousser une brouette. J'apprends que les prisonniers français peuvent s'engager dans la Waffen SS, afin de lutter contre les Rouges sur le front de l'Est. Je décide de voir comment ça se passe de l'autre côté des barbelés… Je m'engage dans cette nouvelle chevalerie européenne[7]. »

André se souvient de son côté :

> « À 14 ans en 1936, j'étais apprenti. Les mains dans le cambouis. Je participe aux grèves du Front populaire. À la veille de la guerre, je travaille dans un garage à Pantin. Trop jeune pour m'engager. Je déteste la guerre. Cependant, l'armistice est pour moi une catastrophe. J'envisage de rejoindre le général de Gaulle

7. Entretiens de l'auteur avec Arnaud en juin 1985.

à Londres. Je rejoins une filière clandestine qui est malheureusement découverte et démantelée par la Gestapo. J'en réchappe de justesse. Plus de boulot dans la mécanique, parce que les voitures ne roulent presque plus, à part celles des médecins et des caïds du marché noir. Arrivent les premières affiches vantant le travail en Allemagne. Je signe un contrat, touche la prime et me retrouve dans la banlieue de Munich, sur une chaîne de montage : boulot idiot avec une sale ambiance. La moitié des ouvriers sont des Polonais qui détestent les Français. Ils nous reprochent notre passivité militaire en septembre 1939. Seule distraction le dimanche : les balades le long du Danube. Il nous est interdit de fréquenter des jeunes Allemandes. Je passe outre. La Gestapo me tombe dessus. On m'accuse de "salir la race aryenne". Je risque quelques années dans un camp de travail. Arrive un type en uniforme qui me dit que tout peut s'arranger : si je m'engage dans la Waffen SS, je ne me retrouve pas en taule. Je signe sans hésiter[8]... »

Philippe se trouve à Louis-le-Grand en 1939, afin de préparer l'examen d'entrée à Saint-Cyr, pour ensuite devenir officier :

« Dès la déclaration de guerre, je m'engage et découvre une armée française bien différente de celle que j'imaginais en voyant le film *Trois de Saint-Cyr*. L'esprit défensif est à la résignation sans enthousiasme. Durant l'hiver on fait du terrassement et on creuse des tranchées sans pratiquement tirer un seul coup de fusil ! Mai 1940, les Allemands passent à l'offensive. Je reçois la même semaine mon galon d'aspirant et une balle dans le bras. Je sors de l'hôpital militaire pour apprendre que j'ai la Croix de guerre et que nous signons l'armistice !
Je me retrouve parmi les gradés d'un camp de chantier de jeunesse, en pleine nature. Je pratique la gymnastique matinale torse nu et, comme le demande le maréchal Pétain, "je conserve ma foi dans la France éternelle". Je décide de m'engager dans l'armée d'armistice. Me voilà, toujours avec un galon d'aspirant, dans un bataillon d'infanterie. J'y reste seulement quinze jours, le temps que les Allemands envahissent la zone libre en novembre 1942. J'envisage de rejoindre la Résistance. Le réseau pour lequel je

8. Entretiens de l'auteur avec André en juillet 1985.

devais combattre tombe entre les mains de la Gestapo ! Je me retrouve sans rien. Très anticommuniste, tout en étant antiboche, je découvre sur les murs des affiches appelant les jeunes Français à rejoindre la Waffen SS dans la lutte contre le bolchevisme sur le front de l'Est. On me propose également de rejoindre la Milice, mais je ne désire pas tuer des compatriotes. Je m'engage alors dans cette nouvelle armée européenne, à savoir la Waffen SS[9]. »

Édouard se souvient :

« Je me suis engagé à 18 ans dans l'armée de terre, en 1936, lors du Front populaire. La politique ne m'intéressait pas, mais je croyais que l'armée incarnait encore une valeur à l'esprit chevaleresque. Je me retrouve dans les tirailleurs au Maroc. La belle époque : le pinard, les filles, les copains, les manœuvres dans des paysages magnifiques. En 1939, je reviens en France avec mon régiment avec le grade de caporal : la neige, le froid, les patrouilles en Lorraine, les bagarres contre les Boches aux avant-postes. Première citation et Croix de guerre pour ma vaillance en première ligne. Mai 1940, c'est l'offensive allemande. En Belgique, nous causons un échec sanglant aux Boches à Gembloux. Mais les Panzers teutons percent dans les Ardennes. Nous risquons l'encerclement. On retraite en direction de Dunkerque. Évacué par mer, je reste peu de temps chez les Anglais. Me voici de nouveau au front avec un fusil contre les chars ! Nous sommes enfoncés, on retraite jusqu'à la Loire. On résiste de nouveau, puis c'est encore un repli en bon ordre en direction du Sud-Ouest. J'échappe de peu à la capture. L'armistice me plonge dans un état second. J'envisage de rejoindre l'Afrique du Nord pour poursuivre la lutte. Je traîne, ne fais pas grand-chose. Un ami m'amène à une réunion de Doriot. Ces types en chemise bleue qui jouent au guerrier me semblent plutôt sympathiques. Je deviens ouvertement fasciste, vomis le précédent régime qui a causé notre perte. Je suis en colère contre Blum, Daladier, Gamelin et les autres. Lorsqu'on recrute pour la Légion des volontaires français contre le bolchevisme, je me présente à Versailles. Mais les médecins allemands me refusent, à cause de ma mauvaise dentition. Je traîne de nouveau, multiplie les petits métiers, gagne un peu d'argent, vais chez un dentiste

9. Entretiens de l'auteur avec Philippe en septembre 1985.

pour me faire soigner. Je me planque pour ne pas partir au Service du travail obligatoire (STO). Je deviens réfractaire, envisage de rejoindre un maquis. En ville, je vois les magnifiques affiches de la Waffen SS. Profondément anticommuniste, je décide de tenter ma chance, avec de meilleures dents. Je me retrouve dans un camp de cette armée d'élite en Allemagne[10]. »

Charles se présente comme un homme d'ordre :

« J'appartiens à la moyenne bourgeoisie, celle qui fait des économies, qui va à la messe et n'aime pas beaucoup les étrangers. Avant-guerre, je travaille comme chef du personnel dans une petite usine du Béarn, près de Pau. Je suis inscrit au parti social français du colonel de La Rocque. Je n'aime pas les fanatiques de l'Action française, déteste les Rouges, admire l'armée, la gendarmerie et la police. En 39-40, j'accomplis mon devoir de patriote comme officier subalterne dans un régiment d'infanterie. On se bat avec courage sur l'Aisne en mai-juin 1940, mais nous n'avons plus assez de chars pour colmater la percée massive des panzerdivisions en plusieurs endroits. Je réussis tout juste à ne pas être fait prisonnier. La défaite m'accable profondément : elle est tellement écrasante. Très remonté contre le régime qui nous a plongés dans cet abîme, je retrouve l'espoir en la personne du maréchal Pétain, le Vainqueur de Verdun. Je suis très Révolution nationale. Je deviens un responsable local de la Légion des combattants, dirige le service d'ordre de mon département. Je trouve que Darnand, héros de 14-18 et de 39-40, est un type formidable. Je passe du SOL [Service d'ordre légionnaire] à la Milice. Pourtant je ne suis pas spécialement pro-Allemand ni collaborationniste. Mais je reste anticommuniste. Lorsqu'à la fin de l'été 1943 on demande des cadres miliciens pour la Waffen SS, j'estime que c'est mon devoir de partir, afin de lutter contre le bolchevisme. Je suis pris finalement dans l'engrenage et me retrouve sur le front de l'Est en uniforme allemand de la Waffen SS[11]... »

Nous pourrions multiplier les exemples. Ils se recoupent souvent. J'ai choisi pour cet ouvrage de m'attarder très longuement sur cinq portraits de Waffen SS français ayant lutté contre l'armée soviétique

10. Entretiens de l'auteur avec Édouard en septembre 1985.
11. Entretiens de l'auteur avec Charles en octobre 1985.

en 1944-1945. Ils illustrent parfaitement l'état d'esprit de ces combattants d'une cause perdue. J'ai changé les prénoms et les noms de certains d'entre eux, afin de ne pas porter ombrage aux descendants, à la demande des familles.

En 1945, les Français de la Waffen SS deviennent des réprouvés aux yeux de leurs compatriotes. Des défenseurs de cette armée défaite soutiennent devant les juges de Nuremberg que la Waffen SS était une organisation purement militaire, sans rapport avec les autres branches de la SS, comme notamment le SD, les commandos des *Einsatzgruppen* et les bataillons de sécurité. Le ministère public rejeta cette présentation et le tribunal condamna collectivement la SS comme criminelle. En effet, de nombreuses unités Waffen SS, comme notamment la tristement célèbre division Das Reich, ont massacré des populations, des prisonniers militaires, détruit des villages, etc. Cependant, certaines divisions étrangères de la Waffen SS ont uniquement combattu l'armée soviétique, comme la division Charlemagne. Certes, ils n'étaient pas des enfants de chœur, certains venaient de la Milice, coupable de nombreux crimes en France, d'autres étaient cependant portés par un « idéal européen » de lutte contre le bolchevisme, coupable également, il ne faut pas l'oublier, de nombreux crimes. Beaucoup de ces jeunes engagés étaient des « rêveurs casqués » pour reprendre le titre d'un livre célèbre[12]. Ils rêvaient d'une véritable restauration de la chevalerie médiévale, sous une forme moderne, avec des codes et des rites quasi religieux.

Voici quelques portraits de ces soldats perdus dans une guerre maudite.

Roger Pujol

Je conserve un souvenir particulier de cet homme marqué à jamais par son passé. Sa femme, Adrienne, une Alsacienne rousse et pétillante de joie de vivre, me témoigna une profonde affection du fait qu'elle ne put avoir d'enfant. J'étais son « Ninique chéri ». Le couple habitait le même immeuble de mon enfance, en région parisienne. Nous devions nous revoir ensuite dans le sud-ouest de la France.

J'essayais de découvrir le secret intime de Roger Pujol, les raisons de sa blessure intérieure à jamais cicatrisée. Je sus par la suite qu'il

12. Christian de La Mazière, *Le Rêveur casqué*, Éditions Robert Laffont, coll. « Vécu », 1972.

avait combattu très jeune dans la division Charlemagne, cette unité composée de Waffen SS français, dont les opérations se déroulèrent contre l'armée soviétique. Avant sa mort, survenue au début des années 1990, j'ai eu la chance de m'entretenir longuement avec lui. Malgré ses origines modestes, c'était un homme cultivé, amateur de livres d'histoire. Il se savait condamné par la maladie, n'avait plus rien à craindre de la société, voulait enfin raconter sa guerre, comme pour se libérer d'un poids pesant qui n'avait cessé de le hanter.

Roger Pujol est né le 13 mars 1926 à Pantin en région parisienne, au sein d'une famille ouvrière. Son père, blessé de la Grande Guerre de 1914-1918, meurt peu après sa naissance. Élevé uniquement par sa mère, travaillant comme employée dans une boulangerie du quartier, il suit un parcours scolaire chaotique, l'amenant tout droit à l'usine. Il assiste impuissant à la défaite militaire de la France en mai-juin 1940. Un véritable choc pour lui, alors qu'il rêve de s'engager pour combattre l'envahisseur allemand. Au contact d'un monde ouvrier déboussolé par le désastre de 1940, il rencontre des militants du Parti populaire français (PPF), mouvement fasciste fondé par Jacques Doriot.

Responsable important du parti communiste français jusqu'à son exclusion en 1934, Jacques Doriot, né le 26 septembre 1898 à Bresles dans l'Oise au sein d'une famille ouvrière, devient par la suite ouvertement anticommuniste et affirme même sa volonté d'entente avec l'Allemagne nazie. En juin 1936, il fonde le PPF, visant à regrouper tous les Français nationalistes. Il reçoit l'appui de certains journaux de droite et d'une partie du patronat, obtient le ralliement d'hommes d'extrême droite, mais également de militants de gauche, voire d'extrême gauche. Il met en avant la lutte contre le communisme dans son programme politique et fait passer au second plan le combat contre le capitalisme. Cependant, visant avant tout au rassemblement national, il ne laisse pas encore son parti glisser trop à droite. Il garde au début de la création du PPF une ligne qui privilégie l'isolement du PCF et le rapprochement avec le pouvoir.

En juillet 1936, Doriot affirme vouloir procéder à une révolution nationale. Le PPF se présente comme un parti à la fois populaire, national et social. Tout en refusant dans un premier temps la création d'une organisation paramilitaire, Doriot s'inspire cependant du fascisme, avec son salut à la romaine, l'existence d'un insigne, d'un drapeau, d'un hymne et d'un serment de fidélité. La fascisation du PPF s'accentue avec notamment l'arrivée de responsables comme Pierre Drieu La Rochelle, Victor Arrighi et Bertrand de Jouvenel, qui désirent faire de ce parti l'équivalent du fascisme italien. Après la défaite militaire de la France en mai-juin 1940, Doriot, dans un nouvel élan d'opportunisme, cherche à obtenir une place dans le gouvernement de Vichy, mais est tenu à l'écart. Il est cependant nommé membre du Conseil national instauré par Vichy. Il se rapproche de son rival politique, à savoir Marcel Déat, avec lequel il envisage un projet de parti unique, qui finalement n'aboutira pas. Il regagne Paris et tente de remettre sur pied un PPF désorganisé par la défaite militaire de 1940. Il entre en relation avec les nazis, qui lui apportent l'appui et les ressources nécessaires à son maintien politique. Le PPF devient ouvertement collaborationniste, antisémite et raciste. Le 8 juillet 1941, Doriot appuie la création de la LVF, la Légion des volontaires français qui luttent sous l'uniforme allemand en Russie. Il s'engage lui-même dans la LVF, accomplit dix-huit mois sur le front russe durant la période de 1943-1944. Il est même décoré de la Croix de fer allemande.

Roger Pujol devient un militant actif du PPF de Doriot.

> « Pour moi, me raconte-t-il, la France ne pouvait survivre dans le nouvel ordre européen qu'en luttant aux côtés de l'Allemagne, dont l'adversaire principal était le communisme de la Russie soviétique. J'étais fasciné par l'ordre, la discipline, la beauté esthétique de l'armée allemande, victorieuse sur tous les fronts depuis 1939. J'aspirais à un idéal militaire, comparable à une sorte de chevalerie, dont la LVF représentait à mes yeux l'incarnation parfaite. Mon exécration du marxisme faisait de moi un combattant désigné pour le front de l'Est. Les nombreuses affiches vantant les mérites d'un engagement dans la LVF, ainsi que les discours radiophoniques allant dans le même sens, les envolées martiales et lyriques des chefs du PPF lors des meetings, les reportages cinématographiques, les journaux vantant les mérites de ces combattants d'un ordre nouveau avaient sur moi une influence considérable.
>
> Moi, l'orphelin de mon père, issu d'un milieu plus que modeste, contraint de travailler très jeune à l'usine, je me voyais devenir un "chevalier" de l'Europe nouvelle, guidée par la puissante armée allemande qui avait fait la conquête de l'Occident en quelques mois. Malgré les défaites de l'Axe en Afrique, je demeurais persuadé de la victoire finale de l'Allemagne.
>
> Petit et brun, je n'incarnais pas le guerrier germanique aryen blond aux yeux bleus, au physique d'athlète des Jeux olympiques

de Berlin en 1936. Mais je savais que de nombreux étrangers, engagés volontaires dans la lutte contre le bolchevisme, venaient de pays différents, y compris de l'Europe du Sud, comme les héroïques soldats espagnols de la division Azul, sans parler des Italiens, voire des Roumains et des Hongrois.
Le PPF assumait avec sérieux mon endoctrinement. J'étais une proie facile du fait de mon très jeune âge, de ma faible expérience de la vie professionnelle et politique, de mon manque d'éducation et de culture. J'étais un fils de prolétaire à peine sorti de l'enfance, plongé subitement dans les affres de la guerre, sans vraiment comprendre la stratégie réelle du conflit, abreuvé de propagande vichyste et hitlérienne. La Résistance, je ne la connaissais qu'à travers les affiches nazies annonçant la liste des fusiliers communistes, dont beaucoup étaient étrangers. De Gaulle était selon moi un général lointain, dépendant de Churchill, valet de l'impérialisme britannique. Les bombardements aériens alliés des villes françaises, causant de nombreuses victimes civiles innocentes, ne faisaient qu'accroître ma haine de la ploutocratie capitaliste, alliée à l'ogre Staline. Les discours enflammés de Philippe Henriot et de Jacques Doriot, vantant la grandeur de l'Allemagne hitlérienne et la toute-puissance de son armée, me poussaient à vivre comme un combattant sans peur, un soldat de l'Ordre nouveau[13]. »

Alors que l'Allemagne se trouve réduite au début de l'année 1944 à défendre l'Europe occidentale contre un débarquement des Alliés, à maintenir un front solide en Italie du Sud et surtout à l'Est contre l'armée soviétique, Himmler, le chef de la SS, décide de regrouper les lambeaux des diverses unités de soldats français, engagés depuis 1941 aux côtés des troupes allemandes, afin de former une division, placée sous le nom de Charlemagne. Cet empereur germanique d'Occident est alors très prisé dans les milieux collaborationnistes qui voient en lui celui qui a fondé un empire franco-allemand. La France est pourtant le pays européen qui a fourni le moins de volontaires à la croisade contre le bolchevisme. La brigade Waffen SS Frankreich pèse peu face aux autres divisions étrangères. La Charlemagne doit mettre fin à cette situation « indigne » d'un grand pays.

13. Entretiens de l'auteur avec Roger Pujol en avril 1986.

« Les deux premiers "lambeaux" qu'il convient de rassembler, raconte Roger Pujol, sont les 1 200 survivants de la LVF et les 1 100 Waffen SS rescapés de la brigade Frankreich. À ces soldats ayant tous combattu sur le front de l'Est, s'ajoutent une cohorte de novices, issus comme moi du PPF, sans oublier 2 500 francs-gardes de la Milice et 3 500 volontaires français venant de diverses unités allemandes. Au total, l'effectif de la division Charlemagne ne dépasse pas 8 300 hommes. Une "division" à l'effectif d'une brigade. Je suis vivement encouragé par mes cadres du PPF à remplir désormais mon devoir en tant que combattant. Je décide dans un premier temps de m'engager dans la LVF, sans savoir à l'époque que je serai ensuite incorporé au sein de la division Waffen SS Charlemagne.
Après un court entraînement dans une caserne de la région parisienne, en uniforme français de l'armée d'armistice, je suis envoyé au camp de Wildflecken en Thuringe, avec d'autres volontaires durant l'été 1944. Situé au nord-est de Francfort-sur-le-Main, entre Fulda et Brückenau, perdu au cœur du massif volcanique de la Rhön, perché à près de mille mètres d'altitude, ce camp militaire ressemble à une véritable ville SS : de part et d'autre de la route, de petits immeubles, entourés de verdure et de chemins parfaitement tracés et entretenus, menant à une large étendue, à savoir l'Adolf Hitler Platz. Le camp est également entouré de sommets couverts de sapins, c'est une véritable cité avec son bureau de poste particulier, ses services publics, ses cuisines, ses forges, ses douches, ses magasins et ses garages, ses champs de tir et ses pistes d'entraînement pour toutes formes de combat. Une véritable colonie de vacances : air pur et propreté.
Mais cette belle façade dissimule une alimentation défectueuse : un peu de café le matin avec une once de saccharine. À midi, un litre de soupe aux choux dans laquelle flottent de rares morceaux de viande. À 17 heures, on nous distribue la ration de survie de la journée : trente grammes de saucisse à la fécule de pomme de terre, vingt grammes de margarine à base de houille et deux cents grammes de pain. Tenaillés par la faim, nous en sommes réduits à manger certains de nos chevaux, à voler dans les fermes des environs la volaille et les cochons, sans oublier les œufs et les lapins. Outre la faim, nous souffrons du froid. Aussi brûlons-nous tout ce qui nous tombe sous la main : tabourets, tables, armoires…
L'instruction à Wildflecken est censée durer d'octobre 1944 à février 1945. Il s'agit de créer une nationalité mystique, une

aristocratie européenne à dominante germanique. Les instructeurs, qui ont tous combattu sur le front de l'Est, tentent de nous communiquer l'idéal qui les anime : l'Europe national-socialiste et l'anéantissement du bolchevisme, une obéissance aveugle à la Waffen SS et un total mépris de la mort.
Des sergents Waffen SS s'occupent en particulier de notre instruction, marquée par des séances de tir au fusil Mauser et à la mitrailleuse MG34 ou MG42, des marches interminables en forêt, sous l'uniforme et le casque allemands. Sous les sapins, dans la neige épaisse, sur les ruisseaux gelés, on doit courir, sauter, grimper, lutter, franchir des obstacles, escalader des murs, ramper sous les barbelés et sous les tirs à balles réelles des mitrailleuses. C'est en chantant que nous effectuons des longues marches et que nous rentrons ivres de fatigue et transis de froid, sous les cris des instructeurs.
La population locale nous réserve un accueil mitigé, partagé entre la reconnaissance et la méfiance. Des filles magnifiques éveillent en moi des désirs sensuels qui deviennent vite obsédants, que je dois cependant refréner car l'autorité militaire allemande interdit théoriquement les aventures des "belles walkyries" avec des Français, même sous l'uniforme allemand.
Le chef suprême de notre division, le général allemand Gustav Krukenberg, connaît bien la France pour y avoir séjourné de 1926 à 1931. Il se déclare francophile. C'est un personnage sec, froid, à la mâchoire volontaire. Protestant austère, d'une grande intégrité morale et militaire dans l'âme, il compte faire de notre division une unité d'élite.
La Charlemagne s'articule autour de deux régiments d'infanterie (RI), comprenant chacun deux bataillons. Deux anciens miliciens assurent le commandement des régiments. Le 57e RI est sous les ordres du capitaine Victor de Bourmont, ancien chef de la Milice de Lyon, petit homme avec une crosse tête, à la voix forte. Le 58e RI est dirigé par le capitaine Émile Raybaud, méridional au teint clair et aux yeux bleus, ancien saint-cyrien.
Issu de la LVF, le 57e RI conserve un côté catholique traditionaliste "français toujours", sous l'influence de Mgr Mayol de Lupé, aumônier de la division, alors que le 58e RI, plus néopaïen germanique, héritier de la SS, se veut avant tout européen et national-socialiste. S'ajoutent à ces deux RI, un groupe d'artillerie de campagne formé de trois batteries, un détachement antichar, une compagnie de transmission, un groupe de canons d'assaut.

À la tête de la division Charlemagne, le général Krukenberg est secondé par le général de brigade Edgar Puaud, un Français volcanique, ancien combattant de la Grande Guerre de 14-18, également baroudeur dans la Légion étrangère au Maroc et en Syrie, le visage ouvert, coupé d'une fine moustache. Les deux hommes ne s'aiment guère. Le second reprochant au premier de ne pas lui laisser suffisamment d'autorité et d'indépendance.
Je constate au sein de ma compagnie, formée des derniers volontaires français, un immense brassage social, où ouvriers, paysans, bourgeois et aristocrates se côtoient sans préjugés, car tous portés par un idéal fraternel de lutte contre le bolchevisme. Je parviens ainsi à me lier d'amitié avec Jean, issu d'une famille noble de la Dordogne, élevé dans le culte du nationalisme, du chef providentiel charismatique, dans l'anticommunisme et la foi quasi mystique en une France catholique traditionaliste. Il y a Bernard, un ouvrier de chez Renault, qui a suivi un parcours identique au mien au sein du PPF. Lucien vient d'une famille de notables vichystes de Normandie. Jacques est un ancien professeur d'éducation physique de Lorraine, germanophile, exécrant la France molle et décadente du Front populaire, coupable selon lui de la défaite de 1940. Je pourrais multiplier les portraits disparates de mes compagnons. Mais la réelle fraternité de ma compagnie ne peut faire oublier les nuances et parfois même les oppositions idéologiques au sein de certaines compagnies. Chaque chambre affiche parfois le portrait de son chef : Pétain, Darnand, Doriot, Déat, Hitler…
En février 1945, nous sommes embarqués à Fulda en direction de la Poméranie, par voie ferroviaire, sous la menace constante des attaques aériennes. Nous voyageons parfois la nuit pour éviter de devenir des cibles idéales aux avions alliés. Nous traversons des villes allemandes entièrement détruites. Nous arrivons péniblement à Hammerstein le 22 février. Dès le 24, avant même d'avoir pu regrouper toutes nos compagnies, nos chefs français et allemands nous dirigent en camion autour des bourgs d'Elsenau et de Bärenwald, au sud-est d'Hammerstein. Nous formons alors une maigre division de quatre bataillons, dépourvue d'artillerie, de couverture aérienne et de chars, armée uniquement de fusils, de mitraillettes, de mitrailleuses, de grenades et de Panzerfausts. Le reste de la troupe et l'armement lourd n'ont pu suivre…
Sous un froid terrible, nous creusons des trous pour nous abriter et combattre sur place. Les emplacements ne sont pas tous individuels.

Dans mon trou nous sommes trois, parfois dix, tremblant de tous nos membres non pas de peur mais de froid. Le ravitaillement très défaillant, nous livre une soupe qui nous réchauffe un peu, un pain noir sans saveur. Heureusement nous avons un alcool fort, sorte d'eau-de-vie du coin, qui nous réchauffe les entrailles. Avec mes brodequins en cuir, nous n'avons même pas de bottes fourrées, je patauge dans une boue visqueuse, mêlée de neige, sans l'apport de planches en bois pour éviter les congélations.
Nous faisons face à des troupes soviétiques en surnombre, à savoir cinquante divisions et huit corps blindés ! À l'écrasante supériorité numérique et matérielle de l'adversaire s'ajoutent chez nous le manque de liaison radio entre nos compagnies, ainsi que les erreurs tactiques du général Puaud, la plus marquante étant de faire entrer la division Charlemagne en action avant qu'elle n'ait eu le temps de se regrouper, ce qui conduit à lutter en groupes de combat dispersés, forts chacun d'une dizaine d'hommes, manquant totalement de liaison entre eux. Chacun doit se battre où il se trouve et avec qui il se trouve. On doit défendre avec seulement quatre bataillons un front de dix-huit kilomètres de long, secteur théorique de trois divisions !
Le 25 février 1945, l'inconscience de certains de nos chefs apparaît alors en pleine lumière, lorsqu'on nous ordonne de conquérir les villages d'Heinrichswalde et de Barkenfeld, en pleine nuit, contre un adversaire nettement plus nombreux : une lutte à un contre cent ! Mon groupe de dix hommes est pris sous un violent tir de mitrailleuses et d'artillerie, nous clouant au sol. Impossible de progresser sous un tel déluge de feu et de suivre le reste de la troupe engagée dans cette opération suicidaire. Un éclat d'obus frappe mon casque sans le percer, mais je suis terriblement sonné. Allongé dans la neige, je vois tous les amis de mon groupe tomber les uns après les autres. C'est un véritable massacre ! Écrasés par les chars, luttant au corps à corps contre des fantassins russes en surnombre, mes camarades des autres groupes refluent sur une nouvelle ligne de front, en retrait par rapport à la précédente. Je quitte alors ma position pour suivre cette retraite en direction d'un front qui suit désormais la voie de chemin de fer la plus proche. Mais notre bravoure ne peut rien contre l'écrasante supériorité numérique et technique des Soviétiques. Les troupes russes forcent le passage à niveau de Barenhütte, ouvrant la grande route de la Baltique. On reçoit l'ordre de se replier sur Hammerstein ou Elsenau, où se trouve

le poste de commandement de la "division". Dans une ferme, avec un autre groupe, je scrute devant moi, sans fermer l'œil de la nuit. Le lendemain, des centaines de chars russes, accompagnés de régiments entiers de fantassins se présentent devant nous. Nous tirons toutes nos munitions devant cette masse invincible, compacte et puissante. Les deux villages ne tardent pas à être investis par les Russes. Nous sommes contraints à un nouveau décrochage. Je marche dans la neige comme un automate, abruti par le bruit des armes, inconscient du danger, la tête vide de toute pensée, sans me soucier des camarades qui tombent autour de moi. Le casque d'acier sur ma tête, je marche des heures sans m'arrêter, cherchant uniquement à fuir cet enfer. La bataille d'Hammerstein se solde pour nous par un échec cuisant. Submergés par le nombre et la force matérielle de l'adversaire, nous avons été écrasés. Nous sommes parvenus cependant à infliger des pertes sévères aux troupes russes, dont notamment une cinquantaine de chars détruits. Notre division, réduite à 4 500 hommes au début de la bataille, déplore 500 morts, un millier de disparus et un très grand nombre de blessés. La division Charlemagne éclate en petits groupes, avec l'ordre de se replier à l'ouest, en direction de Neustettin, où nos chefs espèrent nous regrouper et nous reconstituer. Arrivés à cet endroit perdu du bout du monde, nous avons le plaisir de recevoir le renfort d'une unité de la Flak, armée de canons de DCA, sous les ordres des officiers français Bassompierre et Fayard. Mais il n'est plus question de défendre la localité avec les 3 000 survivants de la "division".

Tandis que le gros de la Charlemagne migre vers le nord, un bataillon, fort de seulement 200 braves, reste sur place pour retarder l'avance des troupes soviétiques qui ne cessent de nous talonner. Je ne suis pas de ce baroud d'honneur. Ma retraite me fait penser à celle de la Grande Armée de Napoléon en 1812. Nous devons parcourir 80 kilomètres, sous une effroyable tempête de neige, poursuivis par les Russes, bombardés par l'aviation, avec à nos côtés des cohortes de réfugiés civils qui fuient vers l'Oder. Nous vivons un véritable calvaire. Assommé de fatigue, le dos courbé pour résister au vent glacé venu de la Baltique, ployant sous le poids de mon équipement, le ventre creux, je marche comme une bête, sans réfléchir, sans me retourner.

Nous traversons divers villages et cherchons un refuge précaire, puis nous abandonnons nos abris et leur chaleur précaire et nous

> marchons de nouveau dans la neige, une neige glacée, hérissée de lances. Lorsque le vent souffle, une grêle d'aiguilles nous déchire la peau du visage. Un mulet tombe, épuisé, des hommes se précipitent dessus, arrachent la viande crue pour la mordre. Nous traversons encore des villages, où les cris des blessés entassés dans des maisons qui brûlent nous rendent presque fous. Il faut parfois se battre à la grenade contre les tanks russes qui écrasent nos traînards sur la neige, les laissant comme une tache noire dans le sol. Mes camarades qui tombent épuisés ne se relèvent pas et deviennent durs comme de la pierre[14]. »

Les rescapés de cette tragédie installent un bivouac de misère dans une clairière, à quelques kilomètres au sud de Belgard. Il est alors question de reformer la division avec de nouveaux renforts. Pour Roger Pujol cette guerre maudite, contre un adversaire en surnombre, prend fin. Épuisé, il s'endort dans une grange. À son réveil, il constate que ses camarades ont disparu. Il est seul désormais, oublié par son unité. Il entend au loin le grondement du canon. Les Russes ne sont pas loin. Que faire ? Il rencontre un groupe de soldats allemands retraitant vers l'ouest. Avec eux, il poursuit une terrible marche à pied dans la neige et le froid. Bientôt, des blindés russes les talonnent. Encerclés dans une ferme abandonnée, ils résistent jusqu'à l'épuisement total des munitions. En tant que Waffen SS Français, Roger Pujol est persuadé d'être abattu sur-le-champ par les Russes. Un sous-officier allemand lui conseille de se cacher dans le grenier. Les Allemands du groupe se rendent ensuite. Trois soldats russes pénètrent dans la ferme, fouillent les pièces, mais oublient le grenier. Dissimulé derrière une immense malle, Pujol a conservé une unique balle dans son fusil pour se donner la mort avant d'être capturé. Seul désormais, entouré de soldats et de blindés ennemis qui progressent au milieu des civils apeurés et des colonnes de prisonniers, il décide de rejoindre la France. La guerre lui semble irrémédiablement perdue. Dans la ferme, il s'empare de vêtements civils. Le 1er mars 1945, à l'aube, profitant d'un intense brouillard, il entame sa marche en direction de son pays natal.

Durant plusieurs semaines, Roger Pujol suit l'exode des populations sans se faire remarquer, passe entre les détachements ennemis avancés, assiste impuissant à des viols de femmes, victimes de la

14. Entretiens de l'auteur avec Roger Pujol en avril 1986.

soldatesque soviétique. C'est un véritable cauchemar. Les lignes allemandes s'effondrent les unes après les autres. Il traverse facilement un barrage tenu par des soldats allemands épuisés, parvient à grimper dans un train, transportant du matériel militaire, qui semble prendre la direction de la Bavière, à faible vitesse. Dans un wagon, il se cache derrière des caisses. Non loin de Munich, il saute du wagon, trouve refuge dans une ferme. Se faisant passer pour un requis du STO, il parvient à y travailler. La propriété est alors uniquement occupée par deux femmes, deux veuves de guerre, qui ont justement besoin d'une présence masculine pour assurer divers travaux.

Début mai 1945, alors que la 1re armée française du général de Lattre de Tassigny fait la conquête du sud de l'Allemagne, Roger Pujol parvient à franchir le Rhin à l'aide d'une embarcation de fortune. Il trouve refuge chez des paysans alsaciens qui le prennent pour un prisonnier de guerre français, libéré depuis peu. En juin, alors que la guerre est terminée, il retrouve Paris, muni de faux papiers. Les retrouvailles à Pantin avec sa mère sont déchirantes.

Roger Pujol, porté officiellement disparu en Allemagne, n'est pas recherché par la police. Durant plusieurs années, sous une fausse identité, il parvient à effectuer plusieurs petits boulots. Lors d'un bal musette, il rencontre Adrienne qui deviendra sa femme. L'amnistie met fin à sa situation précaire. Il peut désormais se marier sous son vrai nom. Il décède en mars 1993 dans le sud-ouest de la France, où sa femme venait de prendre une retraite bien méritée, après avoir travaillé longtemps dans l'administration publique. Elle-même meurt quelques années après son mari.

Pierre de Séverin

Né le 9 juin 1914 dans une famille de l'aristocratie de la région de Nice, Pierre de Séverin grandit un temps dans la belle propriété de sa mère, Anne de Séverin, née de Beaulieu, veuve du capitaine Armand de Séverin, mort à la guerre en octobre 1915. Envoyé dès l'enfance en pension chez les dominicains, Pierre se passionne pour la chevalerie médiévale, l'histoire militaire et la mystique chrétienne. Son grand-père paternel, ancien militaire de carrière, lui inculque le sens de la discipline, du devoir et du sacrifice. Les Séverin et les Beaulieu, voisins de quelques kilomètres, se fréquentent depuis des décennies. Issus du même milieu social, partageant les mêmes valeurs, ils vivent en monde clos, inquiets de l'évolution du monde moderne, qui semble à leurs yeux renier les valeurs qui ont fait la grandeur de la France catholique et royale. Chez les Séverin et les Beaulieu la lecture quotidienne se limite à *L'Action française*, journal du « nationalisme intégral », qui déteste la république laïque, la franc-maçonnerie, les « métèques » et les « rouges ».

Adolescent et adulte, Pierre de Séverin passe ses vacances dans les Alpes autrichiennes et italiennes, entre Tyrol et Dolomites. Il aime admirer la beauté majestueuse des sommets enneigés, sous un ciel bleu sans nuage.

> « Cette admiration des hommes pour ces paysages grandioses est si forte et si durable qu'on est tenté d'en attribuer l'influence à une sorte de charme surnaturel, écrit-il dans un carnet de voyage de l'année 1938. Dans les vallées et les cols, les légendes païennes se mêlent aux croyances religieuses. Il est vrai que la montagne, par sa grandeur et sa beauté immuable, renvoie à la patrie intérieure des hommes libres. Les poètes et les peintres y ont trouvé certains des thèmes préférés de leurs inspirations : chaîne d'un blanc immaculé, cirques enveloppés de nuées, cascades et gorges fumantes, pins échevelés, lacs majestueux, troupeaux au pâturage[15]. »

Dans la proximité du ciel et de l'abîme, parmi la grandeur silencieuse et immobile des cimes, la clarté éblouissante des glaciers, il retrouve la sensation des expériences mystiques de son enfance chez les dominicains. Grimper de rocher en rocher, de prise en prise, pour retrouver ensuite la joie d'une indicible libération lorsque le sommet est atteint et que se présentent des horizons vertigineux. Il y voit la possibilité effective d'une catharsis. Dans ce même carnet, Pierre explique ce qu'il entend par « spiritualité de la montagne » :

> « La spiritualité de la montagne concerne celui qui a vu disparaître derrière lui tout ce qui lui semblait, dans la vie ordinaire, le plus important. Ce qui lui parle et l'entraîne désormais, c'est le puissant message intérieur de la montagne en tant que symbole spirituel.

15. Archives de Pierre de Séverin.

> « C'est à ce niveau que doit survenir la pleine et claire conscience de soi. La montagne est désormais dans l'esprit, le symbole est devenu réalité, les apparences se sont dissipées. La montagne n'est plus uniquement aventure insolite, évasion romantique, sensation contingente, lyrisme verbeux, héroïsme physique, sport plus ou moins technique; elle se rattache à quelque chose qui n'a ni commencement ni fin : une paix et une force intérieures inébranlables[16]. »

Se sentant revivre à l'approche des montagnes, il va de nouveau parcourir les sentiers caillouteux, respirer la fragrance des sapins et des fleurs, laper l'eau claire et glacée des torrents, retrouver la sensation grandiose de l'altitude : royaume où existent encore selon lui le sens de l'honneur, le panache, la droiture et le courage.

Pierre de Séverin aime se rendre au pittoresque village d'Igls, situé à 900 mètres d'altitude dans le Tyrol, avec son église peinte en jaune claire, son clocher gris et pointu, ses maisons richement décorées de blasons, ses chalets typiques à balcons de bois : point de départ de magnifiques randonnées en forêts sur les pentes du Patscherkofel. Les vues sur la vallée de l'Inn, d'Innsbruck et sur les montagnes environnantes sont parmi les plus belles des Alpes.

Pierre quitte le bourg trop animé à ses yeux et marche sur un sentier qui s'engage entre les sapins. Le ciel semble si proche de la terre que l'on se perd dans l'ineffable. Il marche d'un pas alerte et léger. Au milieu de cette immensité intemporelle, il voit s'éveiller en lui le feu des grandes passions créatrices.

En fin de journée, les cimes se poursuivent, l'une l'autre, jusqu'à s'estomper en courbes mauves et or. À cet instant précis, il sait que la vie n'est pas une simple évasion romantique, mais un élargissement de la conscience, une bénédiction au-delà des certitudes de l'entendement. Il goûte cet instant de plénitude avec le sentiment de s'y perdre.

Dans un carnet rédigé en avril 1939, Pierre raconte sa dernière marche dans le Tyrol :

> « Alors que la guerre menace en Europe, je monte souvent vers les hauts pâturages, à travers les sentiers escarpés. Parfois, des chutes d'éboulis rendent la progression périlleuse. Nullement ébranlé,

16. Archives de Pierre de Séverin.

je poursuis, en pratiquant une technique de marche différente de la majorité des randonneurs. Au lieu de prendre soin de ne pas me fatiguer au début et d'adopter un rythme lent, j'attaque la montée d'un pas rapide. Mon secret réside pour l'essentiel dans la respiration que je contrôle dès les premiers pas. Je calque ensuite mon rythme sur celui de la marche, sans rompre cette relation : inspirer pendant le temps d'un pas, retenir mon souffle lors de l'instant intermédiaire, expirer en faisant le pas suivant avec l'autre jambe, et ainsi de suite. Si la pente devient plus forte, je ralentis le rythme, et j'accélère lorsque je me trouve sur un terrain plus plat, mais ne cesse jamais, pour quelque raison que ce soit, la correspondance entre le rythme de la marche et celui de la respiration. Ainsi, totalement maître de moi-même, j'atteins les sommets en moins de temps.

« Le chemin menant au plateau s'enfonce d'une manière telle, entre sa double cloison de montagnes, qu'à chaque instant d'énormes masses rocheuses semblent me barrer le passage. En voyant la route sinueuse s'élancer d'un roc à l'autre, je ne peux me défendre d'un tremblement intérieur. Je marche plusieurs heures avant d'atteindre le refuge, long toit d'ardoises posées sur des murs de pierres entassées. Tout près, une source coule en cascades jusqu'au fond de la vallée. L'après-midi touche à sa fin. Ce n'est pas encore le soir, mais la lumière s'imprègne peu à peu d'une timide langueur annonçant sa venue. Quelques filets de lumière filtrent encore entre les sapins.

« Le lendemain, je me tiens sur un petit surplomb rocheux et contemple longuement le paysage. Face à moi, les crêtes miroitent sous un ciel limpide. Le silence domine. Seuls le roulement lointain du torrent, le souffle du vent et les battements d'ailes d'un rapace se font entendre. Malgré l'isolement, les abords immédiats du refuge offrent un sentiment de sécurité[17]. »

De retour à Igls, il peut admirer les défilés martiaux des jeunesses hitlériennes, dont la fanfare entraînante lui procure un profond sentiment de force intérieure. Il se dit que la volonté de puissance, prônée par le régime nazi, porte l'espoir d'un monde nouveau, débarrassé à jamais des scandales politiques des régimes démocratiques. Il rêve d'une Europe unie contre « le bolchevisme soviétique et la

17. Archives de Pierre de Séverin.

ploutocratie capitaliste ». Il reproche cependant au nazisme sa volonté hégémonique territoriale et son nationalisme étroit et sectaire. Il ne veut pas que la France devienne une colonie allemande. Les deux grandes puissances doivent cependant s'entendre pour former une Europe nouvelle, avec l'Italie fasciste et l'Espagne franquiste.

En septembre 1939, Pierre de Séverin est mobilisé comme bon nombre de Français. La guerre contre l'Allemagne est désormais effective suite à l'agression de la Pologne par les troupes hitlériennes. Il rejoint un bataillon alpin de forteresse dans les Alpes-Maritimes, près du mont Clapier, à 3 045 mètres d'altitude. Il a face à lui les troupes de montagne italiennes, composées des célèbres *alpini*, soldats d'élite qui patrouillent souvent devant la casemate qu'il commande en tant que sous-lieutenant de réserve, après son service militaire accompli dans un bataillon de chasseurs alpins au milieu des années 1930. Ayant sous ses ordres une quinzaine d'hommes issus de la région, il quitte le plus souvent ce bloc de béton dont il ne supporte pas l'étroitesse et l'humidité. Posté en avant de la ligne Maginot alpine, cette casemate n'offre qu'une protection limitée. Pour le moment, Mussolini ne s'est pas engagé dans le conflit aux côtés de l'Allemagne. N'ignorant rien de l'impréparation militaire de son pays, le Duce attend la suite des événements. Son gendre, le comte Ciano, ministre des Affaires étrangères du régime fasciste, est de plus en plus méfiant à l'encontre des Allemands, malgré la signature d'un pacte d'acier avec Hitler en mai 1939.

Pierre de Séverin est également un fervent admirateur du Duce et de son régime. Il voit dans le fascisme italien un modèle politique idéal pour mener l'homme à se dépasser, afin de devenir un légionnaire des temps modernes, méprisant la peur, avide d'aventure, dont l'aviateur Italo Balbo incarne à ses yeux la perfection.

Les huit premiers mois du conflit sont calmes sur le « front » des Alpes-Maritimes. Mussolini n'est toujours pas entré en guerre. Durant cette période incertaine, Pierre écrit régulièrement dans son carnet de guerre, effectue de nombreuses marches et exercices militaires avec ses hommes, fraternise même avec les alpini. Ces derniers espèrent que l'Italie restera neutre ou s'engagera aux côtés… de la France. Certains ont combattu avec bravoure dans le Trentin et les Dolomites contre les troupes austro-hongroises et allemandes en 1915-1918. Ils conservent une grande animosité envers les Allemands et les Autrichiens. Pierre et ses soldats multiplient cependant les travaux de fortification, renforcent les défenses. Ils se savent soutenus à l'arrière par une puissante artillerie de gros calibre.

La casemate du mont Clapier est défendue par une mitrailleuse Hotchkiss modèle 1914 de 8 mm et un fusil-mitrailleur modèle 1924-1928 de 7,5 mm. Chaque homme dispose d'un fusil ou d'un mousqueton de 8 mm, tandis que Pierre doit se contenter d'un revolver modèle 1892 de 8 mm. Tout comme ses troufions, Pierre a abandonné le béret des troupes alpines de forteresse pour se coiffer, à chaque sortie, d'un casque d'acier Adrian modèle 1926. Il estime que le port du casque rend plus martial et en impose davantage lors des rencontres fraternelles avec les *alpini*, coiffés pour le moment du célèbre chapeau à plume noire.

Le 10 mai 1940, l'armée allemande passe à l'offensive sur le front occidental. Pierre remarque désormais une certaine tension à la frontière franco-italienne. Avec ses jumelles, il aperçoit la mise en place de canons italiens, tirés sur les sommets par des hommes robustes et entraînés. Pas de doute pour lui, Mussolini attend quelques semaines avant d'attaquer la France. Les nouvelles du front sont de plus en plus mauvaises. Les panzerdivisions ont enfoncé les défenses françaises dans les Ardennes, atteint les plages des Flandres, encerclé le meilleur des troupes alliées à Dunkerque. Cependant, 342 000 soldats franco-britanniques parviennent à rejoindre par mer la Grande-Bretagne, grâce à l'héroïque sacrifice de 30 000 soldats français, qui ont contenu durant une dizaine de jours 160 000 soldats allemands, pourtant soutenus par une centaine de chars. Début juin, les batailles de la Somme et de l'Aisne sont livrées dans les pires conditions par les divisions françaises, luttant souvent à un contre trois. Pierre et ses hommes conservent cependant un excellent moral, persuadés que l'arrivée du maréchal Pétain au gouvernement et du général Weygand au sein de l'armée va rétablir la situation. Sur le front des Alpes, les contacts amicaux avec les alpini ne sont plus de mise. Chaque camp s'observe à distance.

Le 10 juin 1940, alors que l'armée allemande menace Paris, Mussolini poignarde la France dans le dos en lui déclarant la guerre. C'est la colère et la consternation chez Pierre et ses soldats. Durant une dizaine de jours, ils peuvent observer avec des jumelles les intenses et derniers préparatifs des troupes italiennes. Aucun doute pour eux, elles vont passer à l'assaut. En effet, du 21 au 24 juin, 312 000 soldats italiens attaquent les 185 000 soldats français positionnés sur le front des Alpes, de la frontière suisse à la Méditerranée. Les deux armes automatiques de la casemate avancée du mont Clapier tirent presque sans répit sur les assaillants qui lancent plusieurs assauts avec courage.

« Je vois les soldats italiens s'élancer vers nous avec une bravoure extraordinaire. Ils tentent de nous encercler, mais notre artillerie, qui se trouve plus en arrière, les fait refluer par des tirs d'une grande précision. La nature du terrain montagneux ne facilite en rien les assauts téméraires des alpini. Leur propre artillerie, des canons de 75 mm de montagne installés à découvert, ne peut rivaliser avec nos gros calibres protégés par le béton. Mes hommes, nullement abattus par les nouvelles catastrophiques de la guerre contre l'Allemagne, veulent faire payer chèrement aux Italiens ce qu'ils appellent "la trahison de la Sœur latine". Je partage leur colère du moment. Un dernier assaut italien se brise à quelques mètres seulement de notre casemate. Nous devons effectuer une sortie à la grenade pour repousser les derniers assaillants encore valides. Puis c'est le silence. Un silence étrange après des combats aussi âpres. Je ne déplore que deux blessés légers. Mais devant nous, c'est un véritable carnage, des dizaines de corps sans vie témoignent de l'efficacité de notre résistance et de notre armement. Je ramasse un casque d'acier italien de forme très moderne. Je constate qu'une balle de fusil ou de mitrailleuse de 8 mm l'a perforé de part en part, projetant à l'intérieur de la coiffe en cuir des morceaux de cervelle de la malheureuse victime. En effet, j'aperçois à quelques mètres seulement le corps du propriétaire du casque. Il gît face contre terre. Je le retourne et observe son visage d'adolescent, dont le crâne est sérieusement endommagé. Il n'a pas ses papiers militaires sur lui pour des raisons que j'ignore. De retour à la casemate, j'apprends qu'un armistice va être signé entre la France et l'Italie, après celui conclu avec l'Allemagne quelques jours auparavant. Nous avons cependant la satisfaction et la fierté d'avoir rempli notre mission. L'ennemi a été repoussé partout. L'armée française des Alpes demeure invaincue[18]. »

Malgré l'occupation de la moitié de la France par l'armée allemande, Pierre de Séverin, de retour à la vie civile, n'est pas du tout mécontent de la prise du pouvoir par le maréchal Pétain en zone « libre ». Il fonde tous ses espoirs dans la Révolution nationale prônée par le « Vainqueur de Verdun ». De la propriété familiale, il se rend souvent à Nice, où Joseph Darnand, militant nationaliste

18. Archives de Pierre de Séverin.

d'extrême droite et ancien combattant médaillé de 14-18 et de 39-40, prend dès l'automne 1940 la direction de la Légion française des combattants dans les Alpes-Maritimes, laquelle comptera jusqu'à 70 000 adhérents dans ce département. Mais très vite, aux yeux des éléments les plus radicaux du pétainisme, la Légion reste une simple organisation d'anciens combattants, incapable de jouer son rôle d'instrument politique au service de la Révolution nationale. Selon Darnand, on ne peut pas faire la Révolution nationale, combattre les juifs, les francs-maçons et les communistes avec « une masse inorganisée de plus d'un million de braves types, des conservateurs patriotes mais pas des révolutionnaires nationalistes[19] ». Tout comme Pierre de Séverin, Darnand estime que le salut de la France ne peut venir que du maréchal Pétain qu'il admire profondément. La Révolution nationale est l'unique solution pour redresser la France. Il faut purger la France de ses ennemis, qui sont pour Darnand les responsables de la défaite de 1940, à savoir les juifs, les francs-maçons, les communistes et les démocrates. Darnand reste un bagarreur et un comploteur perdu au milieu d'anciens combattants défilant avec leurs médailles, leurs bérets basques et leurs drapeaux. D'après lui, tout cela manque de jeunes, de vrais chefs et d'action. Sous l'influence de son ami Marcel Gombert, il estime nécessaire de faire émerger à l'intérieur de la Légion française des combattants une avant-garde, véritable phalange de guerriers prêts au sacrifice suprême, organisation semblable à la milice fasciste italienne ou à la SS hitlérienne.

En juin 1941, l'invasion allemande de la Russie soviétique semble clarifier davantage les choix à faire, comme le dit Marcel Gombert à Darnand : « On ne peut être à la fois contre les bolcheviques et contre les Boches, il faut choisir[20]. »

Le 12 janvier 1942, le Service d'ordre légionnaire (SOL) est officialisé et devient autonome à l'intérieur de la Légion française des combattants. Darnand est nommé inspecteur général du SOL, avec un état-major et une organisation calqués sur le modèle militaire. Cette véritable garde prétorienne est présentée pour la première fois à Nice le 9 octobre 1941, lors d'un défilé en présence de l'amiral Darlan. Joseph Darnand parvient à rassembler dans le département des Alpes-Maritimes 2 000 volontaires du SOL, organisés à la manière des corps francs. Il exige de ses légionnaires un esprit de

19. Archives nationales, Paris.
20. Archives nationales, Paris.

combat allant au sacrifice total. Pierre de Séverin rejoint cette garde prétorienne.

L'idéologie du SOL est celle de l'extrême droite française des années 1930, qui rejette le régime parlementaire, la démocratie égalitaire et prône un nationalisme intégral, fasciné par l'ordre fasciste. La mystique de la force et de la jeunesse vitaliste, le rite initiatique d'accès à une élite, l'idéologie d'un homme nouveau, d'un être régénéré, affranchi de la démocratie, marquent également le SOL et le fascisme. Le SOL essaime dans les villes du sud-est de la France et devient très vite une troupe de choc du régime de Vichy.

> « Le SOL, écrit Jean-Paul Cointet, est une force de répression intérieure dirigée contre les ennemis du régime, qui va préconiser une intégration de la France dans le nouvel ordre européen : cette évolution est progressive et prend essentiellement sa source dans un anticommunisme exacerbé par la guerre germano-soviétique[21]. »

Le 5 janvier 1943, le maréchal Pétain annonce aux Français que le SOL devient la Milice française.

Milicien dans les Alpes-Maritimes, Pierre de Séverin constate cependant que malgré les consignes du maréchal Pétain, la Milice recrute peu et mal. Environ 15 000 anciens du SOL s'engagent dans la Milice et autant de Français et Françaises y adhèrent, soit un total de 30 000 miliciens et miliciennes, dont 10 000 réellement actifs. La Franc-Garde, véritable bras armé de la Milice, chargée des missions musclées de maintien de l'ordre, ne dépasse pas 4 000 personnes.

La Milice recrute dans tous les milieux sociaux : des nobles et des bourgeois, des professions libérales, des cadres et des patrons, des représentants de la classe moyenne, des fonctionnaires, des artisans, des paysans et des ouvriers. Parce que la Milice recrute difficilement, les chefs régionaux et départementaux doivent se résoudre à ne pas se montrer trop exigeants sur la qualité des candidats.

D'après Jacques Delperrié de Bayac, la Milice recrute « des braves types, des moins braves types, des fous furieux, des canailles, des fourvoyés, des malchanceux[22] ». L'attrait de la prime et de la solde,

---

21. Jean-Paul Cointet, *La Légion française des combattants. 1940-1944, la tentation du fascisme*, Éditions Albin Michel, 1995.

22. Jacques Delperrié de Bayac, *Histoire de la Milice. 1918-1945*, Éditions Fayard, coll. « Les grandes études contemporaines », 1969.

les promesses de l'aventure, la possibilité de satisfaire les pulsions les plus féroces, la quête pour certains d'une respectabilité reconquise sous l'uniforme jouent dans l'engagement dans la Milice. Les motifs idéologiques sont bien présents, comme l'anticommunisme, l'antisémitisme et le nationalisme ; mais ne sont pas toujours déterminants.

Pierre de Séverin, fasciné par l'ordre fasciste, pense trouver dans la Milice la réplique française la plus parfaite :

> « Mon engagement dans la Milice correspond à l'idéal chevaleresque de mon enfance. La pureté de notre combat contre le matérialisme capitaliste et communiste trouve sa pleine justification dans la création de cette force nouvelle. Au sein de la Milice, je constate que deux tendances principales se dessinent : la première, militaire et nationaliste, reste pétainiste et veut sauver la France du communisme. La seconde, plus radicale, veut faire de la Milice un allié étroit de l'Allemagne, afin de mettre la France à l'école du nazisme ou du fascisme. Les chefs miliciens Max Knipping et Francis Bout de l'An sont des nationaux-socialistes favorables à l'ultracollaboration. J'estime que ces deux tendances sont complémentaires. Je suis un fasciste français, fidèle au Maréchal, luttant contre le communisme et l'impérialisme anglo-américain. Cependant, je ne suis pas disposé à combattre les résistants. Tuer des Français est pour moi contraire à mon idéal milicien. Je rêve de rejoindre les Français engagés aux côtés des Allemands dans la lutte contre le bolchevisme sur le front russe[23]. »

En juillet 1943, Darnand se rend en Allemagne et rencontre le général SS Gottlob Berger, recruteur de la Waffen SS, qui lui fait comprendre que la Milice doit s'engager davantage aux côtés des nazis dans la lutte contre le communisme. À cette condition, il deviendra alors nécessaire de l'armer avec l'accord de l'occupant allemand. Berger lui explique que la Waffen SS n'est pas une armée uniquement allemande mais européenne, avec des Finlandais, des Norvégiens, des Suédois, des Flamands, des Wallons, des Lettons… Il ne manque plus que les Français.

En août 1943, Darnand se rend à l'ambassade d'Allemagne à Paris, rue de Lille, afin de prêter serment de fidélité au régime hitlérien.

23. Entretiens de l'auteur avec Pierre de Séverin en août 1982.

Il est ensuite nommé lieutenant des Waffen SS. Le 17 septembre, il signe avec divers responsables de l'ultracollaboration (Marcel Déat, Jean Luchaire, Georges Guilbaud, Noël de Tissot) un « plan de redressement français », qui préconise la nazification de la France, sous la direction de Pierre Laval. Le 11 octobre 1943, 130 miliciens quittent Paris et la gare de l'Est pour rejoindre un camp d'instruction de la Waffen SS à Sennheim, en Allemagne. Le 20, les Allemands remettent à Darnand une première livraison d'armes, comprenant notamment une cinquantaine de mitraillettes. À la mi-novembre, il signe un accord avec les Allemands, prévoyant que les francs-gardes de la Milice soient armés.

> « Le 28 novembre 1943, raconte Pierre de Séverin, j'assiste à une réunion publique à Nice, en présence d'officiers allemands. Darnand, également présent, rappelle que 33 miliciens sont morts, abattus par la résistance, 165 autres blessés. Il annonce des représailles terribles contre toute la résistance, gaulliste et communiste. On entre désormais dans l'engrenage de la guerre civile en France. Ne voulant pas verser de sang français, je décide de m'engager dans la LVF, afin de combattre Staline et ses soudards bolcheviques. Mon choix est définitif.
>
> Après un séjour au centre d'instruction de la LVF à Montargis, je gagne Versailles, puis rejoins sous l'uniforme allemand le front soviétique début juin 1944. Malgré mon passé militaire de sous-lieutenant de l'armée des Alpes en 1940, je suis intégré comme simple sergent au sein d'un bataillon de 500 hommes de la LVF, sous les ordres du capitaine Jean Bridoux. Les officiers de la LVF sont en majorité d'anciens baroudeurs de 14-18, des campagnes du Maroc, du Levant et de 39-40. On estime que ma petite guerre de la dernière heure, dans les Alpes fin juin 1940, ne me permet pas de prétendre à un grade supérieur! Mon chef, le capitaine Bridoux, officier de cavalerie à Saumur, s'est brillamment comporté durant la campagne de 1939-1940, ce qui lui a valu la Légion d'honneur. Il est le fils du secrétaire d'État à la Guerre, Eugène Bridoux, engagé dans la collaboration.
>
> Le 22 juin 1944, une terrible offensive soviétique, forte de 166 divisions, balaye les 28 divisions allemandes positionnées sur le front de la Russie blanche, dans la région de Minsk. Nous sommes envoyés en renfort pour colmater cette percée foudroyante. Entre Orcha à l'est, Syenno au nord et Tolochin au sud, notre bataillon de 500 hommes doit former un bouchon

le long de la rivière Bobr, près de la Bérézina, afin de freiner la progression des divisions ennemies. Heureusement, nous ne sommes pas seuls, une unité allemande de la SS Polizei, soutenue par quelques chars Tigres, monstres de 55 tonnes, vient nous épauler. Nous creusons des trous et des tranchées à même le sol, sous un soleil de plomb, avec l'ordre de laisser passer les tanks soviétiques T34 et d'arrêter l'infanterie d'accompagnement. Je me retrouve dans une tranchée avec une dizaine d'hommes de mon bataillon. Si l'armement antichar fait totalement défaut au sein de notre petit groupe, nous sommes bien pourvus en armes légères, avec notamment deux mitrailleuses MG 34, des mitraillettes MP 40, des fusils Mauser et des pistolets automatiques.
Comme prévu, après un terrible déluge de l'artillerie soviétique, nous laissons passer les très nombreux chars russes et mitraillons sans répit la masse compacte des fantassins suivant derrière. Les chars Tigre, positionnés à l'arrière, prennent à partie les T34 soviétiques. Mais le poids du nombre finit par l'emporter. La partie est trop inégale. Nous luttons à un contre cent, voire plus ! Après trente-six heures d'une folle tentative pour enrayer des troupes rouges en surnombre, nous devons décrocher, en laissant 41 morts sur le terrain et en déplorant 24 blessés graves. J'ai tiré comme un dingue avec ma mitrailleuse, dans un état second, fasciné par le pouvoir destructeur d'une telle arme.
C'est la retraite désormais. Nous sommes mêlés aux troupes allemandes. La chaleur caniculaire nous affecte durement. La soif devient une obsession bestiale. Nous sommes prêts à tout pour boire de l'eau. Même à tuer. La soif rend dingue. Nous devons faire face à un ennemi sûr de sa victoire, cruel et sans pitié. Dans les forêts de la Russie Blanche, 240 000 partisans ont pratiqué plus de 10 000 coupures sur nos lignes de communication. Nous retraitons parmi les partisans qui se rabattent en force sur nous et ordonnent de nous rendre. Mais c'est un mot étranger à notre bataillon, du moins ce qu'il en reste. Nous poursuivons notre retraite au milieu des villages incendiés, des forêts pleines de munitions qui explosent, des champs de blé où brûlent de gigantesques coquelicots et des carcasses de tanks. Nous devons constamment lutter, faire face, arrêter la horde ennemie durant trois heures, quatre heures, et reprendre notre marche, le plus souvent la nuit. Nous parvenons enfin sur la rive gauche de la Bérézina, affluent du Dniepr. Nous devons défendre le pont de Borisov quelques heures, puis atteindre

Minsk, et enfin franchir la frontière. Sales, hirsutes, épuisés, les uniformes déchirés, nous atteignons Greifenberg, en Poméranie. Tous nos hommes ne sont pas là. Certains ont disparu en cours de route, après avoir déniché des vêtements civils, ils ont tenté de gagner la France, ou ont été embauchés, de gré ou de force, dans des usines allemandes.

L'avance de l'armée russe semble irrésistible, Greifenberg n'est plus sûr. Dès la deuxième quinzaine d'août, nous sommes transférés à Saalesch. C'est alors que l'on apprend que la LVF sera bientôt dissoute, ses membres seront versés dans la Waffen SS. Chez les plus catholiques d'entre nous le choc est rude. Adhérer à la Waffen SS équivaut à déchirer son acte de baptême et se mettre au service du « diable ». La Waffen SS s'inspire de rites et de mythes païens germaniques que l'Église catholique condamne. Mais l'aumônier de la LVF, Mgr Mayol de Lupé, fait taire les plus récalcitrants. Le caractère païen de la SS n'émeut pas cet homme d'Église. Il rappelle l'influence heureuse de l'héritage païen de la Grèce antique et de la Rome impériale dans la doctrine catholique. Staline et le communisme représentent le mal absolu, à savoir le diable en personne ! D'après lui, Hitler est le meilleur rempart contre le bolchevisme. La Waffen SS, même païenne, est une alliée nécessaire contre le communisme.

Saalesch est à son tour menacé par les hordes rouges. Nous migrons début novembre au camp militaire de la Waffen SS de Wildflecken, en Hesse. C'est là que nous apprenons, de manière officielle, le 20 novembre 1944, que la LVF est dissoute et que nous sommes tous, sans aucune possibilité de choix, versés dans la Waffen SS.

Wildflecken se trouve au milieu d'un magnifique paysage enneigé, ceinturé de sommets couverts de sapins. Les innombrables bâtiments de pierre du camp sont dissimulés par des frondaisons à la vue d'éventuels curieux. L'ensemble est parcouru de rues bétonnées formant une véritable ville. La division Charlemagne occupe une faible partie du camp, une cinquantaine d'immeubles à peine, le tout subdivisé en blocs d'une vingtaine de bâtiments, portant chacun une lettre alphabétique caractéristique du bloc, et un numéro d'ordre par bâtiment. Les cuisines, les forges, les douches, magasins et garages forment des blocs séparés. Les pentes alentour offrent sur une quinzaine de kilomètres des champs de tir et des terrains d'entraînement.

Un jour de novembre 1944, nous voyons débarquer des "militaires" affublés de blousons de cuir et de guêtres blanches, coiffés de bérets ou de casques français Adrian modèle 1926. Ce sont les derniers miliciens de Darnand, déclarés aptes à servir dans la Charlemagne. Nous les anciens de la LVF ou de la brigade Waffen SS Frankreich les accueillons avec curiosité et amusement, surtout lorsqu'ils s'avancent vers nous au pas de chasseurs, en chantant *La Madelon* et *Sambre et Meuse*. Nous allons nous charger de les faire rentrer dans les rangs de la discipline germanique. La mauvaise qualité de la nourriture et l'entraînement intensif ont vite fait de refroidir la juvénile ardeur de ces "bleus" de la Milice. Les instructeurs, qui ont tous lutté sur le front russe, communiquent aux nouvelles recrues l'idéal de la Waffen SS : l'Europe hitlérienne et l'anéantissement du bolchevisme, une obéissance aveugle et un total mépris de la mort. La Waffen SS se déclare fidèle à l'esprit de la chevalerie médiévale, une chevalerie d'un ordre nouveau, destinée à devenir le fer de lance d'un nazisme européen. Les Waffen SS se soumettent à une discipline de fer et cultivent le sens de l'honneur dans une ambiance de profonde camaraderie. L'armée de la Waffen SS est une armée révolutionnaire qui doit briser les forces alliées du capitalisme et du bolchevisme. La France doit rompre avec un passé de décadence ayant causé le désastre de juin 1940.

Nous avons la conscience d'appartenir à un corps d'élite unique au monde, fondé sur la mystique d'une chevalerie sans peur. L'homme libre est un guerrier. Nous sommes libres au milieu de la mer infâme des ploutocrates. Aristocratie guerrière, la Waffen SS se glorifie de sa vaillance au feu et de son mépris de la mort. Sûre de sa force et de son bon droit, elle ne cherche que l'ivresse libératrice du combat et ne se fixe comme but ultime que l'extermination de la vermine rouge et capitaliste.

Le Waffen SS n'est pas uniquement un soldat. C'est également un militant politique, l'idéal du national-socialisme : ce qui lui assure la victoire dans le combat, l'admiration craintive de ses adversaires.

Rejetant le modèle de la LVF, unité militaire estimée trop française, le commandement allemand entend faire de la division Charlemagne une véritable force armée germanique, par une discipline de fer et une agressivité guerrière sans retenue. L'entraînement extrêmement poussé doit faire émerger un homme nouveau. Les

exercices à balles réelles forcent les jeunes Waffen SS à se surpasser et à vaincre la peur.
Pour accéder au statut convoité de Waffen SS, les volontaires doivent se soumettre à deux formalités. La première repose sur le tatouage du groupe sanguin sous l'aisselle gauche, dans le but de sauver la vie en cas de blessure grave. Les recrues les plus considérées sont celles auxquelles on affecte la lettre A. Ce sont de purs nordiques. La lettre B échoit aux Méditerranéens. Si par hasard se trouve un homme appartenant au groupe sanguin AB, il est renvoyé, car possédant du sang juif. La seconde formalité exige un serment de fidélité, d'obéissance et de bravoure au Führer, lors d'une prise d'armes présentant souvent un certain éclat.
La formation se partage entre des cours théoriques (leçons tactiques, enseignement du national-socialisme...) et des exercices de combat sur le terrain. Les combats "simulés", le nettoyage des armes, la lutte contre les chars, le sommeil limité à quelques heures à peine, la grande pauvreté de la nourriture causent une sorte de vertige de la faim et de la fatigue, agissant sur nous comme une drogue, en même temps que prend forme une exaltation de la volonté de puissance ultime.
Les conditions de vie sont effroyables. L'hiver est là avec sa rigueur impitoyable. Parfois – 20 °C ! Peu ou pas de charbon. On brûle certains meubles pour se chauffer. Le ravitaillement arrive mal. Le pain est parfois plus dur que la pierre.
Lors de la formation militaire, on ne joue pas à la guerre, on fait la guerre : progression sous des tirs réels d'artillerie et des mitrailleuses. Les chars qui apparaissent à l'horizon sont de vrais T34 pris aux Russes. Lors de la lutte antichar, on apprend à sauter sur le blindé en pleine marche, afin d'y poser une mine magnétique à la base de la tourelle et plonger en arrière des chenilles. Il faut pointer le panzerfaust à faible distance du pachyderme d'acier. Les chars écrasent parfois les maladroits. Et tant pis pour celui qui se noie dans une rivière glacée avec tout son barda. On rampe, on saute, on doit courir des distances épuisantes, marcher des dizaines de kilomètres.
Puis vient enfin le départ pour le front : c'est la bataille d'Hammerstein, les 25 et 26 février 1945, où nous sommes écrasés par les chars russes et les fantassins rouges dix à cent fois plus nombreux que nous. Nous ne pouvons nous emparer des villages d'Heinrichswalde et de Barkenfeld. On doit établir une nouvelle ligne de front plus en arrière. Grâce à nos Panzerfausts, nous

détruisons une cinquantaine de tanks ennemis. On déplore dans nos rangs cinq cents morts, un millier de disparus et un nombre très élevé de blessés. La division Charlemagne éclate en une multitude de petits groupes. L'ordre est donné de se replier à l'ouest, en direction de Neustettin, à une vingtaine de kilomètres d'Hammerstein. Dans la nuit du 26 au 27 février, nouvel ordre de repli : cette fois c'est vers Belgard, en direction de la Baltique, où nous devons nous diriger, soit 80 kilomètres sous une épouvantable tempête de neige, talonnés sans cesse par les Russes, bombardés par l'aviation soviétique, au milieu des colonnes de réfugiés civils fuyant vers l'Oder. On marche sans s'arrêter, sans se retourner, ployant sous le poids des armes et des munitions. Mon entraînement poussé en montagne me permet de tenir. Je retrouve les sensations surhumaines de l'alpinisme. Je résiste assez bien au froid. J'ai l'habitude des basses températures, des bourrasques de neige, du sol gelé... C'est mon élément.
Le 29 février 1945, nous installons un bivouac de misère dans une clairière à quelques kilomètres au sud de Belgard. Le général Krukenberg, commandant allemand de la division Charlemagne, apparaît. Il arrive à bord d'un véhicule couvert de boue et de neige gelée[24]. »

Sans doute à cause de son air un peu rauque d'officier de tradition, on pense que le général Gustav Krukenberg est un Prussien. C'est en fait un Rhénan, né à Bonn, le 8 mars 1888, d'un père professeur de médecine et d'une mère féministe avant l'heure, passionnée d'archéologie. D'une stature imposante, Gustav parle français impeccablement, mais avec un fort accent et une certaine lenteur. Après de brillantes études de droit jusqu'au doctorat, il rejoint l'armée en 1907 au rang d'officier et se marie en 1912. Durant la Première Guerre mondiale, il sert comme officier d'état-major d'une division de la garde impériale. Après ce conflit particulièrement sanglant, il travaille dans la fonction publique comme secrétaire privé du ministère des Affaires étrangères. Il ne cache pas sa francophilie. Il s'installe à Paris de 1926 à 1931, devient chef du bureau du Comité franco-allemand d'information et de documentation. Il noue d'étroites relations avec le milieu industriel et diplomatique français. Il rejoint le parti national-socialiste en 1932, mais Goebbels, le jugeant trop modéré, l'écarte des hauts

24. Entretiens de l'auteur avec Pierre de Séverin en août 1982.

postes du nazisme. Il est même un temps inscrit sur la « liste noire » des personnalités à abattre par le régime hitlérien ! Himmler fait sur lui un long rapport accusateur. En 1940, il est mobilisé comme commandant d'état-major de réserve. En 1943, il est muté d'office de la Wehrmacht à la Waffen SS, où l'on manque d'officiers ayant une solide formation technique. Il devient chef d'état-major du Ve corp SS de montagne. En septembre 1944, il est promu général de la future division Waffen SS Charlemagne. Après la bataille d'Hammerstein, les 25 et 26 février 1945, il décide de réorganiser la Charlemagne, que deux jours de combats et 80 kilomètres de retraite à pied, dans la neige et sous la mitraille russe, ont fait de cette unité d'élite « une horde, totalement épuisée, transie et affamée[25] ».

Les deux régiments d'infanterie sont reformés, alignant chacun deux bataillons d'environ 600 hommes. Le premier est un régiment de marche, rassemblant les meilleurs combattants. Il est confié au capitaine Émile Raybaud, un ancien saint-cyrien, ayant dirigé l'école de la Milice d'Uriage, puis combattu les maquis des Glières et du Limousin. Krukenberg apprécie particulièrement cet officier français de tradition farouchement anticommuniste. Le premier bataillon rassemble surtout des anciens de la brigade Waffen SS Frankreich, sous les ordres du capitaine Henri Fenet. Le second bataillon, à la tête duquel se trouve le capitaine Jean Bassompierre, comprend surtout des anciens de la LVF. Le deuxième régiment est une unité de réserve qui regroupe, sous le commandement du capitaine Victor de Bourmont, les soldats les plus fatigués.

> « Durant la journée du 1er mars 1945, raconte Pierre de Séverin, nous recevons l'ordre de nous porter immédiatement sur la ville de Körlin, avec la mission de contenir l'avance russe. Il s'agit en fait d'une mission de sacrifice, consistant à couvrir la retraite de l'armée allemande en direction du port de Kolberg, dernière issue possible vers la Baltique pour les troupes encerclées en Poméranie. Nous prenons la route dans la nuit du 1er au 2 mars, puis position près de Körlin. Puaud, commandant en second de la Charlemagne, nous tient un discours de fer, afin de mobiliser les esprits : "Le Führer m'a demandé si la division pouvait tenir Körlin pour permettre aux unités allemandes de se replier. En votre nom, j'ai donné ma parole que Körlin serait défendu ! Je sais

25. Pierre Giolitto, *Volontaires français sous l'uniforme allemand*, Éditions Perrin, 1999.

que vous êtes fatigués. Mais je vous demande d'accomplir un effort." Nous sommes engagés de manière dispersée, sans appui de l'artillerie et de l'aviation. Les Russes, plutôt que d'investir Körlin, s'emploient à l'encercler. Nous sommes ainsi rapidement coupés de la mer. Le 4 mars, on doit alors tenter une percée vers le sud, en direction de Belgard, toujours tenu en principe par la Wehrmacht. Les unités se mettent en route par échelons successifs. L'état-major, le bataillon Fenet et le régiment de réserve sont couverts par le bataillon Bassompierre. On n'emmène pas de véhicules avec nous. On marche de nuit. Je ne suis pas appelé au sacrifice suprême du bataillon de couverture. Je retraite avec le reste de la division, qui se fragmente en divers petits groupes, afin de passer inaperçue et de pouvoir se ravitailler plus aisément dans les fermes isolées. Dans le but de rendre la progression plus rapide, on abandonne une partie du matériel lourd. Les Rouges tenant les grandes voies de communication, on doit emprunter les routes secondaires, voire les chemins de terre.

À 23 heures, je prends la route avec l'état-major de la division, général Krukenberg en tête, et les 500 hommes du bataillon Fenet. La nuit semble calme, mais l'ennemi n'est pas loin, tapi dans l'ombre. On parvient à atteindre les environs de Belgard entre 1 heure et 2 heures du matin, le 5 mars 1945. La ville est la proie des flammes, Allemands et Soviétiques s'y livrent une terrible bataille. On doit alors éviter la ville, en la contournant par le sud-est, afin de retrouver ce havre de paix et de sécurité que représente la forêt durant la nuit, puis se diriger vers la Baltique et se mettre à l'abri au-delà de l'Oder.

À 3 ou 4 heures du matin, le régiment de réserve, qui a pris du retard depuis Körlin, arrive à son tour devant Belgard. Il a été surtout ralenti par le matériel lourd que le capitaine Victor de Bourmont a tenu à emmener avec lui, malgré les ordres contraires du général Krukenberg. Le général Edgar Puaud, l'éternel second de Krukenberg, décide de regrouper la division Charlemagne qui, à la faveur d'un épais brouillard noyant la région, doit forcer en bloc les positions soviétiques. Il ne suit pas les recommandations de Krukenberg, qui lui conseille de former des petits groupes, plus discrets, plus faciles à manœuvrer et moins vulnérables aux coups de l'adversaire.

À 7 heures du matin, ce funeste 5 mars 1945, le "coup de poker" de Puaud tourne court… Le brouillard, chassé par le vent du matin, se disperse. La plaine se dévoile, nue et découverte, sans

le moindre abri pour se dissimuler dans l'immédiat. Le soleil inonde l'immense steppe enneigée et la division Charlemagne apparaît en pleine retraite sous les yeux des mitrailleurs, des tankistes et des artilleurs russes ! Le massacre peut commencer ! C'est l'enfer durant deux heures. Nous sommes impitoyablement tirés comme des lapins. J'ai l'heureux réflexe de me coucher en faisant le mort. Mes camarades de combat qui continuent de courir sont mitraillés ou écrasés par les chenilles des tanks. Je lève parfois la tête et j'aperçois que des petits groupes parviennent à se mettre à l'abri dans la forêt. Certains forceront ensuite les barrages de l'ennemi, en déployant un admirable courage. Je ne bouge toujours pas dans cette neige couverte du sang de mes camarades. À quelques mètres de moi, un de mes compagnons d'arme, le ventre ouvert, demande qu'on l'achève. Un autre, les jambes broyées, exige de l'aide. Des dizaines de corps autour de moi semblent inertes. J'apprendrai par la suite que le capitaine Victor de Bourmont est tombé lors de ce combat inégal, et que le général Puaud, blessé à la jambe, sera porté disparu. On me racontera qu'un sous-officier l'aurait installé sur le siège arrière d'une motocyclette. Ils auraient été ensuite mitraillés par des Russes. De nouveau blessé, Puaud aurait trouvé refuge dans un hôtel, à Greifenberg. Et la légende de naître. Il ne serait pas mort au combat, capturé par les Soviétiques, il s'en serait sorti en devenant, après la guerre, l'un des chefs du Service de sûreté militaire de l'Union soviétique ! Le sous-officier l'ayant déposé dans l'hôtel reviendra le lendemain, en civil, alors que les Russes se sont emparés de la ville. Il constatera que la pièce où il a déposé le général Puaud est vide, mais que le sol et les murs sont tachés de sang. Nul ne reverra le chef français de la division Charlemagne. Selon toute probabilité, sa mort, dans le combat ou après sa capture, est une quasi-certitude.
La nuit tombée, je trouve refuge dans un bois. Je suis seul. Des patrouilles russes passent à quelques mètres de moi sans me voir. Armé d'un pistolet automatique Luger P08 et d'une grenade à manche, je ne compte pas me rendre. Souffrant du froid et de la faim, je poursuis mon chemin. Je tombe sur une dizaine de soldats allemands également en retraite. Connaissant le secteur, ils prennent la direction d'une ferme pour s'abriter et dans l'espoir de s'y nourrir. Les paysans ont quitté cette habitation depuis peu. Nous trouvons de quoi nous alimenter dans la cave : de la charcuterie qui nous rend euphorique. Il y a même de la

bière! Soudain, le bruit d'un moteur se fait entendre. Nous ne faisons plus de bruit, cachés dans la cave. On entend parler russe. Heureusement, l'entrée de la cave n'est pas visible. Des bruits de pas s'approchent puis semblent reculer. De la vaisselle est cassée, des meubles sont brisés. Nos visiteurs sont comme nous à la recherche de victuailles. Après une courte rafale de mitraillette, les Rouges quittent les lieux. Un bruit de moteur se fait entendre à nouveau. Nous respirons. Ils sont partis.

Le lendemain matin, nous marchons en direction de l'ouest, en pleine campagne. Nous décidons d'éclater en trois groupes. Je me retrouve avec trois jeunes qui acceptent mon commandement. Je suis plus gradé qu'eux en tant que sergent. L'un d'eux s'est rendu en France durant l'enfance. Parlant parfaitement l'allemand, je n'ai pas de mal à me faire comprendre. Avec mes jumelles, je me rends compte que cheminer dans la journée devient impossible du fait de la présence de plus en plus nombreuse de détachements ennemis. Nous rebroussons chemin en direction de la ferme providentielle, toujours vide. La nuit tombée, les musettes pleines de charcuterie, nous cheminons vers l'ouest, en direction de l'Oder. Après trois journées et trois nuits, marquées par de longues attentes dans les bois environnants ou les fermes isolées, puis de longues et épuisantes marches dans la neige, nous parvenons à nous approcher des lignes allemandes. Il nous faut cependant traverser l'Oder, à l'aide d'une embarcation de fortune, en pleine nuit, afin d'éviter les tirs des sentinelles soviétiques. Nous sommes des miraculés. Je n'ai pas cessé de prier la Vierge Marie. Mais la joie est de courte durée. Alors que je suis conduit au poste de commandement allemand le plus proche, l'artillerie russe se déchaîne subitement. Un éclat d'obus me blesse sérieusement à la jambe droite. Je finis par perdre connaissance. Je me réveille dans un hôpital militaire allemand de fortune, en pleine campagne. On me conduit ensuite en camion près de Berlin. Mais des avions russes mitraillent notre convoi. Deux véhicules, sérieusement touchés, sont abandonnés. J'ai la chance de me trouver dans celui qui n'a pas été trop endommagé. Sur le bas-côté, j'ai sous les yeux l'horrible spectacle de la guerre : un corps de femme éventré par l'explosion d'une bombe, un bébé couvert de sang, la tête éclatée par une balle…

Nous atteignons finalement les faubourgs de Berlin dans la soirée. À peine débarqué, je perds de nouveau connaissance. Je me réveille dans un immense hôpital militaire, au milieu d'une salle couverte de lits avec de nombreux blessés et des infirmières. Ma blessure est sérieuse et de plus s'est infectée. Un médecin militaire allemand envisage le pire. Je lui demande d'éviter l'amputation. Il m'écoute avec bienveillance, m'assure de tenter l'impossible. Finalement, ma jambe est sauvée de justesse, grâce à ma bonne connaissance de la langue allemande. J'ai un énorme pansement couvrant le bas de la cuisse et le genou gauche. Les bombardements aériens se moquent de la présence de cet hôpital avec ses blessés. On doit nous évacuer. Je n'assisterai pas à la bataille finale de Berlin, dont j'apprendrai par la suite la conduite héroïque de 250 à 300 de mes camarades de la division Charlemagne. De Berlin, après un long voyage en camion de nuit, je suis envoyé à Magdebourg, et finalement capturé par l'armée américaine début mai 1945. Revêtu d'un simple uniforme de soldat de la Wehrmacht, je ne suis pas suspecté dans l'hôpital de campagne où je me trouve. Je redoute que l'on découvre sous mon aisselle le tatouage de mon groupe sanguin, faisant de moi un paria de la Waffen SS, pire encore : un traître français de la division Charlemagne. Je redoute d'être livré à la justice militaire de mon pays d'origine. À l'aide de béquilles, je parviens à m'échapper de cette souricière, avec des vêtements civils qu'une infirmière allemande, Ingrid, a trouvé peu de temps auparavant. Elle me cache chez elle, dans une maison épargnée par les bombes alliées, à l'ouest de Magdebourg. Son mari est mort comme soldat en Russie en 1943. Elle est seule, sans enfant, jeune et jolie. Je succombe à son charme…

Nous craignons que la ville de Magdebourg soit finalement cédée à l'armée soviétique, suite au partage de l'Allemagne entre les vainqueurs. Il nous faut partir. Ingrid a sa proche famille près de Fulda, dans la zone allemande contrôlée par les troupes alliées non soviétiques. Mais comment atteindre cet endroit, au milieu des barrages militaires alliés, à la recherche des SS et des chefs nazis. Du moins je le suppose… Le réseau ferroviaire, en grande partie détruit par la guerre, représente un danger permanent. Les véhicules à moteur, comme les camions et les automobiles, sont rares dans cette Allemagne "année zéro". Ingrid parvient à dénicher un side-car dans un garage abandonné. Elle y trouve même deux bidons d'essence, convenant à ce moyen de locomotion. Il nous faut cependant attendre que ma jambe blessée soit en mesure de supporter cette nouvelle aventure. Et nous voilà, en pleine campagne, sur des routes secondaires,

> encombrées encore par endroits de véhicules militaires et civils abandonnés, détruits ou calcinés. Nous croisons parfois des colonnes motorisées américaines qui, souvent occupées à des tâches plus utiles, nous laissent poursuivre notre équipée[26]. »

Près de Fulda, Pierre de Séverin est caché dans la ferme des parents d'Ingrid, épargnée par les bombardements aériens. Il y reste trois années, en se faisant passer pour un simple citoyen allemand, puis s'installe avec Ingrid près d'Ulm dans le Jura souabe, non loin des Alpes de l'Allgäu. Ils se marient en 1958. Le couple aura trois beaux enfants.

Je rencontre Pierre de Séverin durant l'été 1982. Il me reçoit dans un bureau de la société qu'il a montée en 1959, après divers petits boulots. Aux murs de son cabinet de travail, je remarque des photos de paysages montagnards d'une grande beauté. Il me dit :

> « La vie est comme la montagne. Il y a plusieurs voies pour atteindre le sommet. Mon expérience de combattant, aussi bien dans les troupes alpines françaises que dans la LVF et la division Charlemagne, est une voie. Elle m'a révélé de nouveau à moi-même, comme l'avait déjà fait l'alpinisme. Mais la guerre ce n'est pas la vérité. Pour moi, la vérité, c'est la montagne. J'ai expliqué cela dans mes carnets[27]. »

Cet homme, approchant alors les 70 ans en 1982, ne paraît pas son âge. Sportif accompli, il semble touché par cette grâce altière que donne la pratique de l'aventure alpine. Il ne regrette rien, car il a combattu uniquement en soldat d'autres soldats. Il n'a participé à aucun massacre de civils. Mais il condamne avec force les unités Waffen SS qui se sont déshonorées en massacrant des populations innocentes ou des prisonniers militaires. Le génocide des juifs le remplit d'horreur. Sa guerre fut uniquement, pense-t-il, contre le régime stalinien. Pierre de Séverin s'est éteint en mars 2010, deux ans avant sa chère Ingrid.

---

26. Entretiens de l'auteur avec Pierre de Séverin en août 1982.
27. Entretiens de l'auteur avec Pierre de Séverin en août 1982.

Nicolas Montignac

Le vendredi 14 juillet 1939, la fête nationale, marquant le cent cinquantenaire de la Révolution française, connaît une ampleur particulière à Bordeaux. Il s'agit de rassurer la population sur la puissance de l'armée française, considérée comme la meilleure du monde. Nicolas Montignac, fils d'un propriétaire d'un château viticole dans le Médoc, près de Pauillac, s'est déplacé pour l'occasion. Outre cette activité lucrative aux côtés de son paternel, il écrit quelques romans.

La trentaine altière, Nicolas a perdu cinq ans auparavant son épouse, Constance, morte dans un accident automobile, alors qu'elle se rendait à Bordeaux. Grâce à sa pratique intense de la course de fond, sa passion pour l'art, le vin, l'équitation, l'histoire et la littérature, Nicolas a survécu à cette terrible épreuve. Cependant, il ne peut oublier le beau visage de sa bien-aimée, dont le portrait trône dans plusieurs pièces de la propriété du Médoc et dans son appartement bordelais des allées de Tourny. Il n'a pas d'enfant et espère trouver de nouveau l'âme sœur pour donner un descendant à sa famille.

Sa mère, Jacqueline, a quitté le domicile conjugal pour rejoindre un autre homme, vivant à Nice. Dès l'âge de 7 ans, Nicolas s'est retrouvé seul avec son père, Philippe, un homme à poigne, autoritaire et sanguin, dirigeant la propriété avec une grande efficacité commerciale. Les vins rouges du château se vendent principalement en France et en Europe. Planté sur des graves caillouteuses, le vignoble bénéficie d'un climat océanique tempéré, favorable à une production de qualité, les températures donnant des hivers doux et des étés chauds sans sécheresse. Le bon ensoleillement assure une bonne maturité du raisin.

Les traits fins du visage de Nicolas et la vivacité de son regard révèlent une intelligence profonde. Sa nature secrète et réservée recèle bien des connaissances sur la psychologie humaine. Les expériences de la vie marquent profondément sa sensibilité, davantage que son apparente désinvolture ne le laisse supposer. L'art du dialogue ne possède aucun secret pour lui, bien qu'il en réserve l'usage à un cercle restreint. Les blessures intérieures, liées au départ de sa mère et au décès accidentel de son épouse, poussent Nicolas à la quête d'un absolu spirituel, philosophique ou politique, afin de trouver une réponse à l'impermanence tragique de ce monde.

Dès 8 heures 30, jour de cet historique 14 juillet 1939 à Bordeaux, les divers régiments prennent position, ainsi que les élèves de l'École de santé navale. Fin connaisseur des questions militaires, Nicolas observe la mise en place des unités. Les formations à pied comptent un peloton de gendarmes, un autre de gardes mobiles, trois bataillons du 57e régiment d'infanterie, avec drapeaux, tambours et musique, une compagnie de tirailleurs sénégalais du camp de Souge, une section d'infirmiers, une section de mulets de bât du 18e régiment du train. Les formations motorisées reposent sur un peloton de side-cars, une section de chenillettes Renault tractant chacune un canon antichar de 25 mm, un détachement de chars de combat Renault R35, le 196e régiment d'artillerie lourde tractée, avec colonel, état-major et fanfare.

La tribune officielle, où se trouve Nicolas parmi les notables invités, se dresse sur le terre-plein des quais, en face des colonnes rostrales de la place des Quinconces. Autour de cette tribune, des mâts enrubannés aux couleurs nationales exposent fièrement des écussons aux armes de la ville. Le beau temps est au rendez-vous, un ciel bleu sans nuage, annonçant déjà la chaleur de l'après-midi.

Nicolas remarque deux fauteuils occupés par M. Bodenant, préfet de la Gironde, et M. Adrien Marquet, député maire, ancien ministre. Nicolas, fasciné par le fascisme italien, apprécie l'évolution politique de ce dernier, passé du socialisme humaniste à une réelle sympathie pour le régime du *Duce*. Nicolas n'ignore rien de son œuvre d'administration municipale. Maire depuis 1925, Marquet est constamment réélu. Un premier emprunt a été contracté pour la réfection des égouts, macadamiser voies et trottoirs, rénover l'éclairage public, transformer en promenade les terrasses des hangars maritimes des Quinconces. Les services techniques et les équipements de la ville ont été modernisés ou changés : garage et atelier municipal sur le boulevard Alfred Daney, nouvelle caserne des pompiers, usine d'incinération des gadoues à Bacalan. Les vétustes abattoirs, proches de la gare, ont été remplacés par des installations modernes le long du quai de Paludate. L'ensemble représente trois bâtiments de 145 mètres de long, prévus pour recevoir 1 000 bœufs, 2 500 moutons et 3 000 porcs. La municipalité de Marquet a mené à bien la construction d'un stade municipal, avec 22 000 places couvertes, des piscines, de la bourse du travail et de la régie municipale. Dans le même temps, Marquet prend une importance nationale, devient ministre du Travail en 1934 dans le gouvernement de Paul Doumergue, collabore avec le maréchal Pétain, alors ministre de la Guerre. Avec d'anciens socialistes, comme Marcel Déat, Marquet fonde un nouveau parti politique, appelé néo-socialisme, au slogan évocateur : « Ordre, Autorité, Nation ».

Parmi les autres notables conviés à la tribune officielle, Nicolas remarque MM. Coutanceau, secrétaire général de la préfecture, Jammet, procureur général, le docteur Réchou, vice-président du Conseil général. À gauche du maire, on distingue MM. Barraud, président du Conseil général, Cayrel et Audeguil, députés, Boussagol, recteur de l'université. Nicolas note également la présence de M. Guyonnet-Dupeyrat, substitut du procureur de la République, Mauriac, doyen de la faculté de médecine, Charrier et Marchadier, vice-présidents du tribunal civil, Ferradou, doyen de la faculté de droit, divers conseillers municipaux, Marcel Cot, chef du cabinet du préfet, Bricaud, directeur du cabinet du maire… Les consuls présents à Bordeaux, non retenus par leurs occupations, occupent plusieurs places. Des officiers de toutes les armes se trouvent à droite de la tribune pour les spectateurs. Parmi eux, les délégués des sociétés d'anciens combattants, venus avec leurs drapeaux, sont alignés sur l'escalier, entre les colonnes rostrales.

À 9 heures du matin, le général Rochard, commandant en chef de la 18e région militaire, débouche par le quai Louis XVIII, suivi de son état-major. Au moment où ils arrivent à hauteur de l'esplanade, les tambours et clairons du 57e RI battent et sonnent *Aux champs*. Le commandant en chef salue les drapeaux, puis la musique exécute *La Marseillaise*. Nicolas Montignac et toutes les personnes occupant la tribune officielle se lèvent et se découvrent. Les troupes présentent les armes. La foule, immense, rangée à quelque distance, applaudit ensuite avec enthousiasme. Le général Rochard se présente devant la tribune et salue les représentants des pouvoirs publics et les notables invités. Il passe ensuite en revue les troupes, puis procède à la remise des décorations avec le cérémonial accoutumé. Les croix remises à leurs titulaires, les troupes se placent pour défiler. La musique du 57e RI se dirige le long de la balustrade des Quinconces, et le défilé commence. Nicolas remarque la présence d'un colonel bulgare, en tête de l'état-major du 57e RI, faisant sans doute un stage dans ce régiment prestigieux. Les militaires marchent crânement. C'est d'abord l'École de santé navale, la gendarmerie, la troupe, les sapeurs-pompiers, puis l'artillerie et les unités motorisées.

Nicolas ressent une immense fierté patriotique devant cette démonstration de la force militaire tricolore. Dans sa tête, il se souvient des récits de la Grande Guerre de son père, héros de la bataille de Verdun en 1916. Il ne peut concevoir qu'une nouvelle guerre menace la France, après la terrible saignée de 14-18. Mais, à la vue de cet impeccable défilé, l'armée française lui semble invincible.

À la suite de la revue militaire, les bidasses regagnent leurs casernements où les attend, pour déjeuner, un menu particulièrement soigné en raison des circonstances. Nicolas, fournissant le vin rouge de la propriété familiale, a pris connaissance du contenu : soupe vigneronne aux profiteroles, buisson de langoustine, vol-au-vent financier, poulet de grains, pommes paille, petits pois à la française, salade, corbeille de fruits, choux à la crème, vin rouge du château, café, rhum et cigare. Des fêtes populaires se déroulent dans tous les quartiers de Bordeaux. On tente d'oublier les menaces de la guerre sous les airs d'accordéon, les bals et les flonflons.

Un peu las des mondanités en tous genres, Nicolas ne se rend pas à l'hôtel de ville, où Adrien Marquet donne une importante réception. Il préfère rejoindre son cher appartement bordelais pour se restaurer rapidement, et ensuite pour écrire. Son œuvre littéraire, riche de six romans, célèbre la nature, la femme, la camaraderie chevaleresque, exprime la force de l'instinct, la joie de vivre, la puissance de la jeunesse. Les œuvres d'art, les poèmes d'autrefois lui offrent une vision particulière de la beauté. Les images surgissaient innombrables, traduisant les sons, les couleurs, les frémissements de l'être. La violence, le nationalisme, l'acte passionnel retiennent l'attention de ses premiers écrits. Son dernier roman, publié en 1938, présente un personnage hors du commun, explorateur, coureur automobile, marin et aviateur, formé dans la pratique des sports dangereux. Vivre dangereusement est sa devise, devise typiquement nietzschéenne. Dans cette œuvre, Nicolas Montignac célèbre l'amitié de deux jeunes gens, née d'une parité de goûts pour la conquête du ciel et enrichie dans la communauté du risque. Dans presque tous ses romans, on retrouve la plénitude de son esprit. C'est le même hymne perpétuel à la beauté, la même recherche avide de sensations rares, la même exaltation de toutes les forces de l'individu. Ses héros ont sa vision pénétrante de la nature et de l'art, jouissent ardemment des couleurs, des formes et des sons.

> « L'art porté par notre esprit, libre de tous préjugés, devient alors une image tangible de la lumière, le passage révélé du réel au sublime, écrit Nicolas Montignac. Ainsi par l'ascèse que constitue un dépouillement de la matière on parvient à l'essentiel. Cette réalisation de la sagesse procure une paix intérieure qui demeure en nous malgré les vicissitudes de la vie et nous permet de voir et de comprendre la réalité du monde dans son ensemble.

> La recherche de l'absolu passe par une rupture. Une rupture avec un monde qui devient étranger parce qu'il n'est plus ressenti comme réel. Le sentiment d'absurde naît ainsi de la confrontation de cet "irrationnel" au désir éperdu de clarté, dont l'appel résonne au plus profond de l'homme. Pour les chercheurs de lumière s'offre alors la possibilité du silence, du défi, de la révolte, de la création, du passage de la réalité convenue à l'autre réalité. Il faut se faire les yeux d'abord et graduellement à l'autre lumière, celle d'une alchimie où le soleil l'emporte sur les ténèbres. La mystique du fascisme est la voie par excellence de l'héroïsme, alors que le bourgeois repu symbolise l'égoïsme[28]. »

Cet idéalisme de « l'Absolu » ne le conduit pas cependant à fuir la réalité du monde. Bien au contraire, à côté de l'artiste romancier, épris de beauté et de « mystique » fasciste, cohabite un esprit lucide et cartésien, nullement naïf sur le monde contemporain, avec ses dangers futurs, dont le communisme stalinien représente à ses yeux la barbarie la plus ignoble qui soit. Il craint également l'expansionnisme germanique, tout en ayant une certaine estime esthétique à l'égard du régime hitlérien.

De la fenêtre principale du salon de son appartement des allées de Tourny, Nicolas aime admirer le Grand-Théâtre, semblable à un temple grec, avec son péristyle, ses colonnes corinthiennes, ses statues de muses et de déesses. Sous un ciel merveilleusement bleu, presque héraldique, la pierre des immeubles s'éclaire d'une pureté marmoréenne. L'hôtel Meyer – aux traits nets, comme sculpté dans du marbre – resplendit dans l'azur. Tout semble glorifier la beauté. Un immense sentiment de bonheur saisit Nicolas, car tout y est souverainement harmonieux.

Nicolas établit un troublant parallèle avec son époque et celle de la fin de l'Empire gallo-romain au IVe siècle, période contemporaine de Decima Magnus Ausone, le célèbre écrivain bordelais, propriétaire d'un immense domaine en terre girondine. À la nuit tombée, Nicolas quitte souvent son appartement, afin de contempler les ruines gallo-romaines du palais Gallien. La porte principale a conservé le charme fascinant de la beauté antique. Droite, majestueuse et sévère, elle lui révélait le secret de ce que fut l'*Imperium* au sens le plus élevé du terme.

28. Entretiens de l'auteur avec Nicolas Montignac en avril 1995.

La vraie tradition impériale, pense-t-il, ne se forme pas sous l'action d'intérêts hégémoniques. Elle se forme là où s'éveille, telle une force divine, une vocation écartant toute motivation mercantile et égoïste. Les paroles attribuées à Crassus sont révélatrices de l'expansion romaine. Héritier de mystérieuses traditions, ce chef de guerre aurait conduit ses légions jusqu'à la lointaine Aquitaine, non pour y gagner les lauriers militaires ou par soif de butin, mais pour se rapprocher de l'Occident, où la lumière est privée de nuit.

Nicolas quitte ses rêveries pour revenir au présent. Il a donné rendez-vous dans le Médoc à une journaliste allemande, Anna Korner, qui prépare un long article sur lui. Deux semaines auparavant, il a reçu une lettre d'elle, implorant une rencontre. Charmé et troublé par cette belle écriture féminine, il s'est laissé emporter par les mots de cette inconnue comme on découvre un poème qui vous pénètre jusqu'aux larmes. Dans ce courrier parfaitement rédigé en français, elle se confie librement, dévoile une partie de sa vie : la mort de son père, sa passion pour la culture française, ses études à Berlin. Ouvert aux mots de cette jeune femme, Nicolas la comprend déjà en douceur.

Peu de temps après, il a découvert sa photo dans une revue littéraire : le beau visage souriant d'une femme de trente ans, distinguée et attirante, un regard profond et chaleureux, la chevelure blonde et soyeuse, une bouche sensuelle et dynamique.

Après s'être finalement endormi plusieurs heures jusqu'à midi, Nicolas déjeune rapidement et quitte son appartement pour rejoindre le Médoc, où Anna doit le rencontrer ce samedi 15 juillet durant l'après-midi. Son père est alors en voyage en Suisse chez des amis. Nicolas a hâte de la découvrir, de parler longuement avec elle. Au volant de son automobile, il quitte facilement Bordeaux, prend la route de Pauillac, au milieu des vignobles et des bois. La beauté du ciel bleu et la verdure joyeuse du paysage semblent communier avec son âme altière, avide de nouveautés et de sensations rares. Il ne fait pas trop chaud, à peine 20 °C, ce qui rend la conduite agréable. Il a hâte de rencontrer Anna, qui occupe déjà une partie de ses pensées.

La propriété des Montignac en Médoc se compose d'un vaste corps de logis rectangulaire, précédé par un avant-corps en rotonde que portent sept colonnes doriques. Une belle balustrade domine toutes les élévations. Le rez-de-chaussée comporte plusieurs salons, une immense salle à manger et une respectable cuisine, tandis que le premier étage comprend plusieurs chambres, un bureau, une bibliothèque et des salles de bain. L'immense vignoble entoure en partie cette bâtisse. Cependant, la façade de l'entrée principale donne sur un parc ombragé par des arbres parfois centenaires. C'est là qu'Anna attend sagement Nicolas, un des domestiques l'ayant fait patienter à l'ombre de magnifiques chênes verts. Nicolas arrive avec seulement un quart d'heure de retard. En roulant au milieu de l'allée centrale donnant sur la terrasse de l'entrée, il découvre la silhouette d'Anna. Elle se lève d'un transat, un livre à la main.

Nicolas se rend aussitôt à sa rencontre pour la saluer et s'excuser de ce léger retard. Il découvre alors un regard qui pénètre l'âme et le cœur. Il en est si touché qu'il ne peut articuler un son. Un tremblement presque imperceptible remue sa lèvre inférieure. Quand les mots sortent enfin de sa bouche, Anna ne peut réprimer un sourire. Le coup de foudre est réciproque.

> « Le dîner fut vite terminé, me raconte Nicolas Montignac. La nuit vint tout doucement… J'avais fait préparer la plus belle chambre d'ami. S'apprivoiser semblait être une règle de conduite normale… Il en fut tout autrement… Les journées et les nuits se suivirent dans un même bonheur enivrant. La nature semblait exalter notre passion, crier avec faste des couleurs vives, étincelantes par la richesse bariolée des fleurs et des arbres, d'où éclatait tant de sensualité[29]. »

Le Tour de France occupe l'actualité sportive de l'été 1939. Passionné de cyclisme, Nicolas sait que le lundi 17 juillet, la septième étape doit se terminer au stade municipal à Bordeaux, devant une foule énorme. Le circuit de cette journée débute à Royan à 11 heures, passe par Jonzac, Montlieu, Libourne, Langoiran, soit un total de 196 kilomètres. En compagnie d'Anna, novice en la matière, il écoute à la radio le résumé final de cette journée :

> « Les coureurs cyclistes Vietto, Clemens et Disseaux sont les trois favoris. L'échappée décisive va se produire avant Langoiran. Elle met aux prises les coureurs Lowie, Vanoverbeghe, De Korwer et Passat. Et c'est l'Aquitain Passat qui triomphe au sprint. Raymond Passat avait déclaré aux journalistes de *La Petite Gironde* : "Si je suis pris dans le Tour, j'essaierai de vous faire honneur à Bordeaux." Passat a tenu parole. Ayant passé irrésistiblement

29. Entretiens de l'auteur avec Nicolas Montignac en avril 1995.

> De Korwer, il franchit en premier la ligne d'arrivée de la piste du stade municipal[30]. »

Le même jour, Nicolas reçoit une délégation de vingt instituteurs et institutrices suédois, sous la conduite de M. Bergman, secrétaire du consulat de Suède à Bordeaux, visitant la cité girondine et le Médoc en autocar, avant de se rendre à Pau, où les enseignants doivent suivre, durant cinq semaines, des cours de langue et de culture françaises. En attendant, ils visitent la propriété viticole du château et peuvent goûter divers crus. « Anna ne me quitta pas un seul instant, inquiète semble-t-il par la présence des magnifiques créatures nordiques… », me raconte Nicolas Montignac[31].

Le lendemain, les deux amoureux quittent le Médoc pour se rendre dans une villa du Pyla, où l'actrice Annabella et l'acteur Tyrone Power se trouvent en vacances. Nicolas a fait leur connaissance deux ans auparavant, lors d'une soirée à Paris. Ils ont tout de suite sympathisé. À bord d'une automobile décapotable, Nicolas conduit le cœur en paix, évitant durant tout le trajet de parler avec Anna des événements menaçant la paix en Europe.

Nicolas arrête son véhicule pour mieux faire admirer le bassin à Anna. Ils marchent main dans la main en direction de la plage, embrassent la mer d'un regard enivré. Dans cette agitation profonde, ils sentent que le soleil rayonne au fond de leur cœur. Ils s'acheminent vers le sable fin, s'arrêtent pour regarder, pour écouter. La mer a pour eux un étrange attrait. Ils écoutent les vagues comme si elles leur apprennent quelque chose. Ce qu'ils voient est extraordinairement vaste, mais pourtant limité à leur champ de vision. Ce qu'ils entendent est presque étourdissant, mais pourtant recueilli comme un secret révélé à eux seuls.

Ils se rendent ensuite dans la villa où séjourne le couple de comédiens.

> « Annabella, nous reçut dans le jardin d'une villa mauresque que des remparts de branchages défendaient des importuns, me raconte Nicolas Montignac. On y découvrit un parasol, une boîte de cigarettes, des coussins, une femme allongée… Délicieuse de grâce, dans son short blanc, Annabella restait une jeune femme d'une fraîcheur et d'une féminité exquises. Tyrone Power sortit de la villa blanche, une voix chaude, empreinte à peine

30. Archives municipales, Bordeaux.
31. Entretiens de l'auteur avec Nicolas Montignac en avril 1995.

> de gravité, grand, mince, brun, des dents blanches, des muscles longs sous une peau bronzée, rayonnant de vie et de jeunesse : "Nous préparons un petit voyage dans les Pyrénées, me dit-il. Lourdes, Gavarnie et le Pays basque. Annabella ne cache pas sa fierté de me montrer toute la beauté de la France."
> On ne parla pas des événements menaçant la paix, on préféra s'évader dans des discussions sur le cinéma et la littérature. La journée se poursuivit en baignade en bord de mer et en promenade en bateau sur le Bassin. Mais les pensées en chacun ne pouvaient oublier le danger imminent d'une nouvelle guerre en Europe[32]. »

Après deux semaines passées ensemble, Anna et Nicolas se quittent avec la promesse sincère de se revoir d'ici la fin du mois d'août. Les événements se précipitent. Le mardi 22 août 1939, en lisant *La Petite Gironde*, le célèbre quotidien local, Nicolas Montignac découvre avec stupeur l'annonce de la signature imminente d'un pacte de non-agression entre l'Allemagne hitlérienne et la Russie soviétique ! Le 24, le même journal confirme la signature du pacte :

> « Le traité, signé hier dans la soirée, est conclu pour une durée de dix ans. Les deux parties s'engagent à s'abstenir de toute agression individuelle ou commune[33]. »

Le 26 août 1939, *La Petite Gironde* publie la lettre du chef du gouvernement français, Édouard Daladier, adressée à Hitler, demandant avec insistance qu'une dernière tentative d'arrangement ait lieu avec la Pologne. Le lendemain même, Hitler déclare à la radio : « L'Allemagne maintient son point de vue et ne voit aucune possibilité d'entente avec la Pologne[34]. » Le 28, la France met en place son système de défense passive. Le 31, Mussolini propose l'ouverture d'une conférence internationale pour la paix en Europe.

Les prochaines vendanges occupent également une large partie du temps de Nicolas Montignac, en l'absence de son père toujours en Suisse. La récolte s'annonce exceptionnelle, après cet été magnifique. Cependant, il y a un violent orage le dimanche 20 août 1939 sur la région bordelaise. Vers 16 heures 15, de terribles trompes d'eau causent d'importantes inondations sur les communes de Bouliac, Floirac et

32. Archives municipales, Bordeaux.
33. Archives municipales, Bordeaux.
34. Archives municipales, Bordeaux.

Latresne. Le Médoc est épargné de justesse. À Bordeaux, la pluie est moins violente, mais les coups de tonnerre se succèdent sans interruption entre 16 heures et 17 heures. La foudre tombe en plusieurs endroits, sans causer de graves dégâts. Toutefois, les pompiers, sous les ordres du lieutenant Jantet et de l'adjudant Desquerre, sont alertés à trois reprises. Ils interviennent quai de La Grave, en face de la rue des Faures, où le feu a pris dans un pylône de la ligne électrique, ce qui occasionne une assez longue panne de tramways. Nicolas se trouve ce jour-là à Bordeaux. La violence du ciel semble annoncer la guerre. Il rejoint le Médoc le soir même. Il lit ensuite avec attention, dans *La Petite Gironde*, un article du professeur Portmann, sénateur du département et doyen de la faculté de médecine de Bordeaux, tentant d'expliquer les raisons de la politique expansionniste du IIIe Reich :

> « L'Allemagne est dans l'impossibilité d'augmenter ses exportations et voit sa production limitée sur son propre territoire. Aussi se trouve-t-elle naturellement poussée à associer à son économie des pays nouveaux dont l'exploitation pourrait être considérablement accrue en diversité et en qualité par l'application des méthodes allemandes. Elle pense que l'Europe danubienne et balkanique constitue des terrains vierges dont la mise en valeur encore peu développée n'a pas permis d'obtenir, tant s'en faut, toutes les richesses qu'il est possible d'en tirer, et dont les aptitudes répondraient heureusement aux besoins de l'économie allemande.
>
> Pour que cette politique donne des résultats rapides et en accord avec les désirs du gouvernement national-socialiste, il est indispensable que l'Allemagne puisse établir et appliquer, comme elle l'a fait à l'intérieur de ses frontières, un vaste plan économique minutieusement étudié. En voulant le réaliser, le chancelier Hitler ne va-t-il pas déclencher la plus abominable et la plus atroce des guerres ?
>
> La notion d'espace vital invoquée pour justifier les visées d'expansion germanique apparaît comme un simple prétexte. Les dirigeants allemands ont fait preuve jusqu'à maintenant de trop d'habileté pour ne pas réaliser que la période d'intimidation est actuellement révolue, et qu'un nouveau conflit ne ferait qu'aggraver la situation pénible dans laquelle ils ont mis le peuple allemand[35]. »

35. Archives municipales, Bordeaux.

Les événements se précipitaient en Europe. De plus en plus inquiet du silence d'Anna, Nicolas ne tient plus en place, parcourt son vignoble, discute longuement avec son personnel, téléphone à son père qui doit rentrer bientôt de Suisse. Il se rend même en voiture à l'aérodrome de Bordeaux-Mérignac, en activité depuis 1936 sur le plan international, pour s'assurer que le trafic aérien avec l'Allemagne n'est pas interrompu. Les réponses évasives du personnel présent ne le rassurent guère.

Le lendemain même, le 2 septembre 1939, on s'arrache les quotidiens. *La Petite Gironde* annonce que « l'Allemagne a ouvert hier matin les hostilités contre la Pologne. La France et la Grande-Bretagne ont aussitôt décrété la mobilisation générale. Elles ont fait savoir à l'Allemagne qu'elles soutiendraient la Pologne par les armes si les opérations contre celles-ci n'étaient pas arrêtées[36] ».

Jacques Lemoine, rédacteur en chef du quotidien, estime que l'heure décisive est arrivée, en concluant ainsi :

> « Nous savons ce qu'est la guerre. Nous ne partons pas cette fois dans les chansons ou dans la gouaille. Nous n'avons ni pantalons rouges, ni fleurs à nos fusils, ni casoars à nos képis. Notre résolution est sombre et farouche. Elle sera implacable. On en a assez ! Une fois de plus, c'est ce cri de rage sourde qui secoue les rangs des soldats de France qui montent aux frontières. Héritiers de vingt siècles d'histoire qui font l'envie de toutes les nations, dépositaires d'une vieille civilisation raffinée et humaine dont le rayonnement illumine le monde, ces soldats-là sont sans doute de petits bourgeois, de pacifiques pêcheurs de ligne, de terribles politiciens de chefs-lieux de canton, mais tout notre passé est là pour prouver que, quand il le faut, ils savent être des héros. Si on nous y oblige, nous tâcherons très simplement d'être dignes de ce passé[37]. »

La lecture de cet article qui se veut « martial » ne rassure en rien Nicolas, dont les principales pensées vont vers Anna. L'annonce de la mobilisation générale, venant après les convocations successives de certains réservistes, ne cause pas un grand étonnement à Bordeaux, dans le Médoc et ailleurs. On veut encore espérer, mais chacun, au fond de soi, sent que les heures qui vont s'écouler seront décisives. La

36. Archives municipales, Bordeaux.
37. Archives municipales, Bordeaux.

population est informée par les journaux et la radio. Puis, au cours de l'après-midi, les affiches blanches, aux deux drapeaux tricolores entrecroisés, sont placardées partout dans les communes et dans les villes. Devant elles, la foule s'amasse, réservée et grave. Vieux, jeunes et femmes, savent alors que le premier jour de la mobilisation est le 2 septembre 1939 sur toute l'étendue du territoire métropolitain, en Algérie et dans toutes les colonies. La lecture terminée, les groupes, un instant agglutinés, se dispersent, sans fièvre, commentant la décision.

Nicolas se rend à Pauillac et constate sans broncher que les affiches en question occupent plusieurs panneaux devant la mairie. Il prend connaissance dans la presse locale de la réquisition des immeubles à Bordeaux, des heures d'extinction des lumières, de la mise en place des plaques indiquant les abris antiaériens, du fonctionnement des sirènes, de la réglementation de la distribution d'essence. Toutes les enseignes lumineuses sont supprimées. La municipalité de Bordeaux prend des mesures de sécurité commandées par les circonstances. La bibliothèque municipale met en caisse les manuscrits et les livres les plus précieux. Les archives départementales et municipales font de même. Les musées de la ville descendent les tableaux et emballent les œuvres d'art pour les mettre à l'abri. On voit ainsi les gardiens du musée de peinture procéder au décrochage d'un des célèbres primitifs italiens, *Le Christ en croix* de Palmezzani. L'ensemble est entreposé dans des caches souterraines. Les propriétaires de jardins sont informés que la plus sûre protection, en cas de bombardement aérien, est pour eux d'étudier la réalisation éventuelle de tranchées.

Et Nicolas n'a toujours pas de nouvelles d'Anna… Il s'attend à tout moment de recevoir sa feuille de mobilisation. Son père est enfin rentré. Le lundi 4 septembre 1939, *La Petite Gironde* titre :

> « Depuis hier la Grande-Bretagne et la France sont en état de guerre avec l'Allemagne. Dimanche à 11 heures, Berlin n'ayant pas donné à l'Angleterre d'assurances satisfaisantes sur le retrait des troupes allemandes de Pologne, l'état de guerre est prononcé. À 17 heures, dernier délai fixé par la France, l'Allemagne ayant répondu négativement, notre ambassadeur à Berlin a fait connaître que le gouvernement remplirait ses engagements envers la Pologne[38]. »

38. Archives municipales, Bordeaux.

Début octobre 1939, Nicolas Montignac rejoint le 57e régiment d'infanterie. Lors de son service militaire, accompli quelques années auparavant, il a refusé de suivre les cours d'élève sous-officier ou officier de réserve. L'expérience martiale de la vie simple et austère de simple soldat compte plus pour lui que la gratification des galons. Le régiment est alors positionné dans le secteur agité d'Apach, sur la rive droite de la Moselle.

> « Nous occupons, me raconte Nicolas Montignac, un poste avancé, marqué par les accrochages multiples des patrouilles et quelques duels d'artillerie. Casqué et vêtu de kaki, je suis armé d'un fusil Lebel-Berthier de la guerre précédente de 8 mm. Une belle arme, efficace à longue distance. Les hommes de ma compagnie sont originaires de la Gironde, des Landes et des Pyrénées. Coups de main, embuscades et patrouilles sont le lot quotidien de cette "drôle de guerre". "Drôle" certainement pour les civils bien planqués à l'arrière, mais pas pour nous, les nouveaux "poilus", pataugeant dans la boue infecte des tranchées, sous un froid glacial, avec les premières chutes de neige, sans oublier les obus et la mitraille d'un adversaire allemand particulièrement agressif.
>
> Les villages abandonnés de Belmach, Merschweiller, Manderen, Ritzing deviennent un véritable "no man's land". Le 25 octobre 1939, l'ennemi nous attaque avec fougue. Je me trouve dans une tranchée, avec une quinzaine de soldats transis de froid comme moi. Armés d'une mitrailleuse Hotchkiss et d'un fusil-mitrailleur 24/29, sans oublier fusils et armes de poing, nous tirons comme des diables sur les fantassins allemands qui tentent de nous déborder. Des grenades éclatent près de moi sans me toucher par miracle. Plusieurs de mes camarades sont cependant blessés. Avec des grenades défensives, nous répliquons avec efficacité. La situation est finalement rétablie grâce à l'appui du groupe de reconnaissance divisionnaire. Assez curieusement, je n'ai pas eu le temps d'avoir peur. Porté par l'action exclusive de repousser l'assaillant, j'ai essayé de remplir au mieux ma mission. Je découvre en moi la force de la volonté, une ivresse du combat qu'éprouvent les combattants des troupes d'assaut, ayant vaincu les craintes émotives de la lutte. Ernst Jünger explique cela dans son admirable livre *Orages d'acier.*
>
> On parle peu de politique entre nous. Je ne désire pas dévoiler mes sentiments sur le régime qui nous a conduits à la guerre

contre l'Allemagne. J'estime que le traité de Versailles porte en lui les germes de la revanche allemande. Tant de morts en 14-18 pour finalement se retrouver de nouveau en guerre quelques années après. Quel gâchis ! Certes, Hitler a sa part de responsabilité. Mais j'estime que certains de nos politiques n'ont cherché qu'à humilier l'Allemagne durant les années 1920. En faisant éclater une partie de l'Allemagne aux bénéfices de nouveaux États, dont d'immenses régions germanophones, nous avons préparé le terreau d'un conflit futur. Je connais assez bien le peuple allemand, pour savoir que ces régions germanophones seraient un jour revendiquées par un chef germanique à poigne de fer, désirant laver la défaite de 1918. Mussolini a montré le chemin héroïque d'une voie nouvelle, faite de nationalisme et de socialisme, débarrassée de l'égoïsme bourgeois, du capitalisme apatride et du communisme niveleur. Hitler s'est en partie inspiré du fascisme italien. J'estime cependant que Mussolini s'est débarrassé de l'épineuse question raciale, en portant l'idéal de sa politique au niveau du modèle universel de la grandeur impériale de la Rome de l'Antiquité[39]. »

Comme je lui fais remarquer qu'en 1938 Mussolini a été à l'origine de lois antisémites frappant injustement une partie de la population italienne, il admet volontiers cette erreur du régime fasciste.

Nicolas Montignac, aidé de son journal de guerre, poursuit son récit sur sa campagne de 1939-1940 :

« Le 26 novembre 1939, nous sommes relevés du secteur d'Apach. Nous nous rendons ensuite par étapes, sur des routes recouvertes de plusieurs centimètres de verglas, dans la région d'Étain. Nous sommes médiocrement abrités dans des granges mal fermées, souffrant ainsi d'un froid particulièrement rigoureux, aggravé par un vent glacial qui balaie la plaine grise et monotone de la Woëvre. Le 3 janvier 1940, nous sommes déplacés de la région d'Étain dans les environs de Billy-sous-Mangiennes, dans le secteur de Longuyon, près de la ligne Maginot, où nous attendons en semi-alerte, durant une quinzaine de jours. Puis nous occupons la région d'Aumetz, face au Luxembourg. Sur ce plateau lorrain, balayé par les tempêtes de neige, le thermomètre

39. Entretiens de l'auteur avec Nicolas Montignac en avril 1995.

descend jusqu'à – 26 °C en février 1940. Le pain et le vin sont gelés. Nos travaux de défense ne progressent qu'avec lenteur en raison du gel et de la neige. Heureusement, maintenus à des tâches permanentes, nous conservons un assez bon moral. Les permissions sont suspendues pour le moment. Nous poursuivons la construction d'un fossé antichars et de casemates, l'implantation de réseaux de barbelés. En avril 1940, nous apprécions la fonte des neiges et les percées du soleil. Je pense souvent à Anna.
Le 6 mai 1940, le régiment est placé en réserve près d'Arcis-sur-Aube. Mais le 10 mai, les Allemands passent à l'offensive, le jour même où j'allais enfin bénéficier d'une permission tant attendue!
Le 12, nous sommes bombardés par l'aviation allemande. Je trouve refuge dans un abri avec plusieurs de mes camarades. Le bruit assourdissant des bombes qui éclatent non loin me plonge dans un état second, comme si un boxeur m'avait durement frappé. Les sirènes hurlantes des Stuka produisent un effet effrayant sur nous. Mais que fait donc notre aviation? L'adversaire semble avoir la totale maîtrise du ciel. Notre DCA, peu nombreuse, tente de répliquer au mieux. Mais nos mitrailleuses Hotchkiss modèle 1914 sont dépassées contre cette aviation puissante et moderne. Nous déplorons des tués et des blessés.
Le 14 mai, le régiment se déplace en camion sur l'itinéraire Châlons, Suippes, Signy-l'Abbaye. Notre longue colonne est rapidement retardée par les réfugiés fuyant la zone des combats. J'observe avec attention ces nombreux civils, emportant ce qu'ils peuvent sauver sur des véhicules divers : chars à bœufs, brouettes, voitures, bicyclettes... Nous prenons à partie des militaires d'autres régiments qui semblent prendre la fuite. On les invite à rejoindre notre colonne. Les passages d'avions allemands sont impressionnants : quarante, cinquante appareils volent à une altitude défiant notre faible défense antiaérienne. Certains d'entre eux lâchent quelques bombes. Mais ils semblent se diriger en direction des centres de commandement, des batteries d'artillerie, des services logistiques...
Mon régiment, le 57e RI, soutenu par des canons de 75 mm du 24e régiment d'artillerie divisionnaire, doit défendre les ponts de l'Aisne, entre Vouziers et Mouron. Le débarquement des camions se fait en ordre, en un temps record. Les canons antichars de 25 mm, tractés par des chenillettes Renault, sont envoyés en avant, avec en couverture les motocyclistes du peloton régimentaire. À travers champs, nous sommes acheminés à marche

forcée. On comprend l'urgence de la manœuvre, devant arrêter l'ennemi sur l'Aisne, après sa percée à Sedan. À l'aube du 15 mai, nous sommes tous en place. Mais voici que le lendemain un nouvel ordre prescrit de nous porter d'urgence sur le canal des Ardennes et de tenir sans esprit de recul le front Attigny-Le Chesne. Le mouvement s'exécute en plein jour, malgré le survol des bombardiers allemands. Nous sommes attaqués par les terribles Stuka, qui nous lâchent des bombes et mitraillent le carrefour de Chestres. Heureusement nos pertes sont légères : quatre tués et neuf blessés. Un éclat de bombe coupe en deux un fusil-mitrailleur. Un char lourd français B1 bis, monstre de 32 tonnes, appartenant à la 3e division cuirassée, placé à notre disposition, détruit au canon de 47 mm un tank ennemi qui se présente sur le pont principal du Chesne. Je suis impressionné par la masse de notre char d'appui. Son canon de 47 mm en tourelle et celui de 75 mm en caisse avant imposent le respect.
Le paysage, qui environne le nouveau secteur à défendre, nous plonge en pleine verdure, dans la fraîcheur de bois majestueux, coupés de vastes clairières. Les villages de Quatre-Champs, Vandy, Voncq, vides de leurs habitants, paraissent encore plus isolés dans la solitude des arbres. Notre régiment, le 57e RI, est intégré depuis le début de la guerre à la 36e division d'infanterie du général Aublet. Cette unité doit tenir un front de 20 kilomètres, soit trois fois plus que le secteur théorique. Nous avons face à nous les 26e et 10e divisions allemandes d'infanterie, soutenues par la division SS Polizei, soit 18 000 soldats français opposés à 54 000 soldats ennemis ! Mon régiment a contre lui trois régiments allemands, les 78e et 39e RI et en réserve le 22e régiment de la SS Polizei. Ce qui représente 3 080 soldats français opposés à 10 000 adversaires ! Je raconte cela avec la certitude des années passées, car à l'époque nous n'avions pas connaissance d'un rapport de forces aussi défavorable. Heureusement nous sommes soutenus par une puissante artillerie comprenant des canons de 75, 105 et 155 mm de plusieurs batteries. La défense antichar repose sur des pièces de 25 et 47 mm, efficaces contre tous les blindés allemands. Par contre notre DCA est nettement insuffisante avec seulement trois mitrailleuses de 25 mm pour couvrir un front d'environ 20 kilomètres ! Nos vieilles mitrailleuses Hotchkiss modèle 1914 se révèlent peu efficaces contre les avions. Tandis que nos mitrailleuses 24/29 peuvent représenter un réel danger pour les avions volant à très basse altitude. Mais les pilotes allemands ne sont pas

idiots. Ils s'y risquent rarement, sauf pour les aviateurs des Stuka plongeant en piqué.
Le terrain sinueux est propice aux infiltrations. Le canal des Ardennes, en grande partie vide d'eau, ne représente pas un obstacle insurmontable aux troupes allemandes. Nous repoussons cependant quelques attaques locales. Notre artillerie réagit immédiatement à toutes nos demandes. Nous sommes alors persuadés que la ligne Weygand va repousser la grande offensive de l'ennemi.
Le dimanche 9 juin, à 4 heures du matin, l'artillerie allemande pilonne durant trois heures nos lignes établies en profondeur : un véritable enfer d'obus percutants, fusants et fumigènes de 105 et 150 mm. Je me trouve dans un abri sous-terrain qui résiste à ce déluge de feu, mais je suis sonné. À 7 heures, les 39ᵉ et 78ᵉ régiments allemands d'infanterie, cachés par un dense brouillard artificiel, traversent le canal et se ruent sur nos positions. Je quitte mon abri pour occuper mon poste de combat. Les trois compagnies de mon bataillon, totalisant 600 hommes, sont submergées par 6 000 soldats allemands ! Nos armes automatiques entrent en action. Je vide à plusieurs reprises des chargeurs entiers de mon fusil Lebel-Berthier. Puis je remplace un tireur au fusil-mitrailleur, tué à son poste. Les pertes allemandes sont terrifiantes. L'infanterie ennemie ne semble pas se soucier de ses très nombreux tués ou blessés. Elle avance toujours avec une fougue admirable. Nous tenons le choc, bien que nos postes de combat soient encerclés. Un de nos bataillons est anéanti. L'ennemi fait même irruption dans la zone de déploiement de notre artillerie, forçant les servants à se défendre avec leurs mousquetons ! Cette situation précaire se transforme radicalement grâce à la rapidité de réaction du général Aublet. Deux compagnies de chars légers FCM 36, une trentaine de tanks au total, contre-attaquent avec succès. Nous sommes finalement dégagés par ces engins blindés qui sèment la mort autour d'eux. C'est la panique chez l'adversaire. Avec mes camarades encore valides, nous appuyons nos libérateurs cuirassés et chenillés. Le plan allemand prévoyant de faire déboucher deux panzerdivisions, après la percée effectuée par deux divisions d'infanterie, se termine par un échec cuisant. Nous faisons ce jour-là 700 prisonniers. L'unique 78ᵉ régiment allemand d'infanterie déplore 1 095 tués, blessés ou disparus.
Le lendemain, 10 juin 1940, la division SS Polizei, maintenue en réserve, tente à son tour de nous enfoncer, mais sans succès. Elle

aussi est repoussée avec des pertes considérables dans ses rangs. La bataille de Voncq est une incontestable victoire française. Hélas sans lendemain…
En effet, le 11 juin 1940, nous devons décrocher. À l'ouest de notre front, dans le secteur de Château-Porcien, 200 000 soldats allemands, soutenus par près d'un millier de chars, balayent 36 000 soldats français, appuyés par seulement 160 chars du groupement Buisson. C'est la retraite inévitable. J'évite de justesse la capture, malgré l'encerclement des armées françaises de l'est de la France. Un sergent d'un autre régiment, intégré dans la retraite à notre compagnie, connaît parfaitement les chemins forestiers de la région. Grâce à lui, nous rejoignons le centre du pays. Nous sommes épuisés par les âpres combats et cette retraite épouvantable, sous les attaques incessantes de l'aviation allemande et la menace constante des panzers sur nos arrières.
L'annonce de l'armistice et cette défaite imputable aux erreurs tactiques de certains nos chefs, à notre impréparation militaire, à l'aveuglement et la profonde médiocrité de nos politiques, me plongent dans un état de profonde colère intérieure. Je suis dégoûté de cette République imprévoyante, corrompue et décadente. J'accorde toute ma confiance en la personne du maréchal Pétain, qui va enfin nous débarrasser de ce régime indigne[40]. »

Démobilisé en juillet 1940, Nicolas Montignac rejoint le Médoc pour se consacrer à ses vignes et à l'écriture. Mais très vite, il rejoint le groupe Collaboration, fondé par Alphonse de Châteaubriant et Georges Claude, qui établit son siège départemental rue Michel Montaigne à Bordeaux. Le chef local, Harry Mitchel, parvient à rassembler plus d'un millier d'adhérents, dont des négociants en vin, des industriels, des commerçants, des entrepreneurs, des assureurs, des juristes, des intellectuels… qui collaborent pour des raisons économiques et politiques. Montignac admire la discipline de l'occupant. La collaboration avec le régime hitlérien est donc pour lui une suite logique à la fin du régime républicain, responsable selon lui de l'humiliante défaite de 1940. Tout comme son père, il adhère totalement à l'idéologie de la Révolution nationale prônée par le maréchal Pétain, aspire même à une alliance avec l'Allemagne contre

40. Archives de la famille Montignac.

le communisme. Il finit par se morfondre profondément en Gironde, aspire à un « idéal fasciste » en lutte contre le bolchevisme. Désirant s'engager d'abord dans la LVF, il doit patienter suite à une chute de cheval, le blessant à une jambe. Grâce à ses relations amicales avec les autorités d'occupation, il apprend avec une profonde tristesse la mort d'Anna Korner, tuée lors d'un bombardement de l'aviation alliée en Allemagne. Sa haine des ennemis du Reich ne fait que croître. Il opte finalement pour la Waffen SS. En effet, le 22 juillet 1943, un décret paru au Journal officiel permet aux Français de s'engager directement dans la Waffen SS.

Après une longue visite médicale et une remise à niveau à la caserne parisienne de Clignancourt durant l'été 1943, Nicolas Montignac rejoint en octobre le camp d'entraînement de Sennheim, en Alsace annexée. À cette date, 800 engagés volontaires des Waffen SS français forment plusieurs compagnies. La brigade d'assaut Waffen SS Frankreich finit par atteindre 1 668 hommes le 30 juin 1944, répartis en trois bataillons, avec à leur tête des chefs français souvent issus de la Milice, dont Pierre Cance (délégué général de la Milice française et bras droit de Darnand), Noël de Tissot (secrétaire général de la Milice française et bras droit idéologique de Darnand), Léon Gaultier (un des piliers du ministère de l'Information de Paul Marion à Vichy), Jean Artus (instructeur à l'école des cadres d'Uriage), Paul Pignard-Berthet (également instructeur), Henri Fenet (chef départemental de la Milice de l'Ain), Albert Pouget (chef départemental de la Milice de Lozère), Pierre Bonnefoy (chef départemental de la Milice du Vaucluse), Émilien Boyer (franc-garde de Carcassonne), Marcel Lefèvre (chef départemental de la Milice de l'Aude), Jacques Massot (chef départemental de la Milice du Var), Jacques-Flavien de Lafaye (chef départemental de la Milice de l'Allier).

De juillet 1943 à août 1944, environ 6 000 Français se présentent aux bureaux de recrutement de la Waffen SS, moins de la moitié sont finalement acceptés, soit environ 2 500 hommes. Les critères de sélection sont sévères. Les volontaires âgés de 17 à 40 ans, d'ascendance aryenne, à savoir non juifs, non noirs ou métissés, peuvent s'engager. La taille minimale requise passe cependant de 1 mètre 65 à 1 mètre 60. Une enquête, réalisée à Paris en novembre 1943 par la direction des questions raciales et de peuplement de la SS auprès de 157 engagés français, révèle que 48 % d'entre eux peuvent être admis dans la Waffen SS d'après les critères applicables aux Allemands : 38 % sont de type nordique dominant, 37 % de race méditerranéenne, 14 % de race dinarique, 12 % de race alpine et 9 % de race extra-européenne ; 37 % viennent de Paris et de l'Île-de-France, 14,5 % d'Auvergne, les volontaires venant du grand Sud-Ouest sont également très nombreux ; 54 % ont entre 17 et 20 ans, 78 % sont catholiques, 62 % inscrits à un mouvement politique, dont 20 % au PPF et 10 % à la Milice. Enfin 58 % sont des travailleurs manuels et 25 % des étudiants.

De janvier à mars 1944, une vingtaine d'élèves officiers français, dont une majorité de cadres miliciens, sont envoyés à Bad Tölz. Les sous-officiers sont formés à Posen-Treskau en janvier-février 1944, tandis que le reste de la troupe reste à Sennheim. La brigade d'assaut Waffen SS Frankreich est finalement regroupée à Newelkau en avril 1944. Le premier bataillon, fort de 1 200 hommes, commandé par le capitaine Pierre Cance, est en mesure de rejoindre le front de l'Est durant l'été 1944. Le second bataillon, formé par Jean Artus et Paul-Marie Gamory-Dubourdeau, est toujours en cours de constitution. Il en va de même du troisième.

> « Dès le début de mon instruction, du fait de la beauté esthétique des lieux, des tenues sportives puis des uniformes, de l'entraînement poussé, de l'encadrement spécifique, j'ai le sentiment d'appartenir à une caste guerrière hors du commun, véritable ordre nouveau placé sous le signe de l'ancienne chevalerie médiévale, destiné à constituer l'internationale aryenne de l'Europe de demain, raconte Nicolas Montignac.
>
> Cette chevalerie de la Waffen SS porte une attention particulière à la beauté du corps et à la force physique. La joie du combat repose en partie sur la santé physique d'un corps jeune, faisant de nous de véritables athlètes, dans le sens le plus noble du terme, comme l'étaient les spartiates et les légionnaires de l'Antiquité, sans oublier bien entendu l'élite de la chevalerie médiévale. On se soumet dans la joie solaire à une discipline d'acier, tout en cultivant le sens de l'honneur dans une ambiance de profonde camaraderie : notre honneur se nomme fidélité.
>
> Nous avons comme objectif suprême de lutter pour l'existence et l'avenir de l'Europe aryenne contre le bolchevisme et la ploutocratie. Malgré notre infériorité numérique, nous avons la certitude d'appartenir à un corps d'élite unique au monde, capable de vaincre la multitude. Nous devons être impitoyables dans le combat, taire notre sensibilité lorsque le but à atteindre est en cause. Désormais nous ne sommes plus les vaincus de 1940. Nous voici transcendés par l'idéal de la Waffen SS dans

une vision européenne de la jeunesse, de la force, du beau et du vrai, contre les forces barbares du bolchevisme et de la ploutocratie. Sous la beauté esthétique incomparable du casque d'acier allemand, nous sommes non seulement les chevaliers de l'Europe nouvelle, mais également des militants révolutionnaires qui veulent sauver la France de la décadence. Nous voilà aptes à porter l'estocade finale à la coalition judéo-maçonno-bolchevique. Nous sommes le fer de lance d'un national-socialisme où chacun, ouvrier et intellectuel, aura sa place au soleil.

Nous avons conscience de servir un idéal au-delà de l'humanité commune. Je n'ignore rien de l'hostilité, voire de la haine de la majorité des Français à l'encontre de cet ordre nouveau. Je m'en moque profondément. J'ai en mémoire cette citation de Nietzsche dans *Le Crépuscule des idoles* : "L'homme devenu libre, foule aux pieds cette sorte de bien-être méprisable dont rêvent les épiciers, les chrétiens, les vaches, les femmes, les Anglais et autres démocrates. L'homme libre est guerrier." L'opinion des autres ne m'importe pas. J'appartiens désormais à cette phalange orgueilleuse, sûre de sa force et de son bon droit, qui ne cherche que la jouissance du combat et se fixe pour objectif d'anéantir la vermine rouge.

À Sennheim, puis à Posen-Treskau, les Allemands entendent faire de nous une armée véritablement germanique. On sort de Sennheim païen et européen. Aussi l'entraînement et la formation, plus poussés que les méthodes tricolores de la LVF, font-ils de nous des guerriers d'une d'élite supérieure.

Arrivé à Mulhouse en août 1943, je rejoins ensuite le camp d'entraînement de Sankt-Andreas (Saint-André), dans les faubourgs de Sennheim. Établi dans un ancien hôpital psychiatrique, que commande le colonel Fick, l'endroit me séduit aussitôt. Je pensais trouver une caserne, me voici en plein village olympique, avec des stades, une piscine, des pavillons modernes. J'observe avec fascination les allées et venues de grands garçons bronzés, torses nus, marchant dans un ordre impeccable. Camp d'entraînement, Sankt-Andreas est également un lieu de sélection particulièrement sévère, où sont gardés les hommes les plus déterminés, les plus forts physiquement et moralement. Les Français sont répartis dans diverses unités existantes. On se trouve ainsi en compagnie de Belges wallons ou flamands, de Hollandais, de Danois, de Norvégiens, de Suisses et de Tchèques. Nos instructeurs, en majorité hollandais et flamands, sont des rescapés du front russe. Ils ne parlent qu'allemand. Si bien que nous devons nous soumettre à de longues séances de cours de langue allemande. Grâce à mes études scolaires, ma passion pour la culture germanique, mes quelques séjours en Bavière, je parle cette langue avec une certaine aisance, et peux donc davantage me consacrer aux activités physiques.

À Sankt-Andreas, nous sommes soumis à des conditions de vie particulièrement rudes. La nourriture y est assez sommaire : une tasse de faux café le matin, un litre de soupe claire sans beaucoup de viande à midi, trente grammes de saucisse et vingt grammes de margarine de houille à 17 heures, quatre cents grammes de pain durant la journée. On tente de compléter cette insuffisance alimentaire dans des tavernes et autres cafés de Thann et de Cernay. On nous conduit à l'opéra de Mulhouse, afin de s'imprégner de l'œuvre musicale de Richard Wagner, en écoutant notamment *Parsifal* et *Siegfried*. Nous baignons alors dans un univers magique, hors du temps, à la beauté austère et profonde de l'idéologie IIIe Reich. Nous sommes en plein Moyen Âge, avec les chevaliers teutoniques !

Les revues nocturnes sont courantes : revue de pieds à minuit, des parties sexuelles à 2 heures du matin… Un homme mal lavé condamne toute la chambrée à des exercices physiques dans la cour durant deux heures !

Durant ces trois mois de stade, nous ne touchons aucune arme, ni fusil, ni mitrailleuse, ni mortier et canon. Au début, on touche uniquement un uniforme de sortie et un paquetage de sportifs olympiques : espadrilles de gymnastique, chaussures de course à pied, souliers de football, shorts noirs, maillots blancs, survêtements noirs, gants de boxe, ceinture de sauvetage… De 6 heures à 17 heures, c'est la vie au stade : courses de cent mètres, quatre cents mètres, relais de mille et deux mille mètres, relais par équipes portant une poutre de cinquante kilos, décathlons et marathons de quarante kilomètres, sauts en longueur et en hauteur, sauts au tremplin de six mètres sur du sable, barre fixe, barres parallèles, cordes, anneaux, cheval d'arçons, boxe, natation, football… Cet entraînement délirant fait émerger un homme nouveau, tout en muscles sous une peau bronzée, capable de courir avec facilité un marathon de quarante kilomètres et de traverser le Rhin à la nage.

Cet homme nouveau sur le plan physique est également libéré de ses habitudes anciennes sur le plan mental. Lors de séances de formation idéologique, occupant les soirées, on démontre que le national-socialisme puise sa source dans l'éternel paganisme ancien des guerriers européens. On montre également que les juifs sont des sous-hommes dont il faut se débarrasser sans la moindre pitié.

Après les exercices physiques et l'endoctrinement mental, débute enfin l'instruction militaire. On s'initie à l'utilisation et à la maintenance de l'armement allemand, en même temps qu'on se livre à des manœuvres à tirs réels.

Lors d'un exercice militaire en pleine nature, sous un froid glacial, un détachement adverse nous mitraille pour de vrai avec des armes automatiques. Pour échapper aux balles, nous sommes contraints de nous plaquer au “sol”, qui n'est autre qu'un ruisseau gelé, dont la glace menace de céder à tout moment. Une demi-heure durant, on se tient immobile. Puis finalement, je décide de vérifier si le danger est toujours aussi réel que les instructeurs l'ont affirmé. Je parviens à me saisir d'un bâton et l'élève à quelques centimètres au-dessus du sol. Le bâton est immédiatement brisé par les balles qui sifflent au-dessus de ma tête casquée!

Arrive enfin la prestation de serment au Führer. Il se fait par compagnie, lors d'une prise d'armes marquant les esprits pour toujours : “Devant Dieu, je jure obéissance absolue à Adolf Hitler, commandant en chef de l'armée allemande, et aux supérieurs désignés par lui. Je jure d'être un soldat brave et fidèle et suis prêt à faire le sacrifice de ma vie pour respecter ce serment.”

Ce serment prêté “devant Dieu” ne manque pas de piment, lorsqu'on connaît la philosophie païenne de la Waffen SS. Il doit s'agir en fait du dieu germanique de la guerre, le foudroyant Wotan.

La formation des sous-officiers à l'école militaire de Posen-Treskau est encore plus dure qu'à Sennheim : on déplore un mort par semaine du fait des exercices militaires ou des activités sportives. Les cours tactiques sont pointilleux et précis. À l'issue de notre passage à Sennheim, puis à Bad Tölz pour les officiers et Posen-Tresklau pour les sous-officiers comme moi, gradés et hommes de troupe sont ensuite regroupés au camp de Networschitz, en Bohême-Moravie. Cet endroit austère et martial se compose de chaumières misérables et glacées. Les conditions de vie sont effroyables en hiver, avec une température chutant à – 20 °C! Pas de charbon. On doit brûler les volets des fenêtres et les escaliers des maisons pour se chauffer. Le ravitaillement

arrive mal. On mange des pommes de terre gelées. Des sections entières, dépourvues de brodequins, marchent dans la neige avec des planchettes attachées sous les pieds par de la ficelle ! Lors de manœuvres plus vraies que nature, les chars foncent droit sur nous et écrasent les maladroits et les hésitants !
Finalement, notre brigade d'assaut, commandée en grande partie par des officiers et des sous-officiers français, quitte l'ignoble bourgade de Networschitz, afin de s'installer douze kilomètres plus loin dans le village de Neweklau. Mais c'est à peine mieux. Il fait aussi froid et la nourriture y est aussi pauvre. Heureusement le printemps et les débuts de l'été égayent un peu cet endroit isolé.
Fin juillet 1944, après une ultime manœuvre au camp de Neweklau, notre instruction touche à sa fin. L'officier allemand instructeur de notre brigade, le commandant Kostenbader, nous rend hommage ainsi : "Jusqu'ici, je ne vous ai jamais félicités. Ce sera la première et la dernière fois. De tous les volontaires SS que j'ai eu à instruire, les meilleurs ont été les Français. Pour ma part, je n'ai plus rien à vous apprendre. Ce qui vous reste à connaître, vous ne pouvez le découvrir que sur le front."
Tandis que le commandant Gamory-Dubourdeau reste à Neweklau avec le 2e bataillon et les nouveaux engagés qui arrivent du camp d'instruction de Sennheim, le 1er bataillon, auquel je suis rattaché, s'apprête à monter en ligne, sous les ordres du capitaine Cance. Cet ancien bras droit de Darnand dans la Milice a désormais sous ses ordres trois compagnies de combat de plus de 200 hommes chacune, une compagnie d'appui avec trois canons antichars et divers services issus de l'état-major du bataillon. Au total 1 200 hommes, dont la plupart subissent depuis près d'une année l'impitoyable entraînement de la Waffen SS. De Tissot commande la 1re compagnie, Gaultier, qui remplace Artus, la 2e, et Fenet la 3e. Parmi les autres officiers français quittant Neweklau se trouvent Bartolomet et Peyron.
Depuis plusieurs jours, nous attendons la montée vers le front dans une atmosphère lourde et orageuse. Le 30 juillet 1944, nous nous rendons enfin à pied à la gare de Beneschau, en chantant le chant martial de la Waffen SS : *La SS marche en pays ennemi et chante un chant du Diable...* Des drapeaux français et des fanions noirs de la SS décorent les portes des wagons. Le convoi roule durant une semaine à travers les Carpates, passe la Slovaquie et la Hongrie, avant d'atteindre la Galicie, province méridionale

de la Pologne. Il faut un train entier pour emporter vers l'est le personnel et le matériel de notre bataillon.
Parfois, notre convoi croise des trains de la Wehrmacht qui descendent du front. Après l'attentat contre Hitler et la rupture du front d'Ukraine, les soldats allemands qui luttent depuis cinq ans n'ont plus le moral. Ils s'étonnent de voir des Français aussi joyeux monter en première ligne. Ils nous font des gestes pour nous dire que tout est perdu, certains, parlant français, nous crient :
— Vous êtes fous ! Rentrez chez vous ! C'est l'enfer ! La guerre est finie !
Nous leur lançons des bordures d'injures :
— Trouillards ! Planqués ! Traîtres ! On va faire le boulot à votre place !
Oui, je suis fier et heureux d'aller me battre sous l'uniforme des Waffen SS, afin de sauver l'Europe du péril rouge. C'est également notre revanche sur les Allemands. Nous allons leur montrer ce que savent faire les Français au combat.
Enfin, notre train s'arrête dans une gare perdue de Galicie. Terre marquée par toutes les invasions, tour à tour soumise aux Ukrainiens, aux Autrichiens, aux Polonais et aux Allemands. Nous empruntons désormais à pied une piste de boue, où l'on s'enfonce jusqu'au genou, puis nous traversons durant plusieurs jours un paysage alternant chemins sablonneux, collines escarpées, champs de blé et ravins où courent des torrents tumultueux.
Le 5 août 1944, nous apprenons que nous allons combattre aux côtés de la 18e division panzergrenadier SS Horst Wessel, une unité d'élite, commandée par le général berlinois August-Wilhelm Trabandt, qui attend l'arrivée des Français avec impatience. Cette division est chargée de colmater une large brèche que la Wehrmacht a laissé s'ouvrir sur le front d'Ukraine, à l'ouest de Sanok.
Dans l'après-midi du 9 août 1944, ma compagnie doit gagner ses emplacements de combat. On traverse une plaine dénudée. Dès que nous apparaissons, l'artillerie russe se déchaîne. Mais, nullement ébranlés, nous progressons comme à l'exercice. Nous courons, nous nous plaquons au sol, bondissons et repartons, guidés par les ordres. En tant que caporal (Sturmann), je guide mes hommes sans faiblir. Depuis la terrible campagne de 1940 et mon instruction poussée dans la Waffen SS, je me suis habitué au bruit des obus. On ne compte que deux blessés légers. Je

me dis intérieurement : “On en a bavé depuis Sennheim, mais ça paie!” Quelques minutes après, le front est verrouillé grâce à notre intervention. Le général Trabandt est pleinement satisfait de notre action et nous le fait savoir. Mais le soir même, nous déplorons le premier tué du bataillon, mon cher camarade le caporal Delattre.

Le lendemain, le 10 août 1944, les 1re et 2e compagnies de notre bataillon montent également en ligne, dans le secteur du bois de Dundoukami. Quelques minutes à peine après leur arrivée sur la ligne de front, l’artillerie russe déclenche un terrible tir de barrage. Les pertes, en quelques secondes, sont effroyables dans nos rangs. Trois chefs de section sur quatre sont grièvement blessés. Le ventre ouvert, l’adjudant Mulier se traîne vers l’arrière, portant ses intestins dans son casque d’acier! Le sous-lieutenant Pinsard-Berthaz et son camarade Hag, deux officiers sortis de Bad Tölz, gisent dans un champ, les corps criblés d’éclats de mortiers. Le sous-lieutenant Léon Gaultier, grièvement blessé entre le poumon et le foie par un éclat d’obus, la hanche désarticulée, est tiré durant deux heures par les bottes vers l’arrière, son corps laissant dans l’herbe une traînée sanglante. L’officier Noël de Tissot et son compagnon Chabert établissent un semblant de front et font riposter à la mitrailleuse. Tout comme à Voncq en juin 1940, j’ai la confirmation que la guerre moderne est avant tout une pluie d’acier, déclenchée par un adversaire invisible. Le front est maintenu et seules quelques patrouilles russes parviennent à s’infiltrer au fond de la poche de Sanok. Le sous-lieutenant Bartolomet, un ancien combattant de 14-18, de la guerre du Rif et de 39-40, qui remplace Gaultier à la tête de la 2e compagnie, parvient à accrocher sévèrement une patrouille ennemie et à venger ainsi nos premiers morts.

Après une journée passée à consolider nos positions, nous recevons l’ordre de contre-attaquer le 12 août 1944. Nous devons atteindre la ligne de chemin de fer de Cracovie à Sanok. Nous attaquons aux côtés des Waffen SS allemands de la division Horst Wessel. Les Allemands crient “Heil Hitler!” et les Français “Mort aux cons!” Nous tirons en courant ou en marchant, lançons des grenades, repartons à l’assaut. Puis c’est un combat à la baïonnette, au poignard, à la pelle de tranchée. Surpris et débordés, les Rouges se débandent. Notre assaut remporte un succès complet. L’adversaire recule de plusieurs kilomètres. Le lendemain matin, on enterre nos premiers morts. La chaleur

torride aidant, certains dégagent déjà une odeur putride ! Ils sont douze au total, enveloppés dans des toiles de tente camouflée. On a creusé une fosse commune dans une clairière, au cœur de la profonde forêt de Dundoukami. La terre de Galicie, noire et lourde, recouvre déjà de nombreux cadavres des deux camps.
À l'aube du 14 août 1944, nous tenons toujours nos positions et devons faire face à des tirs nourris de l'artillerie russe. Nous ne reculons pas, mais déplorons de nouveau des pertes sensibles. Je suis provisoirement terré dans un trou avec un compagnon. Le lendemain, nous subissons de nouveau un véritable déluge d'acier et de feu des canons ennemis, entraînant de nouvelles pertes. Puis nous contre-attaquons à nouveau. L'officier Peyron est touché au front par un éclat de mortier qui perfore son casque d'acier et le tue sur le coup. Un de ses bras, tranché net par un autre éclat, est projeté en l'air et retombe au milieu de nous, la main encore crispée, tenant toujours la crosse de son pistolet automatique ! Il est le premier officier tué du bataillon. Son corps repose dans le village de Wollika, avec ceux d'autres Waffen SS français et allemands. On fabrique pour eux des toits de la vie : trois branches de bouleau représentent un homme les bras levés vers le ciel, symbole runique de la vie, d'éternité, de défi et de la victoire finale[41]. »

Après une semaine de très durs combats, la brèche de Sanok est comblée. Nicolas Montignac et ses camardes sont relevés, sous les tirs des canons, des mortiers et les bombes des avions soviétiques. Les Waffen SS français se retirent en direction de Wollika. Le bilan de ce premier engagement, marqué par une victoire incontestable, cause de lourdes pertes dans leurs rangs, avec 10 % de tués ou de blessés sur les 1 200 hommes engagés. Adolf Hitler est cependant fier de leur action :

« Lors d'un récent engagement dans la boucle de la Vistule, les Waffen SS français ont fait preuve d'une combativité digne de leur passé militaire. Contre un ennemi cent fois supérieur en armes et en nombre, ils ont tenu un front trop large pour leurs effectifs, pendant plusieurs jours, préférant mourir sur place plutôt que de céder un seul pouce de terrain qu'ils avaient reconquis de haute

41. Archives militaires allemandes, Fribourg-en-Brisgau.

> lutte à la baïonnette. Ceci a permis au gros des forces allemandes qui étaient encerclées d'utiliser tout leur potentiel combattant pour réussir une sortie victorieuse. Il faut d'autre part signaler qu'ils n'étaient en ligne que depuis le 9 de ce mois-ci et tous avaient déjà reçu la Croix de Fer au bout du quatrième jour de combat. Officiers, sous-officiers et soldats français de la Waffen SS, le peuple allemand et son Führer n'oublieront jamais votre sacrifice. Dans le cœur de chaque citoyen allemand vous serez désormais les Héros de Galicie[42]. »

Après seulement quelques jours de repos, le bataillon de Waffen SS français, pompeusement appelé brigade Frankreich par certains, quitte le secteur de Sanok pour rejoindre celui de Mielec, à une centaine de kilomètres de distance plus à l'ouest, le long de la rivière Visloka. Le front qu'ils doivent tenir est normalement attribué à une division, contre des troupes soviétiques trente fois plus nombreuses ! La configuration du terrain et l'abondance de la végétation rendent les déplacements difficiles, de même que les liaisons radios. De l'autre côté de cette rivière, des snipers russes, embusqués dans les arbres d'une sombre et épaisse forêt, font des cartons sur les têtes casquées qui dépassent des trous. S'alignant le long de la Visloka, les Waffen SS français s'enterrent dans des trous abritant chacun deux hommes, l'un qui veille, tandis que l'autre se repose comme il peut.

Le 20 août 1944, l'armée soviétique déclenche une puissante offensive dans ce secteur, réputé calme... Les orgues de Staline et l'artillerie lourde pilonnent à droite et à gauche les lignes allemandes. Le front s'effondre sur plusieurs dizaines de kilomètres. Sur le point d'être encerclés, Montignac et ses camarades doivent se replier, afin de rejoindre une nouvelle position de résistance, située plus en arrière. Le décrochage dans le crépuscule se déroule facilement, mais le plus difficile reste à faire : échapper à l'encerclement.

> « C'est alors une retraite longue et terrible, au milieu des chars russes qui écrasent les traînards sans pitié, raconte Nicolas Montignac. Des groupes de braves se forment pour retarder la progression des Rouges. Plusieurs de mes camarades tombent sous les balles et les obus. Les sections se disloquent. Les trois compagnies font retraite à travers la forêt. Les Rouges semblent

42. Entretiens de l'auteur avec Nicolas Montignac en avril 1995 et archives de la famille Montignac.

partout et les balles sifflent dès la moindre tentative pour sortir découverts. Nous sommes submergés en divers endroits. On doit se battre à la baïonnette et à la grenade. Nous sommes finalement regroupés à un carrefour, un peu en avant du village de Mokré, après une nuit et une journée de combat incessant. Le 22 août 1944, une terrible journée débute à nouveau. Des troupes soviétiques sont signalées à plusieurs dizaines de kilomètres à l'arrière de ce qu'il n'est plus possible de nommer un front. La situation empire rapidement. On doit décrocher par paliers, l'arme à la hanche, tirant chargeur sur chargeur. Les sections se trouvent de nouveau isolées. Notre bataillon ne compte plus que 300 hommes valides sur les 1 200 du début ! On nous ordonne de nous regrouper, afin d'arrêter les Russes quelques heures. Mais en pleine nuit, après une journée de retraite dans les pires conditions, la confusion est totale. La soif, la faim et la fatigue extrême font de nous des bêtes errantes. Durant toute une journée, par un épais brouillard, on se bat comme des lions en dehors de toute vision d'ensemble. On lutte par petits groupes, dans l'instant et sans penser à demain. On combat et on meurt pour forcer un passage, récupérer des munitions, ou sauver une vie. On défend le village de Mokré avec rage, on en vient au corps à corps, armés de baïonnettes ou de pelles de tranchée. Un de mes camardes s'effondre : un éclat de mortier l'a ouvert d'une hanche à l'autre. On quitte Mokré, réduit en cendres, pour nous regrouper en forêt de Tarnow. Le bataillon est décimé. Nous ne sommes plus que 144 combattants valides ! Je ne comprends toujours pas comment j'ai pu sortir indemne de cet enfer. On déplore 130 tués, une cinquantaine de disparus et 660 blessés : 840 hommes hors de combat sur les 1 200 du début ! Cinquante-huit Croix de fer sont attribuées, beaucoup à titre posthume.
Nous quittons la Galicie pour rejoindre la région de Schwarnegast, dans le corridor de Dantzig. Après les riants paysages de Galicie, nous découvrons une misérable bourgade, faite de quelques baraques regroupées, au milieu de tristes plaines de sable, d'étangs et de forêts. Nous gagnons ensuite le dépôt de Greifenberg, en Prusse orientale, où doivent nous rejoindre les SS français du 2e bataillon de Neweklau, ceux de la LVF, ainsi que des volontaires français engagés dans la Kriegsmarine et d'autres unités. Il est question que la brigade Frankreich devienne une division, portant le nom glorieux de Charlemagne, le célèbre empereur, dont Himmler et les collaborateurs voient en lui le

premier chef de guerre franco-allemand. La France, compte tenu de sa population, est le pays d'Europe qui a fourni le moins de volontaires à la cause européenne de la lutte contre le bolchevisme. La division Charlemagne doit réparer cette lacune. Les deux premiers lambeaux qu'il convient de rassembler sont les 1 200 survivants de la LVF et les 1 100 Waffen SS rescapés de la brigade Frankreich (1er et 2e bataillons). À ces hommes, s'ajoutent 2 500 francs-gardes de la Milice ayant fui la France à la fin de l'été 1944, 1 200 Français engagés dans la Kriegsmarine, 2 300 autres rattachés à diverses formations militaires allemandes, ainsi qu'à des mouvements de la collaboration. Au total, l'effectif de la division Charlemagne doit atteindre 8 300 hommes.
Victime d'un grave accident à moto, je suis soigné d'urgence dans un hôpital militaire, près de Berlin. Les deux jambes fracturées, il m'est impossible de participer à l'instruction des nouvelles recrues de la division Charlemagne. Je suis finalement évacué en Bavière, près de Munich, dans un établissement en pleine campagne, à l'abri des bombardements aériens des Alliés. J'y reste de longs mois. La guerre arrive à sa fin en avril 1945. Les troupes franco-américaines progressent rapidement dans le sud de l'Allemagne. Il est hors de question pour moi d'être capturé par mes compatriotes de l'armée De Lattre ou de la division Leclerc. Ils ne me feront pas de cadeau. À peine remis de mes blessures, je parviens à me cacher dans le Tyrol, dans un village en montagne, près d'Innsbruck. De là, je rejoins clandestinement la Suisse, où des amis de longue date, habitant Zurich, me cachent dans leur immense demeure bourgeoise. Grâce à leurs relations, j'obtiens des papiers suisses, travaille un temps dans leur société commerciale, rencontre une belle Zurichoise, avec qui je fonde une famille. Je me lie d'une solide amitié avec un Franco-Italien, Andrea, ayant combattu dans les rangs de la République sociale italienne de Mussolini en 1944-1945, au sein de la prestigieuse division Decima Mas du prince Valerio Borghese. Il m'apprend que son bataillon de fusiliers marins, nommé Longobardo, a été formé à Canéjan durant l'hiver 1944, en Gironde, près de Bordeaux, puis a rejoint l'Italie en juin 1944, pour intégrer la Decima Mas sous le nom de bataillon Fulmine. Les fusiliers marins franco-italiens et italiens de ce bataillon luttent avec héroïsme à la frontière italo-yougoslave jusqu'en avril 1945, repoussant avec d'autres unités italiennes, dont les *bersaglieri* (tirailleurs) du bataillon Mussolini, les hordes titistes

voulant annexer le nord de l'Italie jusqu'à Venise, avant l'arrivée des troupes anglo-américaines. Lors de la bataille de Tarnova en janvier 1945, dans les Alpes orientales, près de Trieste, 214 fusiliers marins italiens du bataillon Fulmine tiennent en échec 2 000 partisans yougoslaves durant une semaine, sous – 25 °C et dans la neige : 142 fusiliers marins du bataillon Fulmine et 600 partisans yougoslaves sont tués ou blessés lors de cet affrontement.

Avec mon camarade de combat franco-italien de la Decima Mas, ayant obtenu la nationalité suisse, je fonde une société tournée vers le tourisme. Je reviens dans le Médoc au milieu des années 1960. Mon père est déjà venu plusieurs fois en Suisse pour me voir. Avec ma famille, mes deux filles et ma femme, nous décidons de vivre six mois dans le Médoc et six mois en Suisse. À la mort de mon père, la propriété est vendue. Je conserve cependant l'appartement de Bordeaux. Je fréquente quelques Bordelais ayant combattu comme moi sur le front de l'Est, dans la division Charlemagne ou la LVF. Nous nous faisons cependant très discrets. L'occupation à Bordeaux, marquée par une répression sévère de la Gestapo à l'encontre des réseaux et des maquis gaullistes et communistes, ne porte pas les rescapés de ces drames à une clémence particulière à l'encontre de réprouvés comme nous[43]. »

Nicolas Montignac est décédé en janvier 2005, à l'âge avancé de 98 ans.

Henri Fenet

Henri Fenet voit le jour le 11 juin 1919 à Ceyzériat dans l'Ain. Lorsque débute la Seconde Guerre mondiale, il quitte de brillantes études de lettres en khâgne à Henri IV pour s'engager. Après un passage à Saint-Cyr, il rejoint en tant qu'aspirant la 3e division d'infanterie coloniale (DIC), rattachée à la 2e armée française du général Huntziger, au sein du 18e corps d'armée du général Rochard. La 3e DIC renforce le 155e régiment d'infanterie de forteresse qui occupe le secteur de Montmédy, englobant la tête de pont sur la

43. Entretiens de l'auteur avec Nicolas Montignac en avril 1995 et archives de la famille Montignac.

Chiers, à l'extrémité nord-ouest de la ligne Maginot. Cette division coloniale subit de plein fouet l'offensive allemande de mai 1940. Du secteur de Dun-sur-Meuse, elle se replie sur Verdun en juin.

Devant Verdun, la 3e DIC, réduite à deux régiments au lieu des trois théoriques, se trouve dans les tranchées et les trous d'obus de la guerre 14-18, sur la cote 340, le Mort-Homme et Régneuville. Elle fait face à trois divisions allemandes d'infanterie (36e, 299e et 76e DI) : soit 6 000 coloniaux français opposés à 45 000 fantassins allemands ! Malgré la disproportion des forces en présence, les coloniaux tiennent durant deux jours. Du 13 au 14 juin 1940, ils repoussent tous les assauts et contre-attaquent même à la baïonnette. Les Allemands laissent un millier de soldats sur le terrain (tués ou blessés) contre 800 Français. Un certain François Mitterrand, sergent au 23e régiment d'infanterie coloniale (RIC), unité rattachée à la 3e DIC, est gravement blessé lors de ces terribles combats. Le 23e RIC compte à lui seul 183 tués et plusieurs centaines de blessés. Les survivants n'ont rien mangé depuis 36 heures. Henri Fenet lutte comme un lion lors de ces terribles combats. Deux fois blessé, il est décoré de la Croix de guerre. La 3e DIC est pratiquement anéantie en forêt d'Argonne. Fenet parvient de justesse à échapper à l'encerclement des divisions allemandes dans l'est de la France.

Profondément dégoûté par le régime de la IIIe République, coupable selon lui de l'humiliante défaite de 1940, Henri Fenet rejoint à l'automne 1942 le Service d'ordre légionnaire (SOL), puis la Milice française, dont il devient le chef départemental dans l'Ain. En octobre 1943, Joseph Darnand le choisit comme un des cadres de la première brigade Waffen SS française. Après être passé par Sennheim, puis Bad Tölz, l'école des élèves officiers de la SS, il est promu au grade de lieutenant. En août 1944, il combat en Galicie avec le 1er bataillon, dont il commande la 3e compagnie, où se trouve également Nicolas Montignac. Blessé, il est décoré de la Croix de fer de deuxième classe.

Une fois rétabli, Henri Fenet rejoint la division Charlemagne, en formation à Wildflecken, dont il commande le 1er bataillon du 57e régiment d'infanterie. Les Waffen SS français sont envoyés en Poméranie, en février-mars 1945, pour essayer de contenir l'offensive soviétique. Sans matériel lourd, ils n'ont aucune chance de repousser les très nombreuses troupes russes. Après une résistance acharnée, marquée notamment par une contre-attaque suicidaire, la division Charlemagne se replie sur Belgard. Durant les premiers jours de mars 1945, elle est réorganisée. Henri Fenet se voit confier le commandement du 1er bataillon du régiment de marche, qu'il parvient à faire évacuer de l'enfer en Poméranie : un incroyable exploit pour lequel il reçoit la Croix de fer de première classe et une promotion au grade de capitaine. Les survivants de cet enfer sont réorganisés en deux bataillons. Fenet obtient le commandement du bataillon de combattants, le second n'étant formé que d'éléments épuisés, inaptes au combat.

Fin mars 1945, un millier de survivants de la division Charlemagne sont regroupés près de Neustrelitz dans le Mecklembourg. À l'appel du général Krukenberg, plus de 600 d'entre eux se portent volontaires pour lutter jusqu'au bout, mais 300 seulement, commandés par le capitaine Henri Fenet, peuvent s'embarquer sur les neuf camions que Krukenberg a pu réunir pour les conduire à Berlin, afin de livrer la bataille finale. Deux camions s'égarent et finissent par faire demi-tour de sorte que seulement 250 Waffen SS français rejoignent la capitale du IIIe Reich. Ils intègrent la division Waffen SS Nordland, composée de Danois, de Norvégiens, de Suédois, de Suisses et même de quelques Britanniques. Le général Krukenberg en prend le commandement.

> « Le 24 avril 1945, nous atteignons Berlin dans la nuit noire, très tard, par la route de l'Ouest, la dernière sur laquelle lentement se referme l'étau soviétique, raconte Henri Fenet. Au grondement sourd de l'artillerie russe se mêle désormais le crépitement des mitrailleuses tout près de nous. Nous marchons durant deux heures, depuis qu'un pont sautant presque sous nos pieds nous contraint à abandonner nos camions, et nous avançons, forçant l'allure, à mesure que le bruit de la guerre se fait de plus en plus proche.
>
> Harassés, nous marchons comme des automates, les muscles raidis sous l'effet de la fatigue que nous sentons monter le long de nos jambes. Nous marchons, obsédés par la volonté d'arriver à temps dans la capitale encerclée, de ne pas nous laisser barrer la route de notre dernier combat. Tout notre être, toutes nos forces tendues vers ce même but qui nous attire de toute sa puissance : Berlin !
>
> Nous passons de justesse les derniers. Allongés sous les pins de la forêt de Grünewald qui surplombe la Havel, nous ne pensons plus qu'à dormir, mais le fracas de l'artillerie ennemie qui tente de détruire le pont de Pichelsdorf tout proche, nous tient longtemps éveillés.

Le lendemain, le 25 avril 1945, après une interminable attente, nous embarquons dans des camions en direction de Tempelhof. Nos camions roulent dans la ville que nous saluons en chantant. Les Berlinois nous acclament de leurs fenêtres, sur les trottoirs, sur le pas des portes, et nous sentons les larmes nous monter aux yeux. Des groupes se forment dans les rues, aux carrefours, en dépit des bombardements, et nous font des ovations auxquelles nous répondons chaleureusement. Mes garçons, galvanisés par l'appel du combat, par les acclamations qui montent de cette foule dont le sort est désormais lié au nôtre, chantent et crient leur enthousiasme, frénétiquement… Demain matin, à 5 heures, nous attaquerons à Neukölln, faubourg à l'est de Berlin.
Après quelques heures d'un sommeil littéralement haché par les bombardements, nous allons nous mettre en place, près de l'hôtel de ville de Neukölln où déjà les blindés nous attendent : un Tigre II de près de 70 tonnes et des Panther de 46 tonnes, chacun armé d'un puissant canon, sans oublier des canons d'assaut Sturmgeschütze de 24 tonnes, pourvus chacun d'un canon de 75 mm. Les équipages fument tranquillement près de leur blindé. À six heures arrive l'ordre de départ : nous bondissons, très espacés, suivis par les blindés.
En face, les lourdes mitrailleuses Maxim russes sont les premières à tirer, au rythme lent et inlassable, suivies des canons antichars avec leurs éclatements secs et rageurs. Nous progressons comme à l'exercice, bondissant de porte en porte, le long des murs, sautant ou rampant à travers les ruines, faisant dégringoler les tireurs ennemis embusqués dans les étages. Une salve d'artillerie soviétique massacre une section de réserve qui, se croyant à l'abri, s'est imprudemment regroupée : on déplore quinze morts, étendus ou recroquevillés, inertes, sur le trottoir et la chaussée.
Malgré la résistance acharnée des Rouges, nous progressons et pouvons établir un premier bilan positif : une trentaine de chars, une dizaine de canons antichars détruits et de nombreux morts ou blessés chez les Rouges. Grâce au soutien de nos blindés, nos pertes ne sont pas très élevées, bien que souvent il faille nettoyer maison après maison, à la grenade et à la baïonnette. Un coup dur cependant… Le lieutenant Michel qui commande la 2e compagnie gît grièvement blessé au fond d'une cave, intransportable. Nul ne saura ce qu'il est devenu, ce païen breton fanatique pour qui la Waffen SS était le retour aux sources immémoriales, l'âme de son peuple retrouvé…

Nous avançons toujours, mais von Wallenrodt, l'officier adjoint parti aux nouvelles, revient, l'air soucieux : ce matin, 26 avril 1945, les Rouges ont lancé, avec des moyens considérables, l'offensive finale contre Berlin. Effectivement, à notre droite comme à notre gauche, plus de liaisons : les Russes sont partout. Avec le capitaine Millet, chef de groupe des estafettes, nous faisons le tour des compagnies, et nous nous rendons compte que nous sommes isolés. En hâte, nous regagnons l'hôtel de ville pour regrouper tout le monde, mais au moment où nous traversons la rue pour entrer au poste de commandement (PC), Millet s'écroule, victime d'une rafale d'arme automatique. Il ne se relèvera pas. Il est mort. Au même moment, je sens une vive brûlure au pied gauche et me retrouve sans savoir comment sous le porche de l'hôtel de ville.

Ainsi, les Rouges, profitant de la rupture du front chez nos voisins de droite, ont pu s'infiltrer jusqu'au PC. Immédiatement, pendant que l'infirmier panse mon pied blessé, je fais nettoyer le secteur suspect et regroupe deux compagnies avec un renfort des jeunesses hitlériennes. Quelques centaines de garçons de 14 à 16 ans. Ces admirables gosses foncent, ignorants du danger, insoucieux de leurs pertes. La lutte se poursuit avec acharnement. Maintenant les Russes sont partout. Il faut faire front de tous les côtés.

Après de furieux corps à corps, des duels à la baïonnette, des chasses à la grenade de porte en porte et de fenêtre en fenêtre, les Rouges qui tentaient de nous prendre à revers sont anéantis ou s'enfuient. Mais devant l'échec de leur tentative, ils vont maintenant tenter l'assaut de face, et, cette fois, ils n'économiseront ni leurs munitions ni leurs hommes.

Nos hommes et les jeunesses hitlériennes, retranchés dans l'hôtel de ville, se défendent comme des lions. Profitant d'un moment où les Rouges semblent hésiter, nous faisons une sortie en force qui disloque complètement leur mouvement et nous permet de nettoyer les environs.

La plus grande partie de la bagarre a eu lieu à l'intérieur des pâtés de maisons; mais voici maintenant que les chars T34 s'en mêlent. Ils arrivent à la queue leu leu; nos Panzerfausts en détruisent un ou deux, mais les autres continuent leur route. Alerté, le Tigre II vient s'embusquer dans une rue transversale et attend. Non loin de lui, je suis à l'oreille la marche des blindés rouges : le bruit des chenilles approche, on entend les moteurs… les voici, tout près… le long canon de 88 mm du Tigre II s'abaisse lentement… l'avant du premier T34 apparaît, puis sa tourelle… une détonation sèche et violente au même moment, les flammes et la fumée ont jailli du frein de bouche du canon de 88 mm dont le tube recule brusquement; le T34 s'est immobilisé net… Crosse à l'épaule, nos hommes guettent l'écoutille… mais l'écoutille ne s'ouvrira pas; le T34 touché en pleine tourelle est mort, bien mort avec son équipage…

Millet est toujours là, étendu au bas du trottoir, dans sa tenue camouflée aux taches brunes et vertes, les cheveux blonds souillés de poussière, le visage rouge et déjà terni par la mort; la rafale l'a touché au flanc et il est mort sur le coup… Des camarades portent son corps à l'abri.

Roger, 19 ans, grand diable sec aux cheveux noirs, au regard brûlant, prend sa place. Celui-là est un fanatique dans l'âme. Il s'est engagé à dix-sept ans, et à l'officier qui lui disait, un peu narquois : "Notre genre de vie est beaucoup trop dur pour des Français!", il répondit du tac au tac : "C'est précisément pour ça que je m'engage!" Son courage extraordinaire, son prodigieux mépris pour tout ce qui peut sentir la tiédeur, la médiocrité ou la mollesse, son culte de la fidélité et de la camaraderie en font vraiment le Waffen SS type.

À mesure que l'après-midi s'avance, notre situation à l'hôtel de ville devient plus critique. Nous ne pouvons faire face et tenir notre centre de résistance que grâce à l'entrain et au dynamisme extraordinaires de nos hommes.

Cap, le petit uscha flamand, a empoigné une mitrailleuse et, tapi derrière un tas de gravats, tient une rue à lui tout seul. À la cadence de 1 200 coups à la minute, il arrose avec sa MG42 tout ce qui bouge en face de lui avec une précision et une rapidité de réflexes qui déconcertent visiblement les Rouges. Fink, le secrétaire, va rejoindre Cap :

— Laisse-moi ta place un moment, tu vas te faire tuer!

Se relayant de temps à autre, ils tiendront ainsi la rue jusqu'au soir, sans que les Rouges aient pu avancer d'un mètre.

Dès 5 heures, nous sommes complètement seuls en avant des lignes. Coupés de tout, nous décidons de rester à l'hôtel de ville tant qu'un chemin de repli subsistera jusqu'à nos lignes. Les Rouges s'acharnent à nous attaquer de front ou de côté avec leurs chars soutenus par plusieurs centaines d'hommes; peine perdue : les chars flambent ou doivent faire demi-tour, les fantassins mordent la poussière dès qu'ils se hasardent à découvert.

Vers 7 heures, les estafettes du bataillon rendent compte que les chars rouges arrivent devant la Hermannplatz, à neuf cents mètres environ derrière nous ; deux rues seulement restent libres, et ne le seront sans doute pas longtemps. Cette fois, il faut partir, car une fois la Hermannplatz bloquée, nous n'aurons plus aucune issue. Profitant d'une accalmie, je groupe rapidement jeunesses hitlériennes et Waffen SS, et nous nous replions avec les chars.
Sur la Hermannplatz, la défense s'organise fiévreusement derrière des barricades de pavés. Il est temps : les T34 sont tenus en respect à une centaine de mètres à peine et, quelques minutes après notre arrivée, toutes les artères à l'est de la place sont entre les mains de l'ennemi.
Les Sturmgeschütze (canons d'assaut) restent près de nous et se livrent à un véritable massacre de chars rouges. À tout coup ils font mouche, et le crépuscule se prolonge à la lueur de tous ces blindés en flammes qui explosent les uns après les autres, à grand bruit.
Vers minuit, l'ordre arrive de décrocher.
Le bataillon conduit par l'officier von Wallenrodt va prendre quelques heures de repos à la brasserie Thomas Keller à côté d'Anhalter Bahnhof – à l'exception de la compagnie Labourdette réquisitionnée au dernier moment par le commandant du secteur. En quittant Labourdette, je suis pris d'un pénible pressentiment. Reviendra-t-il vivant ?
Avec Dour, l'officier d'ordonnance, nous passons la fin de la nuit au poste de secours : soins, pansements. À côté de nous, un jeune tankiste gémit et crie, atrocement brûlé sur tout le corps. La peau se détache en lambeaux laissant les chairs à vif. Le malheureux appelle sa mère, demande qu'on l'achève.
Le poste de commandement (PC) vient de s'installer à l'Opéra. Uniformes, casques, fusils d'assaut, Panzerfausts, gamelles et bidons précieux, des velours et des dorures… çà et là des murs et des plafonds crevés, des carreaux qui volent en éclats, des plâtras et des gravats.
Finalement l'Opéra est pris sous un tel déluge d'artillerie qu'il faut partir avant que tout ne s'écroule sur nos têtes casquées. Nous passons, à travers les bombardements, au Schauspielhaus puis au métro Stadtmitte, où le bataillon nous rejoint.
Remise de Croix de fer sur le quai du métro, dans l'allégresse générale. Les hommes m'entourent, bourrent mes poches de

bonbons, chocolats, cigarettes qu'on vient de leur distribuer... c'est la fête : tout le monde chante.

La fête cependant n'est pas complète, car la 1re compagnie n'est pas rentrée. Elle n'arrivera qu'en fin d'après-midi, conduite par Maxime de Lac. Labourdette est resté à l'arrière pour protéger le décrochage avec quelques hommes dans les souterrains du métro, mais le contact a été perdu. Un peu plus tard, l'arrière-garde rentre, sans Labourdette, fauché par une rafale alors que, dernier de tous, il protégeait le repli de ses hommes, fusil d'assaut Sturmgewehr à la main... Il avait 22 ans et était fier d'être l'engagé nº 3 de la Waffen SS française.

Le bataillon va être de nouveau engagé : les unes après les autres les unités sont dirigées vers la place Belle-Alliance pour barrer l'accès de la Chancellerie par la Wilhelmstrasse et la Friedrichstrasse. On accède au PC avancé du bataillon par Kochstrasse. Weber, le commandant de l'École de combat, m'introduit dans une pièce basse, à moitié enterrée d'où l'on peut prendre en enfilade la Wilhelmstrasse. Il me prend par le bras en mettant un doigt sur ses lèvres et me conduit vers une meurtrière :

— Regardez, capitaine.

À trois mètres, un T34 immobile, mort. Sa tourelle porte le trou mortel du Panzerfaust. De courtes flammes surgissent du train de roulement et viennent lécher doucement la carcasse...

— N'est-ce pas que c'est beau ? dit Weber à voix basse.

Bilan de la journée : cinq ou six chars détruits au Panzerfaust et de nombreuses attaques d'infanterie repoussées avec de fortes pertes pour les Rouges. Pourtant nous sommes réduits strictement à nos propres forces : plus un char, pas un canon antichar, pas un mortier, plus une seule grenade à fusil. Il ne nous reste que des Panzerfausts, les fusils d'assaut et quelques mitrailleuses MG 42, pas beaucoup. Les Rouges, devant nous, par contre, ont des chars en quantité : plus on en détruit, plus il en arrive. Ils ont encore des canons de divers calibres, toute une meute de mortiers lourds, les pires ennemis du fantassin en campagne, sans parler de leur formidable artillerie. L'infanterie, assez timide jusqu'ici, semble cependant très nombreuse. Mais qu'importe, nous tenons le coup, et nos hommes sont absolument déchaînés.

Au PC de combat du bataillon, je suis accueilli par les hurlements de joie des estafettes qui se précipitent pour me raconter leurs derniers exploits.

Roger et ses acolytes ont repéré un grand immeuble que les Russes occupent en nombre. Avec des ruses de Sioux, ils se faufilent dans les sous-sols où ils mettent le feu, puis se répartissent la surveillance des issues et attendent, patiemment. Voyant que l'incendie prend des proportions dangereuses, les Russes évacuent précipitamment, sans précautions, mais ils ont compté sans les fusils d'assaut qui les guettent, à bonne portée : la fusillade crépite de toutes parts, ponctuée par les éclatements de grenade. C'est un véritable carnage. Tous, ils tombent, les uns après les autres ; l'opération terminée, on en compte une cinquantaine qui sont là, gisant tout autour de l'immeuble ou dans l'entrée. L'opération s'est déroulée en pleine nuit à la lueur des flammes. Tout le monde exulte, on s'embrasse, on se donne de grandes tapes dans le dos... La vie est belle !
Maxime de Lac, qui a remplacé Labourdette, neutralise toutes les tentatives de l'infanterie rouge ; il se dépense sans compter, mais il tombe, lui aussi, touché par un tireur ennemi et doit être évacué.
Voici de nouveau Roger avec son complice habituel Bicou, 18 ans, le plus jeune sous-officier du bataillon. Très excités, ils m'expliquent qu'ils viennent de déloger quelques tireurs rouges sous les toits, après pas mal d'acrobaties et de belles galopades :
— Il y en a d'autres dans le coin, mais nous n'avons plus de grenades.
Tout en parlant, ils bourrent leurs poches de grenades ovoïdes, les accrochent à leurs boutons de vareuse, glissent encore quelques grenades à manche dans leur ceinturon, et filent comme des diables...
Un long moment après, Bicou revient la tête basse :
— Alors ?
— On les a eus, capitaine, mais Roger est blessé !
Roger arrive en effet, plus pâle encore que d'habitude. Un filet de sang coule sous son œil : au dernier moment un éclat de grenade est venu se loger juste sous sa paupière... Un moment plus tard, Bicou l'emmène au poste de secours avec un convoi de blessés, puis revient seul.
— Pauvre Roger, la bagarre est finie pour lui ; le docteur a dit que l'œil est perdu, et il ne sait pas encore s'il va pouvoir sauver l'autre.
Elle est bien calme cette fin de nuit : il n'y a plus rien dans la rue que le T34 qui brûle à côté de nous, hallucinant. De longues

flammes dansent maintenant autour de la carcasse d'acier, projetant leur lueur violente contre l'obscurité du ciel que le halo des incendies au-dessus des toits n'arrive pas encore à dissiper.
Parfois nous sursautons, tirés de nous-mêmes par des appels déchirants, des cris qui n'ont plus rien d'humain, des voix de femmes qui non loin de nous hurlent leur détresse, leur désespoir, leur folle angoisse.
À l'aube du 28 avril 1945, les chars rouges se déchaînent à nouveau et l'alerte est donnée par le bruit des moteurs qui démarrent. Quelques Panzerfausts bien placés, et la première vague est stoppée, assez facilement, car les chars se suivent à grande distance, ce qui nous laisse tout le temps de les voir venir et de les ajuster. Bien entendu, après l'échec de cette première tentative, nous sommes soumis à un pilonnage en règle : les canons et les chars tirent de plein fouet sur les maisons où ils ont décelé notre présence. Les murs tremblent dangereusement, les plâtras nous tombent sur la tête heureusement casquée et, parfois, un coup bien placé dans l'embrasure d'une fenêtre ou d'une meurtrière nous asperge de terre, de cailloux et nous plonge pour un long moment dans une obscurité poussiéreuse.
Déjà la journée précédente et le début de la nuit avaient été très durs. Mais, à partir de ce matin, la bataille va atteindre son point culminant et s'y maintiendra jusqu'à la fin. Jusqu'aux dernières heures, nous allons vivre dans une sarabande infernale, pilonnés sans arrêt par les mortiers, l'artillerie et les chars, harcelés par l'infanterie, devant repousser plusieurs fois par heure les assauts des blindés.
Weber, dont le tableau de chasse est déjà bien garni, m'amène un jeune sous-officier de son École de combat, l'uscha Vaulot, grand gaillard blond qui a déjà quatre chars à son actif depuis la veille... Un autre jeune uscha, Roger Albert, Drômois au regard énergique, en est à son troisième et réclame à grand cri le quatrième qui ne tardera d'ailleurs pas à se présenter. Bien qu'il n'y ait pas de Panzerfaust pour tous, chacun veut avoir au moins son char et il m'arrive d'entendre des conversations de ce genre :
— Laisse-moi celui-là !
— Des clous !
— Tu en as déjà deux, moi je n'en ai qu'un !
Plus notre résistance se durcit, plus le feu ennemi s'acharne sur nous. Dans l'immeuble qui est devenu le point d'appui principal, nous nous attendons à chaque instant à voir les murs s'écrouler

sur nos têtes casquées. Déjà la façade s'est complètement lézardée, et à chaque impact on sent la maison vaciller. Tôt ou tard, nous allons devoir évacuer, sous peine d'être écrasés ou ensevelis. Mais je retarde le départ le plus longtemps possible, car la configuration du quartier est telle que si nous évacuons cet immeuble, c'est tout notre front qui devra être reporté de cinquante mètres en arrière, pour le moins, si nous voulons retrouver une position convenable… et cinquante mètres en ce moment, ça ne se lâche pas comme ça ! Nous ne sommes qu'à quelques centaines de mètres de la Chancellerie !

Nous croyant sans doute hors de combat, les Rouges lancent une nouvelle fois leurs chars, mais cette fois sans préparation. Cruelle déception, nous ne sommes pas morts ! Bilan : deux chars détruits, un troisième endommagé ; la vague d'assaut fait demi-tour. Maintenant on va nous faire payer cette déconvenue : dès que les chars sont hors de portée de nos Panzerfausts, ils repointent leurs canons sur nous, et avec eux, tout ce que le secteur adverse compte de tubes va s'acharner sur nous. Les étages s'écroulent, les pièces de notre demi-sol se remplissent d'une poussière tellement épaisse que nous avons du mal à respirer et qu'on n'y voit plus à cinquante centimètres devant soi.

Dans l'angle du mur où nous avions pratiqué une meurtrière s'ouvre maintenant un trou béant, juste dans l'angle de tir des chars. Au prochain bombardement, ce sera l'écroulement général.

À partir des maisons voisines, nos tireurs s'emploient à neutraliser les tireurs rouges postés dans un grand immeuble en face de nous. Cet immeuble possède d'immenses sous-sols que les Russes ont négligé d'occuper, et où sont entreposées d'énormes quantités de papier ; nous y mettons le feu et pendant que les Russes joueront aux pompiers, ils nous ficheront la paix !

Salués au passage par quelques rafales et quelques grenades, nous pouvons quand même passer sans pertes et traverser le champ de ruines qui nous sépare de nos nouvelles positions… Dans le quartier, une maison sur trois environ reste debout.

À notre tour, nous attaquons, au milieu des ruines, en nous plaçant hors du champ de tir des chars et des canons. L'infanterie soviétique qui s'infiltrait dans les ruines est chassée et neutralisée mais, faute d'un soutien d'armes lourdes, nos pertes sont élevées. Pendant que les fantassins se battent furieusement, une attaque massive de chars se déclenche. Cette fois, les Rouges ont compris l'erreur qu'ils ont commise jusqu'ici : désormais leurs chars n'arrivent plus un par un pour servir de cible modèle à nos Panzerfausts; ils partent à sept ou huit ensemble et restent groupés, à quelques mètres seulement les uns des autres. Il va nous falloir jouer serré pour maintenir l'efficacité de notre barrage. Heureusement, nos tireurs n'en sont plus à leur coup d'essai : les deux chars de tête sont bloqués au milieu de la rue et barrent ainsi la route aux autres qui sont bien obligés de faire demi-tour. Nouvelle alerte un instant plus tard : cette fois, les Rouges essayent de remorquer leurs épaves vers l'arrière afin de dégager la rue pour leur prochaine attaque; là encore, c'est une belle bagarre.

À peine avons-nous le temps de souffler que le pilonnage reprend de plus belle. Stain, le commandant de la 3e compagnie, reste enseveli sous les décombres de son poste d'observation installé à un deuxième étage. On l'appelle, on se hisse non sans peine jusqu'au second, mais rien ne bouge... Où le trouver sous ces plâtras? Une heure plus tard, Stain réapparaîtra, un peu hagard, racontant qu'il est resté sans connaissance, assommé par la chute du plafond, et qu'il vient seulement de reprendre ses esprits. Son casque d'acier l'a sauvé d'une mort certaine.

— Vous tombez à pic, mon vieux Stain! Je viens justement de recevoir là pour vous quelque chose qui va vous remettre d'aplomb!

C'est la Croix de fer de première classe que je lui remets dans une petite cour voisine, ainsi qu'à Roger Albert qui vient de détruire son quatrième char. Nous nous serrons longuement la main, mais nous n'avons pas le temps de nous séparer que déjà une nouvelle tornade s'est abattue sur nous, soulevant des nuages de poussière si épais que nous restons là aveuglés, suffoqués, sans pouvoir faire un pas, ne sachant plus où nous sommes, et ce n'est qu'au bout d'un long moment que nous recouvrons l'usage de nos sens.

Nous commençons à avoir de drôles de têtes. Outrageusement fardés de poussière, les yeux brillants, enfoncés dans les orbites, les joues creuses, nous n'avons plus guère figure humaine. L'eau manque, malgré tout j'arrive encore à me raser. Depuis le début, les Berlinois nous ont ravitaillés de leur mieux : un verre d'eau, une tasse de café, quelques provisions prélevées sur un maigre stock qu'on nous apportait souvent jusqu'aux postes de combat, avec autant de gentillesse que de courage et toujours avec le sourire. Parfois un peu de ravitaillement arrive de la division. On mange ce qu'on trouve, quand on trouve, et quand on peut.

Nous ne marchons plus maintenant que par réflexe et tout ce que nous faisons nous paraît aussi naturel que n'importe quel acte de la vie courante. Nous nous sommes installés dans cette vie infernale comme si elle devait durer toujours. Le problème de l'avenir ne se pose même plus, et nous n'entrevoyons devant nous qu'une série de jours semblables : détruire les chars, tirer sur les Rouges, lancer des grenades... les alertes, les bombardements, les incendies, les ruines... tenir, ne pas laisser passer l'ennemi.
Toutes nos forces, toute notre énergie ne tendent plus qu'à cela, c'est notre raison de vivre et de mourir à la fois.
De part et d'autre de nos positions, le front s'est recroquevillé encore, et nous restons maintenant en avant des lignes, poste avancé de la défense de la Chancellerie. Aussi, de plus en plus, les Rouges s'acharnent contre nous. L'infanterie se fait de plus en plus mordante et, renonçant à nous attaquer de front, tente maintenant de s'infiltrer un peu partout pour nous déloger à la grenade et au lance-flammes.
Si les pertes russes sont fortes, nos effectifs aussi fondent, bien que seuls les blessés graves soient évacués définitivement; les autres se contentent d'un pansement sommaire et continuent à combattre, ou bien vont se reposer quelques heures au poste de secours avant de reprendre leur place.
C'est Olivier, le commandant de la quatrième compagnie, qui bat tous les records dans ce domaine : touché trois fois, trois fois évacué, on l'a vu trois fois revenir à son poste de combat. Nos jeunes officiers ont déjà payé un lourd tribut : Labourdette, Le Maignan, Billot, Protopopoff tués, de Lac, Bert, François, Ulmier sérieusement touchés. Weber, qui depuis le début a déployé une fougue extraordinaire et s'est dépensé sans compter, doit être évacué à son tour avec une grave blessure.
De toute l'unité, seuls Dour et von Wallenrodt parmi les officiers restent indemnes; Dour est très fier depuis qu'un officier de la division Nordland a retiré sa Croix de fer pour la lui donner. Quant à von Wallenrodt, il demeure très calme, très à son aise au milieu de tout ce vacarme. Cart, le plus âgé de tous, qui jusqu'ici passait indifférent au milieu des balles et des éclats, est fauché lui aussi.
Le PC a été installé dans une grande librairie qui possède de magnifiques ouvrages d'art. L'un de nous a déniché un album en couleurs consacré à l'Espagne qui devient la distraction de l'abri

où, à tour de rôle, les hommes vont prendre un peu de repos. Nous le feuilletons comme si nous cherchions dans ces paysages ensoleillés un antidote à nos visions d'enfer.
Nous vivons des scènes d'un autre monde : les jours sont à la couleur de la poussière qui nous envahit et nous dévore. Nous ne voyons plus le bleu du ciel absorbé par une brume terreuse qui ne se dissipe qu'à de rares moments.
Tapis dans les entrées, derrière les fenêtres ou les soupiraux, nous attendons, Panzerfaust en main, notre tour de déclencher l'orage : une longue flamme file derrière le tireur, une violente explosion bientôt suivie d'une autre qui marque l'arrivée au but du coup mortel... Presque toujours nous tirons à bout portant, c'est plus sûr...
Pendant la nuit, la bataille continue à faire rage. Comment parler d'ailleurs de nuit? Les maisons, les chars qui brûlent sont nos torches, et Berlin s'illumine dans l'incendie qui le dévore. Une clarté sinistre s'est répandue sur toute la ville, maintenant nimbée d'une auréole rougeâtre sur laquelle les flammes qui s'élèvent tout autour de nous projettent leur violente lueur. Les ruines se découpent dans le ciel incandescent, prennent des contours irréels, hallucinants...
De quel drame cosmique sommes-nous devenus les acteurs? Ce ne sont plus des hommes que nous voyons en face de nous, mais des silhouettes dansantes aux ombres gigantesques que le claquement sec de nos balles fait pirouetter sur elles-mêmes avant de les précipiter au sol, tandis que gronde tout autour le bruit de la bataille. Tout cela n'a plus rien de terrestre; ces ruines croulant dans un fracas d'explosions, le sol qui tremble en grondant sous nos pieds, ces couleurs tragiques dont la nuance ne se maintient jamais... On a parfois l'impression que la terre va s'ouvrir, que tout va retourner au chaos...
Bien souvent, la mélodie pathétique de nos chants de guerre nous revient aux lèvres : de la Volga, de Stalingrad aux derniers combats de Berlin, c'est le même destin tragique qu'ils illustrent... Dans ce duel à mort, à mesure que les heures passent, que l'ennemi accumule contre nous plus de chars, plus d'hommes, plus d'obus, notre acharnement ne fait que croître, notre résolution se durcit encore. Tenir. Tenir, comme si demain devait être semblable à aujourd'hui, après-demain semblable à demain. Jusqu'à quand? La question ne se pose plus : tant que nous aurons des cartouches, des grenades, des Panzerfausts!

Au soir du 30 avril 1945, on amène au PC un Russe qui s'est laissé prendre sans difficulté ; c'est un sous-officier ukrainien, grand gaillard bien nourri. Très loquace, il explique à l'interprète qu'il est Ukrainien et non pas Russe. Mis en confiance, il répond avec abondance aux questions qui lui sont négligemment posées au cours de la conversation. Aujourd'hui même, on a diffusé dans les lignes soviétiques un communiqué annonçant la victoire imminente ; il ne reste plus qu'un kilomètre carré de Berlin à conquérir, et ce dernier bastion devra être emporté demain en l'honneur du 1er mai. Une vaste hilarité accueille la traduction de ces derniers mots :

— Demain matin, nous serons encore là, mon vieux, et tes copains seront reçus comme d'habitude quand ils essaieront de passer !

Il n'a pas menti cet Ukrainien ! Toute la nuit et toute la matinée du 1er mai 1945, l'orage des assauts rouges s'abat sur nous avec la dernière violence. L'infanterie russe s'est renforcée et lance ses vagues d'assaut en même temps que les chars prennent le départ. Nous laissons approcher les T34 pour les tirer à bout portant, mais dès la première minute, le feu rapide et précis de nos fusils d'assaut cloue au sol les fantassins.

Pourquoi n'avons-nous pas, nous aussi, des canons, des mortiers, des mitrailleuses ?... De quel déluge de feu ne les écraserions-nous pas, nous aussi, et comme nous aurions facilement l'avantage ! Mais non ! Nous devons attendre qu'ils soient là, tout près, à portée de fusil ou de Panzerfaust, si près que quelques coups manqués peuvent ouvrir tout grand le passage et provoquer l'écroulement du front.

À chaque instant, c'est tout l'enjeu de la bataille, la Chancellerie, qui est farouchement disputé.

Au cours d'un assaut particulièrement violent, un T34 réussit à passer et ne sera détruit qu'une trentaine de mètres en arrière de notre premier poste... Pendant quelques secondes, une terrible angoisse nous étreint, comme si un abîme s'ouvrait sous nos pieds... Mais non, il ne sera pas dit qu'un char rouge a réussi à traverser impunément nos lignes. Une dernière détonation, et l'intrus, touché à mort, s'immobilise.

Pendant l'après-midi du 1er mai 1945, la situation empire. Notre immeuble, à peu près intact quand nous l'avons occupé, tombe en ruine maintenant, et si le rez-de-chaussée tient encore, de longues lames de parquet pendent des étages dans la rue, cible magnifique pour les lance-flammes des Rouges qui, profitant de la maigreur de nos effectifs, poursuivent leurs manœuvres d'infiltration à travers les ruines. Après plusieurs tentatives infructueuses, les Rouges parviennent à enflammer ce bûcher suspendu qui s'offre à eux si complaisamment.

Il faut maintenant lutter à la fois contre l'incendie et contre les Rouges... Lorsque les flammes approchent de la dernière issue, bien à regret, nous devons partir.

Nous nous installons au Sicherheitshauptamt quelques dizaines de mètres plus loin. Les bâtiments sont en ruine, mais les caves qui donnent sur la rue sont intactes. Tout près de nous se livrent de furieux combats d'infanterie, mais notre front reste inchangé.

Dans un caveau qui sert d'abri et de lieu de repos, à la lueur d'une bougie de solstice, je remets la Croix de fer à un certain nombre de nos camarades. Être décoré sur le front des troupes au cours d'une impressionnante parade, c'était le rêve de chacun, mais ce soir, le pathétique de cette cérémonie si simple, qui nous rassemble à quelques-uns dans ce sous-sol obscur et étroit, vaut toutes les parades du monde.

À la lueur tremblante de cette bougie symbolique, ce Julleuchter dont la flamme symbolise la victoire de la lumière sur les ténèbres et de l'espoir sur la mort, les visages noircis, ternis, émaciés, creusés par la fatigue et par la faim, ces visages aux traits tendus, où brillent des yeux fiévreux et ardents, prennent un relief extraordinaire...

— Au nom du Führer...

La ferme étreinte de nos mains qui se serrent à se briser marque, sans un mot, toute la force de ce qui nous rassemble ici, de cet idéal qui va demeurer notre seul soutien dans ce cataclysme de fin du monde prêt à nous engloutir.

La dernière nuit sera relativement calme ; une compagnie voisine part en mission pour le compte de la Chancellerie et nous occupons son secteur. Le PC de la division Nordland a déménagé de Stadtmitte et se trouve maintenant à la Chancellerie même. Dour, qui en vient, nous dit que là-bas tout se passe bien ; on fête ce soir la Ritterkreuz de Vaulot qui dans la journée a détruit son septième char et nos quelques camarades qui se trouvent là – le Kommandeur en a gardé quelques-uns à sa disposition, pour parer à toute éventualité – chantent et boivent avec leurs camarades allemands de la garde du corps... Mais, vers la fin de la nuit, les guetteurs rendent comptent que nous sommes de nouveau seuls en

avant des lignes. On vérifie : c'est bien exact; à droite et à gauche, personne! Un peu plus tard une patrouille vient annoncer que le front passe maintenant à la hauteur du Luftfahrtministerium. C'est là que nous rejoignons dans la matinée et que nous prenons contact avec les forces de la Luftwaffe qui occupent le ministère. Sans perdre de temps nous reprenons position, mais à peine notre mise en place est-elle terminée que nous voyons arriver des lignes ennemies des voitures avec des drapeaux blancs : dans ces voitures se trouvent des officiers allemands et russes... On parle de capitulation... Bientôt, en effet, des soldats rouges s'avancent sans armes, offrant des cigarettes, et certains hommes de la Luftwaffe commencent à fraterniser.
Le commandant de la Luftwaffe m'annonce son intention de rendre ses armes comme les Rouges l'y invitent.
— C'est fini, ajoute-t-il, la capitulation est signée.
Non, nous ne pouvons pas croire que tout soit fini... c'est impossible! En tout cas, nous ne pouvons pas rester là, nous faire prendre bêtement! Que se passe-t-il à la Chancellerie? Là, au moins, nous saurons quelque chose.
Rapidement, nous quittons le ministère, sans répondre aux appels des Rouges, hommes ou femmes, qui nous invitent à rendre nos armes très cordialement. Évitant les rues, nous nous faufilons à travers les ruines jusqu'au métro et nous descendons dans le souterrain par une bouche d'aération. À Stadtmitte, pas âme qui vive... deux ou trois sacs abandonnés et c'est tout. Voici maintenant la station Kaiserhof, juste derrière la Chancellerie... Une échelle de fer s'élève jusqu'à la grille d'aération au niveau de la rue; je tiens à être le premier à voir... Encore quelques barreaux; là, je vais voir enfin!... Les mains crispées sur l'échelle, je bois des yeux ce spectacle devant lequel tout mon corps se rétracte : aussi loin que le regard peut aller, des Russes, des véhicules à étoile rouge qui circulent en tous sens... Pas un coup de feu, les murs de la Chancellerie sont muets... Il n'y a plus personne... Tout est fini!
Je redescends sans mot dire... Les hommes m'entourent, les yeux avides :
— Plus personne! Les Russes sont là, partout... Certainement, le Führer est mort!...
Les têtes casquées se baissent silencieusement.
— Maintenant, il va falloir sortir de là. À mon avis la seule solution et d'essayer de passer en direction de Potsdam où doit

se trouver l'armée Wenck. Nous utiliserons le souterrain le plus longtemps possible et nous profiterons de la nuit pour faire le reste du chemin. Allons-y, nous allons tenter le coup une fois de plus. Tout le monde est d'accord ?

Tout le monde est d'accord, et sans faire de bruit, l'oreille au guet, nous reprenons notre marche en direction de la station Potsdamerplatz. À cet endroit, une cruelle déception nous attend : les éclaireurs en tête rendent compte que la ligne sort de terre et continue à ciel ouvert.

Il va être midi... Impossible de continuer maintenant notre route à ciel ouvert : le mieux est encore de nous cacher dans ce dédale souterrain et d'y attendre la nuit pour tenter notre chance. Précisément, l'un des tunnels débouche sous une arche de pont encombrée d'éboulis et d'objets hétéroclites qui nous offrent d'excellentes cachettes.

Rapidement, nous nous éparpillons par petits groupes et disparaissons les uns après les autres. Mais voilà qu'arrivent des hommes du Volkssturm qui veulent faire comme nous ; ces pauvres vieux sont lents et malhabiles, et lorsqu'une patrouille rouge arrive quelques instants plus tard, son attention est attirée par ces hommes qui cherchent à se dissimuler.

— Ne tirez pas ! Ne tirez pas ! s'écrie d'une voix gémissante le premier qui est pris.

C'est alors une fouille en règle de tout le souterrain, et nos petits groupes sont découverts les uns après les autres. Avec von Wallenrodt, Dour, Georges et Bicou, nous sommes tapis dans une cavité de la muraille qu'obstrue un tas de corbeilles d'osier ; de là, le cœur serré, nous assistons à la capture de nos camarades. Tout d'un coup, quelqu'un se glisse dans notre cachette : c'est Roger Albert.

— Je veux rester avec vous, ce n'est pas le moment de se quitter ! dit-il dans un souffle.

Nous retenons notre respiration à chaque fois que les Rouges passent ; à plusieurs reprises, ils s'arrêtent devant ce tas de corbeilles... Nos cœurs battent à se rompre... Mais voici que les prisonniers sont rassemblés : un gradé rouge les compte laborieusement et la colonne s'en va.

Maintenant nous respirons un peu... Je regarde ma montre : il est une heure, seulement ! La nuit n'arrivera donc jamais !

De nouveau des bruits de pas, des bruits de voix : encore les Rouges. Nous écoutons, oreille tendue, souffle coupé...

Ils recommencent à fouiller en tous sens. Une fois, deux fois, ils passent devant nous ; l'un d'eux déplace une corbeille, puis la remet… Serrés les uns contre les autres, crispés sur nous-mêmes, nous sommes là comme des bêtes traquées.
Brusquement, c'est la fin. Sous de furieux coups de bottes, notre rempart s'écroule… Les Rouges nous entourent et nous fouillent ; d'abord les montres, ensuite les armes.
On nous entraîne au-dehors. Des camions chargés de soldats rouges, qui chantent et jouent de l'accordéon, sillonnent la place en tous sens : c'est la grande kermesse des vainqueurs ; on en voit qui marchent par groupes titubant, les bras chargés de bouteilles. L'un d'eux vocifère en nous voyant passer : "Hitler kaputt !" Un autre nous regarde férocement et nous promet les charmes de la Sibérie ; il en est qui font mine de nous abattre, un autre encore, voyant que je marche avec difficulté, déplore avec un bon sourire l'erreur de celui qui m'a blessé au pied au lieu de me fracasser la tête : "Poum ! Poum ! Kaputt !" conclut-il… La danse du scalp commence…
Indifférents, nous continuons notre route. Nous sommes prisonniers, prisonniers ! Au milieu de cette foule de soldats rouges, nous éprouvons au-dedans de nous-mêmes comme une brûlure atroce, la sensation physique de la défaite et de l'esclavage dont la contrainte s'abat sur nous. C'est l'heure de l'universelle malédiction : nous y sommes préparés.
Un Rouge à la démarche incertaine s'approche de nous, l'œil mauvais, la bouche menaçante. Il saisit par le bras Roger Albert qui marche à côté de moi et l'entraîne vers une maison voisine, mais une des sentinelles intervient et ramène son prisonnier dans la colonne.
— Je l'ai échappé belle, me dit-il…
Au même moment, le Russe revient en courant et saisit à nouveau sa victime : "SS ! SS !", crie-t-il en tirant son pistolet. Une détonation, et Roger Albert, la tempe trouée, s'écroule à mes pieds, sans un cri… Voyant que nous faisons mine de nous arrêter, les sentinelles nous poussent en avant en hurlant, et nous continuons notre route.
Nous arrivons devant la Chancellerie. Des soldats rouges, les bras chargés de butin vont et viennent entre ces murs noircis, qui furent notre dernier espoir, tandis que des centaines et des centaines de chars pavoisés de rouge déferlent du Tiergarten en une gigantesque parade autour de la porte de Brandebourg qui

> dresse encore vers le ciel gris sa silhouette mutilée, comme un dernier appel, comme un dernier cri[44] ! »

Durant ces quelques jours de lutte intense, les 250 Waffen SS français détruisent une centaine de chars soviétiques et mettent hors de combat environ un millier de soldats soviétiques (tués, blessés, prisonniers). Jusqu'au 2 mai 1945, ces volontaires sont les derniers combattants du Reich à lutter dans Berlin, à quelques dizaines de mètres seulement du bunker souterrain d'Adolf Hitler qui s'est suicidé le 30 avril. Ce bataillon de la division Charlemagne a été la seule unité encore présente le 2 mai, afin d'empêcher les Russes de s'emparer du bunker du Führer.

Soigné, puis libéré par les Soviétiques, Henri Fenet rejoint la France. À Valenciennes, il est arrêté et dénoncé par son tatouage de la Waffen SS. Condamné à vingt ans de travaux forcés, il est finalement relâché en 1949. Il décède le 14 septembre 2002.

Raymond Cartaud

Raymond Cartaud, Bordelais de naissance, est un ancien combattant de la guerre de 1914-1918, la poitrine couverte de médailles. Engagé volontaire à 18 ans en 1917 dans l'infanterie, il participe aux dernières grandes batailles de ce conflit. Après cette terrible saignée, il porte un jugement sévère sur la IIIe République et la démocratie en général. Traumatisé par les 1 400 000 soldats français tués, il estime que le régime politique de l'époque a mal préparé le pays à une guerre moderne :

> « Au début du conflit d'août 1914, dit-il, nos soldats ont combattu en pantalon rouge, sans artillerie lourde, contre une armée allemande équipée d'uniformes verts de gris peu voyants, armée de nombreuses mitrailleuses et de puissants canons lourds. Nous n'avons pu rivaliser avec l'artillerie lourde allemande qu'en 1917 ! Nous sommes les sacrifiés d'un système ploutocrate, dirigé par des politicards véreux et cupides[45]. »

---

44. Entretiens de l'auteur avec Henri Fenet en septembre 1995. Lire également « L'Internationale SS... », *op. cit.*

45. Entretiens de l'auteur avec Raymond Cartaud en avril 1994.

C'est un homme en colère. En colère contre presque tout. Il a perdu sa femme dans un accident de voiture en plein Front populaire. Il a la haine des « Rouges et des Rosés », à savoir les communistes et les socialistes, dont il dénonce « l'internationalisme niveleur », mais également des systèmes libéraux capitalistes, dont la finalité se résume, selon lui, « à l'argent roi et au triomphe des familles bourgeoises cupides et égoïstes. Tous ces systèmes sont matérialistes, livrant l'être humain à la barbarie des plus bas instincts[46] ».

L'esprit des poilus des tranchées, fraternel et héroïque, le marque à jamais d'un idéal qu'il convient de perpétuer sur un plan politique. Le fascisme italien représente à ses yeux le modèle politique à suivre. Dès la création du Parti populaire français de Jacques Doriot en 1936, il y adhère avec enthousiasme, après avoir fréquenté divers cercles nationalistes bordelais.

La défaite de juin 1940 ne fait qu'accroître en lui sa haine de la démocratie parlementaire qui n'a pas su de nouveau préparer la France à une guerre moderne. Il a lui-même bravement combattu au sein de la 35e division d'infanterie (DI), en mai-juin 1940, sur le front des Ardennes.

> « Contrairement aux idées reçues et aux clichés ignominieux à l'encontre du soldat français de 1940, accusé de tous les maux, notre front a tenu, raconte Raymond Cartaud. Nous restons maîtres du champ de bataille dont le désordre est indescriptible. Les actes d'héroïsme ont été nombreux. Si notre succès a été complet, il sera, hélas, éphémère : le nettoyage n'est pas terminé qu'arrive dans l'après-midi l'ordre du corps d'armée de battre en retraite. C'est l'amorce d'un repli général, car l'ennemi a établi au sud de l'Aisne une forte tête de pont que l'on ne peut réduire et menace déjà Châlons qu'il occupera le 12. Nous n'avons plus assez de chars pour lancer une contre-offensive victorieuse. Je vomis les politiques qui n'ont pas équipé notre armée de suffisamment de chars, les généraux qui les ont dispersés en bataillons au lieu de les regrouper intégralement en divisions comme les Allemands. Début juin 1940, nous n'avions plus que 1 200 chars contre près du double chez l'adversaire.

46. Entretiens de l'auteur avec Raymond Cartaud en avril 1994.

J'échappe de peu à la capture, reviens à Bordeaux dégoûté de la manière dont la guerre a été menée par nos dirigeants, politiques et certains haut gradés. L'arrivée au pouvoir du maréchal Pétain, le Vainqueur de Verdun, est pour moi une immense satisfaction. Avec sa Révolution nationale, il va nous libérer de tous ces politicards corrompus et de ces généraux incapables[47]. »

Sous l'occupation allemande, le PPF se reconstitue avec l'aide des nazis, notamment à Bordeaux. Raymond Cartaud n'en veut pas aux Allemands :

> « C'est la France qui a déclaré la guerre à l'Allemagne en septembre 1939 et non le contraire, fait-il remarquer. Nous n'étions pas préparés militairement et pourtant notre gouvernement nous a poussés dans ce conflit pour soutenir la Pologne, mais que nos généraux n'ont pas été capables d'appuyer par une puissante offensive sur le Rhin ! Résultat, la Pologne fut écrasée en quelques semaines, alors que le gros de l'armée allemande luttait contre elle ! On a préféré attendre derrière la ligne Maginot. Notre ridicule attaque sur la Sarre ne servit à rien, juste à faire parler la poudre. On savait depuis longtemps que le général Gamelin n'était plus en mesure d'assurer le commandement de notre armée. Qu'a donc fait le gouvernement ? Rien ! Il a juste épaulé Gamelin du général Georges, très affaibli par une vilaine blessure, et qui fondra en larmes lors de l'offensive allemande dans les Ardennes en mai 1940 ! Voilà la vérité[48] ! »

Bordeaux se trouve en zone occupée dès 1940. Le 28 juin 1940, la 7e division blindée (panzerdivision) du général Erwin Rommel occupe Bordeaux et ses environs, tandis que la 1re division de cavalerie du général Kurt Feldt prend position à l'embouchure de la Gironde. Le 7 juillet, cette unité est remplacée par la 8e division d'infanterie du général Rudolf Koch-Erpach, rattachée à la 7e armée du général Friedrich Dollmann. Ce dernier s'installe à l'hôtel de Bordeaux, place de la Comédie, avec son état-major, dirigé par le général Walther Fischer von Weikersthal. Le mois suivant, la 263e division d'infanterie du général Franz Karl prend en charge la défense de la côte Atlantique de Royan à Arcachon, incluant ainsi Bordeaux. Le 30 avril

47. Entretiens de l'auteur avec Raymond Cartaud en avril 1994.
48. Entretiens de l'auteur avec Raymond Cartaud en avril 1994.

1941, la 263e DI cède la place à la 223e DI du général Rudolf Lüters. Puis c'est au tour de la 305e DI du général Kurt Pflugradt de prendre la relève en mai 1941.

En juin 1942, la 1re armée allemande du général Johannes Blaskowitz succède à la 7e armée. L'état-major prend ses quartiers à Bordeaux, dans plusieurs bâtiments rue de l'Abbé-de-l'Épée, à l'*Hôtel de Bordeaux*, à la préfecture rue Vital Carles et à l'hôtel *Splendide*. Par la suite l'état-major disposera d'un important poste de commandement bétonné, édifié tardivement en 1943, en dehors de la ville, près de Gradignan. En juillet 1942, cette 1re armée allemande aligne de Royan aux Pyrénées les 15e, 708e, 327e, 751e DI et la 7e panzerdivision. Le 8 novembre 1942, la 7e panzerdivision quitte la région. En juillet 1943, les 344e et 715e DI viennent renforcer le dispositif défensif. En janvier 1944, les 276e, 708e et 159e DI assurent la défense de la côte Atlantique de Royan à Hendaye, épaulées par la tristement célèbre 2e panzerdivision Waffen SS Das Reich et la 11e panzerdivision. Le 3 mai 1944, le général Joachim Lemelsen remplace à la tête de la 1re armée allemande le général Blaskowitz. Le 4 juin 1944, Lemelsen est lui-même remplacé par le général Kurt von der Chevallerie.

Dès l'été 1940, le général Moritz von Faber du Faur, commandant de la place de Bordeaux, prend ses quartiers à l'hôtel de la 18e région militaire, rue Vital-Carles. La cité universitaire, rue de Budos, transformée en Feldkommandantur, abrite le général Knoerzer et le capitaine Fabiunke. L'hôtel *Ballande*, place Pey Berland, devient le siège de la Stadtkommandantur du capitaine Hortmann. Les casernes de la ville sont occupées par diverses unités allemandes, provenant de plusieurs régiments. Le camp militaire de Souge, au sud de Bordeaux, voit les panzers manœuvrer. C'est également à cet endroit que de nombreux otages et résistants seront fusillés.

La Gestapo s'installe dès 1940 au Bouscat, à l'ouest de Bordeaux. Les sous-marins allemands et italiens mouillent dans une puissante base sous-marine à Bordeaux-Bacalan. Des bombardiers et des chasseurs allemands décollent de la base aérienne de Beutre-Mérignac.

Raymond Cartaud est enchanté de retrouver « son cher PPF », engagé dans la collaboration avec l'occupant. Le Parti populaire français (PPF), mouvement ouvertement fasciste fondé par l'ancien député communiste Jacques Doriot, fort de plus de 500 membres à Bordeaux, tient ses réunions à l'Athénée municipal ou au siège, 12 rue Sainte-Catherine. Le responsable départemental, Pierre Thurotte, dirige le journal *L'Assaut* qui paraît le samedi. Thurotte a connu un étrange parcours allant du communisme au national-socialisme, comme la majorité des membres de PPF. Dans *L'Assaut* du 11 juillet 1942, Thurotte écrit que « le PPF, synthèse du social et du national, a la même nature que les partis qui ont transformé le grand espace européen : le fascisme en Italie, le national-socialisme en Allemagne, le phalangisme en Espagne. Il a un degré de parenté avec ces mouvements comme d'autres qui n'ont pas encore triomphé dans leur pays, comme le rexisme en Belgique[49] ».

Certains doriotistes se mettent au service de la Gestapo, de la Milice, s'engagent dans la Légion des volontaires français contre le bolchevisme (LVF), voire finissent dans les Waffen SS de la division Charlemagne. En août 1944, la section bordelaise du PPF cherche son salut en fuyant avec l'occupant.

Les fils de Raymond Cartaud, Pierre et François, ne sont pas du même bord politique que leur père. Pierre Cartaud rejoint la Résistance en 1941, au sein du célèbre réseau du colonel Rémy, la Confrérie de Notre-Dame (CND), organisation clandestine très bien implantée à Bordeaux, avec les chefs Gaudin et Fleuret.

En juin 1942, la trahison de Pierre Cartaud, traité depuis longtemps en enfant de la maison par les Fleuret, entraîne l'arrestation d'Ange Gaudin et de son épouse. Jean Fleuret est à son tour arrêté par les Allemands en mars 1943, ainsi que sa femme par la suite. Quant au traître Pierre Cartaud, le colonel Rémy pense qu'il serait mort accidentellement au mois d'août 1944 et un « bataillon SS aurait rendu les honneurs à son infâme dépouille[50] ».

De son côté, François Cartaud, l'autre fils de la famille, rejoint en 1943 les forces aériennes françaises libres (FAFL) du général de Gaulle en Grande-Bretagne.

> « Dès mon arrivée en terre anglaise, me raconte-t-il, je suis suspecté d'être un espion à la solde des nazis, du fait de la trahison de mon frère et de l'engagement collaborationniste de mon père. Je suis maintenu à terre, en tant que mécanicien aéronautique, sans participer à une seule mission dans le ciel. Je suis cependant lavé de tout soupçon par la suite. La Luftwaffe bombarde plusieurs fois la base où je me trouve, voyant ainsi de près la guerre, avec ses bombes éclatant au sol. Je suis profondément affecté par les comportements irresponsables de mon

49. Archives municipales, Bordeaux.
50. Archives du centre national Jean Moulin, Bordeaux.

frère et de mon père. C'est une blessure terrible qui me hante encore de nos jours, même si je n'ai rien à me reprocher personnellement du fait de mon engagement au sein des FAFL[51]. »

Le père, Raymond Cartaud, ne se contente pas de militer au PPF de Doriot. Il s'engage dans la Waffen SS pour lutter contre les « Rouges » sur le front soviétique. Craignant d'être capturé et abattu par la Résistance, il décide, avec une partie des membres du PPF de Bordeaux, de se réfugier en Allemagne, fin août 1944.

> « Je me retrouve en formation au camp de Wildfecken, en Thuringe, en octobre 1944, où, malgré mes 45 ans, je suis admis à suivre l'entraînement de la Waffen SS, me raconte-t-il. Il est vrai que j'ai un peu triché de quelques années sur mon âge réel, en passant sous silence mon passé de combattant de 14-18... Je suis en pleine forme physique, paraissant nettement plus jeune que mon âge. Je pratique la course de fond depuis l'adolescence, ainsi que la boxe française. Dans un camp militaire de rêve, en pleine verdure, entouré de sommets couverts de sapins, on multiplie les exercices sportifs et militaires. Je suis fasciné par la beauté du lieu, véritable ville olympique et militaire, à la discipline de fer, où règne une profonde camaraderie, c'est la beauté sous sa forme la plus épurée, à savoir la beauté fasciste : spartiate et volontaire, une beauté solaire, ivre de gloire et de renouveau, éternel printemps de la jeunesse.
> Après les exercices physiques et sportifs les plus épuisants, viennent enfin l'instruction militaire et les manœuvres en pleine nature sous les tirs à balles réelles! La prestation du serment de fidélité se veut martiale, authentique, volontaire et austère. Une austérité fasciste qui va droit au but : "Mon honneur et ma fidélité". La Waffen SS ne prend pas en compte les grades français. On doit repartir à zéro. Sergent-chef de réserve dans l'armée française, je suis un simple soldat, mais un Waffen SS, véritable aristocratie guerrière du IIIe Reich. Les combats à tirs réels, la lutte contre les chars, la manipulation des armes, le sommeil de quelques heures à peine, l'extrême pauvreté de la nourriture sont notre lot quotidien. Avec l'hiver s'ajoute un froid terrible, où l'on manœuvre dans la neige, parfois par – 20 °C! Le vertige

51. Entretiens de l'auteur avec François Cartaud en avril 1994.

de la faim et de la fatigue dévoile en nous une force profonde, le triomphe de la volonté dans les épreuves les plus terribles. C'est l'obéissance aveugle avec un total mépris de la mort et un idéal européen visant à l'anéantissement du bolchevisme.
Le 1er janvier 1945, notre chef admiré, le général Krukenberg, nous fixe le cap : "Nous, dans la Waffen SS, nous avons le privilège d'être parmi ceux qui se battent en première ligne pour l'Europe. Cela exige de chacun de nous des efforts exceptionnels. Avec fanatisme et dureté nous voulons nous préparer. La victoire vient à celui qui croit en elle. C'est pourquoi nous ne devons jamais nous lasser. Nous ne devons jamais douter que notre combat est nécessaire et juste. Nous devons en donner un exemple aux autres."
Parmi les instructeurs du camp de Wildflecken, je me souviens particulièrement du redoutable adjudant-chef Walter. Malgré la dureté extrême de l'entraînement qu'il nous fait subir, je l'adore. Il nous prépare parfaitement à la guerre totale contre les Rouges, à savoir une lutte sans merci. Devant un jeune volontaire qui tremble de froid, Walter lui ordonne de faire péter une grenade offensive sur sa tête casquée ! Walter donne l'exemple, en dégoupille une et la pose sur le sommet de son casque d'acier et attend l'explosion, tout en maintenant un garde-à-vous impeccable, avec un visage de marbre, impassible. La grenade éclate et crible d'éclats la neige autour de ses bottes en un cercle presque parfait, sans le blesser !
Certains miliciens, sortis tout droit des Chantiers de jeunesse, n'apprécient pas cet entraînement spartiate. Des Waffens SS de l'ancienne brigade d'assaut ne veulent pas être commandés par des jeunes miliciens n'ayant qu'une faible formation militaire. L'impatience de rejoindre le front ne cesse de croître. Une chambrée entière déserte en pleine nuit pour rejoindre la division Wallonie de Léon Degrelle.
Enfin, nous partons pour le front. Pas tous hélas. J'appartiens au premier contingent qui embarque en gare de Fulda pour la Poméranie, le 17 février 1945. Les canons de campagne, les pièces antichars, les postes de radio, les camions et les blindés, en bref l'équipement lourd ne suit pas ou en petite quantité. On compte bien quelques canons d'assaut chenillés et quelques Panzerfausts : mais c'est bien maigre. Parfois même, pas de casques d'acier pour les soldats, une simple casquette de montagne à longue visière ! Heureusement, je suis coiffé d'un casque allemand à la forme

parfaite au niveau de la protection. Une pure merveille esthétique ! Notre convoi ferroviaire prend la direction de l'est par de tristes journées durant lesquelles la neige ne cesse de tomber. L'aviation américaine nous bombarde en moyenne toutes les deux ou trois heures. Nous sommes alors contraints de nous cacher dans les bois, avec de la neige jusqu'aux cuisses. Le froid nous tenaille en permanence.
Le 22 février 1945, nous atteignons Hammerstein, à mi-chemin entre Stettin et Dantzig, non loin de la mer Baltique. Hammerstein est une bourgade paysanne, triste et monotone. Dès le 25, nous sommes engagés dans les pires conditions. Nous formons 4 bataillons, armés de Panzerfausts et d'armes légères, sans soutien d'artillerie, de chars et d'aviation, face à huit corps blindés et cinquante divisions soviétiques ! Avant même que nous nous soyons regroupés, nous sommes condamnés à lutter en divers groupes de combat d'une dizaine d'hommes chacun, sans liaison radio. Chacun se bat où il se trouve ! On doit défendre un front de 18 kilomètres avec seulement 4 bataillons, secteur théorique de trois divisions ! On livre de terribles combats pour s'emparer des villages d'Heinrichswalde et de Barkenfeld. Écrasés par les tanks russes, nous nous accrochons au terrain, en ne perdant que pas à pas du terrain. On ne peut cependant s'emparer des deux villages. Sous un froid terrible, dans la neige, je tire parfois à bout portant sur des adversaires qui luttent jusqu'au corps à corps. On doit se résoudre à établir une ligne de front le long de la voie ferroviaire. Puaud, adjoint français de Krukenberg, lutte à nos côtés comme un vieux baroudeur qui cherche à se faire tuer bravement. Notre héroïsme ne peut rien contre l'écrasante supériorité numérique et matérielle des Rouges. On reçoit l'ordre de se replier sur Hammerstein ou Elsenau. Les Rouges menacent de nous encercler. C'est de nouveau la retraite. Nos 4 bataillons sont décimés. On déplore 1 500 hommes hors de combat (tués, blessés, disparus), sur les 4 500 du début. Le 26 février, nous ne sommes plus que 3 000 braves à pouvoir se regrouper à Neustettin. Nous sommes renforcés par un contingent d'une centaine d'hommes, équipés de pièces de DCA.
Dans la nuit du 26 au 27 février 1945, nouvel ordre de repli, cette fois en direction de Belgard, vers la mer Baltique. Un maigre bataillon de 200 preux assure notre couverture. Les marches dans la neige sont épuisantes, nous parcourons 80 kilomètres, sous une épouvantable tempête de neige, talonnés par les blindés

russes, pilonnés par l'aviation rouge, sans cesse retardés par des cohortes de civils fuyant vers l'Oder. On marche sans réfléchir, assommés de fatigue, le dos courbé pour mieux résister au vent glacial venu de la Baltique. On apprendra par la suite que nos 200 braves, luttant comme des lions aux côtés de leurs frères d'arme allemands, ont défendu Neustettin durant douze heures, en livrant des combats de rue d'une grande férocité. Les survivants parviennent à nous rejoindre à Belgard.

Le 29 février 1945, à quelques kilomètres au sud de Belgard, nous formons un bivouac de misère. Après une marche de 80 kilomètres dans les pires conditions, le général Krukenberg nous réorganise en deux régiments, comportant chacun deux bataillons d'environ 600 hommes.

Dans la nuit du 1er au 2 mars 1945, nous nous mettons en route en direction de la mer Baltique, afin de prendre position près de Körlin. Le 4 mars, les Rouges nous attaquent et tentent de nous encercler. Notre communication avec la mer est bientôt coupée. On doit alors tenter une percée vers le sud, en direction de Belgard, qui résiste toujours, pour ensuite obliquer vers le sud-ouest, afin de gagner l'Oder. Le 5 mars, à 7 heures du matin, alors que nous retraitons groupés, le brouillard protecteur se disperse, chassé par le vent. Le soleil inonde l'immense pleine, dépourvue d'abri. Nous formons alors des cibles parfaites ! Les mitrailleuses soviétiques ouvrent un feu d'enfer. Mes camarades autour de moi tombent comme des mouches, c'est l'enfer. Les mortiers entrent en action et les chars russes écrasent sans pitié les traînards. Durant deux heures, nous luttons comme des diables pour survivre à ce déluge d'acier. Je cours, je plonge dans la neige, me relève, cours de nouveau… Je ne réfléchis pas. Mon instinct me pousse à l'action immédiate. Je parviens à rejoindre un groupe de survivants de ce massacre qui trouve refuge dans la forêt. Nous devenons des bêtes sauvages. Nous tuons sans pitié pour ne pas mourir. Deux de nos bataillons ont été anéantis dans la plaine de Belgard ! Un véritable massacre. Nous sommes des miraculés. Nous nous dirigeons vers la Baltique et l'Oder. J'apprendrai par la suite que le bataillon de marche Bassompierre, couvrant notre retraite, a lutté avec une bravoure extraordinaire dans Körlin.

On se traîne des jours durant dans la forêt, on se cache parfois dans des huttes de feuillage, on doit mendier de la nourriture auprès des paysans. Certains de mes camarades n'ont plus la force de se relever. Certains se suicident pour ne pas tomber aux mains des Rouges. Affamés, les mains ou les pieds gelés, d'autres meurent d'épuisement ! Nous parvenons à rejoindre le bataillon Fenet qui a échappé au massacre de Belgard. Les jours qui suivent sont un véritable cauchemar. Souffrant du froid et de la faim, nous ne pouvons pas nous ravitailler dans les villages, tous occupés par les Rouges. Nous mangeons de la neige pour faire taire nos crampes d'estomac, accomplissons des prodiges pour garder les yeux ouverts, nous trébuchons dans des trous, revenons vingt fois en arrière pour éviter les patrouilles soviétiques, nous courons souvent pour ne pas être écrasés par les chars. Le 6 mars au soir, après 72 heures de marche, nous atteignons Meseritz, où Fenet est décoré de la Croix de fer de 1re classe. Le 8, nous faisons halte dans une large prairie et souhaitons un bon anniversaire au général Krukenberg qui vient d'avoir 57 ans. Le 9, nous atteignons la Baltique, établissons un camp dans le port de pêche de Horst et la station balnéaire de Rewahl. Progressant ensuite le long de la côte, on se dirige vers l'ouest, afin d'atteindre Dievenow, toujours aux mains des Allemands. Nous sommes escortés par une cohorte de réfugiés allemands. La progression sur le sable de la plage est des plus périlleuses : les Rouges tiennent parfois le haut des falaises. Plus d'une fois, nous devons bousculer des patrouilles ennemies qui tentent de nous barrer la route. On se bat à l'arme blanche : poignard, baïonnette, pelle de tranchée...

Le 12 mars 1945, à 8 heures du matin, nous faisons enfin la jonction avec les troupes allemandes sur la plage de Dievenow. Hitler signale en personne le rôle déterminant joué par les Waffen SS français dans la percée de Dievenow, permettant aux réfugiés civils allemands de Poméranie d'échapper à l'encerclement des Rouges et aux massacres programmés. Nous nous embarquons pour l'île de Wolin, puis celle d'Usedom, avant de rejoindre l'embouchure de l'Oder. Notre division est réduite à un régiment ! On se regroupe à Anklam, de l'autre côté de l'Oder. Le 21 mars, le général Krunkenberg annonce la promotion au grade de capitaine de Fenet, et à celui de sous-lieutenant de Labourdette. On remet la Croix de chevalier à Fenet, qui sera l'unique Français à recevoir cette décoration prestigieuse, puis on donne lecture d'un message du quartier général de la Waffen SS : "En tenant quarante-huit heures dans Körlin, les Waffen SS français ont permis la réalisation du plan de l'état-major. Le sacrifice de centaines de camarades disparus n'aura donc pas été inutile." Cependant, notre division de 8 300 hommes à l'origine est réduite à l'état d'un régiment de 1 600 survivants ! On quitte Anklam pour gagner à pied notre nouveau cantonnement de Neustrelitz, au bord du lac Zierk.

Le 27 mars 1945, le général Krukenberg compte uniquement conserver ceux qui veulent encore se battre. Un bataillon de travailleurs de 500 Waffen SS français est constitué et dispersé dans différentes usines ou employé à des travaux de fortification. Environ 400 autres, épuisés et démoralisés, jettent l'éponge. Nous ne sommes plus que 700 braves à vouloir poursuivre le combat et ainsi former un régiment de combat, articulé en deux bataillons, forts chacun de trois compagnies, sans oublier une compagnie lourde, une compagnie d'honneur, ainsi que diverses sections du génie ou des transmissions. Notre régiment Charlemagne, destiné au combat antichar, est équipé abondamment de roquettes Panzerfausts.

Début avril 1945, lors d'un exercice nocturne, je me blesse bêtement à la cheville gauche : impossible de courir ou de marcher ! Je suis soigné dans un hôpital militaire. Mon bataillon rejoint Berlin pour livrer l'ultime bataille contre les Rouges. J'enrage de ne pas pouvoir les rejoindre. Les Alliés approchent de tous côtés. Après une courte convalescence, je décide de me cacher en pleine nature, afin d'échapper à la capture. Je redoute d'être fusillé en tant que Waffen SS français. J'accomplis à vélo un long périple, vêtu d'un costume civil, jusque dans le Tyrol. Je passe en Italie où j'espère embarquer pour l'Amérique latine. Je trouve refuge dans un monastère catholique dans le Trentin. Nous sommes fin avril 1945. Les partisans italiens livrent une lutte sans merci aux dernières unités fascistes de Mussolini et aux ultimes forces allemandes. Impossible de bouger pour le moment. Les religieux font preuve d'une grande bonté à mon égard, sans trop me questionner sur mon passé… J'y reste plusieurs mois. Je redécouvre les vertus de la prière. Finalement, en octobre 1945, alors que la guerre est terminée officiellement depuis le 8 mai, j'embarque depuis le port de Gênes sur un navire marchand devant rejoindre l'Argentine. Je manque à plusieurs reprises d'être découvert par les Alliés, les carabiniers ou les policiers italiens. J'ai des faux papiers qui me font passer pour un Argentin. Mon physique gascon joue en ma faveur. Je retrouve dans ma nouvelle patrie des anciens combattants allemands et italiens, de même que quelques réprouvés français de la Milice et de la Waffen SS. Je rencontre même un adversaire prestigieux, le colonel Jean de Milleret, grand résistant du Sud-Ouest, commandant de la brigade FFI Carnot, compagnon de la Libération ! Je réside et travaille à Mar del Plata. Durant l'été 1982, mon fils François Cartaud, ancien aviateur des forces gaullistes, vient me chercher pour me ramener à Bordeaux. Les retrouvailles sont émouvantes. Nous sommes sur le chemin du pardon mutuel. Je retrouve la ville de ma naissance avec émotion. Je suis un retraité, malade et fatigué de la vie. Mon fils, marié et père d'une fille, m'installe dans une paisible maison de retraite[52]. »

Raymond Cartaud est décédé en décembre 1994, à l'âge de 95 ans. Il avait encore toute sa tête lorsque je suis allé m'entretenir longuement avec lui en avril 1994.

> « Mon père, me dit François Cartaud, n'a jamais voulu reconnaître qu'il s'était trompé de camp. Il est resté fidèle à ses idées nationalistes, fascistes et anticommunistes jusqu'au bout. Il reprochait juste à Hitler le sort réservé aux juifs, reconnaissait l'existence du génocide, même si à l'époque des faits il n'en avait pas eu connaissance, tout en se doutant bien du pire à leur encontre. Il était avant tout un anticommuniste viscéral. Bien entendu, j'enrage encore au sujet de son passé de Waffen SS. Mon combat dans la France libre du général de Gaulle représente à mes yeux un des meilleurs moments de ma vie. Cet engagement m'a sauvé du suicide, après les passés calamiteux de mon frère et de mon père. Une femme aimante et une fille ravissante ont rendu ensuite ma vie plus heureuse[53]. »

En guise de conclusion

De ces témoignages, on retiendra que ces combattants ont souvent lutté par « idéalisme » : la guerre contre le bolchevisme, au sein de la Waffen SS, représentant pour certains d'entre eux une sorte de chevalerie « mystique ». Dès 1943, la Waffen apparaît comme une armée européenne de choc, liée par la haine du communisme, par

52. Entretiens de l'auteur avec Raymond Cartaud en avril 1994.
53. Entretiens de l'auteur avec François Cartaud en avril 1994.

le combat ultime, par le mépris de la mort, le goût de l'action et de l'aventure, le prestige du « corps d'élite »…

La Waffen SS est également le réceptacle de vieux courants autonomistes ou nationalistes et l'exutoire des antagonismes issus des découpages de l'Europe de 1919 du traité de Versailles. On y retrouve également, pour les Waffen SS français, la haine des régimes parlementaires rendus responsables de la défaite de mai-juin 1940. Pour ces réprouvés, la Waffen SS représente l'ultime rempart contre le bolchevisme et le capitalisme, coupables à leurs yeux de tous les maux de l'humanité.

> « S'ils se sont trompés, écrit Pierre Giolitto, ces Français qui ont revêtu la défroque allemande, et sincèrement cru honorer leur drapeau et l'écusson tricolore qu'ils portaient sur leur manche, en combattant aux côtés de ceux qui les avaient vaincus en 40, ils ont surtout été trompés. Trompés par tous les bonimenteurs qui leur promettaient monts et merveilles s'ils souscrivaient un engagement dans la LVF ou la Waffen SS. Trompés par tous les bateleurs qui, du haut des estrades collaborationnistes, leur ont fait honte de la vie douillette et sans éclat qu'ils menaient, alors que la France et l'Europe avaient besoin de leur jeunesse, de leur dynamisme, de leur héroïsme… de leur vie.
>
> À la décharge de ces Français au patriotisme dévoyé, qui ont fait l'unanimité contre eux, on peut faire remarquer que, contrairement à leurs "frères" miliciens, ils n'ont pas fait couler le sang français. C'est ce qui explique que la justice française a été beaucoup plus clémente pour les LVF et SS français que pour les miliciens. Et aussi qu'ils se sont battus avec vaillance et n'ont pas craint d'affronter la souffrance et la mort, dans un pays hostile et lointain qui les rejetait impitoyablement[54]. »

Beaucoup ont fait preuve de courage pour une cause perdue d'avance, devant la disproportion des forces en présence, surtout à partir de 1943. Et comment ne pas regretter que les plus droits d'entre eux n'aient pas mis cette bravoure au service d'un idéal visant à libérer la France de l'occupation allemande. Certains de ces volontaires, rejetés par le service médical de la Waffen SS, rejoindront finalement le camp des Alliés… En effet, pour certains d'entre eux, l'ivresse de l'action dans le combat était plus forte que l'idéologie.

---

54. Pierre Giolitto, *op. cit.*

7

Ces écrivains, artistes et journalistes qui ont cherché à dissimuler un passé douteux

Parfois célèbres et reconnus avant la Seconde Guerre mondiale, ces écrivains, journalistes et artistes dissimulent ensuite un passé douteux, leurs « années interdites » durant l'Occupation, afin de poursuivre leur carrière après la défaite de l'Allemagne hitlérienne. Ils prennent parfois un pseudonyme, certains se fabriquent même un passé de « résistant » ou rendent quelques services tardifs pour faire oublier une période trouble. N'ayant honte de rien, certains deviennent des moralisateurs de la vie publique et politique, pratiquent le terrorisme intellectuel, philosophent au nom de grands principes, écrivent livres et articles, chantent, produisent des films, peignent, etc.

On y découvre Alain, Henri Amouroux, Jean Anouilh, Michel Audiard, Marc Augier (dit Saint-Loup), Jean-Marie Balestre, René Barjavel, Simone de Beauvoir, André Castelot, François Chalais, Robert Courtine, Jean Cocteau, Marguerite Duras, Maurice Duverger, Françoise Giroud, Serge Lifar, Jean-Paul Sartre, Charles Trenet, Maurice de Vlaminck.

Alain

Né Émile-Auguste Charlier, il voit le jour le 3 mars 1868 à Mortagne-au-Perche dans l'Orne, au sein d'une famille bourgeoise, dont le père est vétérinaire. En 1881, il entre pour cinq ans au lycée d'Alençon, découvre ses auteurs préférés comme Homère, Platon, Descartes, Balzac, Kant, Aristote, Comte et Stendhal, lit le grec ancien et le latin. Tenté d'abord par l'École polytechnique, il se destine finalement à une préparation littéraire au lycée Michelet de Vanves en 1886. À cette occasion, il fait la rencontre décisive du philosophe Jules Lagneau, qu'il reconnaît comme son maître. Après l'École normale supérieure et l'agrégation de philosophie en 1892, il est nommé professeur au lycée Joseph Loth de Pontivy, puis dans divers établissements en Normandie et à Condorcet à Paris. Engagé politiquement du côté du radicalisme pour soutenir les principes laïcs de la République, il se consacre également aux universités populaires et à l'écriture d'articles, baptisés « Propos du dimanche et propos quotidiens », dans *La Dépêche de Rouen et de Normandie.* Plus de 3 000 de ses « propos » paraissent de février 1906 à septembre 1914. Professeur de philosophie au lycée Henri IV en 1909, il exerce une réelle influence sur des élèves qui deviendront célèbres, comme la philosophe Simone Weil, Raymond Aron, André Maurois, Julien Gracq et bien d'autres.

À la veille du premier conflit mondial, Alain milite pour la paix en Europe, condamne le militarisme et le nationalisme revanchard. Lorsque la guerre éclate, sans renier ses idées pacifistes, mais par patriotisme du fait que l'Allemagne attaque la France, il s'engage en devançant l'appel. Brigadier au 3e régiment d'artillerie, il découvre toutes les horreurs de ce conflit moderne. Gravement blessé au pied près de Verdun, il est démobilisé le 14 octobre 1917. Les combats de cette guerre, particulièrement meurtrière, marquent à jamais son esprit par l'ampleur des moyens employés. Il prend conscience de son impuissance physique contre les déluges d'artillerie, qui bouleversent le terrain en quelques heures, comme notamment à Verdun en 1916. Cependant, il trouve dans cette guerre industrielle la force morale nécessaire pour triompher de toutes les difficultés. Bien qu'il soit désormais devenu possible de rendre la guerre totalement inhumaine, par une puissance de feu sans équivalent dans l'histoire des siècles précédents, certains combattants se révèlent de véritables héros, par leur sens du sacrifice, leur courage, leur volonté de vaincre. Le danger peut venir non seulement des pièces d'artillerie à tir rapide, des mitrailleuses, mais également des gaz de combat, de l'aviation de chasse et de bombardement, des tanks tirant de tous côtés.

Si l'armistice de novembre 1918 est une victoire indiscutable pour la France et ses Alliés, le bilan humain n'en demeure pas moins effroyable pour le pays, comme le constate Alain. La France, vu sa population d'avant-guerre, est le pays qui a le plus souffert. Elle a perdu près de 1,7 million d'hommes (dont 1,4 million de soldats), soit 4,3 % des 39 millions de Français recensés en 1914. En comparaison, l'Allemagne a perdu 2,5 millions d'hommes, dont 2 millions de militaires, soit 3,8 % de ses 68 millions d'habitants. Sur les 6,5 millions de blessés, près d'un demi-million mourra en outre prématurément. Ce à quoi s'ajoutent les destructions, car la guerre s'est surtout déroulée sur le territoire français, où 801 communes et 14 235 usines sont ravagées, 300 000 maisons détruites, 600 000 hectares de terres cultivables hors-service.

Les traumatismes psychiques se multiplient dans cette débauche de destruction massive. Les blessures ne sont pas uniquement physiques. La guerre terminée, les rescapés du massacre continuent de la vivre en esprit, marqués à jamais par les horreurs de toutes sortes. Certains s'enferment dans le labyrinthe des souvenirs de cette tragédie, devenant ainsi des absents du monde réel. Le fascisme naît en partie de cette nostalgie de la bravoure guerrière, trouvant dans la volonté de puissance totalitaire un moyen de faire perdurer l'esprit de corps de tranchées. L'inadaptation d'une partie de cette population à la vie civile fait naître un vaste sentiment d'incertitude sur le futur. On tente d'y remédier par un pacifisme qui veut rendre la guerre hors la loi : chemin choisi par Alain ; mais là encore la fuite de la réalité rend la situation tragique. Le nationalisme revanchard des vaincus heurte de plein fouet l'utopie d'un monde sans haine et sans armes. La fin inachevée de la Première Guerre mondiale et sa paix, en partie bâclée, sont les préludes d'un prochain conflit, encore plus dévastateur.

Alain, déjà pacifiste avant la guerre, publie en 1921 son célèbre pamphlet *Mars ou la guerre jugée*, s'engage au sein du mouvement radical en faveur d'une république libérale, hostile à toutes les guerres et aux nationalismes revanchards. Jusqu'à la fin des années 1930, son œuvre est guidée par la lutte pour le pacifisme et contre la montée du nazisme et du fascisme. Lucide cependant, il désapprouve toute idée de désarmement devant la menace hitlérienne. Il soutient néanmoins les accords de Munich de 1938, marquant la fin de l'indépendance de la Tchécoslovaquie, signe en septembre 1939 le tract *Paix immédiate* de l'anarchiste Louis Lecoin. Depuis 1937, il se consacre en grande partie à la rédaction de son *Journal*.

La défaite militaire de la France en juin 1940 est pour lui une catastrophe. Il accepte cependant l'armistice, voit dans le maréchal Pétain le meilleur guide pour redresser la France, approuve la collaboration avec l'Allemagne. En accord avec ses amis Marcel Déat et Paul Rives, devenus des collaborateurs zélés, il envisage naïvement l'avènement d'un gouvernement pacifiste, malgré la domination hitlérienne sur l'Europe. Il écrit dans son Journal du 23 juillet 1940 :

> « Pour ma part, j'espère que l'Allemagne vaincra, car il ne faut pas que le genre de Gaulle l'emporte chez nous. Il est remarquable que la guerre revient en guerre juive, c'est-à-dire à une guerre qui aura des milliards et aussi des Judas Macchabée[1]. »

Durant l'Occupation, Alain écrit des articles dans *La Nouvelle Revue Française* de Pierre Drieu la Rochelle, adhère à la Ligue de la pensée française, fondée par les collaborationnistes René Château et Marcel Déat en novembre 1942, visant à réconcilier collaboration et République, interdite aux juifs et aux francs-maçons, recrutant parmi les socialistes et les syndicalistes favorables aux accords de Munich et au régime de Vichy, prônant une collaboration pragmatique destinée à favoriser l'intégration européenne, sous tutelle allemande.

> « Franchement antisémite, écrit fort justement Michel Onfray, défenseur d'une poignée d'idées pétainistes, critique du général de Gaulle, écartant toute possibilité de Résistance, souhaitant la victoire des Allemands, fasciné par leur détermination virile, élogieux à l'endroit d'Hitler, Alain fait une seconde guerre mondiale bien moins héroïque que la première...
> Ajoutons à ce terrible constat que ce septuagénaire qui va vers la fin de la guerre en même temps qu'il approche de la fin de sa vie n'est guère plus reluisant... On découvre en effet un Français moyen qui, allant au secours de la victoire, égratigne un peu Pétain, critique l'antisémitisme, trouve des vertus à de Gaulle, dit du bien des Américains.
> On comprend que les hagiographes du philosophe aient eu envie de recouvrir tout ça du manteau de la sénilité... [...]

1. Alain, *Journal inédit. 1937-1950*, Éditions des Équateurs, 2018.

> Alain fut terriblement handicapé physiquement, ce dont témoigne le petit journal de son amie Marie-Monique More-Lambelin (judicieusement intégré au *Journal* du philosophe) qui montre le corps souffrant d'Alain – qui ne se plaint jamais. Mais à aucun moment il ne fut mentalement, psychologiquement ou spirituellement défaillant. La preuve : ce nouvel Alain qui, ayant senti le retournement de l'histoire, se met à l'épouser sans aucune forme d'autocritique. [...]
> C'est donc à partir de 1943 que les résistants de la vingt-cinquième heure se manifestent. [...] la France n'a pas manqué de fervents pétainistes de 40 devenus résistants en 44...
> Alain s'inscrit dans cette logique[2]. »

Logique de la dissimulation pour Alain, dont le *Journal* portant sur la période de l'Occupation ne sera publié que bien des années après sa mort... comme par hasard...

Dans son Journal du 28 janvier 1938, donc avant même l'occupation allemande, Alain dévoile son penchant pour l'antisémitisme :

> « Je voudrais bien, pour ma part être débarrassé de l'antisémitisme, mais je n'y arrive point, ainsi je me trouve avec des amis que je n'aime guère, par exemple Léon Blum. Je devrais oublier les remarques faciles. En réalité quand je lis avec indignation le mauvais style de Bergson, je n'oublie pas qu'il est juif, et en cela je me sens injuste. Il me semble qu'il faut être juif pour écrire aussi mal, et pour se présenter en même temps comme un bon écrivain. C'est peut-être qu'un juif imite simplement le style ordinaire, je veux dire le style Boutroux, Jules Lachelier, etc., et arrive à faire aussi bien que ces messieurs ; il a la simplicité d'en être fier[3]. »

En plus de l'antisémitisme clairement affiché, on voit poindre la jalousie d'Alain à l'encontre d'Henri Bergson, présenté comme un écrivain médiocre, alors qu'il « est un admirable styliste, clair et simple, fluide et limpide, d'une extrême lisibilité, en même temps que d'une grande précision[4] ».

---

2. Michel Onfray, *Solstice d'hiver. Alain, les Juifs, Hitler et l'Occupation*, Éditions de l'Observatoire, 2018.
3. Alain, *op. cit.*
4. Michel Onfray, *op. cit.*

Le 16 juin 1938, Alain écrit au sujet du judéo-christianisme :

> « Notre religion nous vient des Bédouins qui sont des êtres sans délicatesse, frottés de sable et accoutumés à leurs tentes en peau de mouton [...]. Cette invasion de l'Occident par la pouillerie orientale a de quoi étonner. L'antisémitisme en est l'effet détourné; car il est vrai que le juif ne s'intéresse qu'aux choses de l'esprit. Nous autres nous nous intéressons également à tout; voilà le crime. Nous faisons de l'esprit parure et amusement. Aussi n'est-ce pas notre peuple que Hegel a baptisé le "peuple de l'esprit". N'empêche que ce peuple de l'esprit nous perdra par le sérieux. Enfin qui eût dit que Léon Blum prendrait au sérieux le peuple ouvrier? Ce sont toujours les prophètes d'Israël qui nous gâtent la vie par une fureur de blâmer[5]. »

Au sujet de *Mein Kampf* et d'Adolf Hitler, Alain écrit le 22 juillet 1940 :

> « Je lis *Mon Combat* avec la plus stricte attention. Sur ce sujet je ne veux rien écrire d'incomplet. Aussi je laisserai la question juive qu'il traite dès le commencement avec une éloquence extraordinaire et une remarquable sincérité [...]. Tout ce qu'il pense a été essayé par lui avec un sérieux admirable et la conscience d'un homme qui assure chacun de ses pas de façon à ne point tomber [...]. Et voilà comment pense Hitler; il est bâti pour faire la leçon aux généraux [...]. Il pense directement l'expérience et cette méthode si simple devient rare par le développement de l'esprit calculateur (déductif). Et voilà cet esprit moderne, cet *esprit invincible*. Je m'en tiens à ces précieuses remarques [...]. Je conclus provisoirement par ce que dit Hitler; il faut savoir parler aux masses et les persuader; c'est là qu'est le ressort démocratique. L'orateur est libre de ses développements, de ses sentiments, de ses mouvements et cela même nie le tyran en tout orateur véritable. Soyons donc orateurs[6] [...]. »

Après la guerre, physiquement et moralement affaibli par les suites d'un accident vasculaire cérébral, Alain rédige des *Souvenirs sans égards*, publiés en 2010, écrit divers articles et préfaces, l'ébauche

5. Alain, *op. cit.*
6. *Ibid.*

d'un *Marx* en 1950. En mai 1950, il reçoit le Grand Prix national des lettres. Il décède le 2 juin 1951, au Vésinet, à l'âge de 83 ans. Son *Journal inédit* a été publié par les éditions des Équateurs en 2018, dévoilant les zones sombres de l'auteur philosophe.

Henri Amouroux

Henri Amouroux est né le 1er juillet 1920 à Périgueux dans une famille de commerçants. À l'âge de 18 ans, il s'inscrit à l'École supérieure de journalisme de Paris, puis accomplit son premier stage à l'agence de presse Opera Mundi en 1938. Il devient journaliste stagiaire à Bordeaux à *La Petite Gironde*, le plus ancien et principal quotidien de la région du Sud-Ouest, qui compte parmi ses collaborateurs des auteurs prestigieux comme André Maurois de l'Académie française, Gérard Bauër de l'Académie Goncourt, le député radical socialiste Jean Montigny.

Amouroux se trouve à Bordeaux lorsque débute l'offensive allemande le 10 mai 1940. Le 14 juin, alors que les troupes allemandes entrent dans Paris, le gouvernement français s'installe à Bordeaux. Le 16, l'affrontement ouvert entre partisans et adversaires de l'armistice divise l'ensemble de la classe politique française. L'agglomération bordelaise, du fait de la débâcle, voit sa population passer de 400 000 à 1 800 000 habitants. Le maire de la ville, Adrien Marquet, et le préfet du département, Marcel Bodenan, sont confrontés à des problèmes insolubles, comme le ravitaillement et le logement. Le préfet demande aux civils belges de se replier sur la Haute-Garonne, l'Ardèche ou l'Hérault, et aux Luxembourgeois sur la Côte-d'Or. De son côté, le maire annonce le rationnement de l'eau. Une soixantaine de châteaux du département sont réquisitionnés pour loger 1 500 fonctionnaires des ambassades et des consulats étrangers.

L'armistice signé le 22 juin 1940, le gouvernement français quitte Bordeaux les 28 et 29 juin, afin de prendre la route de l'Auvergne, où le maréchal Pétain, nouveau président du Conseil depuis quelques jours, entend s'installer, afin de former son nouveau gouvernement dans la zone dite « libre », dont la capitale sera finalement Vichy.

Le 28 juin 1940, la 7e division blindée (panzerdivision) du général Erwin Rommel occupe Bordeaux et ses environs, tandis que la 1re division de cavalerie du général Kurt Feldt prend position à l'embouchure de la Gironde. Le 30 juin, les Bordelais prennent connaissance, dans la presse régionale, du tracé de la ligne de démarcation, qui place la plus grande partie du département de la Gironde sous la botte allemande, en zone occupée. Des abris fortifiés, des bunkers, des fossés antichars, des postes de DCA ou des points d'eau sont construits dans Bordeaux et ses environs.

Dès le 22 juillet 1940, Bordeaux a le triste privilège d'accueillir l'une des premières antennes de la Gestapo (police secrète nazie d'État), sous la direction d'Herbert Martin Hagen. Cette antenne de la Gestapo prend ses quartiers aux 145, 196, 197, 220, 222 et 224 de l'avenue Maréchal Pétain, devenue après la guerre avenue de la Libération, au Bouscat. La Gestapo bordelaise compte jusqu'à 290 agents. Hagen quitte Bordeaux en mai 1942 et se trouve remplacé par le capitaine Hans Luther, magistrat dans le civil. En octobre 1943, le commandant Walther Machule lui succède. Il prend comme adjoint le docteur Oehme.

Au mois de janvier 1942, un adjudant de la Gestapo, âgé de 29 ans, arrive à Bordeaux. C'est un gaillard de près de 1 mètre 90, mince et musclé. Les cheveux noirs, le visage aux traits réguliers, le sourire facile, il tranche sur ses collègues nazis. « Il faisait très type des services spéciaux », dira sa secrétaire[7]. Friedrich Wilhelm Dohse va devenir l'un des plus redoutables adversaires de la Résistance française. Dès son arrivée à Bordeaux, il prend comme secrétaire particulière Maria Fierling (plus connue sous le nom de « Madame Sommer »), et la charge de former une milice armée parmi les voyous du port de Bordeaux. Les policiers Naerich et Konsich épaulent Dohse dans ses enquêtes. De son côté, Hans Luther se fait assister des lieutenants Doberschutz, Hans Bordes et Mayer qui compulsent des dossiers à longueur de journée. Le tortionnaire Anton Enzelsberger se charge de faire parler les victimes. Le lieutenant Kunesch poursuit une activité parallèle à celle de Dohse, visant à neutraliser la Résistance.

À la fin de l'année 1940, l'appareil répressif des Allemands est en place à Bordeaux. Le fort du Hâ, sinistre prison construite à la fin de la guerre de Cent Ans, offre de terribles conditions d'incarcération. La caserne Boudet, rue de Pessac, est utilisée par le capitaine Hortmann pour y enfermer les prisonniers qui n'ont pu être admis au fort du Hâ. Le camp d'internement administratif de Bordeaux-Bacalan, rapidement insuffisant, est relayé par celui de Mérignac-Beaudésert qui a une capacité de 513 places en décembre 1941. Les

7. Archives du centre national Jean Moulin, Bordeaux.

juifs ne séjournent pas longtemps au camp de Mérignac; ils sont dirigés à Drancy, puis en Allemagne ou en Pologne. Les internés de ce camp sont surveillés par 35 gendarmes français et une trentaine de gardes civils.

Le siège du SD (service de sécurité de la SS) au Bouscat comporte des cellules aménagées dans les caves exiguës : 1,20 mètre de large et 2 mètres de long, sans fenêtre et sans literie. Le traitement le plus classique du prisonnier est la bastonnade au nerf de bœuf. Les tortionnaires ont également recours à la pendaison par les pouces, à l'immersion dans une baignoire, aux brûlures de cigare, aux coups de poing dans la figure, aux coups de pied dans le ventre et à la cordelette pour serrer la tête ou le cou du supplicié jusqu'à l'évanouissement. Ces méthodes sont utilisées dans toutes les antennes et autres services de la Gestapo.

Par son ouverture sur l'Atlantique et l'importance de son port, Bordeaux représente pour l'occupant une importante base maritime. Les navires qui assurent les liaisons de l'Allemagne avec le Japon, l'Espagne et le Portugal, y ont d'office installé leur port d'attache. L'amiral Dönitz, commandant de la Kriegsmarine (marine de guerre allemande) de l'Atlantique, fait du port de Bordeaux une importante base stratégique du IIIe Reich. Le 27 juillet 1940 voit la création du commandement supérieur de la force sous-marine italienne dans l'Atlantique, et le port de Bordeaux est choisi comme base pour accueillir une trentaine de submersibles italiens. Le bassin à flot n° 1 de Bacalan, en communication directe avec la Garonne, est débarrassé en août de tous les navires arrivés lors de la débâcle de mai-juin 1940. Le 1er septembre 1940, l'amiral Angelo Parona prend son poste de commandant supérieur de l'ensemble de la base, appelée Betasom, « Beta » pour la lettre B (Bordeaux), « som » pour *sommergibili*, « sous-marins » en italien. La construction de la base sous-marine allemande de Bordeaux-Bacalan débute en septembre 1941 et se poursuit jusqu'en octobre 1942.

La Luftwaffe (aviation militaire allemande) s'est déjà tristement signalée à Bordeaux, lors d'un bombardement dans la nuit du 19 au 20 juin 1940, faisant 68 morts et 185 blessés. L'aérodrome de Mérignac, construit en 1934, devient une importante base militaire allemande dès l'été 1940, qui prolonge ses installations jusqu'à Beutre.

C'est donc dans une ville étroitement surveillée et ceinturée par l'occupant qu'Henri Amouroux doit exercer son métier de journaliste dans un quotidien, *La Petite Gironde*, favorable au régime de Vichy et ouvertement collaborationniste. Daniel Latapie, alors journaliste à l'époque dans ce journal, mais également résistant au réseau Buckmaster et déporté à Dachau en 1943, se souvient :

> « Au début de l'occupation allemande, j'ai vu une fois arriver Henri Amouroux chaussé de bottes de cavalerie, vêtu d'une chemise noire avec un insigne pétainiste à la poitrine gauche. Il clamait haut et fort son attachement aux valeurs de la Révolution nationale du régime de Vichy. Il se rendait souvent à la Propaganda-Staffel de Bordeaux, rue Judaïque, pour prendre les instructions de ce service allemand, chargé d'assurer le contrôle politique de la presse en zone occupée. En 1943, peu de temps avant mon arrestation, Amouroux a quitté Bordeaux pour aller travailler en Allemagne dans le cadre de la Relève. Il serait revenu trois mois après. Après la guerre, j'ai été très surpris d'apprendre son "appartenance" à la Résistance, alors que je l'avais connu durant l'Occupation plutôt pétainiste pour ne pas dire plus[8]... »

J'ai consulté les articles d'Henri Amouroux dans *La Petite Gironde* sous l'Occupation et je n'ai rien trouvé qui laisse transparaître une adhésion pleine et entière au nazisme. L'homme est prudent. Durant cette période, il écrit une série d'articles sur les gloires nationales de l'histoire de France, incluant Napoléon Bonaparte, François-René de Chateaubriand, Victor Hugo, André-Marie Ampère et... le maréchal Pétain... En 2009, le journaliste de droite François d'Orcival le présente comme un authentique résistant, rattaché au réseau Jade-Amicol depuis le 1er janvier 1942, importante organisation clandestine spécialisée dans le renseignement et l'évasion, rattachée à l'Intelligence Service britannique. Ce réseau comptera jusqu'à 1 200 membres, dont Hélie Denoix de Saint-Marc. François d'Orcival décrit ainsi le rôle tenu par Amouroux au sein de ce réseau : « Il porte des plis, des consignes, transporte des postes émetteurs clandestins[9]. » Il dévoile également le numéro de matricule (n° 568) de son titre de la Fédération régionale des réseaux de Forces françaises combattantes du Sud-Ouest. Cependant, le résistant Henri Moniot, l'un des principaux responsables de l'antenne bordelaise de ce réseau, porte sur le cas Amouroux un regard dubitatif, en portant même

8. Entretiens de l'auteur avec Daniel Latapie en mai 1994, Bordeaux.

9. François d'Orcival, « Notice sur la vie et les travaux d'Henri Amouroux », Académie des sciences morales et politiques, 7 décembre 2009.

le jugement suivant : « Henri Amouroux se trouve sur la liste des agents dont nous ne connaissons pas assez l'activité pour estimer s'ils méritent une récompense[10]. »

D'après le résistant André Delage, résistant de la première heure en Charente, membre de la prestigieuse section spéciale de sabotage de Jacques Nancy, fondateur de l'institut Jean Moulin de Bordeaux :

> « La Résistance d'Henri Amouroux est une légende. Certains Français désargentés de ce réseau auraient fourni des attestations d'appartenance à la Résistance, moyennant finances à des personnes ayant trempé dans la collaboration ou n'ayant rien fait. La journaliste Alice Giroud a gagné beaucoup d'argent de cette manière… Amouroux se fera une virginité de résistant comme correspondant de guerre sur le front du Médoc de septembre 1944 à avril 1945, au sein de la brigade FFI du colonel de Milleret. Il sera blessé lors des combats de Soulac d'avril 1945, gagnant ainsi une Croix de guerre de la dernière heure[11]… »

On retrouve également avec surprise un certain Maurice Papon parmi les membres du réseau Jade-Amicol ! Rappelons les faits de l'affaire Papon : le 5 juin 1942, Maurice Sabatier (préfet régional), Jean Chapel (directeur de cabinet) et Maurice Papon (secrétaire général) sont nommés en Gironde par Pierre Laval. De juillet 1942 à mai 1944, près de 1 700 juifs, dont 223 enfants, sont déportés sur ordre des nazis, avec l'étroite collaboration de la préfecture bordelaise. Le procès de Maurice Papon, qui se déroule durant plusieurs mois à Bordeaux en 1997-1998, met en lumière plusieurs pièces à charge à l'encontre de l'accusé, dont un ordre de mission confié à Garat, chef du service des Questions juives, placé sous l'autorité de Papon, pour une mission de renseignement avant une rafle ; la location de wagons voyageurs auprès d'un chef de gare ; les ordres de transfert à Drancy de nombreux juifs ; la réquisition de gendarmes pour un convoi. Tous ces documents terribles ont bien été signés par Papon, au nom du préfet Sabatier. Parfois, il s'agit d'une minute, d'une régularisation administrative, certains originaux étant signés par Sabatier. Pour le reste, Papon est l'auteur de comptes rendus. Il est prouvé que Maurice Papon n'a jamais pris une décision détachable

10. Archives du centre national Jean Moulin, Bordeaux. Lire également de Gérard Boulanger, *Les secrets du procès Papon*, Éditions Le Cherche Midi, 2018.

11. Entretiens de l'auteur avec André Delage en mai 1994, Bordeaux.

de ses fonctions administratives, il n'a jamais signé un acte autrement que par délégation du préfet, sous la tutelle duquel il se trouvait.

Le service des Questions juives, que Papon chapeaute à l'époque, est également accusé d'avoir livré des listes de juifs, mais l'existence de listes allemandes et policières est établie. Le fichier juif de la préfecture, constitué dès septembre 1940, est en possession des Allemands bien avant l'arrivée de Maurice Papon à Bordeaux.

Hans Luther, l'officier nazi qui dirige la police allemande de Bordeaux entre 1942 et 1943, et qui met en œuvre les déportations, n'est condamné qu'à cinq ans de prison après la guerre. Magistrat en République fédérale d'Allemagne, il finit paisiblement sa vie en Allemagne comme notable, sans être inquiété…

Reste cependant le déshonneur d'un fonctionnaire français, à savoir Maurice Papon, dont un jury de résistants, constitué en 1981, a estimé qu'il aurait dû « démissionner en juillet 1942 ». Ce que Jacques Chaban-Delmas, compagnon de la Libération, m'a personnellement confirmé en 1998.

À partir de 1943, et surtout en 1944, Papon a des contacts avec des réseaux de la Résistance. Il héberge à plusieurs reprises Roger-Samuel Bloch, un fonctionnaire juif radié par Vichy et membre du réseau Marco-Kléber. Papon rend également quelques services au réseau Jade-Amicol, implanté dans la région bordelaise. Or d'anciens résistants des services secrets de la France libre mettent en doute la Résistance de l'accusé, Jean-Pierre Bloch estimant même que le « Papon résistant » est une légende.

La cour d'assises de Bordeaux a écarté l'accusation de complicité d'assassinat, estimant que Maurice Papon n'avait pas connaissance à l'époque de l'extermination des Juifs. Elle a cependant retenu sa culpabilité pour des complicités d'arrestations et de séquestrations relatives à quatre des huit convois de déportation des Juifs partis de Bordeaux entre 1942 et 1944.

Il est légitime de s'étonner qu'un fonctionnaire, mêlé de près ou de loin à la déportation des juifs de Bordeaux, se soit retrouvé à des postes élevés dans l'administration après la guerre. Il est surprenant d'entendre d'anciens résistants affirmer que les services rendus par Papon à la Résistance l'innocentent du crime pour lequel il a été jugé.

Gaston Cusin, nommé commissaire de la République à Bordeaux en 1944, selon la terminologie décidée par Michel Debré pour désigner les préfets, a dédouané Papon dans un rapport. Comment imaginer que ce grand résistant n'ait pas été au courant des activités antisémites de la préfecture de Bordeaux entre 1942 et 1944, et des responsabilités de ses dirigeants ? Adrien Tixier, ministre de l'Intérieur à la Libération, n'a pas été convaincu par le rapport Cusin. Toutefois, en l'absence de preuves sérieuses à l'époque, il décide de maintenir Maurice Papon dans ses fonctions. Début juin 1944, c'est Roger-Samuel Bloch qui conseille à Gaston Cusin de faire appel aux services de Maurice Papon, qui l'aide pendant les trois mois précédant la Libération de Bordeaux. Sorti de la clandestinité, Cusin demande à Papon d'être son directeur de cabinet.

Par la suite, Maurice Papon travaille au ministère de l'Intérieur de 1945 à 1946. Il est ensuite nommé préfet de Corse de 1946 à 1949, puis de Constantine en Algérie de 1949 à 1951. Papon est promu au poste de secrétaire général de la Préfecture de police de 1951 à 1954. Secrétaire général du protectorat du Maroc de 1954 à 1955, il redevient préfet à Constantine de 1956 à 1958. Préfet de police de Paris de 1958 à 1967, il est à l'origine de la sévère répression ayant frappé des manifestants algériens à Paris, le 17 octobre 1961, ayant causé la mort de 30 à 98 personnes, d'après les sources les plus sérieuses. Papon est élu député gaulliste du Cher en 1968. À l'automne de la même année, il devient trésorier du parti gaulliste (UDR). Élu maire de Saint-Amand-Montrond en mars 1971, il le reste jusqu'en 1983. Réélu député en 1973 et 1978, il est ministre du Budget dans le troisième gouvernement de Raymond Barre de 1978 à 1981.

Maurice Papon est condamné le 2 avril 1998 à une peine de dix ans de réclusion par la cour d'assises de Bordeaux. Après sa libération pour raison de santé le 4 septembre 2002, il est assigné à résidence dans un pavillon à Gretz-Armainvilliers. Il décède à l'âge de 96 ans, le 17 février 2007.

Que faut-il alors penser de la Résistance d'Henri Amouroux ? Il est intéressant de rappeler qu'il est venu témoigner au procès de Maurice Papon, afin de prendre sa défense… Il est mis en cause par Maître Gérard Boulanger (principal avocat des victimes des rafles antisémites) pour ses liens avec la Propaganda-Staffel de Bordeaux. Sans nier qu'il était alors maréchaliste, Amouroux obtient cependant réparation devant le tribunal de Paris en 1997. Une témoin de cette affaire, fille d'une mère déportée, questionne ainsi Amouroux, après le procès en question :

> « Vous preniez vos instructions à la Propaganda-Staffel, pourquoi n'avez-vous pas dévoilé dans la presse locale l'importance des rafles frappant les juifs à Bordeaux et ses environs ? Pourquoi,

> dans le cadre de La Relève, êtes-vous parti volontairement travailler pour l'Allemagne hitlérienne[12] ? »

Amouroux devient rouge de honte et évite de lui répondre.

Après la guerre, Henri Amouroux fait l'essentiel de sa carrière à *Sud-Ouest* de 1944 à 1974. Il se lance dans une *Grande histoire des Français sous l'Occupation* en neuf volumes de 1976 à 1991, qui lui vaut d'être élu à l'Académie des sciences morales et politiques en 1978.

> « Fidèle à son ambition de brosser une fresque exhaustive, écrit François Broche, en se tenant à une certaine objectivité, il lui est néanmoins reproché de montrer trop d'indulgence envers le régime de Vichy et son chef[13]. »

Le compte rendu de lecture de la revue *L'Histoire* de mars 1994 est tout aussi éclairant :

> « En somme, Henri Amouroux ne dévie pas de son optique maréchaliste, bien que cette ligne ait été depuis longtemps enfoncée par les historiens. Son entreprise s'apparente plus à un combat idéologique qu'à la recherche sereine de la vérité. »

Jimmy Jonquard, journaliste et directeur de la rédaction de France 3 Aquitaine durant les années 1980 et 1990, témoigne :

> « Fils de résistant, je ne supporte pas l'œuvre "historique" d'Henri Amouroux sur l'Occupation. Il cherche à légitimer son passé maréchaliste en donnant de cette sombre période une image flatteuse du maréchal Pétain[14]. »

De son côté, l'historien Jean-Pierre Azéma écrit au sujet d'Henri Amouroux :

> « C'est sans doute la lecture idéologisée d'un homme qui a vécu cette période, qui a travaillé dans un journal vichyssois quand il avait vingt ans, qui est parti en Allemagne au titre de la Relève

---

12. Propos recueillis le 15 juin 2017, à Bordeaux.
13. François Broche, *Dictionnaire de la Collaboration*, Éditions Belin, 2014.
14. Entretiens de l'auteur avec Jimmy Jonquard en mars 1990, Bordeaux.

> et a tenu à témoigner en faveur de Maurice Papon, ce qui était évidemment son droit[15]. »

Henri Amouroux est décédé le 5 août 2007, à l'âge de 87 ans, au Mesnil-Mauger. Membre de l'Institut de France, il fut président du prix Albert-Londres pendant vingt et un ans.

Jean Anouilh

Jean Anouilh est né le 23 juin 1910 à Bordeaux d'un père tailleur et d'une mère professeur de piano et pianiste d'orchestre à Arcachon. Il acquiert très jeune la passion du théâtre, devient secrétaire de Louis Jouvet en 1929, fait la connaissance de Jean Cocteau, de Jacques Prévert et de bien d'autres, présente sa première pièce en 1932, *L'Hermine*, écrite en collaboration avec Jean Aurenche. C'est le début d'une brillante carrière d'auteur dramatique. En 1937, il remporte un immense succès en faisant monter par Georges Pitoëff *Le Voyageur sans bagage*, qui fera ensuite l'objet d'un film en 1944, avec l'acteur Pierre Fresnay. L'année suivante, il fait la connaissance de Robert Brasillach. En avril 1940, Anouilh est mobilisé comme secrétaire du général commandant la garnison d'Auxerre. Fait prisonnier en juin, il est rapidement libéré, rejoint à Paris sa femme et sa fille. À l'été 1941, toute la famille se réfugie à Salies-de-Béarn, où elle reste sur place jusqu'en février 1942.

Jean Anouilh n'adhère à aucun mouvement collaborationniste, mais, durant l'Occupation, il publie en feuilleton dans *Je suis partout* sa pièce *Léocadia*, écrite en 1939, pour laquelle il reçoit les vibrants éloges de Lucien Rebatet dans *Le Cri du peuple* le 21 février 1941. De même, le journaliste Alain Laubreaux, antisémite et pro-nazi, voit en lui « le premier auteur dramatique du moment[16] ».

Durant cette sombre période, Anouilh fait jouer trois autres pièces : *Eurydice*, *Le Rendez-vous de Senlis* (1942) et *Antigone* (février 1944). Au sujet de cette dernière œuvre, il assure après la guerre avoir été inspiré par la célèbre Affiche rouge, placardée sur les murs de Paris, présentant les résistants fusillés du groupe FTP-MOI de Manouchian. Or, le résistant Armand Salacrou voit au contraire

15. Jean-Pierre Azéma, *Vichy-Paris. Les Collaborations. Histoire et mémoires*, André Versaille éditeur, 2012.
16. *Je suis partout*, 14 février 1941.

dans *Antigone* « une pièce ignoble, œuvre d'un Waffen SS[17] ». En voulant renouveler, dans un style moderne et poétique, le conflit entre la raison d'État et la résistance à la dictature, Anouilh semble réhabiliter pour certains le personnage tyrannique de Créon, prenant ainsi parti pour l'ordre vichyste, voire hitlérien, ce qui amène Lucien Rebatet à le classer parmi « les écrivains ralliés à l'ordre nouveau ou qui ne dédaignent pas collaborer à sa presse[18] ».

Voulant faire oublier sa collaboration d'auteur dans les colonnes de *Je suis partout*, journal antisémite et pro-nazi, Jean Anouilh s'offusque des critiques portées contre lui par une partie de la Résistance. Cependant, à la Libération, il s'érige contre l'épuration frappant plusieurs de ses amis, dont principalement Robert Brasillach. Il participe activement au recueil de signatures d'auteurs reconnus (dont Albert Camus, François Mauriac, Paul Valéry et Colette), pour obtenir la grâce de son ami auprès de Charles de Gaulle. Après 1958, il montre une profonde hostilité à l'encontre du Général, en faisant même partie du comité d'honneur du Cercle Bastien-Thiry, chargé de défendre la mémoire du chef du commando OAS de l'attentat du Petit-Clamart. Il décède le 3 octobre 1987, à l'âge de 77 ans, à Lausanne en Suisse.

Michel Audiard

Né le 15 mai 1920 à Paris, dans le quartier populaire du 14e arrondissement, élevé par son parrain, il obtient un CAP de soudeur à l'autogène. Passionné par la littérature et le cinéma, il découvre Rimbaud, Proust, Céline, Jeanson et Prévert. Sportif amoureux de la bicyclette, il se rend régulièrement au vélodrome d'hiver, où il fait la connaissance d'André Pousse, qui deviendra par la suite un acteur populaire.

Le 15 juillet 1943, Audiard donne à *L'Appel*, hebdomadaire antisémite et collaborationniste, une nouvelle, *La fin commence à l'aube*, curieuse histoire d'un pêcheur assassin. Une seconde nouvelle, *Le Rescapé du Santa Maria*, présente un propriétaire juif d'un bateau, Jacob Brahm, qui se définit par « une veulerie suante et une odeur de chacal ». Un autre juif, Ephraïm, est « une synthèse de fourberie ». C'est « la conjuration des synagogues », qui doit s'achever

17. Archives du centre national Jean Moulin, Bordeaux.

18. *Je suis partout*, 10 mars 1944.

« à l'heure prochaine de votre pendaison [...], manifestation de l'imminente justice[19] ».

> « On est bien, écrit François Forestier, dans l'esprit nauséabond de l'époque. La grande rafle des juifs à Marseille a eu lieu quelques mois auparavant. Celle du Vél'd'Hiv date de l'été précédent. Le 14 octobre 1943, un nouveau texte de Michel Audiard : *La Vérité sur l'affaire Loth*, pastiche brindezingue de la Bible, où le patriarche est traité de "fidèle corrompu"... En janvier 1944, changement de crémerie : c'est dans *L'Union française*, journal qui prône la création "d'une nouvelle France dans la nouvelle Europe", qu'Audiard s'exprime, sous forme de "reportages" drolatiques[20]. »

Le 1er juin 1944, Audiard devient critique de théâtre sous les bons auspices de l'Institut d'études corporatives et sociales, rattaché à l'ambassade du Grand Reich. Il fait l'éloge de Jean-Pierre Liausu qui plaide pour l'arrêt des « machinations de la juiverie omniprésente dans le théâtre et dans le cinéma », vomit sur Léon Blum « chez qui se putréfient toutes les essences juives » et constate que, « dans le monde du spectacle, en France, le juif a triomphé ». Liausu plaide pour l'élimination des syndicats, la réhabilitation des chants folkloriques, le tout « sous le patronage du maréchal Pétain, chef de l'État français ». Audiard, en soutien de Liausu, écrit : « Le monde qu'il est convenu d'appeler "artistique" et qui demeure dans sa majorité le plus coquet ramassis de faisans, juifs (pardonnez le pléonasme), métèques et margoulins[21]. » De même, il s'en prend au « petit youpin de Joseph Kessel », avant d'étriller Elsa Triolet qui a cette « prédilection pour tout ce qui est veule, fangeux, équivoque[22] ».

Audiard figure sur une fiche d'adhésion du groupe Collaboration, numéro 74 208 de 1942, mouvement fondé en 1940 par Alphonse de Châteaubriant, illuminé antisémite qui voit en Hitler un nouveau Christ ! Convoqué au commissariat du quartier du Parc-de-Montsouris le 17 mars 1947, il affirme que cette inscription s'est faite à son insu, justification qu'il répète en 1978[23].

---

19. *L'Appel*, 15 juin 1943.
20. François FORESTIER, « La face noire de Michel Audiard », *L'Obs*, n° 2762, 12 octobre 2017.
21. Cité par François FORESTIER, *op. cit.*
22. *Idem.*
23. *Idem.*

Le 30 novembre 2017, suite à une violente polémique dévoilant dans la presse les écrits antisémites de Michel Audiard durant l'Occupation, le journaliste Arnaud Folch fait publier dans *Valeurs actuelles* un document du réseau de résistance Navarre, daté du 25 janvier 1946 et signé par le capitaine Grolleau, attestant que « M. Audiard Michel a appartenu à ce réseau depuis septembre 1943, comme agent occasionnel ». Initialement réseau Navarre, du surnom de son fondateur Georges Loustaunau-Lacau, officier nationaliste de droite, anticommuniste et germanophobe, le réseau Alliance (Navarre) est l'un des plus importants et plus actifs, comptant jusqu'à 2 407 membres, travaillant avec l'Intelligence Service britannique, puis le BCRA gaulliste. Ce réseau déplore 438 morts sur plus de mille arrestations. C'est à lui que l'on doit « la livraison aux Alliés des principaux emplacements des rampes de nouvelles armes allemandes sur la côte Atlantique, qui se révélera décisive au moment du débarquement en Normandie[24] ».

De son côté, Thierry Savatier écrit au sujet de cette polémique sur le passé de Michel Audiard :

> « Il n'aurait évidemment pas pu prétendre à la croix de Compagnon de la Libération, ni même à la médaille de la Résistance, mais il s'était, au moins occasionnellement, engagé dans un réseau efficace qui fut en grande partie décimé par une police allemande qui ne faisait aucune différence entre un agent occasionnel et un agent permanent. Exhumé des archives que le dialoguiste conservait dans sa maison de Dourdan par son petit-fils, ce document ne l'exonère certes pas de quelques phrases antisémites qui lui sont reprochées – et qui empoisonnaient déjà la presse de l'entre-deux-guerres –, mais il montre que Michel Audiard n'avait rien de commun avec le collaborateur plus ou moins zélé qu'on avait voulu livrer à la vindicte publique 70 ans après les faits. La réalité est toujours plus complexe que ne le souhaiteraient les tenants du manichéisme. Or cette information ne semble avoir été relayée par aucun média. Voilà qui est pour le moins curieux[25]. »

24. Arnaud Folch, « Audiard membre de la Résistance : la preuve », *Valeurs actuelles*, n° 4227, 30 novembre 2017.

25. Thierry Savatier, « Audiard fait de la Résistance », blog de Thierry Savatier, 14 décembre 2017.

Cependant, en tant que spécialiste de l'histoire de la Résistance et de la collaboration, auteur de plus d'une centaine d'ouvrages sur cette période, après avoir consulté de nombreuses archives inédites, je n'ignore pas que certains officiers liquidateurs de réseau, notamment en région bordelaise (comme c'est le cas du capitaine Grolleau), auraient signé des attestations d'appartenance à la Résistance à des individus liés de près ou de loin à la collaboration, moyennant finances. Les cas Amouroux et Papon ont déjà été évoqués à ce sujet... Il est cependant possible que Michel Audiard ait rendu quelques services à la Résistance en tant qu'agent occasionnel. Mais comment expliquer que le document en question soit signé par l'officier liquidateur de la région bordelaise, alors que Michel Audiard est censé avoir opéré en région parisienne, où il se trouve à l'époque. La région bordelaise est empoisonnée durant l'Occupation par l'affaire Grandclément, marquée par le démantèlement de nombreux réseaux, infiltrés par les nazis et les collabos, sans oublier le rôle trouble des Anglais, disposés à sacrifier des résistants français pour faire croire aux Allemands à la possibilité d'un débarquement des Alliés sur la côte Aquitaine, afin de fixer plusieurs divisions ennemies, au moment où les Britanniques et les Américains doivent opérer en Italie en 1943[26].

Après la guerre, Michel Audiard sera un excellent scénariste, dialoguiste et réalisateur de films devenus des classiques du cinéma français. Il meurt le 28 juillet 1985, à l'âge de 65 ans, dans sa maison de Dourdan, des suites d'un cancer.

Marc Augier, dit Saint-Loup

Né le 19 mars 1908 à Bordeaux, il est bachelier en 1926, puis élève pilote à l'école d'aviation Blériot l'année suivante, avant de fonder en 1928 le Moto Club universitaire de Bordeaux et du Sud-Ouest. Bien qu'étudiant en droit, il se passionne davantage pour les raids motocyclistes que pour la lecture du Code civil.

> « Un raid dans les montagnes d'Andorre, écrit Philippe Randa, lui donne l'occasion d'un reportage pour *La Dépêche du Midi*. Au cours des années suivantes, il consacre le plus clair de son temps à la passion qu'il éprouve pour les sports mécaniques et la vitesse.

26. Lire à ce sujet de Dominique Lormier, *Histoires extraordinaires de la Résistance française*, Éditions Le Cherche Midi, 2013.

> Par la suite, il gagne sa vie en donnant des piges à *L'Illustration* et à *Sciences et Voyages*. C'est dans cette dernière revue qu'il publie son interview célèbre d'Enzo Ferrari, *le dictateur des bolides*[27]. »

Marc Augier fonde ensuite le Centre laïque des auberges de jeunesse et devient membre du cabinet de Léo Lagrange dans le gouvernement du Front populaire en 1936. Il fréquente de très près les socialistes et les communistes, se lie d'amitié avec la future grande résistante communiste Danièle Casanova. Il se sent alors socialiste dans l'âme et antifasciste. Cependant, en 1937, il a une « révélation » en lisant *La Gerbe des forces* d'Alphonse de Châteaubriant :

> « Quarante-huit heures plus tard, écrit-il, j'étais devenu national-socialiste [...]. J'avais subi une mutation aussi importante pour ma conscience que le sont biologiquement celles qui marquent l'espèce humaine chaque dix ou vingt millions d'années. Je me retrouvais hitlérien[28] ! »

La défaite française de mai-juin 1940 lui semble être l'occasion de bâtir une nouvelle Europe sous commandement allemand. Dès juillet 1940, il fonde avec Alphonse de Châteaubriant et le nazi Eitel Moelhausen le journal *La Gerbe*, qui annonce la couleur : « L'Europe, c'est l'Allemagne, l'Allemagne, c'est la France. La France et l'Allemagne, aujourd'hui, devant l'avenir, c'est la même chose[29] ! » Il s'engage dans la LVF, participe aux combats de l'été 1942 sur le front de l'Est, puis rejoint la Waffen SS au sein de la brigade Frankreich. Rédacteur en chef de *Combattant européen*, journal de la LVF, puis à *Devenir,* journal des Waffen SS français, il séjourne en 1944 à Sigmaringen en Allemagne, dernier refuge des ultras de la collaboration, puis part pour l'Italie. Après avoir traversé le col du Brenner, il gagne Milan. La guerre prend fin. Il parvient à se réfugier en Amérique latine, où il occupe le poste de conseiller militaire des troupes de montagne de l'armée argentine, avec le grade de lieutenant-colonel. Il devient l'ami du couple présidentiel Perón, donne des leçons de ski à Evita.

---

27. Philippe RANDA, *Dictionnaire commenté de la collaboration française*, Éditions Jean Picollec, 1997.
28. Cité par François BROCHE, *op. cit.*
29. *La Gerbe*, 11 février 1943.

En 1953, après l'amnistie en faveur des collabos, Marc Augier revient en Europe et, sous le pseudonyme de Saint-Loup, écrit une trentaine de livres, rate de peu le prix Goncourt en 1953, pour son roman *La nuit commence au cap Horn*, lorsque le jury découvre son passé collaborationniste. En effet, sous son pseudonyme, il tente de cacher son passé de Waffen SS, mais *Le Figaro littéraire* révèle que Saint-Loup et Marc Augier ne sont qu'une seule et même personne. « Il publie ensuite une trilogie consacrée aux combattants de la LVF et des Waffen SS français [...], plusieurs ouvrages sur le nazisme [...], une série de romans [...], des récits de montagne, et deux biographies de Louis Renault et Marius Berliet », écrit François Broche[30]. Père du journaliste Sylvain Augier, il décède le 16 décembre 1990.

Dans un de ces nombreux ouvrages, Marc Augier écrivait :

> « Dans ce cloître d'Hildesheim se préparait la transmutation de toutes les valeurs de Frédéric Nietzsche. Il est sans exemple dans l'histoire de l'humanité qu'un philosophe ait eu une telle postérité, une telle équipe, avec ses armées, ses chars, ses avions, ses docteurs, ses moines, ses chevaliers et des administrateurs [...]. Je ne représentais toujours rien, mais comme les derniers cathares échappés aux bûchers de Montségur, je me sentais désigné pour rallier la montagne, enfouir dans ses grottes profondes ce qu'aucune inquisition n'a jamais pu détruire ni même retrouver : le Graal[31]. »

Jean-Marie Balestre

Il est né le 9 avril 1921 à Saint-Rémy-de-Provence dans les Bouches-du-Rhône. Après des études de droit, il débute une carrière de journaliste au sein de la rédaction du journal *Sport et Santé*, puis rejoint *L'Auto*, l'ancêtre de *L'Équipe*. En 1939, en tant que militant antifasciste et antinazi, il écrit régulièrement des articles dans *Le Droit de vivre*, journal de la Ligue internationale contre l'antisémitisme (LICA) que dirige Bernard Lecache. Il devient membre du service d'ordre de la LICA et écrit en décembre 1939 : « Cette barbarie qu'est le racisme[32]. »

30. François Broche, *op. cit.*
31. Cité par Philippe Randa, *op. cit.*
32. Archives de la LICA, Paris.

Suite à la défaite militaire de la France en mai-juin 1940, Balestre, réfugié à Toulouse, change subitement de camp, devient pétainiste, adhère aux Jeunes du Maréchal, mouvement fondé par Jacques Bousquet, professeur pro-nazi. Cette organisation est rapidement prise en main par Robert Hersant et Jean-Marie Balestre qui en font un instrument de propagande collaborationniste. Sous l'impulsion de Balestre, l'engagement dans la Waffen SS est prôné, ce qui entraîne de nombreux départs, la condamnation de l'Église catholique, le désaveu même du maréchal Pétain, si bien que le mouvement finit par être dissous en juin 1943 !

Balestre est également proche de Pierre Clémenti, antisémite notoire, un des fondateurs de la LVF qui part se battre aux côtés des nazis contre l'armée soviétique. Dès l'été 1940, Balestre est impliqué dans des violences antisémites en compagnie de Robert Hersant. En 1941 et 1942, il dirige avec ce dernier le Centre de jeunesse Maréchal-Pétain de Brévannes en Seine-et-Oise, camp d'entraînement paramilitaire et d'embrigadement aux principes vichystes. Il passe également une partie de son temps à Paris, fréquentant avec plaisir les salons nazis et les milieux collaborationnistes.

Trouvant le régime de Vichy trop tiède, il s'engage en 1942 dans les forces motorisées allemandes de combat du Parti national-socialiste (NSKK), où il accomplit un stage de plusieurs mois comme chauffeur de camion à Vilvorde, dans la banlieue de Bruxelles. Organisation paramilitaire du parti nazi de 1931 à 1945, le NSKK accepte de recevoir des volontaires étrangers durant l'Occupation, qui forment des unités nationales, avec un encadrement allemand. Le premier NSKK français est constitué en juillet 1942 sur proposition du capitaine Troupeau, également membre de la LVF. Le NSKK participe à la déportation des juifs dans les territoires occupés de l'Est de l'Europe.

Le 18 novembre 1942, Balestre lance le journal *Jeune Force de France* et collabore à *Devenir*, le journal des Waffen SS français. À cette occasion, il écrit :

> « Nous le pensons et nous l'affirmons : le salut ne nous viendra que du combat. L'heure des hommes virils a sonné. Il faut choisir entre le national-socialisme et la juiverie[33]. »

33. Archives nationales, Paris.

Le 17 mai 1943, il intègre l'Ersatzkommando de la Waffen SS française, avec le matricule 10 248. Il prépare les jeunes recrues à la visite médicale et les envoie à la gare de l'Est. En mars 1944, dans le journal *Devenir*, fondé par son ami Waffen SS Marc Augier, il écrit au sujet des SS français qui vont combattre à l'Est :

> « Surmontant tous les préjugés, ils accèdent bientôt à un niveau d'homme supérieur. Ces jeunes Français ont endossé leur uniforme de la Waffen SS, ils défendent son drapeau et son prestige ; ils ont embrassé un idéal intransigeant et appartiennent maintenant à un ordre que l'on ne quitte que par la mort. Ils partent pour sauver la race aryenne et leur peuple, pour le triomphe de l'homme aryen [...]. C'est ce même esprit de sacrifice qui fera triompher l'Europe aryenne du juif asiate [...]. Ils sont les soldats du Führer, ils sont les soldats fanatiques et fidèles d'Adolf Hitler, qui leur a accordé par deux fois le plus grand des honneurs [...]. Plus que jamais, au milieu de la tourmente, ils ont confiance en cet homme, au regard clair et tranquille de ces yeux bleus qui semblent poursuivre dans l'espace un rêve intérieur. Ils savent que ce chef, simple et humain, qui supporte les plus lourdes responsabilités qu'un homme ait jamais connues, les conduira au triomphe total et ils savent aussi que, grâce à eux, la France y aura participé[34]. »

Le 23 mai 1944, Balestre est arrêté par la Gestapo parce que, d'après ses dires après la guerre, il préparait un attentat contre le siège parisien de la SS pour le compte de la Résistance. Or, des résistants affirment « qu'il a été pris la main dans le sac à truquer des factures d'imprimerie, à revendre du papier journal contingenté et que, d'autre part, il s'était livré au marché noir[35] ». Il est détenu à la prison de Fresnes puis, le 17 août 1944, lors du départ des Allemands, transféré comme droit commun, et non comme résistant ou politique, dans le camp de Dantzig, puis interné successivement dans ceux d'Oranienburg, de Dachau et d'Hersbruck. Libéré par les Américains en avril 1945, il rejoint dès son retour en France les rangs de la Résistance française, en affirmant avoir infiltré les nazis pour le compte des Alliés. Il est dénoncé comme ancien SS par des membres de la

34. Jean-Marie Balestre, « Les soldats du Führer », *Devenir*, n° 2, mars 1944.

35. Archives du centre national Jean Moulin, Bordeaux. Lire également Jean-Marc Théolleyre, « Les années 40 de M. Jean-Marie Balestre », *Le Monde*, 15 juin 1984.

communauté juive et de nouveau incarcéré à Fresnes, le 16 juin 1945, pour atteinte à la sûreté de l'État. Très curieusement, il obtient un non-lieu de la Cour de Justice de la Seine le 16 mai 1947. Puis, par décision ministérielle du 7 avril 1954, il se voit décerner le certificat de la médaille de Résistance pour services accomplis du 1er avril 1942 au 4 mai 1945. Le 14 juin 1957, le ministre des Anciens combattants et victimes de guerre lui attribue le titre, la carte et la médaille de déporté résistant. Il est fait chevalier de la Légion d'honneur en 1968.

Dès 1947, Jean-Marie Balestre fonde *L'Auto-Journal*, puis est élu en 1968 secrétaire général de la Fédération française du sport automobile, qu'il préside de 1973 à 1996. Il fournit du travail à son ami Waffen SS Marc Augier rentré d'exil et amnistié. Au milieu des années 1980, il intente un procès en diffamation au journaliste Jean-Pierre Dubreuil, qui ose mettre en cause son passé de résistant dans la SS… Il décède le 27 mars 2008, à l'âge de 86 ans, à Saint-Cloud.

L'historien Simon Epstein écrit avec une certaine ironie au sujet de Jean-Marie Balestre :

> « Il n'aurait adhéré à Jeune front et aux Jeunes du Maréchal, puis aux Waffen SS, que dans le but, héroïque et téméraire entre tous… de les saboter de l'intérieur ! Il s'efforcera de faire valoir, aussi, que son internement en Allemagne, en août 1944, était dû à des faits de résistance et non aux malversations financières dont les Allemands l'accusaient[36]. »

Dans le fichier de 1945 du ministère de la Guerre, du 5e Bureau (contre-espionnage) de l'état-major de l'armée française, où figurent sur plus de 2 000 pages les noms de 96 492 « suspects et douteux » liés à la collaboration, Jean-Marie Balestre se trouve en bonne place page 89, avec les indications suivantes : « Balestre Jean-Marie, LVF-Waffen SS, né le 9 avril 1921 à Saint-Rémy-de-Provence, domicilié 12 rue de Bretagne[37]. »

Le résistant Daniel Cordier, adjoint de Jean Moulin, et Alexandre de Marenches (1921-1995), patron des services secrets français de 1979 à 1981, ont plusieurs fois parlé de l'existence d'un fichier très secret de 1945, provenant du service de contre-espionnage (5e Bureau)

---

36. Simon Epstein, *op. cit.*
37. Archives du ministère de la Guerre du 5e Bureau, état-major de l'armée. Lire à ce sujet de Dominique Lormier, *Les 100 000 collabos. Le fichier interdit de la collaboration française*, Éditions Le Cherche Midi, 2017.

de l'armée française, où figure l'identité de presque tous les collabos ou présumés tels sous l'occupation allemande en France. En 1986, interrogé par Christine Ockrent dans le livre *Dans le secret des princes*, Alexandre de Marenches affirme que de prétendus résistants français étaient en fait des collabos... Cette révélation provoque un véritable scandale dans tout l'Hexagone : médias, historiens et politiques lui demandent d'apporter la preuve de ce qu'il ose affirmer et de citer des noms. Il se garde bien d'aller plus loin, sachant à l'époque que le fichier en question n'est pas déclassé, ainsi que de nombreuses archives. Des anciens « résistants », encore nombreux en 1986, se sentent visés par les déclarations d'Alexandre de Marenches. Le ministre de la Défense de l'époque, André Giraud, intervient pour demander à la commission consultative nationale de la Résistance d'examiner les documents en question. Bien entendu, l'affaire est étouffée peu après, lorsque cette commission affirme que les archives en question ne présentent pas de réel intérêt...

René Barjavel

René Barjavel voit le jour le 24 janvier 1911 à Nyons dans la Drôme. Fils de boulanger, il obtient le baccalauréat et doit exercer divers métiers pour vivre, notamment comme pion, employé de banque, agent immobilier. Il débute ensuite dans le journalisme au *Progrès de l'Allier*, à Moulins. Il devient en 1935 secrétaire de rédaction à la revue *Documents*, puis chef de fabrication aux éditions Denoël. Il collabore à diverses publications, dont l'hebdomadaire satirique *Le Merle blanc*, en tant que critique cinématographique.

Mobilisé dans un régiment de zouaves en 1939, il participe à la campagne de mai-juin 1940, avec le grade de caporal-chef. Révolté par la discipline militaire, il devient profondément antimilitariste et pacifiste. Démobilisé en juillet 1940, il fonde à Montpellier le journal *l'Écho des étudiants*, auquel collaborent Jacques Laurent, pétainiste convaincu et antigaulliste viscéral, et François Bauer, qui écrira également dans *Combats*, l'hebdomadaire antisémite et pro-nazi de la Milice...

En 1943, René Barjavel publie son premier roman d'anticipation (*Ravage*), portant en épigraphe une citation de Céline, l'écrivain antisémite, ami des nazis. Ce roman ainsi qu'un second (*Le voyageur imprudent*) paraissent également en feuilleton (septembre 1943-janvier 1944) dans *Je suis partout*, le célèbre journal antisémite et collaborationniste, pour lequel il donne également des nouvelles (mars-septembre 1943). Ces écrits de l'époque restent neutres par prudence. Henri Poulain, rédacteur en chef à Radio-Vichy, gérant de *Je suis partout*, et également critique littéraire aux publications collaborationnistes *Le Cri du peuple*, *Le Petit Parisien* et *Révolution nationale*, décrit ainsi le travail de René Barjavel aux éditions Denoël : « Toute la journée, il brasse le papier, il fait un livre, de sorte que Barjavel est, si on peut dire, le père temporel d'un certain nombre d'ouvrages de poids, de *Bagatelles pour un massacre* aux *Décombres*[38]. »

Après la libération de Paris en août 1944, Barjavel est publiquement dénoncé comme collaborateur par le Comité national des écrivains. Pour justifier ses écrits littéraires dans la presse collaborationniste, il avance avoir rendu quelques services à la Résistance... Sous la pression de plusieurs écrivains, dont Georges Duhamel, il est en parti blanchi de son passé trouble durant l'Occupation. Pour faire oublier ses « années interdites », il devient critique à l'hebdomadaire gaulliste *Carrefour* de 1947 à 1950. Il collabore ensuite au *Journal du dimanche* et à Radio-Luxembourg, en tant que critique de télévision, tout en poursuivant une brillante carrière de romancier et de scénariste-dialoguiste de cinéma. Il décède à Paris le 24 novembre 1985, à l'âge de 74 ans.

Simone de Beauvoir

Elle est née le 9 janvier 1908 à Paris, d'un père avocat et comédien amateur, et d'une mère issue de la bourgeoisie de Verdun. Son grand-père maternel, président de la Banque de la Meuse, fait faillite après la Première Guerre mondiale, plongeant ses parents dans une précarité temporaire, car son père espérait vivre de la dot de son épouse. À quinze ans, Simone de Beauvoir décide de devenir écrivain. Agrégée de philosophie en 1929, professeur à Marseille, au Havre, à Rouen et à Paris, elle fréquente les cafés littéraires de Saint-Germain-des-Près, où Sartre vient la rejoindre, en mars 1941, à son retour de captivité comme prisonnier de guerre. Tous deux demeurent dans un attentisme prudent, puis collaborent avec le régime de Vichy. C'est ainsi que Simone de Beauvoir obtient un emploi dans les studios parisiens

38. *Je suis partout*, 12 mars 1943.

de Radio-Vichy, pour laquelle elle écrit des sketches de dix minutes, consacrés aux reconstitutions des fêtes du Moyen Âge. Travail qu'elle accepte sans état d'âme, car convenablement rémunéré. Totalement au service de l'idéologie de la Révolution nationale, antisémite et pétainiste, cette radio reçoit tout le gratin de la collaboration intellectuelle et politique, comme Lucien Rebatet, Philippe Henriot, les journalistes de *Je suis partout*, etc.

> « Jean-Paul Sartre et Simone de Beauvoir, écrit François Broche, se reprocheront de n'avoir éprouvé aucune compassion à l'égard de leur amie Bianca Lamblin qu'ils avaient abandonnée au moment des rafles[39]. »

Après le débarquement des Alliés en Normandie en juin 1944, le couple part se réfugier dans un village de l'Oise. Après la guerre, Simone de Beauvoir tente de faire oublier son passé douteux sur les ondes vichystes : elle entame une brillante carrière d'essayiste et de romancière engagée à gauche, obtient le prix Goncourt en 1954. Elle meurt le 14 avril 1986, à l'âge de 78 ans, à Paris.

André Castelot

André Castelot est né le 21 janviers 1911 à Anvers, en Belgique. Naturalisé français très jeune, il devient le secrétaire particulier de l'écrivain collaborationniste Alphonse de Châteaubriant, dont sa mère (Gabrielle Castelot) est la compagne. Durant l'Occupation, il est critique dramatique à *La Gerbe* et à *Comoedia*, publications favorables à l'Allemagne hitlérienne et à la collaboration. D'autre part, il participe à un documentaire de propagande en faveur du IIIe Reich. « À la Libération, écrit François Broche, il est frappé d'une simple interdiction temporaire de publier[40]. » Cherchant à faire oublier sa rédaction dans des revues collaborationnistes, il débute ensuite une carrière d'historien, à travers de nombreux livres, dont une monumentale biographie en dix volumes de Napoléon Bonaparte. Il participe à de nombreuses émissions radiophoniques et télévisées, avec Alain Decaux et Jean-François Chiappe. Ses articles publiés sous l'Occupation ne laissent apparaître aucun engagement

39. François Broche, *op. cit.*
40. François Broche, *op. cit.*

politique, mais sont édités dans des revues ouvertement antisémites et pro-nazis… Il figure dans le fichier de 1945 du ministère de la Guerre du 5e Bureau (contre-espionnage) de l'état-major de l'armée (où se trouvent 96 492 personnes liées à la collaboration) à la page 379 en tant que suspect. Son œuvre est couronnée par le Grand Prix d'histoire de l'Académie française en 1984. Il décède le 18 juillet 2004, à 93 ans, à Neuilly-sur-Seine.

Sa mère, Gabrielle Castelot, poétesse belge sous la signature de Gabrielle Lesfort, convertit au nazisme l'écrivain Alphonse de Châteaubriant, qui finit par ne plus pouvoir se passer d'elle :

> « Elle est sa véritable femme, raconte Romain Rolland. Elle s'est emparée de lui par sympathie religieuse et mystique, non moins que par admiration artistique […]. Elle a mis la main sur tous ses papiers, sur toutes ses notes, qu'elle range et classe, et qu'elle connaît mieux que lui-même. Elle l'escorte, elle veille sur sa santé et son bien-être[41]. »

Elle entretient d'excellentes relations avec plusieurs dignitaires nazis, accompagne Châteaubriant en Allemagne, charge son fils André de devenir le secrétaire privé de l'écrivain. Elle-même secrétaire générale de *La Gerbe* dès 1940, elle rédige des articles sous le pseudonyme de Guy Harveng. À la Libération, elle suit en exil son compagnon. Elle décède en 1968.

François Chalais

Né François-Charles Bauer le 15 décembre 1919 à Strasbourg, licencié en droit, il commence en 1942, sous sa véritable identité (François-Charles Bauer) une carrière de journaliste, en tant que critique littéraire et cinématographique, à *Je suis partout*, l'hebdomadaire pro-nazi et antisémite, collabore également à *Combats*, le journal officiel de la Milice, à partir de février 1944. Ses articles demeurent neutres concernant la guerre, l'homme est prudent. Cependant, pour se justifier, il écrit avec cynisme en 1972 : « Personne n'est un traître s'il devient milliardaire en faisant du commerce quand l'ennemi couvre de son langage les panneaux de nos avenues[42]. » Après la guerre, il

41. Romain Rolland, *Journal de Vézelay. 1938-1944*, Éditions Bartillat, 2012.
42. François Chalais, *Les Chocolats de l'entracte*, Éditions Le Livre Poche, 1973.

affirme avoir rejoint la Résistance et avoir écrit dans des publications collaborationnistes pour donner des informations au réseau Vélite-Thermopyles. Il parvient même à se faire décorer de la médaille de la Résistance, alors qu'il figure dans le fichier de la collaboration de 1945, du ministère de la Guerre du 5e Bureau (contre-espionnage) de l'état-major de l'armée à la page 129 : « François-Charles Bauer, collaborateur, ancien rédacteur à *Je suis partout*[43]. »

Pour faire oublier ses « années interdites », il prend le pseudonyme de François Chalais, tout en poursuivant une brillante carrière de critique de cinéma dans la presse, la radio et la télévision. En 1983, lors d'un débat organisé par Philippe Bouvard à Nice, il a une vive altercation avec l'écrivain Jean-Edern Hallier, assis à la même tribune. Chalais accuse Hallier de « bidonnage » au sujet d'un reportage sur le Cambodge. Hallier réplique que Chalais a écrit des articles pour le journal collaborationniste et antisémite *Je suis partout*. Piqué au vif, Chalais en vient aux mains avec Hallier… Il meurt des suites d'une leucémie le 1er mai 1996, à l'âge de 76 ans, à Paris.

Robert Courtine

Il voit le jour le 15 mai 1910 à Paris. Son père gazé en 14-18 décède précocement. Sa mère, également malade, laisse son fils à sa grand-mère, à Asnières. Il débute sa carrière de critique littéraire au *Petit Écho d'Asnières-Genneviliers* et au *Soleil du Centre de Clermont-Ferrand*. Membre de l'Action française de 1928 à 1935, il est déjà profondément antisémite. Mobilisé en 1939, il est rendu à la vie civile après la défaite de juin 1940. Il obtient alors un poste de chroniqueur au quotidien collaborationniste *La France au travail*, dont le secrétaire de rédaction est le journaliste violemment antisémite Henri Coston. Dans ce journal, Robert Courtine se déchaîne contre les juifs. Dans le numéro du 3 août 1940, il écrit que « le juif Jean Zay, ancien ministre, vient d'être déculotté et fessé… », faisant ainsi référence l'arrestation de ce grand patriote humaniste qui tentait de rejoindre l'Afrique du Nord pour poursuivre le combat contre Hitler[44]. Dans un article du 30 novembre 1940, il se félicite de l'éviction des juifs de Radio-Cité : « Le trio Bleustein-Dreyfus-Meyer contrôlait Radio-Cité, ce

43. Archives du ministère de la Guerre du 5e Bureau, état-major de l'armée. Lire à ce sujet de Dominique Lormier, *Les 100 000 collabos*, *op. cit.*
44. *La France au travail*, 3 août 1940.

trio infernal et immonde a été suspendu par le gouvernement de Vichy[45]. » Il se réjouit de « la mort de Louis Dreyfus, dont la disparition salutaire a mis en lumière l'emprise juive sur le commerce des céréales[46] ». Il prêche l'épuration des juifs à tous les postes :

> « On épure, on épure. M. Cahen-Salvador et Pierre Seligman viennent d'être mis à la retraite. Ils étaient membres du Conseil d'État. Pas en Palestine, en France ! Et le plus curieux, c'est qu'il y a un an ça vous paraissait tout naturel ! On épure... Nous aimerions bien que l'Académie française suive le mouvement. Alors vite qu'on les remplace, ils sont là cinquante, cent, dans le jardin des Lettres qui, pour la brosse à reluire, le gâtisme et les idées fausses n'ont rien à envier à personne[47]. »

Dans un article, « La radio au service des bellicistes », Courtine éructe sa haine des juifs :

> « Beaucoup a été dit sur l'emprise juive dans la presse et la radio. Déjà, en 1938, son rôle belliqueux était apparu à tous et la mafia juive qui sévissait aux différents micros ne cacha pas son dépit des accords de Munich[48]. »

Plus loin, il s'adonne à la délation :

> « Françoise Marsay (juive), Jean-Jacques Lévitan (juif), Félix Paquet (juif), Harluch "dite Mireille" (juive), Marie Dubas (juive), Ray Ventura (juif), Coco Aslan (juif), Charles Netter, dit Charles "Trenet", (juif), Pierre Dac (juif), Max Blot (juif), Paul Misraki (juif), Rosenstein dit "Michel Emer" (juif). J'en passe, et des Meyer..., ceux-là composaient à eux seuls la moitié des programmes. Et c'était tout un programme[49] ! »

C'est ainsi que Charles Trenet, de son vrai nom de naissance, devient juif pour Courtine ! Il se félicite de l'éviction des juifs des

45. *La France au travail*, 30 novembre 1940.
46. Archives nationales, Paris.
47. Archives nationales, Paris.
48. Archives nationales, Paris.
49. Archives nationales, Paris.

professions médicales dont un certain Max Fieidermann. Il se demande si « Christophe Colomb, amiral de pacotille, était juif[50] ? »

À partir de 1941, Robert Courtine devient également critique littéraire à *L'Appel*, ainsi que chroniqueur à *La Pariser Zeitung*, à *La Gerbe*, *Au Pilori*, au *Réveil du peuple*, toutes des publications antisémites et pro-hitlériennes. Membre de l'association des journalistes antijuifs, il collabore à Radio-Paris, où l'on retrouve tous les partisans du nazisme. Le 28 avril 1944, il fait partie du jury du prix Drumont couronnant un livre antisémite. Il dénonce sur deux pages, dans une brochure au titre évocateur – « Je vous hais » –, l'organisation juive la LICA, dont « l'influence dans les milieux syndicalistes, écrit-il, avait mené le prolétariat français à accepter la guerre fraîche et joyeuse pour Israël[51] ».

À la mi-août 1944, à l'approche des troupes alliées, Robert Courtine quitte Paris avec son épouse. Il se retrouve à Metz, gagne Baden-Baden, où il est accueilli par les autorités allemandes. Il se rend ensuite à Sigmaringen, ultime refuge des collaborationnistes. Il s'installe finalement à Bad Mergentheim pour assurer la partie artistique à Radio Patrie, la radio des nazis français réfugiés dans le « Grand Reich ». Il doit fuir en Italie, où il est arrêté à la station thermale de Merano, le 9 janvier 1946. Il est condamné par la Cour de Justice de la Seine à dix ans de travaux forcés en décembre 1946, peine réduite à cinq années en 1948. Il figure dans le fichier des collabos du ministère de la Guerre du 5e Bureau de l'état-major de l'armée de 1945 à la page 511, en tant que membre du parti populaire français, le mouvement collaborationniste de Jacques Doriot.

En 1952, Courtine entre au journal *Le Monde*, sous le pseudonyme de La Reynière, pour y collaborer comme spécialiste de gastronomie jusqu'en 1993. Il publie de nombreux livres sur la cuisine, fréquente les médias parisiens et les milieux gastronomiques les plus prestigieux. Sous son pseudonyme, il cache ainsi son passé collaborationniste. Au lendemain de son décès, le 14 avril 1998 (87 ans), l'ancien résistant Jean Planchais, figure historique du *Monde*, lui consacre une nécrologie évoquant ses sombres « années interdites » sous l'Occupation. C'est la stupéfaction chez les hypocrites de tous bords qui « découvrent » que le bon vivant La Reynière était un antisémite de la pire espèce. En 1999, l'écrivain Pierre Assouline est l'un des premiers à dévoiler en partie le sombre passé de « La Reynière »

50. Archives nationales, Paris.
51. Archives nationales, Paris.

dans un ouvrage passionnant, même si son nom est brièvement cité auparavant par l'historien Pascal Ory en 1976[52].

Jean Cocteau

Il est né le 5 juillet 1889 à Maison-Laffitte, en Seine-et-Oise, au sein d'une famille de la bonne bourgeoisie, avec notamment un père avocat et rentier. Ce dernier se suicide le 5 avril 1898 : perte tragique d'un géniteur dont le fils porte longtemps la blessure. Élève médiocre, il se passionne surtout pour la poésie, la littérature, la musique, la danse, l'art et le théâtre. Il publie son premier recueil de poèmes à vingt ans. Fasciné par les ballets russes, il se rapproche également de l'avant-garde cubiste et futuriste, fréquente les milieux littéraires et artistiques de Paris.

Bien que réformé du service militaire, Cocteau décide cependant de participer à la guerre de 1914 comme ambulancier avec un convoi militaire. Sur le front des Flandres, il sympathise avec les fusiliers marins français, monte en avion avec Roland Garros, mais il est rapidement rendu à la vie civile pour raisons de santé. Il écrira sur cette guerre l'un de ses meilleurs romans, *Thomas l'Imposteur*. Durant les années 1920, il voit régulièrement Marcel Proust, André Gide, Maurice Barrès, Max Jacob, Raymond Radiguet. Ses penchants pour l'opium lui causent de nouveaux problèmes de santé, qu'il parvient cependant à surmonter.

Bien qu'homosexuel notoire, il aurait eu durant les années 1930 une liaison avec la princesse russe Nathalie Paley. On le voit en compagnie d'André Breton, de Jean Crotti, de Marcel Khill. Il entretient une relation de longue durée avec les acteurs français Jean Marais et Édouard Dermit.

> « Poète, dramaturge, romancier, figure du Tout-Paris littéraire et artistique depuis les années 1910, écrit François Broche, il connaît au début de la Seconde Guerre mondiale deux grands succès au théâtre avec *Les Monstres sacrés* et surtout *Le Bel Indifférent*, créé par Édith Piaf (1940)[53]. »

52. Pierre Assouline, *Le fleuve Combelle*, Éditions Calmann-Lévy, 1997. Pascal Ory, *Les collaborateurs (1940-1945)*, Éditions du Seuil, 1977.
53. François Broche, *op. cit.*

Sous l'occupation allemande, il fréquente les salons huppés de la collaboration, l'ambassade d'Allemagne, l'Institut allemand et écrit le 2 juillet 1942 au sujet d'Adolf Hitler : « Chez Hitler, c'est le poète qui échappait à ses âmes de pions [...]. Il serait funeste d'empêcher un esprit pareil d'aller au bout de sa tâche, de l'étrangler en route[54]. » Dans son *Journal* du 5 juillet 1942, on peut lire : « L'honneur de la France sera peut-être, un jour, d'avoir refusé de se battre[55]. » Il accueille avec admiration Arno Breker, le sculpteur officiel du Führer, lors de son exposition à Paris, durant l'été 1942.

Dès l'automne 1940, il collabore à *La Gerbe*, le journal du nazi « mystique » Alphonse de Châteaubriant, pour n'écrire cependant que des articles littéraires et artistiques. Il est la cible du régime de Vichy qui lui reproche son homosexualité affichée, et qui tente de faire interdire les représentations de *La Machine à écrire*, mais les autorités allemandes volent à son secours en annulant l'interdiction pétainiste.

L'historien Philippe Burrin écrit avec justesse :

> « L'Allemagne nazie n'est pas non plus sans le séduire, surtout son chef, dont il se fait une représentation qu'il faut placer au musée de Hitler imaginaire [...]. Il est fasciné par l'idée du chef artiste, politique tout-puissant en même temps que mécène et protecteur des arts, à la fois Napoléon et poète[56]. »

En réalité, en homme libre, Jean Cocteau fréquente des collaborateurs, des nazis, des résistants et des juifs. Il s'assure ainsi un avenir radieux quelle que soit l'évolution militaire du conflit. Pour faire oublier ses « années interdites », il écrit après la guerre : « Cinq ans de haine, de craintes, de réveils en plein cauchemar. Cinq ans de honte et de boue. Nous étions éclaboussés, barbouillés jusqu'à l'âme[57]. » Cinq années qui furent surtout pour lui une intense activité mondaine et artistique, à l'ombre de la collaboration...

Malgré ses fréquentations sulfureuses durant cette sombre période, aucune charge n'est finalement retenue contre lui par les diverses autorités de la Résistance et de la Libération. Il est vrai qu'il a des amis partout. Il est même élu à l'Académie française en 1955.

---

54. Jean COCTEAU, *Journal 1942-1945*, Éditions Gallimard, 1989.
55. Jean COCTEAU, *op. cit.*
56. Philippe BURRIN, *La France à l'heure allemande. 1940-1944*, Seuil, 1995.
57. Jean COCTEAU, *op. cit.*

Il poursuit une brillante carrière littéraire, poétique et artistique, décède le 11 octobre 1963, à l'âge de 74 ans, à Milly-la-Forêt.

Marguerite Duras

Née Marguerite Donnadieu, elle voit le jour le 4 avril 1914 à Gia Dinh, près de Saïgon, dans la colonie de Cochinchine, rattachée à l'Indochine française. Son père, directeur d'école, meurt le 4 décembre 1921, à l'âge de 49 ans, tandis que sa mère exerce le métier d'institutrice. En 1930, Marguerite entre en pension au lycée Laublat de Saïgon, afin de suivre des études secondaires. Après avoir obtenu un baccalauréat de philosophie, elle quitte l'Indochine en 1931, poursuit ses études en France, s'inscrit à la faculté de droit de Paris. En janvier 1936, elle fait la connaissance de Robert Antelme. Après une licence en droit et un diplôme de sciences politiques, elle obtient un poste de secrétaire au ministère des Colonies en juin 1938. Bien que mobilisé dans l'armée à la fin de l'été 1939, Antelme épouse Marguerite Donnadieu le 23 septembre.

Marguerite cosigne, au printemps 1940, avec Philippe Roques, un texte de propagande du ministère des Colonies, dirigé par Georges Mandel. On peut notamment y lire cette citation de Jules Ferry : « On ne peut pas mêler cette race jaune à notre race blanche, il est du devoir des races supérieures de civiliser les races inférieures[58]. » À cette époque, Marguerite semble ignorer, au sein de l'Empire colonial français, la distinction entre les « citoyens » (colonisateurs) et les « sujets » (colonisés). Elle écrit dans un article publié dans *L'Illustration* :

> « Notre conception impériale est, en effet, la négation même du racisme. La France a donné à tous ses sujets d'outre-mer, sans faire de distinction entre les races, les mêmes possibilités de développement et les mêmes espoirs. L'Indigène n'a jamais été traité en vaincu ; non seulement nous avons des devoirs envers lui, mais nous lui reconnaissons des droits sociaux et politiques et surtout celui d'acquérir des connaissances nouvelles. Certes, ce n'est pas à lui qu'il appartient de décider à quel moment il

58. Archives nationales, Paris.

> pourra user de ses capacités. C'est à nous, au moment voulu, d'alléger notre tutelle[59]. »

Elle condamnera par la suite le contenu colonialiste de cet article.

Après la défaite de 1940, son mari entre comme rédacteur à la préfecture de Police, puis au cabinet de Pierre Pucheu, ministre de la Production industrielle. Pucheu, ancien membre du Parti populaire français (1936-1937), rallié à la Révolution nationale du maréchal Pétain, devenu ministre de l'Intérieur en juillet 1941, est persuadé que l'Allemagne va gagner la guerre, et qu'il faut donc collaborer activement avec l'occupant. Il se livre alors à une traque impitoyable des juifs, des communistes, des francs-maçons, des anarchistes, en étroite liaison avec les nazis. En août 1941, il fonde les sections spéciales, chargées de juger rapidement tous les opposants au régime de Vichy, ainsi que des brigades spéciales de la police anticommuniste. Il ordonne aux préfets de fournir au plus vite des travailleurs français à l'Allemagne hitlérienne.

Durant cette sombre période, Marguerite fréquente sans état d'âme le gratin de la collaboration intellectuelle, dont Ramon Fernandez, ainsi que le lieutenant nazi Gerhard Heller et l'agent français de la Gestapo Charles Delval. Ramon Fernandez, ancien socialiste et ex-membre du Comité de vigilances des intellectuels antifascistes, adhère au Parti populaire français en 1937 du fasciste Jacques Doriot, dont il devient membre du bureau politique. Rallié au régime de Vichy, il collabore comme critique littéraire dans la presse collaborationniste, fait partie du voyage des écrivains français à Weimar en 1941. Il écrit en mars 1943 : « Contrairement aux lourdes prétentions de la propagande radiophonique, c'est l'Allemagne qui représente le mieux les valeurs de l'esprit[60]. »

En 1942, Marguerite entre à la Commission du contrôle du papier d'édition, présidée par Bernard Faÿ, chargée de distribuer du papier aux éditeurs et aux écrivains collaborationnistes. Dès les années 1930, Faÿ clame son admiration pour le fascisme et le nazisme, collabore au Comité France-Allemagne, truffé d'espions nazis, clame son hostilité au Front populaire, écrit sous l'Occupation dans la presse la plus collaborationniste. Secrétaire et lectrice au sein de cette commission favorable à l'Allemagne hitlérienne, Marguerite travaille activement avec Betty Fernandez, l'épouse du critique littéraire fasciné par Hitler

59. Archives de *L'Illustration*, Paris.
60. Cité par François Broche, *op. cit.*

et son régime. Nullement perturbée par cette activité, elle reste à son poste jusqu'en janvier 1944. Elle organise même, dans son appartement parisien de la rue Saint-Benoît, des rencontres littéraires avec les écrivains les plus marqués dans la collaboration, comme Pierre Drieu la Rochelle, Marcel Jouhandeau et Céline.

Entrée tardivement dans la Résistance, probablement fin 1943 ou début 1944, dans le réseau Morland d'un certain François Mitterrand (ancien pétainiste, décoré de la Francisque au printemps 1943, rallié définitivement à la Résistance durant l'automne de la même année), Marguerite publie son premier roman, *Les Impudents*, chez Plon. Son mari, Robert Antelme, après un passé pétainiste, a également rejoint la Résistance courant 1943. Arrêté en juin 1944, il est déporté par les nazis.

> « Au fond, écrit Marc Riglet, la "résistance" de Maguerite Duras se résume au hasard de sa rencontre avec Mitterrand et au malheur de son mari, Robert Antelme, qui manque de mourir en déportation[61]. »

Après la guerre, elle mène une brillante carrière de romancière, d'auteur dramatique et de cinéaste, obtient le prix Goncourt pour *L'Amant* en 1984. Elle entretient d'étroites relations avec François Mitterrand, qui reçoit dans sa propriété des Landes René Bousquet, l'ancien chef de la police de Vichy, organisateur de nombreuses rafles contre les juifs, qui poursuit une carrière de notable sous les IVe et Ve Républiques, tandis que des petits collabos de seconde zone sont sévèrement condamnés à la Libération et après la guerre... On estime que 40 % des 76 000 juifs déportés en France l'ont été avec la collaboration active des services répressifs de René Bousquet et de Joseph Darnand.

Durant les années 1980, Marguerite Duras, oubliant son passé des « années interdites », s'en prend régulièrement à Jean-Marie Le Pen, pupille de la nation, pratique parfois un véritable terrorisme intellectuel à l'encontre de ceux qui ne pensent pas comme elle... Elle estime que les électeurs et les députés du Front national appartiennent « à la populace » et non au peuple de France... Il est « vrai » que Michel de Camaret, élu à l'Assemblée européenne sur la liste du Front national de Jean-Marie Le Pen en juin 1984, est un parfait

61. Marc Riglet, « La politique, l'autre passion de Marguerite Duras », *L'Express*, 21 janvier 2014.

représentant de cette « populace » : entré dans la résistance intérieure dès septembre 1940, il rejoint ensuite les Forces français libres du général de Gaulle en août 1942. Engagé dans les parachutistes de la France libre, il est parachuté en juin 1944 en Bretagne, afin d'épauler les maquis locaux. Il se bat comme un lion. Blessé deux fois par balle lors d'affrontements contre les nazis, il a un bras cassé mais refuse de cesser le combat. Son action permet de fixer d'importantes unités allemandes dans la guérilla, facilitant ainsi le succès du débarquement des Alliés en Normandie. Parachuté ensuite en Hollande, il ne cesse de harceler avec son groupe les unités allemandes. Des documents trouvés sur les Allemands établissent qu'ils estimaient à 800 le groupe de 20 hommes du lieutenant de Camaret. Fait compagnon de la Libération par le général de Gaulle pour sa bravoure extraordinaire durant la Seconde Guerre mondiale, couvert de médailles françaises et alliées, il entame ensuite une brillante carrière diplomatique.

Nous pourrions multiplier les exemples au sujet de cette « populace » fasciste… Je pense notamment aux trois frères Alain, Olivier et Francis Massart, héros de la Résistance et de la France libre, amis de Jean-Marie Le Pen… Alain Massart, évadé de France en 1942, rejoint le groupe de chasse Ardennes en Afrique du Nord et participe comme pilote à la Libération de la France et à la campagne d'Allemagne. Olivier Massart, évadé de France en 1940, compagnon de la Libération, commande le groupe de chasse FAFL (Forces aériennes françaises libres) Île-de-France et participe à de nombreux combats aériens. Francis Massart, évadé de France en 1942, lutte avec courage dans les rangs du 1er régiment de chasseurs parachutistes, qui va subir des pertes terribles en Alsace en 1944-1945. Il sera lui-même blessé au combat. Trois « ignobles fascistes » issus de « la populace », en effet…

Il est également impossible d'oublier le capitaine Roger Sauvage, Noir martiniquais, héros de la France libre et de l'Union soviétique durant la Seconde Guerre mondiale, pilote de chasse au sein du prestigieux groupe Normandie-Niemen, as aux 14 victoires aériennes, second de liste de Jean-Marie Le Pen aux élections législatives de 1956…

Marguerite Duras décède le 3 mars 1996, à l'âge de 81 ans, à Paris. Ses « années interdites » ne doivent pas faire oublier son talent littéraire, reconnu dans le monde entier. L'écrivain Alain Vircondelet lui consacre des ouvrages remarquables, de même que l'excellente comédienne Maud Andrieux met en avant la beauté lumineuse de son œuvre.

Au sujet de Marguerite Duras, Marc Riglet écrit fort justement : « De même qu'elle n'a rien fait de particulièrement indigne "en collaborant", de même n'a-t-elle rien fait de particulièrement signalé "en résistant"[62]. »

Maurice Duverger

Il est né le 5 juin 1917 à Angoulême. Dès l'âge de 15 ans, il milite dans les mouvements d'extrême droite bordelais, devient en 1937 responsable de l'Union populaire de la jeunesse française, organisation du Parti populaire français du fasciste Jacques Doriot. Rallié dès 1940 au régime de Vichy, il écrit sous le pseudonyme de Philippe Orgène dans les colonnes du journal collaborationniste *Progrès*, proche du maire de Bordeaux Adrien Marquet, ministre de Vichy, admirateur de Mussolini et ami de Marcel Déat, fondateur du Rassemblement national populaire et partisan d'une Europe national-socialiste.

Professeur de droit public à Bordeaux et Poitiers en 1942-1943, Maurice Duverger rédige dans la *Revue du droit public et de la science politique en France et à l'étranger* (nº 3 et nº 4, juin et décembre 1941) une étude historique sur l'administration, dans laquelle il évoque les mesures prises à l'encontre des fonctionnaires juifs :

> « Les incapacités frappant les juifs et les naturalisés sont motivées par la considération de l'intérêt du service public, écrit-il. On estime que les juifs et les naturalisés sont inaptes, d'une façon générale, à assurer le bon fonctionnement de ces services[63]. »

Au sujet du régime de Vichy et des lois antisémites de 1940-1941, il écrit :

> « Ce nouveau régime est profondément national : il inaugure une réaction très nette contre le cosmopolitisme inspiré par la philosophie du XVIIIe siècle […]. Les lois du 3 octobre 1940 et du 2 juin 1941 n'ont pas le caractère de mesures de représailles, mais de mesures d'intérêt public[64]. »

62. Marc Riglet, *op. cit.*

63. *Revue du droit public et de la science politique en France et à l'étranger*, nº 3, juin 1941.

64. *Revue du droit public et de la science politique en France et à l'étranger*, nº 4, décembre 1941.

Les évolutions de la guerre le font changer de camp. Pour faire oublier ses « années interdites », il rend quelques services à la Résistance, puis devient éditorialiste au *Monde* après la Libération. Directeur de l'Institut politique de Bordeaux en 1948, puis professeur de droit constitutionnel à la faculté de droit de Paris et à la Sorbonne, il écrit divers manuels et ouvrages sur les partis politiques, les régimes parlementaires et présidentiels. Élu député au Parlement européen, sur la liste du parti communiste italien en 1989, il traite facilement de « fascistes » certains de ses adversaires politiques... Il décède le 17 décembre 2014 à l'âge de 97 ans, à Paris.

Attaqué à trois reprises dans la presse durant les années 1980 (*Actuel*, *Minute* et *L'Humanité*) au sujet de ses écrits et de son passé sous l'Occupation, Duverger est défendu par le doyen Georges Vedel, qui affirme que « loin d'approuver le principe des mesures frappant les fonctionnaires juifs et encore moins d'en favoriser l'application, Maurice Duverger en a proposé une interprétation totalement restrictive de nature à paralyser l'effet, ce qui, dans les circonstances du moment, constituait la contribution la plus efficace qu'un juriste pût apporter à l'opposition aux textes qu'il commentait[65] ». Vedel, constitutionnaliste de renommée internationale, favorable au maréchal Pétain en 1940 et gaulliste après la guerre, n'est pas à un paradoxe près... Il est « vrai » que les écrits de Maurice Duverger de juin et décembre 1941, voyant dans les lois antisémites de 1940-1941 « des mesures d'intérêt public », vont dans le sens de la modération en faveur des juifs...

Françoise Giroud

Née Léa France Gourdji, elle voit le jour le 21 septembre 1916 à Lausanne, en Suisse, au sein d'une famille de juifs turcs émigrés. La mort précoce de son père, ancien colonel dans l'armée turque, plonge la famille dans de graves difficultés financières. Elle quitte l'école à 14 ans pour travailler. Après un diplôme de dactylo, elle débute sa vie professionnelle dans une librairie du boulevard Raspail à Paris. Grâce aux relations de sa famille, elle devient la secrétaire du grand écrivain André Gide, puis commence une carrière dans le cinéma,

65. *Le Monde*, 30 novembre 1988.

devient la première femme scripte dans des films de Marc Allégret, de Marcel Pagnol et de Jean Renoir.

Sous l'Occupation, afin de cacher ses origines juives, elle écrit sous le pseudonyme de Françoise Giroud, de même qu'elle se fait baptiser dans la religion catholique par le curé Bardet, dans l'église de Montcombroux-Vieux-Bourg, dans l'Allier, le 23 avril 1942. Ce dernier antidate le certificat à 1917 pour ne pas éveiller la méfiance des collabos et des nazis.

Françoise Giroud s'installe un temps à Lyon, où elle écrit des contes à *Paris-Soir*, journal qui se saborde le 12 novembre 1942, suite à l'invasion de la zone « libre » par les troupes allemandes et italiennes. Se faisant connaître par le comité d'organisation de l'industrie cinématographique comme « scénariste catholique », elle obtient l'autorisation de travailler par les autorités allemandes. Elle est ainsi scénariste de deux films d'André Berthomieu en 1942 et 1943 (*Promesse à l'inconnu* et *Le secret de Madame Clapain)*.

Dans *Le Pont*, hebdomadaire de l'Amicale des travailleurs français en Allemagne, fondé par la Propaganda-Staffel, paraît le 28 février 1943 une nouvelle intitulée *Jalouse*, écrite par une certaine Françoise Giroud. *Le Pont* est un journal collaborationniste destiné aux travailleurs volontaires partis en Allemagne (271 000 avant le STO) et aux 250 000 prisonniers de guerre français transformés en travailleurs « libres ».

D'après sa lettre du 26 avril 1976, alors qu'elle est secrétaire d'État auprès du Premier ministre, elle assure n'avoir jamais travaillé pour le journal *Le Pont*. L'auteur de la nouvelle serait donc un homonyme... Il y a comme ça des mystères...

Cependant, vers la fin de la guerre, elle rejoint la Résistance, en tant qu'agent de liaison, ce qui lui vaut d'être arrêtée par la Gestapo et emprisonnée à Fresnes de mars à juin 1944. Elle est ensuite curieusement libérée grâce à l'intervention de Joseph Joanovici, un ami de sa mère. Juif originaire de Bessarabie, alors province de Russie, Joanovici (né en 1905) s'expatrie en France en 1925, où il devient ferrailleur en région parisienne. Son trafic connaît un essor spectaculaire sous l'Occupation, malgré ses origines juives. Il entretient des rapports très amicaux avec certains services de la Gestapo et divers milieux collaborationnistes, tout en établissant des contacts avec plusieurs réseaux de la Résistance et les services secrets alliés. Il fournit des armes au groupe de résistants Honneur de la Police et des véhicules au réseau Turma-Vengeance. Il cache des résistants menacés, en fait libérer des prisons grâce à ses relations juteuses avec l'occupant ! Arrêté à la Libération, le 12 septembre 1944, il est relâché à la suite d'une intervention de la préfecture de la Police. Finalement jugé, il est condamné à cinq ans de prison pour collaboration avec l'occupant, puis libéré en 1952. Il s'enfuit en Israël en 1957, mais son passé de collaborateur lui vaut d'être expulsé vers la France l'année suivante. De nouveau emprisonné, il est libéré du fait de son état de santé en 1962. Il décède, ruiné, en 1965. Il avait déclaré : « Je n'étais pas vendu aux Allemands, puisque c'est moi qui les payais[66] ! » En 1943, c'est le même Joanovici qui fait libérer, des prisons de la Gestapo, la sœur de Françoise Giroud, Djenane, alors engagée dans la Résistance.

Après la guerre, Françoise Giroud dirige la rédaction de l'hebdomadaire *Elle* de 1945 à 1953, fonde et dirige *L'Express* avec Jean-Jacques Servan-Schreiber de 1954 à 1974. Secrétaire d'État à la Condition féminine, puis à la Culture de 1974 à 1977, elle est également l'auteur de plusieurs ouvrages remarqués. Elle décède le 19 janvier 2003 à Paris.

Serge Lifar

Serge Lifar est né le 2 avril 1905 à Kiev, d'un père fonctionnaire ukrainien. Passionné très jeune par la danse classique, il devient l'élève de Bronislava, la sœur du grand Vaslav Nijinski. Fuyant la Révolution soviétique en 1921, il quitte son pays pour Paris, où il rencontre Diaghilev qui l'embauche pour les célèbres Ballets russes. Il débute comme premier danseur, puis parvient à créer ses principaux rôles dans les ballets de George Balanchine. À partir de 1930, il connaît un immense succès dans ses propres ballets à l'Opéra de Paris.

Sous l'Occupation, Serge Lifar collabore avec les nazis, devient l'une des vedettes de la vie culturelle et mondaine parisienne, où les officiers allemands et les collaborationnistes festoient pour le Grand Reich. Il se lie d'amitié avec Arno Breker, le sculpteur officiel du régime hitlérien. Anticommuniste et antisémite, il félicite l'armée allemande après la prise de Kiev, correspond avec le dignitaire nazi Goebbels, qu'il rencontre à Paris, accomplit des tournées en Allemagne, vit quelque temps avec Sonia Blache, comtesse Olinska, espionne de la

66. Cité par Alphonse BOUDARD, *L'étrange Monsieur Joseph (Joseph Joanovici)*, Éditions Robert Laffont, 1998.

Gestapo. Radio-Londres fustige Serge Lifar pour son étroite collaboration avec l'occupant, lui promettant même la mort. Sentant le vent tourner, il rend quelques services à des résistants recherchés par la Gestapo.

À la Libération, Serge Lifar se cache dans Paris chez diverses ballerines. Une instruction judiciaire est ouverte contre lui, qui se termine étrangement par un non-lieu, suite à l'intervention de plusieurs personnalités en sa faveur. Cependant, afin de faire oublier ses « années interdites », il se fait engager comme directeur des ballets à Monte-Carlo. Il retourne à l'Opéra de Paris, où il redevient maître des ballets en 1947, puis fonde l'Institut chorégraphique de l'Opéra et l'Université de la danse. Il meurt le 15 décembre 1985, à l'âge de 81 ans, à Lausanne, en Suisse.

Jean-Paul Sartre

Il est né le 21 juin 1905 à Paris, au sein d'une famille bourgeoise du 16e arrondissement. Après de brillantes études secondaires, il prépare, avec son ami Paul Nizan, le concours d'entrée à l'École normale supérieure. Normalien, major de l'agrégation de philosophie, devant sa compagne Simone de Beauvoir, il devient professeur au lycée du Havre de 1931 à 1933, à l'Institut français de Berlin en 1933-1934 et au lycée Pasteur de Neuilly-sur-Seine en 1937-1939. Il publie deux livres remarqués, un roman, *La Nausée* (1938), et un recueil de nouvelles, *Le Mur* (1939). Son roman manque de peu le prix Goncourt.

Avant la guerre, Jean-Paul Sartre n'a pas de profonde conscience politique. Pacifiste et antimilitariste, il est mobilisé en 1939 comme soldat dans les services météorologiques, supporte assez mal les relations hiérarchiques de l'armée. Le 21 juin 1940, il est fait prisonnier à Padoux, dans les Vosges, et envoyé dans un camp de détention de 25 000 détenus en Allemagne. Son expérience de prisonnier de guerre lui fait découvrir le sens de la solidarité avec ses compagnons. Il n'est plus l'individualiste des années 1930, mais se fixe un devoir social dans la communauté.

En mars 1941, Sartre aurait été libéré comme rapatrié sanitaire, en raison d'un strabisme excessif : c'est du moins sa version après la guerre… Or, d'après les auteurs Gilles et Jean-Robert Ragache, il doit sa libération à l'intervention de l'écrivain collaborationniste Pierre Drieu la Rochelle :

> « À l'automne 40, Drieu avait noté dans son carnet une liste d'écrivains prisonniers – où figurait Sartre – suivie de la mention : "Demander la libération des auteurs en contrepartie de mon action à la NRF"[67]. »

Dès son retour à Paris, Jean-Paul Sartre prétend avoir fondé avec Simone de Beauvoir un mouvement de résistance, Socialisme et Liberté, qui aurait compté une cinquantaine de membres en juin 1941. Or, aucune recherche historique sérieuse n'a pu mettre en lumière l'existence de ce prétendu mouvement, l'historien officiel de la Résistance Henri Noguères (ancien résistant) écrivant même :

> « Je maintiens qu'en une vingtaine d'années consacrées à la recherche et à des travaux sur l'histoire de la Résistance en France, je n'ai jamais rencontré Sartre ou Beauvoir[68]. »

Par contre, en octobre 1941, Jean-Paul Sartre occupe un poste de professeur au lycée Condorcet, occupé initialement par Henri Dreyfus-Le Foyer, évincé en raison de ses origines juives. Il écrit des articles philosophiques et littéraires dans la revue collaborationniste et antisémite *Comoedia*, fait jouer, en 1943, une pièce qu'il a composée, *Les Mouches*, ce qui lui vaut un commentaire élogieux du *Guide allemand pour Paris*, lancé en juillet 1940 par Edmond Locher, un affairiste suisse germanophile en relation avec le groupe de Gerhard Hibbelen, un nazi alsacien de la première heure :

> « Jean-Paul Sartre [...] a écrit une grande pièce, c'est indéniable. Elle témoigne d'un grand esprit et d'un immense talent. On ne doit pas la manquer[69]. »

Jean Amadou n'est pas tendre avec Jean-Paul Sartre :

> « En 1943, dans l'année la plus noire de l'Occupation, il fit jouer à Paris *Les Mouches*. C'est-à-dire qu'il fit très exactement ce que fit Sacha Guitry, donner ses pièces en représentation devant un parterre d'officiers allemands, à cette différence qu'à la

---

67. Gilles et Jean-Robert RAGACHE, *La vie quotidienne des écrivains et des artistes sous l'Occupation. 1940-1944*, Éditions Hachette, 1992.
68. Henri NOGUÈRES, *Histoire de la Résistance en France*, Éditions Robert Laffont, 1981.
69. Cité par François BROCHE, *op. cit.*

> Libération, Guitry fut arrêté alors que Sartre fit partie du Comité d'épuration, qui décidait quel écrivain avait encore le droit de publier et quel autre devait être banni. André Malraux qui, lui, avait risqué sa vie dans la Résistance, ne se crut pas autorisé pour autant à faire partie de ce tribunal autoproclamé[70]. »

Jean-Paul Sartre publie également en 1943 son maître ouvrage, *L'Être et le néant*, influencé par le philosophe allemand Martin Heidegger, membre du parti nazi. Du 17 janvier au 10 avril 1944, il livre douze émissions culturelles pour Radio-Vichy, écrit ensuite une nouvelle pièce de théâtre, *Les Autres*, qui deviendra *Huis clos*, jouée en mai 1944, et qui rencontre un immense succès auprès de nombreux officiers allemands, invités à la première représentation.

Peu avant la Libération, Sartre est recruté par Albert Camus pour le réseau résistant Combat, pour lequel il écrit quelques articles dans le journal clandestin. En 1945, comme nous venons de le voir à travers la citation de Jean Amadou, malgré sa résistance très tardive pour ne pas dire plus, Sartre se permet de juger des auteurs, des journalistes et autres artistes, au sein du Comité d'épuration. Il se fait passer pour un grand résistant de la première heure, avec le soutien de nombreux intellectuels de gauche, devenant ainsi une figure de premier plan de la vie culturelle parisienne, « pape » d'une philosophie à la mode, à savoir l'existentialisme, fondateur de la revue *Les Temps modernes*, auteur à succès dans le monde entier. Sur le plan politique, il se montre un allié fidèle de l'extrême gauche révolutionnaire, malgré son passé sulfureux sous l'Occupation… Il pourfend ses adversaires politiques, souvent traités de fascistes, alors que le fascisme est bien mort en 1945. Mais il est vrai que les antifascistes n'ont jamais été aussi nombreux qu'après 1945… Il décède le 15 avril 1989 à Paris, à l'âge de 74 ans.

Charles Trenet

Il voit le jour à Narbonne, le 18 mai 1913, au sein d'une famille bourgeoise. En 1920, le divorce de ses parents est un véritable drame affectif pour lui. Placé en pension chez les pères de la Trinité à Béziers, il souffre de l'absence de sa mère. Il dévore les livres dans

70. Cité par Gilbert Joseph, *Une si douce Occupation. Simone de Beauvoir et Jean-Paul Sartre. 1940-1944*, Éditions Albin Michel, 1991.

les bibliothèques, fait la connaissance du poète Albert Bausil. En 1928, après avoir été renvoyé du lycée, suite à son indiscipline et à son ivresse de liberté, il quitte la France pour Berlin, où se trouvent sa mère Marie-Louise et son second mari, le réalisateur Benno Vigny. Pendant dix mois, il visite tous les musées, les écoles d'art, rencontre les célébrités allemandes, dont Fritz Lang. Il se rend également à Vienne et à Prague. À 16 ans, lors de son retour en France, il se destine à la peinture, à l'écriture et à la chanson.

Au début des années 1930, Charles Trenet quitte Narbonne pour Paris. Il travaille comme accessoiriste dans les studios de cinéma Pathé, rencontre les actrices et acteurs célèbres, se mêle aux artistes de Montparnasse, se lie d'amitié avec Antonin Artaud, Jean Cocteau, Max Jacob, Jacques Prévert, compose et écrit ses premières chansons. En 1933, il forme un duo avec son ami pianiste suisse Johnny Hess.

En octobre 1936, Charles Trenet est appelé sous les drapeaux dans l'armée de l'air à Istres, tout en participant à des galas en solo. Surnommé le « Fou chantant », il révolutionne la chanson française par sa poésie et sa musique rythmée par le jazz. Il compose et écrit certaines de ses plus célèbres chansons comme *Je chante*, *Y'a d'la joie*, *Fleur bleue*, *Boum*, etc. C'est un triomphe national dans toutes les salles où il se produit. En 1938, il est la vedette principale des films *La Route enchantée* et *Je chante*. Il entame une tournée internationale qui le conduit en Angleterre, en Espagne, en Italie, au Maroc, en Grèce, en Turquie et en Égypte.

Sous l'Occupation, Charles Trenet tourne six films, interprète ses chansons à succès, compose des hymnes à la jeunesse pour le régime de Vichy, tout en refusant de chanter en 1942 aux Folies-Bergère, lorsqu'il découvre dans le public la présence de nombreux soldats allemands. Dénoncé comme étant juif par le journaliste Robert Courtine dans la presse collaborationniste, il doit faire preuve de son « aryanité » à l'aide d'un certificat. En 1943, il accomplit une tournée en Allemagne avec Tino Rossi, Édith Piaf et Maurice Chevalier, en faveur des prisonniers militaires français, participe à trois émissions à Radio-Paris, organe de propagande radiophonique de l'ultra-collaboration. Il a une aventure amoureuse avec l'actrice Corinne Luchaire, fille d'un patron de la presse collaborationniste : elle fréquente les officiers allemands, se marie avec Guy de Voisins-Lavernière, un aristocrate lié à la Gestapo parisienne d'Henri Lafont, tortionnaire, chasseur de juifs et de résistants.

Au début de l'année 1944, afin de faire oublier une partie peu glorieuse de ses « années interdites », Charles Trenet rend quelques services à la Résistance, notamment au réseau Ajax. Recherché par la Gestapo, il est même blessé par balle à une jambe par un agent allemand de ce service répressif. Il parvient cependant à échapper à ses poursuivants, se cache dans un hôpital, où il est soigné.

À la Libération, le Comité national d'épuration lui inflige une suspension de toute activité professionnelle de trois mois. On lui reproche d'avoir composé des hymnes pour le régime de Vichy, d'avoir participé à trois émissions à Radio-Paris et chanté un concert en Allemagne. Les hymnes en question n'ont rien de politique et sont des chansons rendant hommage à la jeunesse de France. Le concert en Allemagne est uniquement destiné aux prisonniers de guerre français. Mais le succès de Charles Trenet fait des jaloux chez les aigris… Afin de faire oublier ses « années interdites », il accomplit une tournée de plusieurs mois au Canada et aux États-Unis.

Charles Trenet poursuit ensuite une brillante carrière en France, jalonnée d'admirables chansons poétiques. Il décède le 19 février 2001 à l'âge de 87 ans, à Créteil.

Maurice de Vlaminck

Maurice est né à Paris le 4 avril 1876, d'une mère pianiste et d'un père violoniste. Il passe son enfance au Vésinet, puis à Chatou, où il réalise ses premières œuvres picturales en 1893. Peintre impressionniste, puis fauviste, lié à André Derain et à Henri Matisse, il s'installe en 1905 à Rueil-Malmaison. Le marchand de tableaux Ambroise Vollard s'intéresse à son œuvre, lui achète de nombreuses toiles et lui consacre une exposition en 1908. Daniel-Henry Kahnweiler, célèbre négociant d'art, lui permet de réaliser de nombreuses expositions en France et à l'étranger. Père de trois filles, il n'est pas mobilisé en 1914, mais envoyé dans une usine de la région parisienne. À la fin du conflit, il divorce et se remarie avec Berthe Combe, qui lui donnera deux filles.

En 1939, Maurice de Vlaminck préside un banquet qui entend défendre les pamphlets antisémites de Céline. Sous l'Occupation, il devient l'une des figures du Tout-Paris artistique de la collaboration, participe au voyage des peintres et des sculpteurs en Allemagne, en novembre 1941. Il est également présent à l'exposition de l'hôtel de ville de Vichy de février 1942, organisée par les pétainistes Jérôme Carcopino et Jean Borotra. Il accueille avec Jean Cocteau le sculpteur nazi Arno Breker à Paris, le 22 mai 1942. Dans la revue collaborationniste *Comoedia* du 6 juin 1942, il attaque violemment le peintre Pablo Picasso, qu'il accuse d'avoir conduit « la peinture française à l'impuissance, à la mort[71] ». Il fréquente les salons littéraires de l'ultra-collaboration, où des officiers nazis aiment parader aux côtés des auteurs et des artistes français admirateurs du IIIe Reich.

À la veille de la Libération, il rend quelques services à des résistants, afin de faire oublier sa collaboration avec l'occupant, si bien qu'il est peu inquiété par le Comité national d'épuration après la guerre. Il signe cependant la pétition en faveur de Robert Brasillach, puis décède le 11 octobre 1958, à l'âge de 82 ans, à Rueil-la-Gadelière.

71. Cité par Laurence BERTRAND DORLÉAC, *L'Art de la défaite. 1940-1944*, Seuil, 1993.

8

Les opérations secrètes britanniques en Norvège et en France

Staline a longtemps accusé les Britanniques d'être restés passifs durant l'occupation allemande de l'Europe et d'avoir porté leurs efforts militaires uniquement en Méditerranée et en Afrique du Nord, laissant à l'armée soviétique le poids essentiel de la lutte contre les forces allemandes jusqu'en juin 1944. C'est oublier un peu vite que les commandos britanniques ont multiplié les opérations secrètes pour fixer de nombreuses troupes ennemies sur la côte maritime de l'Europe de l'Ouest de la Norvège à la France. Ces opérations, souvent méconnues, méritent une attention particulière dans ce chapitre.

La création des commandos britanniques

L'amiral sir Roger Keyes, nommé chef des opérations commandos britanniques dès juillet 1940, est déterminé à entreprendre des actions de grande envergure sur les côtes norvégiennes et françaises, avec ses 4 000 volontaires triés sur le volet.

Né le 4 octobre 1878 à Tudiani, au nord-est de l'Inde, il prend part à la Première Guerre mondiale au sein de la flotte britannique.

En 1916, il participe notamment à un raid audacieux sur la base maritime allemande de Zeebruges. En mai 1940, il occupe le poste d'attaché militaire anglais auprès de l'état-major du roi Léopold III de Belgique. Du 17 juillet 1940 au 27 octobre 1941, il organise d'excellentes unités de commandos, spécialisées dans les raids les plus audacieux. Il entre cependant en désaccord avec les chefs d'état-major sur le choix des objectifs. Il donne finalement sa démission.

Le vice-amiral Louis Mountbatten lui succède, prenant ainsi en charge la direction des opérations commandos. Il poursuit la mise en place d'unités d'élite, composées de soldats en provenance des trois armes (terre, aviation et marine). Sous son commandement, les Royal Marines et les commandos britanniques multiplient les opérations contre les troupes allemandes stationnées en France et en Norvège. Né le 25 juin 1900 au château de Windsor, il est le second fils du prince Mountbatten et de la princesse de Hesse-Darmstadt, sœur aînée de la tsarine Alexandra, qui est elle-même l'une des petites filles de la reine Victoria. En mai 1913, il intègre le lycée naval d'Osborne. De novembre 1914 à juillet 1916, il poursuit sa formation maritime à l'école navale de Dartmouth, puis à la base navale de Devonport. Il termine premier des 72 élèves de sa promotion. Il est ensuite affecté sur divers navires de guerre de la puissante flotte britannique, où il se distingue par son courage. En 1919, il intègre l'université de Cambridge, puis sert de nouveau en 1920 sur plusieurs bâtiments militaires. Il est promu lieutenant de vaisseau le 14 septembre 1921. Il sert en Méditerranée en 1931-1933. Capitaine de vaisseau le 30 juin 1937, il est ensuite nommé commandant, en septembre 1939, de la 5e flottille de destroyers. Il participe à l'évacuation des troupes alliées en Norvège en mai 1940, puis à des actions navales en Méditerranée en mai 1941.

Les premiers commandos britanniques voient le jour avec une étonnante rapidité dès l'été et l'automne 1940. Les officiers sont désignés parmi la jeune génération et ont carte blanche pour choisir, à leur tour, leurs hommes. Le commandement britannique adresse une circulaire aux officiers sélectionnés pour former les commandos :

> « Les volontaires doivent être des soldats bien entraînés, physiquement aptes, sachant nager et ne craignant pas le mal de mer. Du courage, de l'endurance, de l'esprit d'initiative, de l'activité, de l'adresse au tir, de la confiance en soi et un esprit agressif sont exigés. Les volontaires doivent s'habituer à de longues veilles, à travailler plus, à se reposer moins que le reste des

> soldats britanniques et à devenir experts dans toutes les missions de reconnaissance et d'observation : ramper, repérer et rendre compte de tout ce qui les entoure, se déplacer sur toutes sortes de terrains, de jour comme de nuit, silencieusement et en cachette, et, enfin, apprendre à subsister par ses propres moyens pendant une longue période[1]. »

Les officiers sélectionnés recrutent leurs hommes tambour battant. Les critères des choix varient, aussi bien que l'origine des volontaires. Certains sont issus des troupes territoriales, d'autres viennent de la brigade des gardes. On compte des marins, des fantassins, des cavaliers, des artilleurs, voire des aviateurs. Il est difficile de décrire un commando type. Le groupe H du commando n° 3, venant de la 4e division d'infanterie qui a combattu en Belgique et en France en mai 1940, donne une idée des hommes recherchés pour former ces premières unités spéciales :

> « Ceux du groupe H, presque sans exception, écrit le général Peter Young, avaient été à Dunkerque, où le deuxième classe Herbert et l'artilleur McGoldrick avaient gagné leur médaille militaire. Il y avait quelques soldats d'active, mais la plupart étaient des réservistes qui avaient passé sept ans sous les drapeaux et avaient été rappelés en 1939. La majorité d'entre eux avaient servi aux Indes ou en Palestine. Ils avaient 26 ans en moyenne et formaient une troupe de "durs". Le bombardier Eaton, spécialiste du combat à mains nues, était un ancien policeman et Albert Durling un champion de boxe. Les tireurs d'élite, les boxeurs et les footballeurs prédominaient.
>
> Plusieurs régiments étaient représentés dans les commandos. Dans le groupe H se trouvaient des soldats des régiments du Bedfordshire et du Hertfordshire, des fusiliers du Lancashire, de l'infanterie légère du duc de Cornouailles, etc.
>
> Le soldat britannique a l'orgueil de son régiment. Par chance, cela ne provoque pas trop d'histoires dans le groupe H. Les vieilles rancunes, les rivalités avaient disparu. Si les fusiliers du Lancashire étaient toujours prêts à vanter leurs anciens qui, à Gallipoli, avaient remporté "six Victoria Cross avant l'heure du breakfast", dans le même genre de travail auquel le commando

1. Archives militaires britanniques, Londres.

> s'entraînait, leurs camarades étaient tout aussi disposés à les inciter à en faire autant – avec tous les commentaires que cela supposait.
> L'instruction militaire se donnait, à l'époque, à Plymouth, où l'on formait le commando. Avec des hommes qui, pour la plupart, avaient sept ou huit ans de service, la discipline ne posait pas de problèmes. Ils avaient le privilège inestimable du "billet de logement", au lieu d'être logés dans des baraquements, et ce genre de privilège ne se donne pas à la légère. Le "retour de l'unité" était la première crainte du soldat de commando et les punitions et autres vexations étaient hors de question[2]. »

Né en 1915, Peter Young accomplit ses études principales au Trinity College d'Oxford. Blessé à Dunkerque en 1940, il se porte volontaire pour les commandos, où il sert pendant plus de quatre années, prenant part à des raids importants. À la fin de la guerre, il commande la 1re brigade de commando.

Le lieutenant-colonel Dudley Clarke, né le 27 avril 1899 à Johannesburg, est connu comme l'un des pionniers des opérations commandos britanniques. Il contribue notamment à la formation de diverses unités de ce type.

La plupart des Britanniques intégrant les commandos ont le même esprit que Geoffrey Appleyard, qui reçoit durant la guerre le Distinguished Service Order et la Military Cross avec palme. Il écrit avant de mourir au combat :

> « C'est le meilleur job qu'on puisse trouver dans l'armée, et c'est un job qui, si on le fait proprement, peut avoir une énorme importance. Pas de chinoiseries administratives, pas de paperasserie, seulement de l'action, une action dont le succès dépend surtout de soi-même et des hommes qui ont été choisis pour le faire avec vous. C'est une véritable révolution[3]. »

Vers février-mars 1941, les commandos britanniques sont réorganisés. Chacun est composé de cinq groupes de trois officiers et de 62 hommes, avec une section d'armes lourdes d'une quarantaine d'hommes. Pour certaines missions, les effectifs peuvent augmenter considérablement.

---

2. Archives militaires britanniques, Londres.
3. Archives militaires britanniques, Londres.

Raid commando sur les îles Lofoten

La première opération commando véritablement importante se déroule en mars 1941. L'objectif choisi pour ce raid est les îles Lofoten, près des côtes norvégiennes de Narvik. Les Allemands reçoivent de Norvège un ravitaillement appréciable en morues et en harengs, dont l'huile fournit de la glycérine pour les explosifs et des vitamines A et D pour les soldats, tandis qu'une grande quantité de poissons, frais ou congelés, est exportée en Allemagne. La destruction de ces fabriques d'huile est donc la mission principale. À l'occasion, un tel raid doit également permettre de recruter des volontaires pour les forces norvégiennes libres et de capturer des collaborateurs, partisans du chef nazi local Quisling.

Les forces britanniques, commandées par le général Haydon, sont composées de deux commandos de 250 hommes chacun, avec des détachements du génie (52 hommes) destinés au sabotage et, enfin, des guides et des interprètes norvégiens. Les troupes sont embarquées sur deux vapeurs hollandais, transformés en navires de débarquement.

Les rapports très détaillés du service de renseignement indiquent la présence, sur plusieurs îles, de postes allemands tenus par une vingtaine d'hommes chacun, mais il ne s'en trouve aucun à Stamsund et à Svolvaer. Les garnisons les plus proches sont à Narvik et à Bodø. Des sous-marins ont été signalés, en janvier 1941, à Narvik, et des chalutiers armés escortent les convois le long de la côte, mais aucun navire de guerre n'a été repéré dans la région. Il y a peu à craindre de l'aviation allemande, car, à cette époque de l'année, les aérodromes au nord de Trondheim sont impraticables pour des appareils non munis de skis.

Une force de couverture navale comprend les vaisseaux de ligne Nelson et George V, les croiseurs Nigeria et Dido. Cinq destroyers assurent le libre passage du convoi, tandis que le sous-marin Sunfish a pour mission de guider les navires de débarquement.

Le 4 mars 1941 à l'aube, le temps est clair et calme. Il fait déjà grand jour lorsque les troupes s'approchent de leurs objectifs. Pourtant, la surprise est totale. Le destroyer Legion inquiète les combattants entassés dans leurs embarcations en tirant un coup de canon, mais il se révèle que ce n'est qu'un avertissement aux navires de pêche norvégiens, afin de les contraindre à regagner la terre. Ayant arboré leurs couleurs nationales, ils s'exécutent promptement.

Nulle part le débarquement ne rencontre de résistance. Seul le convoyeur allemand Krebbs, avec plus de bravoure que de prudence, s'attaque au Somali britannique, mais il est rapidement mis hors de combat et forcé de se rendre. À Svolvaer, le commando n° 4 fait prisonniers plus de 200 Allemands qui travaillent à la construction d'un aérodrome. Ils n'opposent aucune résistance. Les fabriques sont repérées, les charges explosives déposées et la partie la plus difficile de l'opération est de tenir les Norvégiens enthousiastes à l'écart des destructions.

Partout, les sabotages sont accomplis avec succès et on estime à 3 600 000 litres le pétrole et l'essence brûlés. Dix-huit fabriques sont détruites. Onze navires, totalisant plus de 20 000 tonneaux, sont capturés et ramenés en Angleterre, ainsi qu'un chalutier. On ramène également de l'expédition 316 volontaires norvégiens, 216 prisonniers allemands et 60 collaborateurs. L'unique accident survenu du côté britannique est celui d'un officier commando, qui se blesse avec son propre revolver qu'il a imprudemment glissé dans la poche de son pantalon.

Raid commando contre l'archipel du Spitzberg

En août 1941, le commandement britannique décide de lancer un raid commando contre l'archipel du Spitzberg, qui s'étend à 370 milles du point le plus septentrional de la Norvège. Les Allemands n'ont pas jugé bon d'y installer des troupes. Les riches gisements de charbon situés dans l'île principale sont exploités depuis 1931 par une compagnie soviétique, qui emploie 2 000 travailleurs sur une population totale de 2 800 habitants. Les forces britanniques choisies pour cette opération reposent sur un détachement de l'infanterie légère d'Edmonton et de Saskatoon, sous les ordres du général Pootts, ainsi que du génie. L'escadre navale est placée sous le commandement du contre-amiral Vian. Le débarquement débute le 25 août et, une fois de plus, ne rencontre pas de résistance. Des arrangements sont pris pour évacuer les ressortissants soviétiques en Russie et les Norvégiens en Grande-Bretagne. Les unités de sabotage détruisent les éléments essentiels de l'exploitation. Environ 540 000 tonnes de charbon et 1 300 000 litres d'huile, de pétrole et d'essence sont brûlés. Le navire, qui a ramené les sujets soviétiques en Russie, revient avec 200 officiers et soldats français, évadés des camps de prisonniers d'Allemagne, qui désirent se mettre à la disposition du général de Gaulle, afin de poursuivre le combat contre l'Axe. Les Allemands ne se doutent en rien de cette opération commando. Les deux stations radios locales sont détruites juste avant le départ des Britanniques et, sur le chemin du retour, ces derniers ont la satisfaction d'entendre la station allemande de Tromsø appeler en vain celles de Spitzberg.

L'attaque du port de Vaagsö-Sud

En décembre 1941, une force commando britannique doit attaquer le petit port de Vaagsö-Sud, qui se trouve sur l'Ulvesund, une partie de l'étroit passage appelé l'Intreled, qui s'étend sur une bonne partie de la côte norvégienne. Par l'Intreled, bordé à l'est par le continent et à l'ouest par un chapelet d'îles, passe la majorité du trafic côtier allemand. À la pointe nord de l'île de Vaagsö, l'Ulvesund entre dans une baie, où se trouve un passage entre les îles. C'est pour cette raison que les navires allemands se rassemblent à Vaagsö-Sud, attendant le moment propice pour prendre la haute mer et doubler la péninsule de Stadlantet, battue par les tempêtes. L'ancrage est protégé par une batterie d'artillerie, située sur la petite île de Maalöy à l'endroit où l'Ulvesund rejoint le fjord de Vaagsö. La garnison allemande comprend 150 soldats.

La force commando britannique se trouve sous le commandement du contre-amiral Burrough et le général Haydon. La force navale aligne le croiseur Kenya, les destroyers Chiddingfold, Offa, Onslow et Oribi de la 17e flottille. Le sous-marin Tuna sert à baliser le passage au large du fjord de Vaagsö. La troupe est transportée par le Prince-Charles et le Prince-Léopold, d'anciens vapeurs belges affectés à la traversée de la Manche.

Les unités de débarquement, fortes de 51 officiers et 525 hommes, reposent sur le commando n° 3 et un groupe du commando n° 2 ; en outre, le commando n° 4 fournit un détachement sanitaire et le commando n° 6 un groupe de sabotage. Le capitaine Linge et une vingtaine de Norvégiens servent de guides et d'interprètes. Enfin, on remarque la présence d'officiers des services secrets anglais, de correspondants de guerre et même de cameramen. La Royal Air Force (RAF) participe à l'opération avec 10 appareils Hampden de l'escadrille n° 50, chargés de lâcher des bombes au phosphore de 30 kilos sur les deux plages de débarquement, afin d'y créer des écrans de fumée et de bombarder les aérodromes voisins de Herdla, Stavanger et Trondheim.

« L'objectif stratégique du raid, écrit le général Peter Young, était de harceler les Allemands et de les obliger à déployer plus de troupes pour garder les côtes de Norvège. Les objectifs tactiques étaient la destruction de la garnison, des huileries locales et des navires, l'enrôlement de volontaires norvégiens et la capture de collaborateurs[4]. »

Le 27 décembre 1941, à 8 h 42, les péniches d'assaut de débarquement (LCA) se mettent en route vers le fjord et se dirigent vers leurs objectifs. Il fait jour lorsque la flottille contourne la pointe et parvient en vue de Maalöy. Le croiseur *Kenya* a la délicate mission de détruire les 4 canons allemands de la batterie la plus proche. À 8 h 48, le *Kenya*, filant encore à petite vitesse, tire des fusées éclairantes sur l'île de Maalöy et illumine l'objectif. Une demi-minute plus tard, ce puissant navire de guerre ouvre le feu. Les baraquements sautent dans les airs. Peu à peu, l'île disparaît dans un nuage de fumée. C'est alors que les destroyers *Onslow* et *Offa* arrivent. À 8 h 56, la batterie allemande de Rugsundö, bien que bombardée, se met à tirer à coups espacés sur le *Kenya*, mais sans l'atteindre. Elle est finalement réduite au silence.

Peu après, sept minutes environ, les troupes de débarquement se trouvent en vue de la batterie allemande de Maalöy, dont les canonniers n'occupent pas la position. En fait, l'unique résistance rencontrée vient de deux mitrailleuses qui balayent le flanc de la colline au-dessus du lieu de débarquement du groupe n° 2. Elles ne suffisent pas à arrêter le major Churchill, qui joue la *Marche de Cameron* sur sa cornemuse, face à l'ennemi, à la proue de son navire. Les fusils-mitrailleurs britanniques répondent aux tirs des Allemands.

Les avions Hampden, tenant toujours l'air, répandent de la fumée sur les plages principales de débarquement avec leurs bombes de 30 kilos, lorsque, soudain, une mitrailleuse antiaérienne allemande se met à tirer furieusement, bientôt suivie par le chalutier armé Foehn. Un des appareils britanniques est touché et lâche, par inadvertance, une de ses bombes au phosphore sur une péniche de débarquement, mettant hors de combat plusieurs soldats du commando n° 4.

Les combattants du groupe n° 2 parviennent aux abords de Vaagsö, avant que tous les Allemands rejoignent leurs postes, et le lieutenant Lloyd intercepte ainsi un détachement ennemi.

---

4. Archives militaires britanniques, Londres.

Le général de brigade Peter Young apporte le témoignage suivant :

> « C'est alors qu'eurent lieu les combats les plus féroces de toute la journée. Le noyau de la défense allemande était constitué par une section, sous les ordres du lieutenant Bremer, qui était en position aux points stratégiques et dans les maisons du sud de la ville. Bremer fut tué lors du premier assaut, mais deux sergents-majors, Lebrenz et Passov, continuèrent le combat, et leur section soutint le choc de l'attaque, ce qui permit au lieutenant de vaisseau Sebelin, capitaine du port, d'improviser une position de repli appuyée sur l'hôtel Ulvesund, avec des marins employés et toutes les personnes qu'il pouvait ramasser. L'aumônier lui-même prit part aux combats – et fut tué.
>
> Maison après maison, porte après porte, mur après mur, les commandos progressaient, perdant à chaque bond un officier ou un sous-officier. Le capitaine Gilles nettoya une maison et fut tué au moment où il apparaissait à la porte de derrière. Le capitaine Forrester tomba en attaquant l'hôtel Hagen, où le capitaine norvégien Martin Linge trouva également la mort. Il n'y eut bientôt plus qu'un seul officier indemne sur tous ceux que comptaient les deux unités de tête. L'attaque semblait avoir perdu toute impulsion lorsque le caporal White, couvert par le feu d'un mortier, mena l'assaut contre l'hôtel Ulvesund.
>
> Sur l'île de Maalöy, tout allait bien. Les positions d'artillerie étaient tombées entre les mains des Britanniques, avant même que le premier Allemand se fût montré. Il fut d'ailleurs tué. Le sergent Herbert et deux hommes de la section capturèrent le commandant de la batterie, le capitaine Batziger. La majorité des hommes de sa garnison se tint tranquille dans les bunkers, attendant que le raid aérien s'achevât, encore qu'il y eût eu un bref incident au bureau de la batterie, lorsque les servants du canon de DCA entrèrent en action ! Au bout de huit minutes, tout fut réglé et le major Churchill put diriger le capitaine Ronald vers un second objectif, les usines Mortenes. Le groupe de sabotage se mit au travail.
>
> À Vaagsö, en raison des pertes subies par les officiers, les choses allaient mal pour les commandos. On avait tardé à comprendre que l'attaque faiblissait car deux radios des troupes avancées avaient été mises hors d'usage. À 10 h 20, le colonel Durnford-Slater signala au général Haydon que la situation au nord de la ville était confuse et, un peu plus tard, il demanda l'appui des

réserves, qui débarquèrent à leur tour sous le commandement du capitaine Hooper. De Hollevik, le colonel envoya deux sections et demanda à son second de lui dépêcher quelques hommes de Maalöy où je me trouvais. À 10 h 30, le colonel partit en reconnaissance à travers les rues de la ville, marchant revolver au poing, et lança les réserves dans la bataille dès qu'elles apparurent.

Je pris avec moi dix-huit hommes de l'île de Maalöy, afin d'apporter du renfort au groupe n° 2 qui se trouvait à Vaagsö. Nous fûmes, d'ailleurs, les dernières réserves à être jetées dans le combat. L'hôtel Hagen avait été pris, mais d'autres Allemands étaient arrivés et ça tirait dur dans tous les coins. Apparemment, nos troupes avaient été tronçonnées en petits groupes. Nous avions fait un tiers du chemin, en utilisant un étroit passage situé entre une montagne dénudée et les glaces du fjord et j'avais l'impression que l'offensive piétinait. Je pensai alors que le seul moyen d'approche était de glisser le long des fabriques qui bordaient le front de mer.

Le colonel m'approuva. La chance avait voulu que le sous-lieutenant Denis O'Flaherty, avec un petit détachement, eût déjà nettoyé la première fabrique et nous nous étions ainsi assurés une base de départ. Nous nous avançâmes alors parmi les bâtiments qui s'élevaient dans l'obscurité et, après avoir mis un fusil-mitrailleur en position pour nous couvrir, nous nous ruâmes dans un magasin, où nous fîmes quatre prisonniers. Nous traversâmes le terrain à découvert à toute allure pour éviter le feu de l'ennemi. Les choses semblaient aller bien. Mais, à cet instant, deux de nos hommes furent touchés, sans que, comme cela arrive souvent dans les combats de rue, nous eussions pu voir d'où partaient les coups de feu. Le colonel nous rejoignit pour nous dire d'avancer et nous tentâmes une nouvelle ruée vers un entrepôt.

Nous ne savions pas s'il était occupé ou non. Je crois qu'il n'y avait que deux Allemands à l'intérieur, mais ils ne voulurent pas se rendre, nous reçurent à coups de grenades et, sous notre feu, se replièrent dans une salle du fond. Je me présentai alors à l'entrée de l'entrepôt. L'obscurité était totale. Deux coups de feu me furent tirés à bout portant mais... me manquèrent! Je répliquai et me repliai. Un peu plus tard, O'Flaherty et un soldat du nom de Sherington essayèrent à leur tour de pénétrer dans l'entrepôt, mais ils furent sévèrement touchés. Nous continuions à tenir le bâtiment sous notre feu et, finalement, étouffant dans

> leur repaire, les Allemands effectuèrent une sortie, mais j'avais laissé un fusil-mitrailleur en batterie pour les accueillir.
> Je suppose qu'une douzaine d'actions semblables eurent lieu à Vaagsö, ce matin-là, et ce que je viens de raconter donne une idée d'ensemble de la bataille.
> Vers 11 h 45, le colonel, qui avait été à la pointe du combat, gravement atteint par une grenade, ordonna une pause et retourna à son PC.
> Entre-temps, la plupart des fabriques avaient été prises et il ne restait plus que quelques Allemands vivants. Les groupes de sabotage s'activaient, posant leurs charges explosives et, à 13 heures, l'avant-garde de nos troupes se replia. À 14 h 45, le dernier homme avait rembarqué[5]. »

Les commandos britanniques déplorent 20 tués et 57 blessés. Les pertes allemandes sont plus difficiles à estimer, mais les Britanniques ont fait 98 prisonniers, capturé quatre canons de 75 mm, un canon de DCA et détruit un blindé. La Royal Navy, de son côté, a coulé des navires totalisant 16 000 tonneaux.

Le raid britannique de Vaagsö inquiète profondément Hitler, qui exige aussitôt un rapport et, dès le 29 décembre 1941, il peut lire la conclusion suivante :

> « Les Britanniques vont attaquer le Norvège du Nord en plusieurs endroits. Par des attaques combinées de leur flotte et de leur armée de terre, ils vont essayer de nous en déloger, de s'emparer, si possible, de Narvik et, ainsi, d'exercer une pression sur la Suède et la Finlande. Cela pourrait être d'une importance décisive pour l'issue de la guerre.
> La flotte allemande doit, par conséquent, consacrer toutes ses forces à la défense de la Norvège. Il serait judicieux d'y transférer tous les cuirassés et tous les cuirassés de poche disponibles[6]. »

Plus tard, vers la mi-janvier 1942, Hitler déclare que « la Norvège est un enjeu essentiel dans cette guerre[7] ».

Les généraux allemands les plus insignes abondent dans le sens du Führer. Bientôt, 12 000 soldats viennent renforcer les forces

5. Archives militaires britanniques, Londres.
6. Archives militaires allemandes, Fribourg-en-Brisgau.
7. Archives militaires allemandes, Fribourg-en-Brisgau.

allemandes déjà présentes en Norvège, puis 18 000 autres suivent, ainsi qu'une panzerdivision pour appuyer les défenses. À la suite d'une tournée d'inspection que fait, en février 1942, le maréchal List, trois autres divisions sont affectées dans ce pays. De telles précautions continuent, toujours accrues à la suite de nouveaux sabotages. Au moment du débarquement des Alliés en Normandie le 6 juin 1944, les forces allemandes en Norvège atteignent 372 000 hommes. Des troupes considérables qui manquent ainsi cruellement contre les Soviétiques et les Anglo-Américains.

« L'un des principaux facteurs qui avaient contribué à ce résultat avait été l'opération de Vaagsö », écrit le général Peter Young[8].

Opération Bruneval

À la fin de l'année 1941, l'aviation britannique de reconnaissance découvre à Bruneval, localité française près du Havre, une importante station allemande de repérage radio, destinée à signaler l'approche des navires et des appareils alliés. Les photographies aériennes montrent que cette station est installée dans une sorte de puits, à cinquante mètres environ d'une villa isolée, proche des falaises qui surplombent la Manche. On estime que cette station de repérage est en grande partie responsable de la perte de nombreux bombardiers britanniques.

Le 8 janvier 1942, l'amiral Mountbatten décide de monter une opération commando, afin de détruire au plus vite cette importante station allemande. Le 24 janvier, le major Frost, commandant du 1er bataillon de la 1re division aéroportée, prend contact avec le commandant Cook, de la marine australienne, qui doit assurer l'évacuation du commando, à partir d'une petite baie située au pied du village de Bruneval. On compte également 32 officiers et hommes de troupe des Royal Fusiliers et des South Wales Borderers, qui doivent accompagner les navires et couvrir le repli, et un homme, dont le rôle est capital dans l'opération, le sergent pilote Cox de la RAF. En tant qu'expert radio, il a pour tâche de sauter avec la compagnie C et de démonter divers appareils de l'installation de repérage radio : tâche difficile qui doit être accomplie rapidement et, probablement, sous les tirs de l'ennemi.

---

8. Archives militaires britanniques, Londres.

Le 15 février 1942, le commando, composé de 6 officiers et de 113 hommes – dont 9 sapeurs du génie, 4 spécialistes des transmissions et le sergent Cox –, accomplit son dernier saut d'entraînement.

Les renseignements obtenus grâce aux photographies aériennes sont complétés par des informations provenant de la Résistance française, dont le célèbre réseau de la Confrérie de Notre-Dame du colonel Rémy. Les photographies révèlent que l'armement destiné à répliquer à une attaque par mer n'est constitué que par des mitrailleuses, mais, depuis novembre 1941, trois blockhaus sont en construction sur le versant nord de la vallée où se trouve le village de Bruneval. Ces ouvrages commandent la vallée qui s'enfonce vers l'intérieur des terres à partir de la côte. La station se trouve également sur le versant nord de la vallée, à deux cents mètres environ des blockhaus, reliés entre eux par des tranchées. Des réseaux de barbelés entourent les défenses côtières. À l'intérieur des terres, une maison isolée abrite deux mitrailleuses légères et se trouve entourée par un réseau de barbelés de trois mètres de profondeur. La garnison allemande repose sur 30 hommes commandés par un sous-officier : cinq hommes couchent dans la villa, les autres dans le village situé à 500 mètres de la plage. Le village de la falaise, en face de laquelle se trouve la station radio, abrite une vingtaine de guetteurs. À 400 mètres de là, dans une ferme appelée « Le Presbytère », au milieu des bois, on envisage la présence d'une vingtaine de guetteurs.

La force britannique participant au raid commando est divisée en trois détachements. Tous les hommes doivent sauter à un endroit situé à l'intérieur des terres, assez éloigné de l'objectif pour qu'il ne soit pas possible de les repérer, et effectuer une approche silencieuse. Le détachement commandé par le lieutenant Charteris a pour mission de s'emparer de la plage et de la tenir, afin de couvrir le repli et l'embarquement des troupes dans les embarcations prévues à cet effet. Le lieutenant Ross, un officier du génie, et ses hommes doivent se frayer un passage dans les champs de mines pouvant se trouver sur la plage, afin d'y établir un poste commandement et d'observation. Après avoir sauté, le reste de la troupe doit se grouper et se diriger vers la station et la villa. Arrivés là, les hommes se divisent en deux groupes, le premier ayant pour mission de s'opposer à tout augmentation des forces ennemies, le second de s'emparer de la station, d'y démonter une partie de l'appareillage et de l'emporter.

> « On attendit que le temps se mît au beau, raconte le major T.W. Willans, car il n'y avait aucune raison de prendre des risques

supplémentaires. On devait tout faire pour que l'opération fût un succès et seul un succès complet pouvait éviter l'échec. Quant aux appareils de repérage radio, ils devaient être, eux, réinstallés en Grande-Bretagne.

Le temps s'annonçait favorable pour la nuit du 27 au 28 février 1942 et les embarcations prirent la mer dans l'après-midi. La nuit qui suivit fut une nuit de pleine lune, claire avec un peu de nuages. Il n'y avait presque pas de vent et la mer était calme. À l'intérieur des avions Whitley, les parachutistes s'entassèrent, dans le froid et l'obscurité, enfouis dans leurs sacs de couchage, tandis que, sous la direction du lieutenant-colonel Pickard, les bombardiers se ruaient sur les pistes herbeuses de l'aérodrome de Thruxton et bondissaient dans le ciel nocturne. Avec une visibilité de l'ordre de 3 à 6 kilomètres, ils mirent le cap sur Bruneval, qu'ils devaient atteindre en un peu plus de deux heures.

Les Whitley, réputés d'ordinaire pour leur inconfort, volaient paisiblement, tandis que les hommes jouaient aux cartes, chantaient ou se livraient à leurs propres pensées. Pour quelques-uns d'entre eux, ce voyage, qui les conduisait de la paix vers la guerre, fut quelque chose d'irréel. Au-dessus d'eux, la lune se reflétait sur une mer d'huile, invisible de ces commandos assis ou couchés dans les fuselages glacés et hermétiquement clos. En bas, il y avait aussi les bateaux, qui faisaient route vers la baie de Bruneval.

Trente minutes avant l'arrivée sur la côte française, les parachutistes s'extirpèrent de leurs sacs de couchage. Les *static-lines* des parachutes furent fixées aux anneaux des appareils et les trappes circulaires ménagées dans le plancher furent ouvertes. Le froid, le bruit des moteurs et le vent déplacé par l'appareil envahirent les fuselages. Ceux qui se trouvaient près des ouvertures pouvaient voir l'eau qui filait sous leurs yeux, puis les champs et les arbres. C'est alors que la DCA des navires et des batteries ennemies entra en action.

Des lueurs rouges, puis vertes surgirent brusquement. Les fuselages déchargèrent alors leur cargaison de parachutes, pareils à de grandes fleurs humaines, sur la campagne de France[9]. »

9. Archives militaires britanniques, Londres.

Suspendus dans les airs, les parachutistes sont surpris par le silence, à peine troublé par la rumeur des appareils qui s'éloignent après les avoir lâchés. La major Frost, qui a appris par cœur le moindre détail du paysage sur des photographies aériennes et des maquettes, aperçoit sous lui la rangée d'arbres où il a rendez-vous avec ses hommes. Leur chute est amortie par trente centimètres de neige, tandis que les containers qui renferment des armes, des explosifs et du matériel radio pleuvent autour d'eux, dans la campagne glacée et paisible.

Après s'être regroupés, Frost et son détachement courent vers leur objectif, la villa isolée et le puits. Dix minutes plus tard, la villa est occupée et l'unique Allemand qui s'y trouve, abattu. Frost et son ordonnance se ruent alors vers le puits, où sont installés les appareils de repérage radio et d'où parvient le bruit des grenades qui explosent. Ils y trouvent cinq Allemands déjà morts.

Soudain, un bruit de fusillade parvient de la ferme du « Presbytère ». Tandis que le lieutenant Curtis et ses hommes gardent la position qu'ils ont prise, le major Frost se replie avec sa douzaine d'hommes hors de la villa et encerclent la station radio, afin que le sergent Cox, le lieutenant Vernon et ses sapeurs puissent démonter l'appareillage. Des morceaux de bois, des éclats de briques et un nuage de neige volent autour d'eux, pendant que les hommes de Frost répliquent aux tirs des deux mitrailleuses qui se trouvent dans la ferme. À la station radio, le démontage des appareils s'effectue à la lueur des torches électriques, pendant que le feu de l'ennemi éclate sur la tête des Britanniques. Un coup parvient jusqu'au sergent Cox et deux balles endommagent un élément de l'appareillage qu'il tient entre les mains. À cet instant, des phares de voitures apparaissent du côté de la ferme tenue par les Allemands. Cox a pris ce qu'il est venu chercher : il est temps de partir.

Abandonnant la sécurité relative de leurs positions défensives, les Britanniques se remettent en marche dans le clair de lune et entament la dernière phase de l'opération. Trébuchant sur le terrain accidenté, recouvert d'une couche de neige, ils se dirigent vers les défenses allemandes qui commandent la vallée. Frost espère que celles-ci ne sont pas occupées et, comme il les atteint sans coup férir, une voix se fait entendre au-dessous de lui, qui lui dit que les navires sont là.

Effectivement, tout semble aller bien, mais lorsque Frost et ses hommes commencent à descendre vers la plage, l'air se remplit soudain de fumée et d'explosions et, venant de l'autre côté du ravin, le crépitement d'une mitrailleuse se fait entendre. Deux hommes sont touchés, dont le sergent-major Strachan qui, bien que blessé trois fois au ventre, survivra. Le moment est critique, car la retraite semble être coupée et les renforts allemands s'approchent, mais les parachutistes de Charteris surgissent enfin de l'obscurité. Un chemin est assez rapidement ouvert et, vers 2 h 15, les Britanniques sont sur la plage.

Il n'y a aucune trace d'embarcations et le major Frost commence à envoyer des signaux vers la plage avec une torche de couleur bleue. Mais les marins, eux aussi, ont des problèmes. Deux destroyers allemands et deux vedettes les ont doublés à un mille de distance tandis qu'ils attendent. À 2 h 35, les navires britanniques aperçoivent les signaux et s'approchent. Sous le feu des mitrailleuses postées sur la falaise, les soldats britanniques sont embarqués, laissant derrière eux un parachutiste tué et sept autres qui n'ont pu parvenir à temps sur la plage. Sept hommes sont également blessés et les embarcations s'éloignent à toute vitesse, les unes surchargées, les autres presque vides.

À deux milles au large, avec les prisonniers qu'ils avaient faits et le matériel dérobé à l'ennemi, les soldats britanniques sautent de leurs péniches de débarquement dans des vedettes, venues de Portsmouth, qui les attendent.

> « On eut bientôt la preuve que la station de repérage de Bruneval était paralysée, écrit le major T.W. Willans. Le lendemain, en effet, le pilote d'un chasseur Hurricane volant à basse altitude, aperçut un groupe d'officiers allemands se tenant autour du puits qui avait contenu les appareils de repérage et qui, manifestement, n'avaient pas été avertis de son arrivée. Le pilote lâcha une rafale de mitrailleuse et le puits étant désormais débarrassé d'une bonne partie de son contenu, les Allemands s'en servirent comme d'un abri antiaérien[10] ! »

Raid sur Saint-Nazaire

Le 26 mars 1942, en début d'après-midi, un petit corps expéditionnaire britannique, fort de 345 marins, 266 commandos et de plusieurs navires (le destroyer Campbeltown et 18 vedettes rapides), quitte la baie de Falmouth, en Angleterre, pour se diriger vers la côte française. Son objectif est la base allemande de Saint-Nazaire, sur

10. Archives militaires britanniques, Londres.

l'estuaire de la Loire. Le capitaine de frégate Robert Ryder commande la force navale, secondé par le lieutenant-colonel Newman qui dirige les commandos (nos 1, 3, 4, 5, 9 et 12).

Saint-Nazaire se trouve à une quinzaine de kilomètres de la haute mer. L'estuaire de la Loire, large d'environ 1 500 mètres, dissimule des hauts-fonds rendant la navigation dangereuse, en dehors du canal balisé et étroitement surveillé. Tout le long des deux rives du fleuve, les Allemands ont implanté des batteries d'artillerie, allant de canons de 170 mm aux pièces de DCA de 20 mm. Le tout accompagné de mitrailleuses légères ou lourdes. À Saint-Nazaire, le port et ses abords sont truffés de casemates avec canons ou armes automatiques. Environ 5 000 soldats et marins allemands occupent la ville, un millier les deux rives. S'engager dans l'entonnoir de la Loire, c'est s'enfoncer dans un piège mortel. Mais l'audace incroyable est un savoir-faire des commandos britanniques et de la Royal Navy. La Résistance française fournit de précieux renseignements sur les défenses allemandes, ainsi que les reconnaissances aériennes de la Royal Air Force. Ces informations permettent de réaliser une maquette du port avec les plans d'eau, les écluses, les ponts et les défenses. L'état-major de Mountbatten envisage une action d'envergure, afin de neutraliser le port de Saint-Nazaire.

En effet, le cuirassé allemand *Tirpitz* de 51 000 tonnes, présent dans les eaux norvégiennes, surclasse techniquement ses rivaux britanniques et représente une terrible menace s'il parvient à se joindre aux sous-marins dans l'Atlantique, notamment en ralliant le port de Saint-Nazaire. Trois autres cuirassés allemands (*Scharnhorst*, *Gneisenau* et *Prinz Eugen*), à l'abri dans les ports allemands, peuvent à tout moment rejoindre également cette importante base navale. Les quatre cuirassés allemands doivent pouvoir disposer, sur le littoral français, d'un lieu sûr pour réparer d'éventuelles avaries, or seul le port de Saint-Nazaire, suffisamment en retrait de la mer, possède un bassin susceptible de les recevoir, avec notamment la cale Normandie (forme écluse Louis Joubert).

Les Britanniques doivent neutraliser cette cale, en détruisant les deux caissons d'accès. Cette action est quasi impossible à réaliser par l'aviation, du fait des dimensions réduites de l'objectif, de son blindage et de la densité de la DCA allemande. L'opération ne peut être effectuée que par un commando de saboteurs. Le caisson sud de la cale Normandie (forme écluse Louis Joubert) doit être abordé par le destroyer Campbeltown, bourré d'explosifs. L'explosion se produira à retardement, après l'évacuation de l'équipage britannique. Tandis que les autres objectifs portuaires seront attaqués par des commandos, débarqués du destroyer et des navires d'accompagnement. Un bombardement aérien sur Saint-Nazaire doit détourner l'attention des Allemands, leurs projecteurs étant alors braqués vers le ciel et non vers le fleuve et l'océan. Les navires britanniques, transportant les commandos, doivent avoir l'apparence de bâtiments allemands, afin de ne pas attirer l'attention de la surveillance portuaire.

Le 27 mars 1942, à 22 heures, après une traversée sans encombre, la formation navale britannique, positionnée à l'entrée de l'estuaire, hisse le pavillon allemand pour se faire passer le plus longtemps possible pour une unité de la Kriegsmarine. À 23 heures la charge explosive du destroyer Campbeltown est amorcée. Il est prévu qu'elle saute entre 5 heures et 9 heures du matin. À 23 h 30, l'aviation britannique débute un bombardement de diversion sur le port. À 1 h 22, la flottille est repérée par les batteries côtières, mais tente de dissimuler sa véritable identité en se servant d'un code morse allemand, récupéré lors d'un raid précédent. Les navires ont encore 3 miles nautiques à parcourir jusqu'à l'objectif. Or, malgré la présence visible du pavillon nazi et le code morse allemand, la ruse de guerre est éventée ! Les batteries ouvrent le feu et l'alarme est donnée. La flottille doit encore parcourir un mile marin.

L'enfer se déchaîne sur les navires britanniques, en particulier sur le destroyer Campbeltown. D'après David Paton, officier de santé à bord :

> « Une douzaine de projecteurs nous éblouissaient des deux côtés faisant de nous la cible de nombreux canons. L'air était plein d'obus traçants venant de toutes parts comme des balles de cricket. On pouvait les voir arriver et ricocher[11]. »

Les canons mitrailleurs des vedettes britanniques répliquent du mieux qu'ils peuvent et un bateau servant de plate-forme de la DCA allemande est détruit. Mais les pertes s'accumulent dans les rangs des assaillants. Les vedettes n'offrent qu'une faible protection, si bien que la moitié des hommes sont tués ou blessés avant même de débarquer !

Sur le Campbeltown, c'est l'enfer ! Le pont avant et la passerelle sont balayés par les tirs adverses, le barreur est tué. Cependant, malgré le feu dévastateur des Allemands, le destroyer percute la porte

11. Archives militaires britanniques, Londres.

Sud de la forme Joubert du port de Saint-Nazaire à 1 h 34 et s'y encastre profondément.

Les saboteurs débarquent rapidement sous la protection des commandos et la couverture de trois vedettes. Le sous-lieutenant Frank Arkle, à bord de la vedette ML 177, raconte :

> « Nous devions nous rendre par la vieille entrée au quai, que nous avons longé et où nous avons déposé nos commandos. C'était un sentiment bizarre de les voir débarquer très silencieusement avec leurs bottes en caoutchouc et disparaître dans l'obscurité pour accomplir leur mission[12]. »

De son côté, le lieutenant John Roderick, se souvient :

> « L'objectif de mon groupe d'assaut était d'éliminer les canons et leurs servants positionnés sur le flanc Sud de la forme Joubert. Puis établir un périmètre de sécurité pour empêcher les forces ennemies d'accéder au Campbeltown et aux stations de pompage. Enfin d'endommager si possible les vieux entrepôts. Nous avons éliminé les servants de la seconde casemate, puis nous avons continué avec la section de John Stutchbury en nous couvrant mutuellement. Il nous fallait nettoyer le secteur des réservoirs de mazout. Il y avait quelques abris en tôle dans lesquels nous avons lancé des grenades qui explosèrent avec fracas. Dans un bâtiment en dur, nous avons aussi tué un autre groupe de soldats. Par contre, nos tentatives pour incendier les réservoirs de carburants ne donnent rien. On rejoint alors le groupe du lieutenant-colonel Newman de l'autre côté de la cale sèche. Nous étions de toute évidence repérés, car nous devions progresser sous les tirs ennemis. C'est en courant pour me mettre à couvert avec les fusils-mitrailleurs Bren que j'ai été touché à la cuisse gauche. Je ne m'en suis pas rendu compte tout de suite, je n'étais conscient que d'être tombé la tête la première et d'avoir perdu mon arme. Je me suis mis rapidement derrière une poutre et je suis finalement parvenu au point de rassemblement du colonel Newman[13]. »

Les braves écossais du lieutenant Roy détruisent les deux canons qui protègent la station de pompage, sécurisent le pont de l'ancienne

12. Archives militaires britanniques, Londres.
13. Archives militaires britanniques, Londres.

entrée, qu'ils doivent tenir jusqu'au retour des autres équipes. Pendant ce temps, une équipe de saboteurs fait sauter les pompes, rendant ainsi la cale sèche inutilisable pour de longs mois. D'autres groupes longent la forme Joubert sur 300 mètres sous les tirs allemands. Ils font sauter le hangar du treuil actionnant les portes Nord, puis endommagent le caisson Nord avec les explosifs restants. Ils se retirent ensuite en direction du vieux môle pour réembarquer.

Du toit de la base sous-marine, des navires à quai et des bunkers, les tirs allemands se déchaînent, tandis que des compagnies d'infanterie prennent à partie les commandos dans le vaste labyrinthe des installations portuaires. Malgré ce déluge de feu, les commandos résistent avec une bravoure extraordinaire. Une unité de saboteurs parvient à faire sauter le hangar abritant les installations des portes Sud de la forme Joubert. « Son rembarquement est fatal, écrit Xavier Tracol, puisque les tirs ennemis se concentrent sur sa vedette. Elle coule dans la Loire et avec elle la quasi-totalité des commandos[14]. »

Sur le fleuve, la situation devient dramatique : 8 vedettes brûlent, les équipages sont déchiquetés par les tirs croisés des batteries allemandes ou brûlés vifs dans les nappes de mazout enflammé se déversant sur les épaves.

Le marin George Davidson témoigne :

> « Le ML 192 a été le premier bateau à être touché. L'incendie y était devenu important et le commandant de bord nous a ordonné de l'abandonner. Quand nous avons atteint la rive, nous étions cernés. Les Allemands nous ont escortés vers le sud, mais nous avons essuyé de nombreux coups de feu en cours de route. On a donc dû avancer courbés puis nous dissimuler. J'ai repéré des rouleaux de grillage et je me suis glissé au milieu. Je me suis planqué là et ils sont partis sans moi. C'était avant 2 heures du matin et j'y étais encore au lever du jour[15]. »

Les 6 vedettes du groupement 1, devant débarquer ses commandos sur le vieux môle, subissent un véritable carnage sous les tirs des canons et des mitrailleuses adverses. Une seule vedette arrive à accoster. Deux bunkers sont rapidement pris d'assaut et leurs canons détruits, mais la vingtaine de commandos débarqués ne peut avancer plus loin. Beaucoup d'objectifs secondaires ne sont pas

14. *Ligne de Front*, n° 24, mai-juin 2010.
15. Archives militaires britanniques, Londres.

atteints. Les embarcations ne sont plus assez nombreuses pour transporter les commandos survivants en cours de repli.

Des commandos, encerclés par le 679e régiment d'infanterie de la 333e division allemande, se rendent après l'épuisement des munitions. Des Britanniques, blessés et désarmés, sont sauvagement abattus par la soldatesque germanique, mais la plupart sont faits prisonniers. En mer, quatre vedettes pleines de rescapés, blessés en majorité, parviennent à rejoindre le point de rendez-vous avec les destroyers d'escorte. Quatre autres vedettes décident de rejoindre seules les côtes britanniques. Mais la vedette ML 306 croise un torpilleur allemand à 5 h 30. Après une heure de combat et de vaines manœuvres, l'équipage britannique est capturé avec 20 morts et blessés à bord.

Le 28 mars 1942, à 10 heures, le combat de Saint-Nazaire semble terminé : 215 marins et commandos britanniques, capturés sur les rives ou à terre, sont rassemblés à La Baule par les Allemands, qui déplorent dans leurs rangs 42 tués et 127 blessés. Les Britanniques comptent également 169 morts. Soit un total de 384 marins et commandos de « Sa Gracieuse Majesté » tués ou capturés sur un effectif initial de 571 hommes avant l'opération ! L'épave du destroyer Campbeltown est alors entourée de plusieurs centaines d'officiers et militaires allemands, venus inspecter les dégâts. À 11 heures, le destroyer, toujours bourré d'explosifs, saute et fait voler en éclats la porte Sud de la forme Joubert, tuant 360 officiers et soldats allemands ! Sous l'effet de cette gigantesque explosion, une masse d'eau gigantesque s'engouffre dans le bassin et fait chavirer deux pétroliers en cale sèche. Le lendemain, deux torpilles à retardement, lancées par les navires britanniques, explosent également, endommageant gravement l'écluse de l'ancienne entrée. Cette double explosion provoque un véritable vent de panique parmi la garnison allemande déjà bien éprouvée. Des patrouilles multiplient les bavures et les tirs fratricides.

Malgré les lourdes pertes enregistrées dans les rangs britanniques, le raid commando sur Saint-Nazaire est cependant un immense succès stratégique. La forme Joubert est rendue inutilisable jusqu'à la fin de la guerre. Acculés dans les fjords norvégiens ou les ports allemands, les 4 puissants cuirassés de la Kriegsmarine cessent d'être une menace pour les convois alliés de l'Atlantique. Cette opération porte également atteinte à l'invulnérabilité de la « Festung Europa » (la Forteresse Europe), protégée par « l'infranchissable » mur de l'Atlantique. Le potentiel extraordinaire des forces spéciales est une fois de plus démontré.

Débarquement à Dieppe

Au début du mois d'avril 1942, le port français de Dieppe, entre Calais et Le Havre, est choisi comme objectif pour une importante opération commando par mer, sous forme de débarquement, en raison de sa proximité des aérodromes britanniques qui peuvent envoyer des chasseurs en couverture. D'après Winston Churchill « il s'agissait d'une reconnaissance en force, afin d'éprouver la résistance de l'ennemi sur l'un des secteurs les mieux défendus de la côte et de déterminer l'importance de la résistance qu'il fallait s'attendre à rencontrer pour prendre un port[16] ».

L'idée d'une telle opération ne découle pas uniquement de la volonté britannique de harceler l'ennemi n'importe où et n'importe quand, mais procède de la conviction intime qu'un jour, quelque part, la reconquête du continent débutera par un important débarquement. Mais il faut auparavant payer les renseignements et l'expérience nécessaire au prix d'un sacrifice en pertes humaines. De plus, cette opération ne se limite pas à un simple débarquement, car il faut également rembarquer les troupes à la fin du raid. Les péniches britanniques, disponibles à l'époque, permettent d'embarquer 6 000 hommes et 160 chars.

Dieppe se trouve au fond d'un estuaire de 1 600 mètres de largeur, à l'embouchure de l'Arques, à trois kilomètres environ à l'est du milieu d'une bande côtière de 16 kilomètres comprise entre Berneval à l'est et Quiberville à l'ouest. Cet étranglement englobe la zone défensive de Dieppe, flanquée, à Berneval et à Quiberville, de batteries allemandes, disposées de façon à couvrir les abords du port du côté de la mer.

Les plages de Dieppe, que longent deux grands boulevards bordés de pelouses, jardins, hôtels, pensions et grand casino, s'étendent sur près de 1 500 mètres à partir de la branche ouest du port. Elles sont flanquées de deux promontoires qui dominent toute la zone des plages et les voies d'accès à la mer.

> « En 1942, écrit R.W. Thompson, ces promontoires étaient redoutables : ils renfermaient des dispositifs de défense camouflés et enterrés. Le promontoire Bismarck est creusé de caves et de tunnels, abritant des canons dont le nombre comme le calibre

16. Archives militaires britanniques, Londres.

> étaient inconnus des Anglais, qui en étaient réduits aux suppositions et allaient jusqu'à voir en Bismarck un rocher de Gibraltar en miniature. Le promontoire ouest, Hindenburg, était beaucoup moins impressionnant, mais la neutralisation des deux forts, que ce fût par attaque aérienne ou par bombardement naval (avec les seuls canons légers des destroyers disponibles), était douteuse[17]. »

La garnison allemande, un régiment de la 302e division d'infanterie (DI), est protégée par six batteries moyennes, couvrant les voies d'accès à la mer. Des réserves importantes se tiennent prêtes à intervenir à la moindre alerte. Une attaque par mer de la zone fortifiée de Dieppe représente donc une opération amphibie audacieuse, dont le succès repose en grande partie sur l'effet de surprise.

Le 17 août 1942, 24 chalands embarquent les nouveaux chars Churchill, lourds de 40 tonnes chacun, dont le blindage atteint 102 mm au maximum. Une force d'assaut de 6 086 officiers et hommes de troupe prend place à bord des navires de transport. Soixante escadrilles de chasseurs se tiennent prêtes à décoller, principalement des Spitfire, sans oublier quatre escadrilles de Mustang de reconnaissance tactique et sept escadrilles de bombardiers et de chasseurs bombardiers. Les canons de 100 mm des destroyers d'escorte représentent le plus lourd armement de soutien rapproché disponible. Dans l'après-midi du 18 août, des dragueurs de mines ouvrent un chenal vers Dieppe et balisent les voies de passage. Au total, 252 bâtiments appareillent dans la nuit du 18 de quatre ports de la côte sud : neuf navires de débarquement pour l'infanterie, huit destroyers, un sloop et une force disparate de péniches de débarquement, ainsi que de petites unités. Tous ces bateaux convergent vers les dragueurs de mines des 9e et 13e flottilles. Ils parcourent à grande vitesse, dans le silence radio et l'obscurité quasi totale, plus de 70 miles et arrivent, le 19 août, peu avant 3 heures, sans avoir été repérés, à 8 miles de Dieppe.

Dès que la flotte émerge du champ de mines flottantes, les navires se repèrent sur le vaisseau amiral, le destroyer *Calpe* et son escorteur, le destroyer *Fernie*, afin de prendre leurs positions. Les six destroyers restants se déploient vers l'est et vers l'ouest pour servir de sentinelles à l'expédition, prévenir une intervention navale de l'ennemi et donner tout le soutien possible à la troupe de débarquement. Le

17. Archives militaires britanniques, Londres.

convoi s'organise en treize groupes, chacun ayant une mission bien définie. Seul un groupe a des directives plus spéciales : sept chasseurs de sous-marins des forces navales françaises libres (FNFL), conduits par la canonnière *Locust* de la Royal Navy, doivent se ruer sur le port de Dieppe et s'emparer de 40 péniches de débarquement ennemies, qui seront ensuite remorquées comme prise de guerre jusqu'en Angleterre. Pour le reste des forces, les ordres sont clairs :

> « La 2e division canadienne doit s'emparer de Dieppe et de ses environs, occuper la zone jusqu'à l'achèvement complet des missions de destruction et d'exploitation, puis rembarquer et regagner l'Angleterre[18]. »

Mille officiers et hommes de troupe des 3e, 4e commandos britanniques et du commando Royal Marine, ainsi que 150 officiers et soldats américains d'un bataillon de Rangers, ont des missions de soutien. Chaque groupe a étudié et répété la mission qui lui est assignée.

Sur le flanc gauche, à l'est de Dieppe, le commando nº 3 doit débarquer à Berneval et à Belleville-sur-Mer pour détruire la batterie Goebbels. Le régiment royal canadien débarquera à Puys et détruira la batterie de gros calibre Rommel, puis attaquera le promontoire est Bismarck. Au centre, le régiment écossais d'Essex a pour mission de débarquer dans la partie est de Dieppe et l'infanterie légère royale Hamilton dans la partie ouest. À l'ouest de Dieppe, à Pourville, le régiment du Saskatchewan du Sud et le Queen's Own Cameron Highlanders canadien emporteront la position fortifiée de la ferme des Quatre-Vents et investiront par l'arrière le promontoire Hindenburg. Des détachements s'avanceront dans la vallée de la Scie pour s'emparer de l'aéroport de Saint-Aubin et du quartier général de la 302e DI, installé à Arques-la-Bataille. Sur le flanc droit, le commando nº 4 débarquera à Vasterival et à Varengeville-sur-Mer, ainsi que sur un secteur de 1 500 mètres de la plage à l'est de la Saane et à Quiberville, afin de détruire la batterie Hess. Le 14e bataillon de chars de l'armée canadienne est prévu comme soutien sur les plages de Dieppe, avec en réserve le Mont-Royal fusiliers. Le commando A du Royal Marine participera à la prise des promontoires, tandis que la manœuvre de diversion s'effectuera avec la canonnière Locust qui,

18. Archives militaires britanniques, Londres.

secondée par les chasseurs français libres de sous-marins, s'emparera des péniches de débarquement et autres navires ennemis.

À 3 heures, les bâtiments de débarquement, transportant les hommes chargés d'attaquer les plages sur les flancs inférieurs à Puys et à Pourville, mettent à la mer leurs péniches. Les commandos sur les flancs extérieurs sont déjà en mouvement derrière leurs canonnières, et ainsi, à 3 h 30, 5 000 hommes se trouvent dans les péniches de débarquement. Lorsque les groupes latéraux s'écartent du convoi, les groupes d'assaut des plages principales se mettent en position sur la ligne du centre.

Entre-temps, l'amiral lord Mountbatten et le général canadien Crerar ont rejoint le général Leight-Mallory au poste de commandement du QG du groupe n° 11 du Fighter Command. Les cartes détaillées de toute l'opération sont étalées devant eux, leurs escadrilles de chasseurs et de chasseurs bombardiers prêtes à entrer en action. D'après le plan de l'attaque, il apparaît indispensable de déborder le promontoire Bismarck par l'arrière, à partir de la plage voisine de Puys. Si cette manœuvre échoue, le débarquement sur les plages principales de Dieppe sera compromis. Ce promontoire est donc considéré comme la clef du succès de cette opération, et il incombe au régiment royal canadien de réussir le mouvement tournant, destiné à l'enlever.

Le terrain entre Berneval et Quiberville, à savoir la zone d'assaut, est fait de falaises calcaires et des ravins encaissés. Tous les ravins et toutes les plages sont obstrués du côté de la mer par d'importants réseaux de barbelés et minées. Une sorte de brise-lames de roche calcaire s'étend du côté de la mer sur un kilomètre environ des rochers. Toutes les plages sont recouvertes de galets plats et de sable à marée basse. Le danger est que les chars soient cloués sur les plages par les tirs des défenseurs. Les groupes du génie seront alors appelés à agir avec célérité pour déblayer le terrain et permettre ainsi aux blindés de progresser, afin de s'éloigner rapidement de cette zone dangereuse.

Jusqu'à 3 h 35, le plan se déroule comme prévu. Quatre des cinq groupes de tête commencent à s'éloigner du convoi, prenant leurs caps respectifs vers les zones d'assaut sur les flancs, tandis que les groupes du centre gagnent leurs positions. C'est alors qu'un incident se produit, causant une certaine confusion : la flottille de péniches de débarquement, transportant le régiment royal canadien, n'a pas pris le sillage de la bonne canonnière et vingt précieuses minutes sont ainsi perdues, tandis que les officiers, au milieu de l'obscurité, tentent de résoudre le problème.

Dans l'intervalle, à 3 h 47, un tir d'artillerie adverse s'abat sur le flanc gauche, en mer. La canonnière chargée de conduire le commando n° 3 vers les plages de Berneval et de Belleville-sur-Mer fait les frais de l'opération, ayant donné, tête baissée, dans un groupe de cinq chalutiers allemands armés. Un obus éclairant illumine le lieu de la rencontre.

> « Moins de dix minutes plus tard, la canonnière, selon le rapport officiel, n'était plus qu'une "boucherie", ses canons réduits au silence, ses chaudières trouées en cinq endroits et la plus grande partie de son équipage gisant, blessée, sur les ponts. L'incident avait été purement fortuit, et les vingt péniches de débarquement transportant le commando n° 3 s'étaient dispersées sans être touchées au milieu de la confusion générale ; mais il était désormais fort improbable que la batterie Goebbels de Berneval pût être réduite au silence[19]. »

Une péniche de ce groupe poursuit sa route, évitant adroitement le bref accrochage en mer. Elle débarque trois officiers et dix-sept hommes exactement à l'heure prévue sur la plage de Belleville-sur-Mer. Cette poignée de braves, munis de leurs seules armes individuelles et d'un mortier de 50 mm, harcèle la garnison de la batterie Goebbels, qui ne peut ainsi diriger aucun tir efficace sur la zone de l'objectif principal. Six autres péniches du commando n° 3, retrouvant leur chemin trop tard, sont prises au milieu d'un feu croisé dévastateur, alors qu'elles tentent d'aborder la plage de Berneval. Quelques hommes seulement parviennent à gagner la plage, incapables de progresser ou de se replier, sous les tirs meurtriers des Allemands.

Au même moment, sur l'extrémité du flanc droit, le commando n° 4 débarque exactement à l'heure prévue, détruit la batterie Hess, lors d'une action menée avec détermination. À 7 h 30, ce vaillant commando se trouve déjà sur le chemin du retour, la mission parfaitement accomplie.

> « Ce fut pratiquement le seul succès remporté au cours de l'opération sur Dieppe, écrit R.W. Thompson. Une heure plus tard, les assauts battaient leur plein partout et le feu intense en provenance du promontoire Bismarck, ainsi que celui des batteries Rommel,

19. Archives militaires britanniques, Londres.

Hitler et Goering qui canonnaient avec précision, depuis leurs positions, derrière les plages, la zone d'assaut, accomplissaient leur œuvre meurtrière. Ni les canons des destroyers anglais ni les attaques des chasseurs bombardiers ou les écrans de fumée n'obtinrent de résultats appréciables. Sur la plage de Pourville, et bien que le régiment du Saskatchewan du Sud ait réussi son débarquement, le Queen's Own Camerons surgissant à la suite, reçut un accueil des plus chauds. Les troupes d'avant-garde continuaient à progresser vers leurs objectifs, mais allaient se trouver bientôt dans l'impossibilité de poursuivre leurs attaques, privées qu'elles étaient de l'appui des blindés et des renforts qui devaient venir des plages de Dieppe – et une telle éventualité semblait d'heure en heure de moins en moins probable[20]. »

Sur la plage de Puys, le régiment royal canadien est pratiquement anéanti. N'ayant pas réussi à rattraper le temps perdu dans la confusion du début, ses péniches se trouvent prises dans le faisceau lumineux d'un projecteur durant la dernière partie du trajet. Dix-sept minutes plus tard, ce régiment tente de débarquer alors que le jour est complètement levé. Cette tentative tourne au suicide. Le rapport officiel condense cette aventure funeste en un seul paragraphe :

> « Bien que tous les hommes eussent suivi leurs chefs avec promptitude, au bout de quelques minutes il ne resta d'un régiment d'assaut attaquant que deux compagnies sur la défensive. Il était impossible de bouger. Les soldats attendaient, couchés à plat ventre, un signe de leurs chefs[21]. »

Sur les 27 officiers et les 516 fantassins participant à cette action, on ne compte finalement que 60 survivants (3 officiers et 57 fantassins) !

Alors que l'attaque a déjà débuté depuis une heure, la canonnière Locust fonce entre les jetées avancées du port extérieur ; derrière, les chasseurs de sous-marins de la France libre et le commando Royal Marine attendent le signal qui doit leur permettre de la suivre. Cinq minutes plus tard, le Locust réapparaît, chassé par les tirs à bout portant des batteries du promontoire Bismarck. Les canons du Locust sont de faible calibre, aussi les destroyers Albrighton et Berkeley, venus à la rescousse, secondés par le Calpe et le Fernie manœuvrant

20. Archives militaires britanniques, Londres.
21. Archives militaires britanniques, Londres.

dangereusement près du rivage, canonnent le promontoire avec leurs canons de 100 mm, mais sans résultat car la violence du tir ennemi continue d'augmenter.

La tentative de prendre Dieppe échoue sur les hauts-fonds et se termine sur les plages. Les Écossais de l'Essex et le Royal Hamilton, qui débarquent au moment où les écrans de fumée se dissipent, se heurtent à un feu croisé et essuient un déluge d'obus de gros calibre sur les hauts-fonds et les galets. Cinq minutes après le début du débarquement, tout espoir s'est envolé. Les Écossais de l'Essex ne pourront jamais atteindre ni tenir la ville. La digue semble elle-même être un objectif inaccessible. Quant au Royal Hamilton, il n'ira jamais renforcer les troupes de Pourville qui donnent l'assaut à la ferme des Quatre-Vents, pas plus que les blindés des plages ne leur viendront en aide.

Les mitrailleuses allemandes, soutenues par des canons de 75 mm et de 88 mm, tirent à vue. Les pièces antichars et un tir soutenu de mortiers couvrent également chaque mètre carré de plage. Tandis que les batteries lourdes et moyennes s'en prennent aux navires anglais qui attendent au large.

Le rapport de la 302e DI allemande rend hommage à la bravoure des soldats alliés :

> « Le nombre de prisonniers britanniques ne peut laisser des doutes sur la valeur des unités anglaises et canadiennes impliquées dans ce raid : loin de là. Les soldats ennemis, presque tous canadiens, ont fait preuve d'habileté et de bravoure partout où il leur a été possible d'engager le combat.
>
> L'attaque principale contre Dieppe, Puys et Pourville a été lancée avec une grande énergie par la 2e division canadienne. Ce n'est pas le manque de courage, mais la concentration du feu défensif de notre artillerie divisionnaire et de nos armes lourdes d'infanterie qui a empêché l'ennemi de gagner du terrain à Puys, et d'occuper momentanément à Dieppe des secteurs de la plage, à l'exclusion de l'extrémité occidentale du littoral et du môle à l'ouest. De plus, les équipages des chars n'étaient pas dépourvus d'esprit offensif. À Puys, l'ennemi a fait preuve d'agressivité en s'efforçant, malgré le feu nourri de nos mitrailleuses, de franchir les barbelés parsemés de traquenards qui jonchaient le premier palier de la plage.
>
> À Pourville, l'ennemi, aussitôt débarqué, s'avance à l'intérieur des terres sans s'inquiéter de la protection de ses flancs. Les

> commandos, avec beaucoup d'élan et d'adresse, s'en prennent aux batteries côtières. À l'aide d'appareils techniques les plus divers, ils réussissent à escalader les falaises escarpées, en des endroits qui semblaient tout à fait inaccessibles[22]. »

Durant cette opération amphibie, la RAF accomplit de nombreuses sorties pour appuyer les troupes au sol et la Royal Navy. Elle déplore la perte de 106 appareils, dont 88 Spitfire, mais parvient à descendre 170 avions allemands. Des équipages des Forces aériennes françaises libres (FAFL) participent à l'opération, dont mon oncle, le commandant Prosper Dorizon, aviateur ayant rejoint le général de Gaulle dès l'année 1940. Il finira la guerre en héros, la poitrine couverte de médailles alliées.

Les Écossais de l'Essex, couverts par les canonniers des petits navires et des bâtiments de soutien, se terrent dans les galets pour se protéger du feu ennemi et reculent en combattant. Le temps manque pour essayer d'ouvrir des brèches dans les barbelés ennemis. Des hommes font la courte échelle pour permettre aux autres de gagner au moins l'abri de la digue. Il n'y a pas d'action organisée à l'échelon du bataillon, de la compagnie ou même de la section sur les plages de Dieppe, mais seulement de petits groupes agissant de leur propre initiative. En lançant des grenades sur les pièces ennemies, une douzaine de braves suivent le sergent-major Stapleton jusqu'à l'esplanade et les maisons bordant le boulevard. Durant plus d'une heure, ces quelques soldats harcèlent les patrouilles allemandes, abattent les tireurs isolés et rejoignent leurs camarades.

Vers la droite, sur la plage Blanche, l'infanterie légère du Royal Hamilton se trouve dans la même situation. D'un point proche du casino, un canon antichar de 47 mm et quatre autres de 37 mm tirent sur eux à bout portant, tandis que du promontoire Hindenburg des mitrailleuses et des mortiers sèment la mort. Les tireurs isolés allemands se montrent également redoutables. La plupart des officiers et des sous-officiers sont tués ou blessés. Le bataillon se réduit à quelques petits groupes d'hommes se mettant aux ordres des chefs qu'ils peuvent trouver. Deux groupes suivent un capitaine et un sergent dans une attaque contre le casino et s'assurent un point d'appui provisoire, tandis qu'un sous-lieutenant emmène un troisième groupe à l'intérieur de la ville. Un quatrième groupe tente l'assaut du promontoire, mais tous les hommes sont tués.

---

22. Archives militaires allemandes, Fribourg-en-Brisgau.

Le gros de ceux qui parviennent à traverser la plage, comme les Écossais de l'Essex, demeurent cloués sur la place à l'abri de la digue, attendant la mort, la capture ou le repli. « Ces satanés Allemands semblaient pouvoir diriger leurs obus de mortiers où bon leur semblait », remarque le soldat Prince, un des rares survivants de l'opération[23].

Les péniches-transports de chars (LST), qui tentent de gagner les plages pour soutenir l'infanterie, se heurtent à un feu ennemi puissant à 200 mètres du rivage, à l'instant même où elles émergent de l'écran de fumée, rampes baissées et portes ouvertes. En dix minutes de tirs au but, les groupes d'assaut, qui tentent de débarquer de leurs chalands disloqués, sont pratiquement exterminés. Des 71 hommes d'un groupe de sapeurs, 9 seulement survivent ! Sur un total de 314 militaires du génie canadien, 9 officiers et 180 soldats sont tués ou blessés lors du débarquement.

Il a été prévu de faire débarquer quatre groupes de blindés dans la première vague et, malgré la puissance du feu ennemi, dix-sept chars parviennent à toucher terre. Six peuvent atteindre l'esplanade. Cinq d'entre eux franchissent la plage, tandis que le sixième grimpe les marches du casino. Battant le pavillon du groupe C, trois blindés s'engagent aussitôt, à toute vitesse, sur le boulevard, faisant feu de toutes leurs armes. Deux autres atteignent des positions sur l'esplanade à l'est du casino ; le sixième tombe dans un piège antichar et son équipage est tué. L'un des chars démolit une maison et deux autres regagnent la plage, leurs munitions épuisées. Ils se battent jusqu'au bout. Des 24 chalands porte-chars qui participent à l'opération, 10 parviennent à débarquer 28 tanks au total qui sont tous finalement détruits. Quatorze chalands regagnent l'Angleterre, escortés par deux destroyers.

Peu après 6 heures, le commandement fait donner la réserve, les fusiliers du Mont-Royal, mais il s'agit d'une manœuvre menée à l'aveuglette. Le gros de cette troupe, à peine débarqué, se voit contraint de chercher un abri dans les galets et de combattre ou mourir sur place. Le reste du bataillon demeure totalement isolé du pied du Hindenburg, sans possibilité de se dégager : 288 officiers et soldats des fusiliers du Mont-Royal sont capturés par les Allemands.

À 8 heures, le commandement britannique, ignorant toujours tout de la situation, décide d'envoyer en renfort sur la plage Blanche

23. Archives militaires britanniques, Londres.

le commando du Royal Marine, relevé ainsi de sa mission d'interception. À 8 h 30, les fusiliers marins embarquent sur les péniches et commencent à avancer sous le couvert de l'écran de fumée. Lorsque le Royal Marine émerge de cette protection temporaire, il se heurte à une des plus terribles concentrations de feu de cette tragique matinée. Avec un courage extraordinaire, certains fusiliers marins débarquent, déterminés à enfoncer les positions allemandes. Cependant, le déluge de feu adverse contraint les autres embarcations à faire volte-face. Le colonel J.-P. Philippe ne survit que vingt secondes, mais 200 hommes parviennent à échapper de justesse à un désastre certain.

Finalement, à 9 heures, le repli des survivants est enfin décidé. Durant trois heures, les malheureux encore vivants sur la plage tentent de rejoindre les embarcations venues à leur rencontre, sous le couvert de l'artillerie des destroyers. Le *Berkeley* coule, touché par une bombe. La situation semble sans espoir. Cependant, en début d'après-midi, les hommes et les navires rescapés se dirigent vers l'Angleterre, sans être sérieusement menacés par l'aviation et la marine allemandes.

Les Canadiens déplorent 215 officiers et 3 164 soldats hors de combat (tués, blessés, prisonniers), les commandos 24 officiers et 223 hommes. On compte au total 494 officiers et 3 890 hommes tués, blessés, prisonniers et disparus. Les véhicules et le matériel ont été abandonnés sur les plages. La Royal Navy a perdu de son côté 81 officiers et 469 marins, ainsi que 34 bâtiments. Les pertes militaires allemandes se montent à 591 soldats tués ou blessés. L'aviation britannique déplore la perte de 106 appareils contre 48 avions allemands.

> « En tant que raid, écrit R.W. Thompson, cette opération était un sérieux échec en raison de la rigidité du plan et d'un excès de confiance quant à la possibilité d'une surprise tactique sur un front relativement important. En outre, on avait prévu pour neutraliser les défenses côtières une puissance de feu beaucoup trop faible. Ce fut là, au reste, la première des leçons tirées de l'échec.
>
> On peut évoquer à l'actif de cette opération le fait que les défenses ennemies aient été éprouvées, quelques bâtiments détruits, dont une usine à gaz, une fabrique de tabac incendiée. Mais, en fait, tout au long de cette journée, les Allemands ne furent jamais sérieusement inquiétés. Ils étaient fort bien préparés à repousser une telle attaque, et ce n'est que vers 8 h 25 que le quartier général Ouest allemand décréta l'état de grande alerte. La 10e division

de panzers et la division SS Adolf Hitler étaient prêtes à intervenir si besoin était.
Toutefois, depuis ce jour-là, les Allemands redoublèrent de prudence et commencèrent à fortifier tout le littoral occidental sur lequel ils étaient installés[24]. »

Raid commando sur Bordeaux

Le 7 décembre 1942, vers 19 h 30, le sous-marin britannique Tuna fait surface dans le golfe de Gascogne, à 15 kilomètres au sud-ouest de la pointe de Grave, marquant l'entrée de l'estuaire de la Gironde. L'opération commando Frankton débute par une nuit claire et glacée. Il est prévu de mettre six kayaks à la mer. Lors du déchargement, la coque de l'un d'eux se déchire sur plus d'un mètre, rendant impossible toute réparation immédiate. Son équipage ne participera pas à l'opération. Les autres prennent place dans les frêles embarcations aux indicatifs particuliers. Le kayak *Catfish* (poisson-chat) est pagayé par le major Hasler et le matelot Sparks, le *Coalfish* (colin) par le sergent Walace et le matelot Ewart, le *Crayfish* (écrevisse) par le caporal Laver et le matelot Mills, le *Cuttlefish* (seiche) par le lieutenant Mackinnon et le matelot Convey, le *Conger* (congre) par le caporal Sheard et le matelot Moffat.

Ce commando doit atteindre le port de Bordeaux et poser des explosifs sur divers navires allemands. Au début de la progression, Hasler découvre que l'équipage Wallace-Ewart a disparu. On apprendra après la guerre que les deux malheureux ont heurté violemment le rivage. Capturés par les Allemands, ils sont torturés puis exécutés dans la nuit du 11 au 12 décembre 1942.

Le mascaret Gironde-océan brasse des vagues de cinq pieds. Le *Conger* chavire. Sheard et Moffat sont précipités à l'eau et ne parviennent pas à retourner leur kayak. Ils doivent finalement s'accrocher aux embarcations de leurs compagnons. Le commando se trouve déjà réduit de moitié.

Depuis la pointe de Grave, des projecteurs allemands éclairent l'entrée de l'estuaire. Le commando parvient à passer cet obstacle sans éveiller l'attention de l'ennemi. Passé la pointe, Hasler est contraint d'abandonner Sheard et Mollat qui alourdissent considérablement les

24. Archives militaires britanniques, Londres.

embarcations. Les deux hommes tentent de rejoindre la berge à la nage. Une berge qu'ils n'atteindront pas : des sentinelles allemandes découvriront leurs corps portés par la marée le lendemain même.

> « Les difficultés se succèdent, écrit Pierre Montagnon. Plusieurs destroyers allemands sont à l'ancre devant le Verdon. À tour de rôle, Hasler en tête, les trois cockles rescapés se faufilent entre eux et le rivage. Par moments, ils frôlent les bâtiments, servis par l'obscurité et leurs faibles dimensions. À la sortie de ce goulet, ils ne sont que deux à se retrouver. Le *Cuttlefish* de Mackinson, l'adjoint de Hasler, a perdu le contact. Le cri de la mouette, signal de reconnaissance convenu, ne rencontre aucun écho[25]. »

Le jour approchant, les deux équipages encore en lice se cachent à la pointe des Oiseaux, promontoire sablonneux. Les canots sont dissimulés sous des filets de camouflage au milieu des buissons. Quarante-deux kilomètres ont été parcourus depuis le départ du sous-marin. Les quatre rescapés, transis, mouillés et épuisés, aspirent à un peu de repos. Chacun assure successivement la garde pendant que les autres se restaurent, nettoient les armes et tentent de dormir un peu. La cachette, toute relative, est découverte en milieu de matinée par des pêcheurs français. Hasler obtient l'assurance de leur silence et une miche de pain.

Le 8 décembre, à 23 h 30, avec la marée montante, les embarcations sont remises à l'eau. Cette nouvelle navigation nocturne débute plus facilement que la précédente. À l'aube du 9 décembre, Hasler et ses compagnons accostent sur la rive droite, un peu en aval de Pauillac. Une tranchée naturelle, perpendiculaire au rivage, offre une cachette provisoire. L'endroit permet même de faire chauffer du thé et de dormir plus longtemps. Au crépuscule, alors que les 4 commandos portent leurs canots vers le fleuve, un paysan français se dévoile. Devinant leur nationalité, il veut absolument les inviter à prendre un verre. Hasler lui fait comprendre que le devoir prime avant le plaisir.

Dans la partie supérieure de son cours, la Gironde multiplie les îles et les îlots. Le commando est ainsi à la merci d'une patrouille maritime débouchant par surprise. Les bancs de vase à marée basse sont un autre danger de taille. Les deux kayaks doivent donc s'éloigner des berges, ce qui entraîne des heures à attendre le flux montant.

---

25. Pierre Montagnon, *Histoire des commandos. 1939-2011*, Éditions Pygmalion, 2014.

Le 10 décembre, les deux embarcations se trouvent à la pointe méridionale de l'île de Cazeau. Une batterie de DCA est en position à proximité. Hasler et ses trois camarades ne se doutent pas que le *Cuttlefish* n'est pas loin d'eux. En effet, Mackinnon et Convey ont accompli sensiblement le même parcours. Ils se cachent pour la journée sur une autre berge de la même île. Mais la chance les abandonne bientôt. Quelques heures plus tard, à hauteur du Bec d'Ambès, leur kayak heurte violemment une souche. Les deux hommes sont alors contraints de regagner l'île de Cazeau à la nage. Finalement capturés par une patrouille allemande, ils sont abattus peu après, sans avoir parlé.

Au soir du 10, les conditions climatiques semblent idéales pour continuer l'opération : faible visibilité, pluie intermittente étouffant le bruit des pagaies. Le *Catfish* et le *Crayfish* s'enfoncent désormais dans la Garonne. Vers 22 heures, ils passent devant Bassens, en aval de Bordeaux. Ils repèrent divers objectifs et parviennent à trouver un endroit suffisamment discret, avant de passer à l'action le 11. Hasler et Sparks se chargeront du port de Bordeaux, tandis que Laver et Mills s'occuperont de Bassens. Chaque équipage dispose de huit charges explosives, de quoi faire de sérieux dégâts aux navires amarrés aux quais. Mission terminée, les deux équipes doivent ensuite rejoindre le nord de Blaye, où la Résistance locale leur fera ensuite gagner l'Espagne.

Le 11 décembre, vers 21 h 30, la nuit est claire et calme contrairement à la veille. À Bordeaux, Hasler et son équipier constatent que les quais et les docks sont bien éclairés. Ils entendent même les voix du personnel déchargeant les navires. Heureusement pour eux le cours de la Garonne reste dans l'obscurité. Afin de mieux utiliser la marée descendante, les deux hommes commencent par remonter assez loin avant de se laisser glisser vers le port. Sur place, ils parviennent à plaquer les charges explosives sur deux gros cargos, une frégate et un pétrolier. Le kayak ne doit surtout pas heurter la coque du navire, afin d'éviter tout bruit suspect. Pendant qu'ils s'activent à leur tâche de saboteurs, Hasler et Sparks entendent nettement des conversations à seulement quelques dizaines de mètres au-dessus de leurs têtes.

Au même moment, le Crayfish se porte sur Bassens où Laver et Mills déposent leurs charges explosives sur deux gros cargos. Puis les deux kayaks se retrouvent en prenant la direction de Blaye. Vers 7 heures, les explosions se font entendre : mission accomplie ! Les quatre Britanniques abordent le nord de Blaye, sabordent leurs embarcations et progressent à l'intérieur du pays, où ils doivent être pris en charge par un réseau français d'évasion, du côté de Ruffec. En cinq jours, ils ont parcouru 170 kilomètres à la pagaie. S'éloignant deux par deux, ils pensent avoir plus de chance d'échapper aux patrouilles allemandes. Laver et Mills sont capturés dans la région de Saintes et fusillés peu après. Hasler et Sparks, après un périple de six mois par Ruffec, Lyon, Marseille, Toulouse, Perpignan et l'Espagne, rejoignent la Grande-Bretagne. Deux rescapés sur dix !

Malgré l'importance des pertes humaines, l'opération Frankton est un succès : 6 navires coulés ! Les Allemands, affolés par cette opération audacieuse, sont contraints d'immobiliser d'importantes troupes pour sécuriser davantage les ports de Bordeaux et de Bassens. Autant de soldats qui manquent ailleurs.

> « Le commando dans la Gironde s'affirme l'un des plus beaux exemples d'héroïsme et de résistance physique de la Seconde Guerre mondiale, écrit Pierre Montagnon. Seule, en plein hiver et en milieu hostile, une poignée d'hommes a osé et réussi[26]. »

Sur les dix participants à ce raid commando, six ont été massacrés par les nazis. Ces authentiques combattants auraient dû être regardés comme des prisonniers de guerre. Or, depuis le 18 octobre 1942, Adolf Hitler donne l'ordre suivant à toutes ses forces militaires, policières et politiques :

> « J'ordonne qu'à partir de cette date, tous les ennemis combattus par les troupes allemandes durant des expéditions dites de commando, tant en Europe qu'en Afrique, qu'ils soient en uniforme régulier de soldats ou qu'ils soient des saboteurs ou des agents, armés ou non, soient exterminés jusqu'au dernier, tant au combat qu'à la poursuite. Il importe peu qu'ils soient débarqués de navires, qu'ils soient amenés par avions ou parachutés ; même si ces gredins, une fois repérés, décidaient de se constituer prisonniers, toute pitié devra leur être refusée par principe[27]. »

Cet ordre du Führer vient s'ajouter à la longue liste des crimes du régime nazi durant la Seconde Guerre mondiale. Le maréchal Rommel semble s'être démarqué de cet ordre inhumain : en mai 1944, deux officiers commandos britanniques (lieutenants Lane

26. *Ibid.*
27. Archives militaires allemandes, Fribourg-en-Brisgau.

et Woolridge), en mission de reconnaissance sur les côtes françaises, sont capturés. Sur intervention de Rommel, ils échappent aux affres de la Gestapo et sont envoyés dans un camp de prisonniers de guerre. Cette décision de l'ancien chef de l'Afrikakorps leur sauve très probablement la vie.

Opération Norsk-Hydro

Grâce à divers savants (Hahn, Heisenberg, Bothe, von Ardenne), l'Allemagne hitlérienne est en mesure de construire la bombe atomique. Après l'invasion de la Norvège en 1940, les nazis mettent la main sur l'usine de Norsk-Hydro, située près de Rujkan, à 100 kilomètres à l'ouest d'Oslo. Cette usine produit de l'oxyde de deutérium, modérateur utilisé pour la préparation de l'uranium 235, matière première essentielle pour la libération de l'énergie nucléaire.

Au début de l'année 1942, les services secrets britanniques apprennent que les Allemands ont décidé d'intensifier la production de l'oxyde de deutérium de Norsk-Hydro. Plus de doute, le IIIe Reich prépare bien la fabrication d'une bombe atomique ! Dès le mois de juin, Churchill s'entretient à Washington avec Roosevelt sur le danger de voir les Allemands les devancer dans ce domaine. Les deux Alliés arrivent à la conclusion que la destruction de l'usine norvégienne devient une priorité militaire absolue. Cette opération s'avère des plus difficiles : Norsk-Hydro se trouve au cœur d'une région montagneuse, à 1 400 mètres d'altitude, coupée de vallées profondes et encaissées. L'ensemble est divisé en deux parties, avec une centrale hydroélectrique et l'usine proprement dite, haut bâtiment construit à flanc de montagne, près d'un précipice de 300 mètres de dénivelé. Le commandement de l'aviation alliée estime qu'un bombardement par air est impossible, par manque de précision devant la multiplicité des obstacles naturels. La destruction de cette usine ressort d'une action commando.

Les Britanniques ont recruté un ingénieur de choix en la personne d'Einar Skinnarland, norvégien de 24 ans, spécialiste en hydroélectricité, officier de réserve du génie. En janvier 1942, il parvient à rallier les côtes écossaises à bord d'un caboteur. Auparavant, il habitait non loin de l'usine de Norsk-Hydro, où son frère et des amis continuent de travailler à des postes importants, sous l'étroite surveillance des nazis. Il fournit ainsi de précieuses informations sur l'usine, son environnement, ses moyens de défense et les complicités possibles.

Skinnarland reçoit immédiatement une formation de commando-radio parachutiste en Écosse au sein des troupes britanniques puis, le 28 mars 1942, il est parachuté à 30 kilomètres de chez lui en Norvège et regagne son domicile à ski. Personne ne s'inquiète de sa longue absence. Il se contente juste de raconter qu'il pratique souvent le ski de randonnée. Grâce à son frère, il parvient à être embauché à l'usine Norsk-Hydro, sans éveiller le moindre soupçon chez l'occupant. Il adresse ainsi à Londres des renseignements complémentaires.

Fort de toutes les informations recueillies, le commandement britannique met sur pied une opération commando. Quatre militaires norvégiens (lieutenant Poulsson, Haugland, sergents Helberg et Kjelstrup), ayant rallié depuis longtemps la Grande-Bretagne, doivent être parachutés en précurseur, afin de prendre contact avec Skinnarland. Ensemble, ils doivent ensuite préparer la réception d'un commando plus étoffé, chargé de détruire l'usine.

Suite à une erreur de navigation liée aux conditions météorologiques déplorables et aux instruments sommaires de l'époque, les 4 Norvégiens sont parachutés à 60 kilomètres de leur zone d'action, sur le plateau de Hardanger. Durant deux journées, ils doivent récupérer leurs containers de matériels dispersés aux quatre vents, puis se mettent en route. Le 9 novembre 1942, le contact radio est établi avec Londres. Le 19, deux quadrimoteurs Halifax, tractant chacun un planeur Horsa, décollent de l'aérodrome de Skiten en Écosse. Trente-quatre commandos parachutistes de la 1re division aéroportée britannique se trouvent à bord des deux planeurs. Peu après le survol des côtes norvégiennes, les avions sont pris dans une violente tempête de neige. Les amarres de remorquage se rompent et les deux planeurs s'écrasent au sol. Onze commandos paras sont tués sur le coup. Les survivants cherchent secours auprès de la population norvégienne, craignant les représailles. Tous sont finalement capturés par les Allemands et abattus ou pendus. Cet échec ne décourage pas les Alliés qui prévoient d'engager un autre commando pour détruire le site en question. Les Allemands sont persuadés que les paras britanniques devaient attaquer le barrage et non l'usine, en conséquence ils modifient leur dispositif de protection, en plaçant une centaine de soldats au barrage et seulement une trentaine à l'usine.

Le 3 décembre 1942, le lieutenant norvégien Joachim Ronneberg, âgé de 25 ans, à l'entraînement dans un camp militaire écossais, est convoqué à Londres. On le charge de sélectionner cinq compatriotes en vue de constituer un commando dont il prendra le commandement. Il choisit prestement ses équipiers, à savoir les lieutenants

Idland, Haukelid, les sergents Kayser, Storhaug et Stromsheim. Tous sont des skieurs chevronnés.

Le 16 février 1943, les six Norvégiens sont parachutés à environ 40 kilomètres au nord-ouest de Norsk-Hydro. Une violente tempête de neige fait rage, forçant les paras commandos à se cacher dans une cabane. L'accalmie revenue, ils établissent la liaison avec la Résistance locale et les quatre autres paras norvégiens parachutés en novembre 1942, sans oublier Skinnarland. Désormais, ils sont onze pour attaquer l'usine. Skinnarland a une connaissance précise du site, de l'emplacement des postes de garde, des défenses, dont les grilles d'entrée de l'enceinte. Tel un château fort, l'usine se dresse à flanc de montagne sur un véritable éperon rocheux. Une partie du commando doit gravir une paroi presque verticale d'environ 150 mètres, afin de gagner l'enceinte.

> « Pour l'exécution générale de l'attaque de Norsk-Hydro, écrit Pierre Montagnon, Ronneberg décide de scinder son effectif en trois. Ils partiront à neuf et, aux abords de l'usine, éclateront en deux éléments. Ronneberg, Kayser, Idland et Stromsheim pénétreront dans les bâtiments et procéderont aux sabotages. Poulsson, Helberg, Kjelstrup, Storhaug, Haukelid, durant ce temps, assureront à l'extérieur la couverture de leurs camarades. Quant à Skinnarland et Haugland, troisième et dernier groupe, ils demeureront sur place dans la cabane servant de base. Ils maintiendront la liaison radio avec Londres[28]. »

L'opération débute le 27 février 1943 à 20 heures et se déroule suivant le plan prévu. Les hommes de couverture n'ont pas à intervenir. Les dégâts causés à l'usine sont considérables : une demi-tonne d'oxyde de deutérium s'échappe des réservoirs éventrés, se répand sur le sol et coule vers les égouts. Moteurs et câbles des machines sont hors d'usage.

Dès le lendemain, un millier de soldats allemands traquent le commando. Des avions survolent les montagnes. Des barrages sont établis sur les routes et les pistes. Les onze commandos norvégiens, excellents skieurs, échappent à toutes les recherches. Cinq des braves rejoignent la Suède, après avoir parcouru en plein hiver 500 kilomètres

28. Pierre Montagnon, *op. cit.*

en terrain montagneux. Les autres se cachent en Norvège, afin de préparer d'autres actions avec la Résistance locale.

Début novembre 1943, Skinnarland informe les Alliés que l'usine, remise en état, recommence à produire. Il n'y a plus de temps à perdre. Le 16, 338 bombardiers américains B17 et B24 déversent 828 bombes de 250 à 500 kilos sur l'usine et la centrale électrique. Le maréchal Goering, chargé du programme nucléaire allemand, décide de transférer le stock non détruit d'oxyde de deutérium dans une usine souterraine en Allemagne. Le 17 février 1944, des résistants norvégiens font sauter le navire effectuant le transport, qui sombre avec son chargement à 400 mètres de fond dans les eaux du lac Tinnsjø. L'Allemagne hitlérienne ne sera plus en mesure de fabriquer l'arme atomique. Une fois de plus, une poignée d'hommes déterminés a influé sur le cours de la guerre.

Le savant allemand Kurt Dubner, l'un des responsables du développement atomique du IIIe Reich, écrit :

> « L'élimination de la production d'eau lourde (oxyde de deutérium) allemande en Norvège fut l'une des causes principales de l'impossibilité où nous nous trouvâmes d'achever la mise au point d'un réacteur atomique avant la fin de la guerre[29]. »

29. Archives militaires allemandes, Fribourg-en-Brisgau.

9

Les juifs sauvés par des français, des italiens et des danois

Le Danemark avec 99 % des juifs sauvés, l'Italie avec 85 % et la France avec 75 % arrivent en tête des pays dont le principe d'humanité a refusé la barbarie hitlérienne, même si le régime de Vichy a collaboré avec les nazis dans la déportation antisémite. Mais nombreux ont été ces héros « cachés » à avoir sauvé des juifs. Ces chiffres ne doivent pas cependant faire oublier l'importance du génocide des juifs en Europe, avec ses six millions de victimes. Les juifs déportés et massacrés atteignent 90,91 % en Pologne, 66,67 % en Hongrie, 44,33 % en Roumanie, 83,33 % en Lituanie, 71,43 % dans les Pays-Bas, 66,1 % en Bohême Moravie, 79,78 % en Slovaquie, 76,50 % en Lettonie, 86,67 % en Grèce, 76,92 % en Yougoslavie, 37,88 % en Belgique, 44, 44 % en Lettonie, 44,82 % en Norvège, 100 % en Albanie ; contre « seulement » 1 % au Danemark, 15 % en Italie et 25 % en France.

Voici quelques-unes de ces histoires incroyables et secrètes du sauvetage des juifs, par des Français, des Italiens et des Danois.

Berthe, Charles de Lespinasse et la protection italienne

Berthe et Charles de Lespinasse, nés respectivement en 1875 et en 1872, habitent les hauteurs de Nice, dans la villa Saint-Jacques.

En zone « libre » jusqu'en octobre 1942, la ville de Nice est ensuite occupée par l'armée italienne le mois suivant jusqu'en septembre 1943. Mussolini y envoie le haut fonctionnaire Guido Lospinoso qui rencontre le financier italien Angelo Donati. Les deux hommes agissent en étroite collaboration avec le général Mario Vercellino, commandant de la 4e armée italienne, occupant la Côte d'Azur, et avec le général Alessandro Trabucchi, chef d'état-major. Ces quatre personnalités s'opposent à la déportation de tous les juifs se trouvant dans la zone d'occupation italienne, qui devient un lieu de refuge pour toutes les victimes des persécutions antisémites du régime de Vichy et des nazis.

Serge Klarsfeld écrit que

> « L'opinion française est au courant de la différence de comportement entre Allemands et Italiens à l'égard des juifs : la Côte d'Azur est devenue un asile pour tous les juifs se trouvant en France et ailleurs [...]. En raison de l'afflux des réfugiés juifs en provenance du territoire occupé par les Allemands, la Police française procède à des vérifications d'identité, souvent suivies de jugements expéditifs par les tribunaux pour délit de fausse identité. Le lieutenant-colonel Bodo, commandant des carabiniers italiens à Nice, et les capitaines Salvi et Tosti mettent fin à ces arrestations en protégeant les synagogues et œuvres juives, devant lesquelles ont lieu ces contrôles policiers, et en menaçant d'arrêter les agents de police eux-mêmes[1]. »

Le journaliste Alberto Toscano souligne les faits suivants :

> « Au moment de l'arrivée des Italiens, Simone Veil vit à Nice avec sa famille. Elle a dit que les juifs de Nice "n'avaient même pas conscience à quel point" l'occupation italienne "était différente" par rapport à l'occupation allemande qui l'a suivie. Serge Klarsfeld est aussi dans cette ville à l'époque de l'occupation italienne. Il dit : "Les militaires italiens ont protégé les juifs. Aucun juif n'a été livre aux Allemands par les Italiens." Selon lui, la période entre novembre 1942 et septembre 1943 à Nice a été "absolument extraordinaire" parce que les juifs vivaient

1. Serge KLARSFELD, *Vichy-Auschwitz. Le rôle de Vichy dans la solution finale de la question juive en France, 1942*, Éditions Fayard, 1983.

librement dans cette zone italienne, à la fureur à la fois de Vichy et des Allemands[2]. »

À Grenoble, également zone d'occupation italienne, le général Maurizio Lazzaro de Castiglioni, commandant la division alpine Pusteria, empêche l'administration vichyste de donner la chasse aux juifs pour les livrer aux nazis.

Tout change le 8 septembre 1943, suite à la capitulation de l'armée italienne devant les Alliés. L'armée allemande envahit la zone d'occupation italienne et se livre rapidement à la chasse aux juifs.

C'est alors que Berthe et Charles de Lespinasse cachent dans leur villa plusieurs juifs, dont Henri, Claude, Adèle et Huguette Garih, ainsi que Léon Katz, malgré les risques encourus par les nazis. Henri Garih se souvient :

> « Nous nous sommes bien entendus. Charles de Lespinasse était un homme grand et mince, très "vieille France", très bien élevé, qui avait dû travailler aux Affaires étrangères. Sa femme Berthe était douce et très gentille mais elle marchait difficilement. Comme elle était handicapée, Adèle Garih, mon épouse, faisait la cuisine. M. de Lespinasse conduisait mon fils Claude à l'école catholique Sasserno, où il était inscrit sous le nom de Garin, de même que son cousin germain Léon Katz, inscrit sous le nom de Simart, vivant avec sa famille dans l'hôtel Alhambra dans le quartier Cimiez à Nice[3]. »

Début 1944, les Garih et Léon Katz, munis de faux papiers, quittent Nice pour se réfugier dans l'Aveyron, à Villefranche-de-Rouergue, où ils restent jusqu'à la Libération, sans jamais oublier leurs bienfaiteurs, Berthe et Charles de Lespinasse.

Le 21 avril 2011, l'institut Yad Vashem a décerné le titre de Justes parmi les Nations à Berthe et Charles de Lespinasse, décédés respectivement en 1956 et en 1947. Daphné Bembaron, arrière-arrière-petite-fille de Berthe et Charles de Lespinasse, raconte :

> « En février 2008, ma mère est contactée via internet par Claude Garih qui désirait faire son devoir de mémoire et faire inscrire

2. Alberto Toscano, *Ti amo Francia. De Léonard De Vinci à Pierre Cardin, ces Italiens qui ont fait la France*, Éditions Armand Colin, 2019.
3. Archives du comité français pour Yad Vashem, Paris.

Berthe et Charles de Lespinasse au Livre des Justes parmi les Nations[4]. »

Père Marie-Benoît et de nouveau la protection italienne

Pierre Péteul, futur père Marie-Benoît, est né le 30 mars 1895 au Bourg-d'Iré en Maine-et-Loire. Durant la Première Guerre mondiale, il se distingue par son courage comme brancardier aspirant, avec la Croix de guerre et cinq citations. Ordonné prêtre, il rejoint l'ordre des capucins, tout en poursuivant des études. Docteur en philosophie, il occupe un poste de professeur et directeur spirituel au collège international à Rome. Il parle couramment l'italien et possède une solide culture biblique.

En 1939, le père Marie-Benoît est mobilisé en 1939 à l'état-major du général Billotte. Après l'armistice du 22 juin 1940, il rejoint le couvent des capucins de Marseille, où il cache des aviateurs alliés, des résistants et des juifs. Il fait installer dans les caves du couvent le matériel nécessaire à la confection de faux papiers, permettant de fuir par l'Espagne ou la Suisse, en collaboration avec les comités juifs de Marseille, Nice et Cannes, sans oublier le soutien de plusieurs réseaux de Résistance et de l'Union générale des israélites de France.

Lorsque les troupes allemandes envahissent la zone sud en novembre 1942, le père Marie-Benoît est étroitement surveillé par l'occupant. Les voies d'évasion vers l'Espagne étant en partie condamnées, le père Marie-Benoît se tourne vers la Riviera et la Haute-Savoie, occupées par l'armée italienne qui s'oppose courageusement à la déportation des juifs. À Nice, le père Marie-Benoît gagne la sympathie de certains fonctionnaires et militaires italiens et, avec leur aide et des fonds émanant des institutions juives, parvient à faire passer des milliers de juifs en zone d'occupation italienne. À Nice, il rencontre Angelo Donati, directeur de la Banque de crédit franco-italienne, qui l'aide à faire passer en Suisse plusieurs centaines de juifs. Certains officiers italiens des corps d'élite des *bersaglieri* (tirailleurs), des *carabinieri* (gendarmes) et des *alpini* (chasseurs alpins) participent à ces actions de sauvetage.

4. Archives du comité français pour Yad Vashem, Paris.

Au sujet de l'attitude de l'Italie en faveur des juifs durant l'Occupation, l'historien Pierre Milza, grand spécialiste de l'histoire italienne et du fascisme, écrit :

> « Il reste avéré que, partout où ils se sont trouvés pendant la guerre en présence de communautés juives menacées d'extermination par les Allemands et par leurs Alliés, les responsables militaires et les agents diplomatiques italiens [...] ont fait ce qu'ils pouvaient pour éviter le pire. En France, dans les neuf départements occupés par l'armée italienne après le débarquement allié en Afrique du Nord, et surtout à Nice où, à la suite des consignes très strictes données par le général Ambrosio, chef d'état-major général, on vit le commandant des carabiniers ordonner à ses hommes de s'opposer par la force aux policiers de Vichy venus arrêter, devant la synagogue du boulevard Dubouchage, les juifs réfugiés dans la ville. En Albanie, où avaient fui de nombreux juifs yougoslaves et bulgares. En Libye, où des instructions avaient été données dès 1940 pour que soit facilitée l'entrée des juifs tunisiens et français résidant dans ce pays. En Grèce également, où, de la même façon qu'à Nice, le général Geloso, commandant de la 2e armée, finit lui aussi par faire garder la synagogue par des soldats italiens pour éviter des violences de la part des étudiants favorables aux nazis. À Larissa, il suffisait de se présenter au commandant italien et de dire que l'on était juif pour obtenir aussitôt l'autorisation de circuler dans un train militaire se rendant à Athènes. En Yougoslavie enfin, la zone d'occupation italienne – qui comprenait la moitié de la Croatie, la Dalmatie et le Monténégro – devint le refuge de juifs pourchassés par les Allemands ou par les oustachis d'Ante Pavelic. Là aussi les Allemands et les Croates se heurtèrent à une double résistance italienne : celle de l'armée et celle des Affaires étrangères [...]. S'agissant des militaires, les cas sont nombreux d'initiatives individuelles allant dans le sens de la protection des juifs. Citons par exemple le cas d'une unité blindée de l'armée italienne qui, en 1941 en Croatie, simula une opération contre des bandes de partisans parfaitement inexistantes, pour atteindre un groupe de juifs en proie aux représailles des oustachis, et les ramener en lieu sûr dans les chars[5]. »

5. Pierre MILZA, *Mussolini*, Éditions Fayard, 1999.

Benito Mussolini lui-même s'oppose à la déportation des juifs. L'avocat Serge Klarsfeld l'a clairement souligné dans un article du *Monde* du 11 mai 1985 :

> « Après l'invasion de la zone libre par les Allemands, en novembre 1942, les autorités militaires italiennes protègent dans leurs nouvelles zones d'occupation les juifs français et étrangers contre les mesures de Vichy, ainsi qu'en empêchant, au besoin par la force, les arrestations de juifs. Des pressions allemandes s'exercent sur Mussolini qui décide, le 18 mars 1943, de transférer aux autorités françaises les pouvoirs de police sur les juifs dans la zone d'occupation. Le lendemain même, il se ravise sous l'effet d'un document relatant les atrocités nazies à l'Est contre les juifs. Le Duce confie le traitement de la question juive dans sa zone d'occupation italienne à sa police civile. L'inspecteur général Spinoso, chargé de cette mission, se fait conseiller par un Angelo Donati, juif italien dont l'efficacité fut remarquable, et il continue à protéger systématiquement les juifs. »

Au cours du procès Eichmann à Jérusalem, voici ce qu'ont révélé les débats, d'après *Le Monde* du 13 mai 1961, sous le titre « Le gouvernement fasciste italien s'est toujours opposé à la déportation des juifs » :

> « Hier jeudi, les débats ont permis de rendre hommage à l'Italie pour une attitude encore plus méritoire que celle du Danemark. Car l'Italie, alliée de l'Allemagne, a formellement refusé l'alliance sur le terrain de la déportation raciale. Cette attitude, relativement facile jusqu'en 1943, demeura la même lorsque le gouvernement fasciste, replié dans le Nord, vit lui aussi le territoire envahi. Les documents produits ont amplement montré le sujet de préoccupation que fut pour le Reich ce qu'il appelait : le mauvais exemple italien. Les plaintes se succèdent pour démontrer le comportement de l'allié récalcitrant, dont l'influence se fait sentir en Croatie, en Bulgarie, en Slovaquie, où l'on refusa également la déportation des juifs. »

Robert Badinter témoigne ainsi :

« Je connaissais les Allemands. J'avais 12 ans au début de l'Occupation, en 1940, et 16 en 1944, à la Libération. L'adolescence est une période de la vie où les impressions sont très vives, *a fortiori* dans ces conditions-là. Je le dis franchement : pendant toute la période de l'occupation italienne, "occupation" n'était qu'un mot. Il y avait des forces militaires, plus ou moins ardentes, qui vivaient dans la population assez aisément. Il n'y avait absolument pas le sentiment de peur, inspiré ensuite par les Allemands et par la police de Vichy. La Milice vichyste faisait vraiment peur, pas l'armée italienne. À Chambéry, sous occupation italienne, on se couchait le soir avec le sentiment indiscutable qu'on ne serait pas venu nous arrêter pendant la nuit. Après avoir vécu ce que j'avais vécu avant en zone occupée par les Allemands, en Savoie j'avais le sentiment de tout sauf d'une occupation. Les soldats italiens venaient de régions de montagne, situées de l'autre côté des Alpes. À Chambéry, ils étaient un peu comme des cousins en visite. Ils n'étaient pas considérés par la population locale avec la peur que les Allemands allaient faire régner ensuite. Pas du tout. J'ai assisté à des scènes où des militaires des troupes de montagne italiennes, les *alpini*, parlaient en patois avec des habitants de Chambéry. Ils se comprenaient très bien entre eux. Nous, adolescents, étions impressionnés – plus que par les armes de ces soldats – par leurs magnifiques chapeaux typiques, avec une belle plume noire, et par leurs chaussures de ski, qui nous paraissaient magnifiques.

Il est certain que les juifs, étrangers ou français, ont trouvé un refuge dans la zone d'occupation italienne. Il n'y a pas eu de chasse aux juifs ni de rafles dans ces territoires français pendant ces dix mois. Bien au contraire ! Il y a eu une protection des juifs de la part de l'armée italienne.

J'étais au lycée de Chambéry et je peux affirmer que, dans cette ville, il n'y avait aucune tension, d'aucune forme, entre les autorités italiennes et la population. Après l'arrestation de mon père à Lyon par Barbie, j'ai vécu près de Chambéry, dans le village de Cognin. Je salue d'ailleurs les Savoyards qui nous ont accueillis et qui ont protégé par leur silence ces trois personnes – ma mère, mon frère et moi – qui venaient d'on ne sait pas où. En 1943, on ne pouvait que penser : "C'est des juifs qui se planquent." S'il y avait tant de juifs à Nice, sur la Côte d'Azur, en Savoie et en Isère, c'est parce que, je tiens à le répéter, ils bénéficiaient d'une protection bien réelle de la part des Italiens. C'est

> pour cette raison que les juifs ont été si nombreux à aller dans la zone sous contrôle italien. Tout ça exaspérait Vichy[6]. »

Il convient de rappeler que 85 % des Juifs se trouvant en Italie ont été sauvés de la déportation, faisant de ce pays le second ayant eu, en pourcentage, le plus de Juifs sauvés, après le Danemark (99 %) et devant la France (75 %).

En juillet 1943, le père Marie-Benoît se trouve à Rome. Il reçoit l'aide nécessaire de réseaux alliés et juifs pour cacher des pilotes britanniques et américains, des résistants et des juifs dans les environs. La chute de Mussolini, durant la même période, rend la situation plus difficile pour les juifs. Suite à la capitulation de l'Italie en septembre 1943, les troupes allemandes occupent Rome et une large partie de la péninsule. Dénoncé, le père Marie-Benoît se réfugie dans divers couvents pour échapper aux nazis. En juin 1944, Rome est libérée par les forces militaires alliées.

Après la guerre, le mémorial des héros et des martyrs de la Shoah le place parmi les premiers des Justes :

> « Le moine capucin Marie-Benoît aida des centaines de juifs à gagner la Suisse et l'Espagne à partir du Sud de la France. Traqué par la Gestapo, il s'enfuit à Rome où il poursuivit son travail de sauveteur depuis son bureau au collège des capucins, en coordination avec la principale organisation sociale juive (Delasem). Personnage légendaire, il fut surnommé le père des juifs par ceux qu'il sauva[7]. »

Le père Marie-Benoît précise de son côté :

> « J'ai un arbre planté dans l'allée des Justes, au musée Yad Vashem de Jérusalem. Cet arbre ne représente pas seulement moi, il représente aussi bien les juifs et Italiens courageux avec lesquels j'ai combattu et sans lesquels je n'aurais pas fait grand-chose. Je veux nommer : Joseph André Bass, Maurice Brener, Angelo Donati, Stéfan Schwamm, Settimo Serani, Giuseppe Levi, Aron Kasztersztein. C'est plutôt en leur nom que je veux parler[8]. »

---

6. Robert Badinter, cité par Alberto Toscano, *op. cit.*
7. Archives de l'institut Yad Vashem de Jérusalem.
8. Archives des Capucins, Paris.

On estime que son action admirable et courageuse a sauvé environ 4 000 juifs :

> « La première raison de mon action tient à la justice, écrit-il. Le règne de Jésus Christ qui est un règne d'amour, est également, à cause de cela, un règne de justice : qui aime sincèrement son prochain, respecte d'abord son droit à la vie et ne peut donc demeurer indifférent et passif devant une persécution aussi atroce qu'injustifiée. Le devoir d'intervenir est alors impératif [...]. Les chrétiens ont en commun avec le peuple juif la sublime doctrine de Moïse selon laquelle tous les hommes sont créés à l'image de Dieu, sont Fils de Dieu, donc frères les uns des autres et appelés à vivre cette fraternité dans l'observance du Décalogue mosaïque. Depuis plus de trente siècles ce Décalogue reste la base immuable et indispensable de tout progrès humain et de la permanence de la paix. Chrétiens et juifs récitent les mêmes psaumes contenus dans la Bible, qui sont les plus belles prières que l'homme ait jamais pu adresser à son Créateur... Père de tous[9]. »

De son côté, le rabbin David Dalin écrit :

> « En 1976, le père Marie-Benoît réitéra publiquement son éloge du pape Pie XII, à l'occasion du centenaire de sa naissance, pour ce qu'il avait accompli en faveur des juifs. Et il insista particulièrement sur l'aide financière que le pape lui avait directement fournie pour ses opérations de sauvetage [...]. Fernande Leboucher, assistante du père Marie-Benoît, relate qu'il recevait de l'aide du pape Pie XII. On estime à environ quatre millions de dollars les sommes transférées du Vatican à l'œuvre de sauvetage du père Marie-Benoît[10]. »

Le 5 février 1990, le père Marie-Benoît décède à l'âge de 94 ans.

9. Archives des Capucins, Paris.
10. Rabbin David Dalin, *Pie XII et les juifs. Le mythe du pape d'Hitler*, Éditions Tempora, 2007.

Giorgio Perlasca, un héros italien

Né à Côme le 31 janvier 1919, Giorgio Perlasca, catholique pratiquant, adhère au fascisme italien par conviction politique, voyant en Mussolini le meilleur rempart contre le communisme. Il combat comme volontaire en Afrique orientale, lors de la campagne d'Éthiopie de 1935-1936, au sein d'un régiment d'artillerie. Puis, durant la guerre civile d'Espagne de 1936-1939, il s'engage dans le corps expéditionnaire italien, envoyé par Mussolini aux côtés des troupes nationalistes du général Franco. Il s'y distingue également comme artilleur jusqu'en 1939. Son rêve « romantique » d'une Italie renouant avec son passé impérial et son anticommunisme viscéral expliquent cet engagement politique et militaire.

Lorsque Mussolini se rapproche d'Hitler en 1938, il prend cependant ses distances avec le régime fasciste. Il ne supporte pas l'antisémitisme des nazis, ainsi que leur néo-paganisme antichrétien. Son fascisme est celui d'Italo Balbo, le grand aviateur qui estime tout comme lui que la France et la Grande-Bretagne sont les meilleurs alliés de l'Italie.

Le pacte de non-agression entre Hitler et Staline et l'invasion de la Pologne par les troupes allemandes et soviétiques en 1939 révoltent Giorgio Perlasca. Le nazisme et le communisme stalinien représentent pour lui les deux bêtes immondes et antichrétiennes du XXe siècle.

Au début de la Seconde Guerre mondiale, Perlasca travaille en Yougoslavie puis, à compter de 1942, en Hongrie, à Budapest, en qualité d'agent commercial pour une maison de Trieste, la Société anonyme d'importation bovine. Son éloignement de l'Italie lui permet d'éviter de combattre dans l'armée italienne, désormais engagée dans la guerre aux côtés des nazis.

En juillet 1943, il se réjouit de l'arrestation de Mussolini par le roi d'Italie Victor-Emmanuel, espérant ainsi que l'Italie va rompre son alliance contre nature avec Hitler. La suite des événements va dans son sens lorsque le 8 septembre 1943, à 18 h 30, le général américain Eisenhower annonce depuis Alger la nouvelle de l'armistice entre les Alliés et l'Italie. À 19 h 45, un message analogue est fait à la radio de Rome par le maréchal Badoglio.

Perlasca se trouve toujours dans la capitale hongroise. Il refuse de rejoindre la République fasciste constituée dans le nord de l'Italie, alliée à Hitler. Il est alors recherché par les Allemands qui veulent le déporter. Contraint de trouver refuge à l'ambassade espagnole de Budapest, il obtient fictivement la citoyenneté espagnole et un passeport, devenant ainsi Jorge Perlasca.

Ami de l'ambassadeur espagnol Angel Sanz Briz, Perlasca participe avec lui au sauvetage des juifs de Budapest, reçus à l'ambassade d'Espagne et cachés en divers endroits de la ville, sous la protection de sauf-conduits. Cette opération est planifiée avec l'aide de plusieurs autres ambassades étrangères.

En novembre 1944, Sanz Briz quitte Budapest et la Hongrie, afin de ne pas reconnaître le nouveau gouvernement pro-nazi. Perlasca reste sur place et se présente comme le représentant du consul d'Espagne. Il rédige sa propre nomination à l'aide de tampons et de papiers à en-tête. Il poursuit le sauvetage de plusieurs milliers de juifs, cachés dans l'ambassade et dans plusieurs maisons de toute la ville, joignant ses efforts avec ceux du diplomate suédois Raoul Wallenberg et du nonce apostolique italien Mgr Angelo Rotta.

Entre le 1er décembre 1944 et le 16 janvier 1945, Perlasca distribue des milliers de sauf-conduits signés de sa main, donnant la citoyenneté espagnole aux juifs pourchassés. Il parvient à sauver de très nombreuses personnes aux mains des nazis, en se rendant même sur les quais des gares. Il sauve notamment deux garçons au moment où ils allaient monter dans un wagon. Des soldats SS viennent le chercher avec brutalité, le placent devant un mur et simulent une fusillade. Mais porté par une force intérieure venant de sa foi catholique, il affronte tous les dangers avec succès. Un des chefs des Croix fléchées, mouvement nationaliste et antisémite hongrois, lui place son pistolet sous la gorge et lui ordonne d'arrêter de sauver « tous ces sales juifs ». Perlasca écarte fermement l'arme de son adversaire, fixe ce dernier droit dans les yeux sans faiblir un seul instant. Il poursuit inlassablement ses visites sur les quais avec des listes de juifs devenus, grâce à lui, citoyens espagnols, sauvant de nouveau, à la dernière minute, des malheureux qui allaient embarquer dans des wagons à bestiaux, sous les coups et les hurlements des nazis. De nouveau, on menace de le tuer ou de le déporter.

Les archives de l'institut Yad Vashem de Jérusalem concluent ainsi :

> « On estime que grâce à l'action de Giorgio Perlasca environ 5 200 juifs échappèrent à la déportation. Après l'entrée de l'Armée rouge à Budapest, Perlasca fut fait prisonnier par les Soviétiques mais libéré au bout de quelques jours. De retour en

> Italie, il reprit sans guère de bruit sa vie antérieure. Les quelques personnes à qui il essaya de raconter son histoire ne le croyaient pas. Ce n'est qu'en 1987, plus de quarante ans après, que certains juifs hongrois qui résidaient en Israël finirent par retrouver Perlasca, que beaucoup considéraient comme un citoyen espagnol, et firent savoir le courage et la solidarité dont il avait fait preuve. Il reçut pour son œuvre de nombreuses médailles et des témoignages de reconnaissance.
> Le 23 septembre 1989, il est reconnu par Israël comme Juste parmi les Nations. Au musée Yad Vashem, à Jérusalem, dans la ruelle derrière le mémorial des enfants, est planté un arbre à son nom. À Budapest également, dans la cour de la synagogue, le nom de Perlasca apparaît sur une plaque où sont énumérés les noms des Justes. Il meurt à Padoue à l'âge de 82 ans, d'un infarctus du myocarde. Il est enterré à Maserà di Padova. »

L'écrivain et historien Enrico Deaglio écrit une bouleversante biographie sur cet homme hors du commun, *La banalità del bene*, publiée aux éditions Feltrinelli, à Milan en 1993. La télévision italienne, la RAI, lui consacre un film en 2002, avec l'acteur Luca Zingaretti dans le rôle principal, sous le titre *Perlasca, un eroe italiano.*

Giorgio Perlasca a été honoré des distinctions suivantes : médaille d'or du Mérite civil italien, Grand officier de l'ordre du Mérite de la République italienne, Juste parmi les nations (Israël), Étoile du Mérite (Hongrie), Ordre d'Isabelle-la-Catholique (Espagne)[11].

L'important sauvetage des juifs au Danemark

Le 9 avril 1940, la Wehrmacht envahit le Danemark, dont la petite armée ne peut opposer qu'une résistance symbolique. Les nazis affirment que cette occupation n'est qu'une mesure de protection contre les Alliés et qu'ils n'ont pas l'intention de s'insérer dans l'indépendance politique du Danemark. Le gouvernement danois ayant accepté, sous la force, une coopération loyale avec le Reich allemand, l'occupation reste au début relativement clémente. La propagande hitlérienne présente même ce petit pays nordique, donc racialement pur pour les nazis, comme un « protectorat exemplaire ».

---

11. Enrico Deaglio, *La banalità del bene. Storia di Giorgio Perlasca*, Éditions Feltrinelli, 1993.

Le roi du Danemark, Charles X, conserve son trône, le gouvernement et les tribunaux fonctionnent normalement, de même que la radio et la presse. L'agriculture danoise fournit de la viande et du beurre à près de 4 millions d'Allemands en 1942. Au début, les représentants allemands évitent d'aborder la « question juive » au Danemark, qui compte sur son sol 7 800 juifs, ainsi que 686 conjoints non juifs.

Cependant, à la fin de l'année 1941, les autorités allemandes insistent pour que le gouvernement danois choisisse de ne pas éviter le « problème juif ». Un journal collaborationniste et antisémite danois en profite pour se déchaîner contre les juifs du pays. Peu de temps après, des nazis danois tentent d'incendier la grande synagogue de Copenhague. Malgré la présence allemande, le gouvernement danois réagit avec vigueur en faisant condamner les auteurs à des peines d'emprisonnement.

En 1943, suite aux défaites allemandes sur le front soviétique et en Afrique du Nord, les Danois se rendent comptent que l'occupation hitlérienne ne sera pas éternelle. La Résistance danoise prend de l'ampleur, multiplie les sabotages et s'affirme dans la presse clandestine. Suite à l'augmentation des actions résistantes, les autorités allemandes présentent au gouvernement danois un véritable ultimatum le 28 août 1943, exigeant la peine de mort pour les personnes impliquées dans des sabotages contre l'occupant. Considérant cette menace inacceptable, le gouvernement danois déclare l'état d'urgence. En représailles, une centaine de Danois sont pris en otages par les militaires allemands, dont le grand rabbin Max Friediger et une douzaine d'autres juifs. En réponse, le gouvernement danois démissionne le 29 août 1943. L'administration du pays se trouve alors directement sous la botte allemande, signifiant la fin du « protectorat exemplaire », ainsi que la fin de la protection des juifs par les autorités danoises.

Enfin débarrassés du gouvernement danois, les nazis planifient la déportation des 7 800 juifs de ce pays vers les camps de concentration. Le diplomate allemand Georg Ferdinand Duckwitz tente, sans y parvenir, d'assurer la sécurité des juifs danois en les envoyant en Suède. Mais le gouvernement suédois déclare à Duckwitz qu'il n'acceptera les juifs danois qu'avec l'approbation des autorités allemandes, qui bien entendu ignorent une telle demande.

Le 28 septembre 1943, Duckwitz communique les plans de déportation des juifs au président du parti social-démocrate danois, Hans Hedtoft, qui décide de contacter les chefs de la Résistance nationale et les principaux représentants de la communauté juive du pays. Les fonctionnaires et les résistants danois prennent les mesures nécessaires pour prévenir les juifs danois des rafles futures. Lorsque la loi martiale est proclamée au Danemark, afin de déporter tous les juifs, le gouvernement suédois autorise l'arrivée massive de cette population sur son territoire début octobre 1943. La Résistance danoise, avec l'aide de nombreux citoyens danois, parvient à faire évacuer clandestinement 7 220 des 7 800 juifs du pays, ainsi que 686 conjoints non juifs, via la mer à destination de la Suède : soit 99 % des juifs présents au Danemark !

Après la guerre, le sauvetage massif et incroyable de presque tous les juifs danois est reconnu par Yad Vashem, en hommage au roi et à toute la résistance danoise dans son ensemble. Georges Ferdinand Duckwitz, le fonctionnaire allemand ayant prévenu les autorités danoises des rafles futures, est également sur la liste de Yad Vashem. Sur les 580 juifs danois n'ayant pu atteindre la Suède, beaucoup d'entre eux ont été cachés sur place. Selon Yad Vashem, seulement 102 juifs du Danemark sont morts dans les camps nazis.

Parmi les très nombreux résistants danois ayant participé à cet incroyable sauvetage, on peut citer quelques noms : Fanny Arnskov, Knud Dyby, Ellen Marie Christensen, Agate et Gerda Bertelsen, Richard et Vibeke Ege, Jorgen Gersfelt, Ejler Haubirk, Steffen Hansen, Ole Helwig, Ebba Lund, Ole Secher, Svenn Seehusen, Henny Sunding, Henry Rasmussen, Ellen Nielsen, Hibert Hansen, etc.[12]

---

12. Archives de l'institut Yad Vashem, Jérusalem. Archives du royaume du Danemark, Copenhague. Leo Goldberger, *The Rescue of the Danish Jews. Moral courage under stress*, New York University Press, 1988.

10

Jacques Chaban-Delmas : la vie cachée d'un résistant de l'ombre

Engagé dans la Résistance dès 1940, Jacques Chaban-Delmas mène une vie cachée et clandestine, en parallèle à une existence ordinaire dans l'administration, visant à tromper l'ennemi. Il incarne parfaitement ce que fut l'action résistante durant les années d'occupation allemande en France, apportant ainsi un témoignage vivant de cette période.

La découverte du sport comme chemin de la liberté

Jacques Delmas est né le 7 mars 1915 dans la chambre de ses parents au 46 boulevard de l'Hôpital à Paris, dans le 13e arrondissement. Son père, Pierre Delmas, est marié avec Georgette Barrouin depuis un an. Ingénieur-conseil chez Delahaye, il participe à l'effort de guerre en construisant des automitrailleuses. Il occupe un poste d'administrateur, sans négliger sa vocation d'inventeur, en déposant régulièrement des brevets.

> « Mon père était un fort bel homme, fin, raconte Jacques Chaban-Delmas, nerveux, artiste et coléreux. J'ai eu à souffrir de ses violences verbales. Mes premières frayeurs sont venues de là[1]. »

Le grand-père paternel, Pierre Charles Delmas, peintre en bâtiment devenu chanteur d'opéra, est né à Bordeaux et a épousé une professeur de piano, Clémentine Marquizeau.

> « Il avait les dents éblouissantes et un sourire enjôleur. Elle lui apprit le solfège et le chant. Il lui enseigna l'amour, l'épousa, lui fit un garçon, mon père[2]. »

Ils se sont rencontrés à l'angle des rues Porte-Dijeaux et Sainte-Catherine à Bordeaux. Si on remonte l'arbre généalogique de la famille Delmas, on y découvre les profondes racines bordelaises du futur maire de la grande cité girondine : l'arrière-grand-père, Louis Théodore Delmas, y voit le jour en 1814.

Du côté maternel, les parents de Georgette sont également des artistes. Le père, Félix Barrouin, natif de Saint-Étienne d'une famille de fondeurs, avait épousé une belle Agenaise, Élisabeth Darode. Bien que devenu aveugle à la suite de deux accidents, il s'est consacré à la musique, en fabriquant de magnifiques pianos.

La mère de Jacques, grande patriote, déclare à son fils : « Mon enfant, je suis ta maman et je t'aime tant! Mais souviens-toi que ta mère, c'est la France et qu'il te faudra la servir[3]. » Georgette est une fort belle femme, silhouette mince, visage fin et épanoui. Elle enveloppe littéralement son fils d'un cocon de tendresse, un fils chétif, malingre et souffreteux. Enfant de toutes les fragilités, à qui l'on interdit de courir, de sauter, enfant qu'on met à l'abri des courants d'air.

> « J'ai vécu le début de ma vie comme une sorte d'interminable attente, ouatée d'un bonheur léthargique. Car je buvais avec avidité l'affection que ma mère me prodiguait. J'étais son pauvre petit garçon. Nous pleurions ensemble, sur les malheurs du monde, sur la mort de Sarah Bernhardt, sur mon propre sort, doucement. Et je crois qu'un des secrets de l'immense appétit

---

1. Entretiens de l'auteur avec Jacques Chaban-Delmas en juillet 1998.
2. Entretiens de l'auteur avec Jacques Chaban-Delmas en juillet 1998.
3. Entretiens de l'auteur avec Jacques Chaban-Delmas en juillet 1998.

> de vivre qui ensuite m'a sans cesse poussé vers l'action provient, par contraste, de cette période souffreteuse et délicieuse. J'avais des années d'ankylose à rattraper! En attendant, ma mère et moi étions unis par un attachement sans limites, dont mon père souffrait mal le caractère envahissant. Car cette femme était mère avant tout et j'étais son fils abusif. Quel homme aimerait cela? La naissance de ma sœur Nicole, en 1923, dénoua sans drame cette situation. Ma mère s'occupait désormais beaucoup moins de moi[4]. »

Le jeune ménage abandonne l'appartement de l'Hôpital, pour habiter une maison 13 rue Coypel, non loin de l'avenue d'Italie. Enfant né en pleine guerre, Jacques se rappelle des avions allemands, les Taubes, et des Zeppelins qui évoluaient dans le ciel de Paris en lâchant leurs bombes à la verticale, sans oublier la grosse Bertha, ce canon gigantesque, embusqué dans les forêts de l'Aisne, et qui tirait des gros obus.

> « Tout cela marquait les esprits, et il m'est resté deux vagues souvenirs de sirènes hurlantes et de descentes aux abris, dans la pénombre humide de notre cave de la rue Coypel où vacillait la lumière d'une bougie. J'ai été baigné dès ma naissance dans cette ambiance d'amour inconditionnel de la France, et j'en ai conservé des traces indélébiles[5]. »

L'intelligence vive malgré une santé défaillante, Jacques étonne son entourage en sachant lire à l'âge de 3 ans, grâce aux numéros de *L'Illustration* que son père ramène à la maison. L'héroïsme des poilus enflamme son imagination, tout comme le cinéma que sa mère lui fait découvrir.

Sa première école est un petit établissement privé, l'école Jeanne-d'Arc, place du même nom, proche du boulevard Saint-Marcel. Il se souvient des pupitres massifs, avec leurs encriers d'émail blanc, enfoncés dans les trous disposés à cet effet. « Nous écrivions à l'encre violette, avec des porte-plumes équipés de plumes Sergent-Major qui grinçaient sur le papier[6]. » Jacques est un assez bon élève, solitaire, qui évite le chahut des récréations. Sa mère lui donne une éducation

4. Entretiens de l'auteur avec Jacques Chaban-Delmas en juillet 1998.
5. Entretiens de l'auteur avec Jacques Chaban-Delmas en juillet 1998.
6. Entretiens de l'auteur avec Jacques Chaban-Delmas en juillet 1998.

chrétienne. Baptisé dès son plus jeune âge, il effectue sa première communion l'année de ses 7 ans. La vie avec son père devient de plus en plus difficile. Il est violent et jaloux de l'affection que son épouse porte à Nicole et Jacques.

À 8 ans, Jacques va être séparé de sa mère du fait de son internat au lycée Lakanal de Sceaux. Il vit assez mal la rupture et l'apprentissage de la vie en pension, avec ses règles strictes et sévères.

> « La courbe de mes performances scolaires s'est affaissée à partir du moment où j'ai découvert le sport, à l'école d'abord, sur le terrain et les stades ensuite. Il en est résulté, en 1931, un échec cuisant à la première partie du baccalauréat, série A : latin, français, allemand, histoire et géographie. J'avais trébuché dans toutes les matières, avec un 2,04 de moyenne à l'écrit, ce qui constituait une sorte de record. Mes parents affolés ont cru à une erreur de notation et s'en sont allés réclamer une vérification à l'Office du baccalauréat, rue Vauquelin, pour s'entendre dire par le préposé qu'on m'avait plutôt noté avec complaisance et qu'au total je figurais parmi les tout derniers des soixante-dix mille candidats de l'académie de Paris[7] ! »

Il est vrai que son parcours scolaire a été chaotique, en relation avec sa mauvaise santé et les problèmes familiaux. Ses parents se séparent en 1927 et sa mère refait sa vie l'année suivante avec Maurice Legendre, pilote de chasse durant la Grande Guerre, titulaire de plusieurs victoires homologuées, puis directeur d'une fabrique de meubles. Parti de rien, avec un modeste certificat d'études pour tout bagage, il a réussi à se faire une situation honorable. La nouvelle famille quitte la rue Coypel pour le faubourg Saint-Antoine, puis rue Michel Chasles. Successivement pensionnaire en neuvième à Lakanal ; puis, gratifié d'une période sabbatique sur le conseil du médecin de l'établissement parce qu'il ne s'habitue pas à la vie en internat, Jacques est envoyé, pour se refaire une santé, dans un village de Normandie, Mennecy, près de Cocherel, où il découvre les saveurs et les odeurs de la campagne ; puis au lycée Bossuet, durant un trimestre ; malade de nouveau ; renvoyé à Mennecy "pour un complément d'initiation à la terre" ; admis plus tard en sixième, au mépris de toute justice, chez les Bons Pères de Notre-Dame de Boulogne où il reste trois ans et d'où

7. Entretiens de l'auteur avec Jacques Chaban-Delmas en juillet 1998.

il est renvoyé à la suite d'un chahut de dimension cosmique dont il a confessé être l'instigateur; enfin revenu à Lakanal où il a végété jusqu'au bac, avec les résultats que l'on sait.

> « Cette odyssée ressemblait à une étape de montagne dans le Tour de France; mais à une étape où auraient figuré plus de descentes que d'ascensions... Le sport s'était emparé de moi comme une maîtresse jalouse[8]. »

La nouvelle cellule familiale ressemble à une cordée d'alpinistes en déroute. La mère doit travailler comme comptable dans la société de meubles de Maurice Legendre. La fille, Nicole, se trouve en pension à Étampes chez des religieuses.

> « C'est à Maurice Legendre que je dois d'avoir pu continuer mes études, reconnaît Chaban-Delmas. Après mon renvoi de chez les Bons Pères, et devant les résultats navrants que j'obtenais à Lakanal, mon père avait été saisi d'une de ces colères somptueuses dont il avait le secret. "Ce cancre n'arrivera à rien. Qu'il entre apprenti chez Delahaye!" Indifférent, mon père? Pas du tout. Il culpabilisait sur mes échecs scolaires parce qu'on lui avait dit, et redit, que j'étais la cause de son divorce. Ma nullité d'écolier lui paraissait un reproche vivant. Son tempérament faisait le reste. Il ne savait dire sa souffrance qu'en la criant. Maurice Legendre a eu le mérite de calmer le jeu, face à ce qui prenait les dimensions d'un conflit familial élargi. Les partisans de la clé à molette contre ceux du lycée... Finalement, Maurice Legendre l'a emporté. Je suis resté à Lakanal[9]. »

Certains de ces compagnons de classe resteront des amis à vie, comme André Schmith, qui a épousé sa sœur Nicole, Pierre de Bénouville qu'il retrouvera ensuite dans la Résistance et la politique, Paul Castaigne, qui deviendra un très grand médecin en neuropsychiatrie. La formidable réserve d'ardeur et de joie de vivre inemployée qu'il s'était constituée a soudain jailli avec la pratique du sport. Il l'a découvert grâce à son père, dans la période où ses parents, sur le point de divorcer, tentaient de lui épargner le plus dur des conflits. Chacun tour à tour prend en charge l'organisation des loisirs quand

8. Entretiens de l'auteur avec Jacques Chaban-Delmas en juillet 1998.
9. Entretiens de l'auteur avec Jacques Chaban-Delmas en juillet 1998.

le pensionnaire revient à la maison pour le week-end. Son père le conduit au Vél' d'Hiv pour les Six Jours, au parc des Princes pour le football, au stade de Colombes pour les matchs de rugby ; sa mère au Stade français lors des tournois de tennis.

> « J'ai tout pris, raconte-t-il. Le vélo, un peu. Le tennis, furieusement, au point d'aller disputer avec Paul Castaigne, en 1927, à douze ans, le tournoi de Saint-Trojan contre des joueurs classés en troisième et deuxième catégories, avec le handicap supplémentaire d'un aller-retour quotidien de quarante kilomètres à vélo. Et le football avec un succès relatif : très maigre à l'époque, léger en proportion, je ne résistais pas aux chocs et volais comme un fétu de paille aux quatre coins du terrain. Mais j'étais rapide, adroit, si bien qu'à douze ans j'ai été admis à jouer dans l'équipe première à Lakanal.
> « Mais bientôt le rugby a pris le dessus. À seize ans, j'y suis entré comme en religion avec une obsession que je gardais pour moi : "devenir un homme". C'est-à-dire me renforcer, m'endurcir, ne plus me faire piétiner par les adversaires. Lente ascension vers ce qui avait pris pour moi les dimensions d'un idéal de vie[10] ! »

Jacques passe ses vacances d'été chez la grand-mère Barrouin à l'île d'Oléron. Il rend visite à Lisbeth Genty, sa tendre confidente depuis l'âge de 4 ans. Il arrive toujours en blanc, impeccablement vêtu. Diplomate et courtois, il sait se montrer affable et prévenant à l'égard des personnes âgées. Il fréquente également Kléber Haedens, le futur romancier, ainsi que Paul Castaigne, le camarade de classe. Tous aiment se retrouver au championnat de tennis de Saint-Trojan ou sur la plage de Foulerot.

Après avoir redoublé, son année scolaire 1932-1933 est meilleure. Il se met à travailler et même en mathématiques la moyenne est atteinte. Il se trouve en classe de philosophie l'année du baccalauréat. Il frôle la mention « Bien » en s'offrant le luxe d'un 28 sur 30 en philo et en histoire-géographie. Jacques est bachelier. Il a 18 ans. Sa première pensée vengeresse est pour son père, qui l'a taxé de « cancre ». Il prend rendez-vous à son bureau et débarque fièrement pour lui annoncer son succès scolaire. La rencontre se passe mal, les deux hommes ne se reverront à nouveau que trente ans plus tard.

---

10. Jacques CHABAN-DELMAS, *Mémoires pour demain*, Flammarion, 1997.

Nous sommes en 1933 et les effets de la crise de 1929 n'ont pas fini de se faire sentir. L'entreprise de Maurice Legendre souffre de cette situation comme tant d'autres. L'argent manque, si bien que Jacques ne pourra pas entrer à l'université. Il va devoir gagner sa vie sans tarder en travaillant au magasin de meubles de l'avenue Daumesnil. C'est alors qu'il a l'idée d'appeler au secours un de ses meilleurs amis, Charles Marquet.

> « Je le connaissais à travers une discipline que j'avais pratiquée assidûment pendant mes dernières vacances à Oléron : la géographie sentimentale. Il était le père de ma partenaire de double-mixte, Jeanne-Marie, dont j'appréciais le jeu de jambes et à qui je réservais mes soupirs. Et si je pratiquais le tennis avec sa fille, je jouais au bridge avec le père, ce qui m'avait valu de devenir un ami de la famille, que je fréquentais non seulement à Oléron, mais à Asnières où elle avait son domicile principal[11]. »

Charles Marquet se montre ému du tableau que Jacques lui fait de sa situation : vendre des meubles quand son ami Paul Castaigne débute une carrière médicale. Yeux bleu faïence, moustache blonde, l'air d'un Viking, Charles est un homme de décision et d'influence. Grâce à lui, Jacques Delmas devient stagiaire au journal *L'information économique et financière*, une feuille d'obédience radicale, dont le directeur Léon Chavenon est un ami de la famille Marquet. Ainsi se trouve réglé le problème de ses études. Son beau-père se montre peiné mais s'incline. Va pour le journalisme, à condition qu'il s'inscrive en fac de droit. La bourrasque familiale s'apaise et Jacques peut reprendre sa place au foyer, rue Michel Chasles, puis à Fontenay-sous-Bois, près du fort de Vincennes, avenue de la Dame-Blanche, où ses parents s'établissent, dans un contexte économique qui s'est entre-temps amélioré.

Débuts dans le journalisme pour dénoncer le péril hitlérien

Au journal, Jacques entre en conflit avec Fernand de Brinon, le chroniqueur de politique étrangère, un suppôt de l'Allemagne hitlérienne, fondateur en 1933 avec Scapini du Comité France-Allemagne.

11. Entretiens de l'auteur avec Jacques Chaban-Delmas en juillet 1998.

> « Je détestais ce qu'il écrivait, les ouvriers typographes également, si bien que nous étions tous ligués contre lui, d'accord pour refuser à sa prose la place qu'il revendiquait, refouler ses papiers au purgatoire des pages intérieures, voire laisser passer des coquilles qui en altéraient le sens. Le directeur Léon Chavenon, républicain authentique, n'appréciait pas plus que nous les tendances de Brinon. Il tranchait en notre faveur les débats incessants qui nous opposaient à lui, en tout cas il nous protégeait contre les invectives et les protestations indignées de notre adversaire. Mais j'avoue m'être souvent demandé comment ce nazi bon teint, futur représentant du gouvernement de Vichy auprès des autorités allemandes à Paris, futur ministre de Laval, et qui allait terminer sa carrière comme membre du cabinet fantôme de Sigmaringen, comment un tel personnage avait pu accéder à ce poste, dans un journal, *L'Information*, qui était non seulement un fief du parti radical, mais aussi une filiale de la banque Lazard – juive. Il lui avait fallu un lent et patient travail de termite pour en arriver là, et s'attaquer au préalable à des structures très solides afin de les pénétrer[12]. »

Jacques Chaban-Delmas reconnaît qu'à cette époque sa réflexion n'était pas encore assez mûre, ni sa connaissance des choses de l'économie politique. En revanche, il est, comme journaliste, plus éclairé que la moyenne sur les risques fondamentaux. Il a lu *Mein Kampf* et en a retiré l'impression de voir remonter « des bas-fonds de l'histoire un de ces monstres de légende dont la vue est insoutenable aux hommes », avec la conviction que Hitler a livré dans cet ouvrage son plan de domination de l'Europe.

En dehors du journalisme et de ses études de droit, Jacques foule la terre battue des courts de tennis. En 1935, plusieurs fois par semaine, il sort la raquette du placard et se rend à Auteuil, respirer l'air du stade Jean Bouin. Adhérant au fameux Club athlétique de la société générale (CASG), il fréquente la jeunesse dorée d'Auteuil-Passy. Il y rencontre celle qui sera sa première épouse, Odile, dont le père, Gaston Hamelin, homme d'influence, dirige *L'Intransigeant*. « Jacques avait beaucoup de charme et beaucoup de succès, assure Odile. C'était un Don Juan, très séducteur[13]. »

---

12. Entretiens de l'auteur avec Jacques Chaban-Delmas en juillet 1998.
13. Patrick et Philippe Chastenet, *Chaban*, Seuil, 1991.

Recalé à ses examens de première année de droit, il entreprend une nouvelle année et s'inscrit également à l'École libre des sciences politiques, section finances publiques. À 21 ans, il est un jeune homme occupé à vivre intensément et prêt à refaire le monde. À Sciences-Po, il fait la connaissance d'un maître de conférences nommé Georges Roumilhac, qui le prend sous sa coupe et lui propose de préparer l'inspection des Finances. Durant l'été 1937, Jacques passe ses vacances en Bulgarie, chez un ami, Nori Kouyoumdiski, dont il a fait la connaissance au stade Jean Bouin. Il est le fils d'un banquier de Sofia venu étudier les sciences politiques en France. Le vacancier se voit également chargé d'une grande enquête pour les colonnes de *L'Information* sur les finances publiques d'Autriche, de Hongrie et de Bulgarie.

De retour en France, Jacques se surpasse dans ses études en 1938. Il sort septième de la section des finances publiques avec une excellente appréciation : « Élève très intelligent, réfléchi, animé d'un grand désir de s'instruire, et dont la culture, déjà substantielle, se complète heureusement par des vues pratiques assez étendues[14]. »

Licencié en droit et titulaire du diplôme d'études supérieures de sciences politiques au début de l'été, il part de nouveau avec Nori pour la Bulgarie. À son retour en France, en septembre, il répond à ses obligations militaires en incorporant le 37e régiment d'infanterie de forteresse à Bitche, en Moselle. Sorti major du premier peloton d'élèves officiers de réserve (EOR) à Toul, Jacques Delmas est admis à Saint-Cyr début 1939. Le 24 avril, il se marie avec Odile Hamelin qui devient Mme Delmas. À l'école militaire, il est consterné par l'ambiance qui règne entre les « vrais » saint-cyriens, les élèves officiers d'active, et les autres, les élèves officiers de réserve. Rancune, préjugés et jalousie font bon ménage. Il fait la connaissance de son commandant en second, le colonel Groussard, sosie presque parfait du comédien Erich von Stroheim. Fidèle à sa nature de rassembleur, Jacques lui propose de réformer le système, en rapprochant les deux clans par le rétablissement des relations entre l'active et la réserve. Son projet est accepté avec les félicitations du général commandant l'école. En août, il sort major de la promotion Maréchal-Joffre, le mois suivant, le 3 septembre, la France déclare la guerre à l'Allemagne, suite à l'invasion de la Pologne.

14. Patrick et Philippe Chastenet, *op. cit.*

« La France des années trente, dit-il, présentait les caractéristiques d'une proie inconsciente, broutant son pré carré, sûre de son droit et de sa force, mais prête à tout pour éviter l'affrontement. Cela face à une Allemagne qui ressentait dans ses fibres la nécessité de venger la défaite de 1918 et qui consacrait toutes ses forces à préparer l'hallali. Combat inégal pour ne pas dire perdu d'avance. Sur un point, je partageais l'utopie générale : j'étais convaincu que notre armée restait la meilleure. En réalité, quelques bons stratèges du haut état-major – il en existait – avaient perdu leurs illusions à ce sujet. On le sait aujourd'hui : deux simulations de Kriegspel, organisées respectivement en novembre 1937 et mai 1938, les avaient convaincus, la première de notre incapacité à conduire une offensive hors frontières – ce qui éclaire d'un jour cruel notre apathie vis-à-vis de l'allié Tchécoslovaque – ; la seconde que notre dispositif de défense n'était pas à l'abri d'une percée des panzers sur la Meuse. Chronique d'un désastre annoncé. Mais les avis de ces spécialistes avaient été rejetés, sur le second point en tout cas, comme entachés de pessimisme[15]… »

Débuts de la guerre sur le front des Alpes

La guerre déclarée, le sous-lieutenant Jacques Delmas est incorporé au 75e bataillon alpin de Forteresse, à Peïra-Cava, à une quarantaine de kilomètres au-dessus de Nice, face aux troupes de Mussolini. Odile s'installe à Nice chez une amie de sa mère, villa Land's End. C'est là que voit le jour, en février 1940, Clotilde, le premier enfant du couple. Puis la petite famille s'établit à Peïra-Cava même.

La forteresse se trouve accrochée au massif de l'Authion, au-dessus du col de Turini. Cette guerre en haute montagne nécessite, dans les deux camps, un effort surhumain pour triompher des difficultés climatiques et établir des positions atteignant parfois 3 000 mètres d'altitude, les ravitailler par des galeries creusées dans la glace, des sentiers escarpés, des téléphériques, les disputer par des assauts acrobatiques. Mais nous n'en sommes pas là pour le moment, Mussolini a choisi le camp de la non-belligérance. Les deux armées se surveillent sans tirer un seul coup de fusil.

15. Entretiens de l'auteur avec Jacques Chaban-Delmas en juillet 1998.

« Je trompais mon impatience, raconte Chaban-Delmas, en poursuivant la tâche commencée à Saint-Cyr : essayer de faciliter les rapports humains, en l'occurrence ceux des alpins placés sous mes ordres avec le corps des officiers. Drôle de guerre effectivement. Nous étions coupés du monde. Coupés du temps. Les informations ne nous parvenaient qu'au compte-gouttes, à travers une radio censurée et une presse qui ne l'était pas moins. Le plus étonnant était cette attente qui n'en finissait pas. Attente de quoi ? Nous l'avons découvert début juin, quand le temps suspendu s'est remis à couler, avec l'accélération dramatique que lui donnait l'enchaînement des catastrophes : la percée allemande de Sedan en mai ; la capitulation de l'armée néerlandaise ; la chute de Bruxelles ; la reddition belge ; la bataille sans espoir de Dunkerque et le rembarquement *in extremis* des troupes alliées ; la rupture du front français sur la Somme, puis sur l'Aisne ; enfin le 10 juin 1940, cet événement qui nous concernait directement parce qu'il marquait pour les troupes du front des Alpes le début tardif des hostilités : la déclaration de guerre de l'Italie à la Grande-Bretagne et à la France[16]. »

Deux armées italiennes, totalisant 315 000 soldats, doivent attaquer l'armée française des Alpes, forte de 185 000 hommes. Les difficultés du terrain très montagneux, le mauvais temps et l'importance du système fortifié français désavantagent les troupes italiennes qui subissent, en quelques jours de combat, de lourdes pertes (6 029 soldats tués, blessés, congelés ou portés disparus) pour la conquête de la ville de Menton et de quelques vallées. Les unités françaises ne comptent que 252 hommes hors de combat. En Tarentaise, la division alpine Tridentina parvient à percer les lignes françaises au col de la Seigne mais, prise sous une forte tempête de neige, elle doit s'arrêter. Les forces françaises résistent partout avec héroïsme et repoussent les assauts enragés des bataillons italiens. L'armée italienne, attaquant courageusement à découvert, a été cueillie par les troupes françaises, bien abritées, et a été hachée par une artillerie lourde connaissant bien le terrain. Dans le secteur des Alpes-Maritimes où se bat l'officier Jacques Delmas, les Italiens perdent 1 141 soldats contre 50 Français !

16. Entretiens de l'auteur avec Jacques Chaban-Delmas en juillet 1998.

« Ce conflit de la dernière heure, rapporte Chaban-Delmas, dura en principe du 10 au 17 juin, date de la formation par Pétain de son gouvernement, et de la demande d'armistice qu'il s'est empressé de déposer aux pieds des Allemands. Mais il se prolongea jusqu'au 24 juin, c'est-à-dire jusqu'à ce qu'intervienne l'armistice franco-italien. Entre-temps, le 20 juin, les forces italiennes de l'armée des Alpes avaient tenté une offensive surprise qui se solda par un échec majuscule… Courte guerre au total : quinze jours. Guerre d'un autre temps. On échangeait des coups de fusil. On se canonnait de temps à autre. Pas d'avions. Pas de tanks. Tout se passait à pied, dans les montagnes, avec comme principal souci d'essayer de se trouver au-dessus de l'ennemi, et si possible un peu en arrière pour pouvoir le canarder. Nous sortions le plus souvent de nos casemates rendues invivables par manque de système d'aération[17] ! »

Dans les montagnes isolées, le sous-lieutenant Delmas apprend la fin des hostilités avec stupéfaction, allant jusqu'à éprouver un « malaise physique » à l'idée de la défaite de la France. Furieux et déboussolé, il lui reste le sentiment d'un deuil incompréhensible. La colère, la honte, l'indignation semblent l'écarteler. Il se souvient d'avoir dégainé son pistolet afin de ramener à la pudeur un certain nombre de soldats qui manifestaient leur satisfaction de rentrer chez eux. Par-dessus tout, il éprouve une compassion déchirante pour cette figure maternelle que son pays a toujours représentée pour lui. Dès la fin juin, il se sent possédé d'une volonté de revanche pour la réhabilitation de la France et de son peuple. Dès ce moment date son entrée en Résistance.

Que faire ? Où aller ? À qui s'adresser ? Après avoir été démobilisé courant juillet en application d'une des clauses de l'armistice, il refuse de rentrer à Paris. Il ne veut pas côtoyer l'occupant. Avec pour seule ressource sa prime de démobilisation, il s'installe en compagnie de sa petite famille dans une pension de l'avenue des Fleurs à Nice. De là, il commence à écrire dans tous les sens, à ses parents, à ses amis les plus sûrs, comme Georges Roumilhac et Henri Noël, en utilisant les services d'un passeur car la correspondance est interdite entre les deux zones. Il leur clame son refus de la défaite et son espoir : « Les Anglais tiendront, leur entêtement de bouledogue donnera aux Américains

17. Entretiens de l'auteur avec Jacques Chaban-Delmas en juillet 1998.

le temps d'arriver, les Russes finiront bien par se retourner. Nous ne sommes pas seuls[18]. »

Jacques Delmas déclare la guerre à l'Allemagne nazie! Les démarches qu'il a entreprises pour trouver un appui ne donnent guère de résultats. Il va frapper à toutes les portes. Certaines s'entrebâillent. Mais il n'en ramène que des bonnes paroles. Il va notamment exposer son cas au sénateur Jean Médecin, maire de Nice : « Je suis sous-lieutenant, je viens d'être démobilisé à la caserne Massena, je suis résolu à reprendre le combat, j'en cherche les moyens[19]. »

Jean Médecin, le reçoit aimablement, écoute paternellement son verbiage patriotique et lui répond benoîtement :

> « Mon jeune ami, que me chantez-vous là? Voyons, la guerre est finie! Le maréchal Pétain a signé l'armistice. Il ne s'agit pas de reprendre le combat. Il s'agit de travailler pour organiser la France en fonction de la situation actuelle, et dans le cadre des dispositions prévues par cet armistice. Reprenez donc vos occupations de journaliste et vos activités personnelles. Élevez votre famille. Et bonne chance[20]. »

Sa fille Clotilde, alors âgée de cinq mois, est réveillée chaque soir, vers vingt et une heures, par un bruit insolite provenant de la maison voisine. Cela ressemble à une boîte à musique enrouée ou à une moulinette géante. Excédé, Jacques Delmas va frapper à la porte de l'occupant des lieux pour lui demander de cesser ce vacarme. Mais l'altercation se révèle une aubaine. Le voisin le regarde d'un air ébahi et vaguement réprobateur :

> « Voyons, dit-il, c'est le brouillage de Londres.
> — Londres?
> — Eh bien oui, l'émission *Les Français parlent aux Français*, de Gaulle, quoi[21] ! »

18. Entretiens de l'auteur avec Jacques Chaban-Delmas en juillet 1998.
19. Entretiens de l'auteur avec Jacques Chaban-Delmas en juillet 1998.
20. Entretiens de l'auteur avec Jacques Chaban-Delmas en juillet 1998.
21. Entretiens de l'auteur avec Jacques Chaban-Delmas en juillet 1998.

Débuts dans la Résistance

Nous sommes début août, Jacques entend parler pour la première fois d'un général au nom étrange, qui invite les Français à se rassembler derrière lui pour continuer la lutte. Comme c'est précisément son projet, l'avenir lui est soudain apparu avec une grande clarté. Il décide de rejoindre le général rebelle à Londres. La famille Delmas quitte Nice et retrouve à Paris le cinquième étage de l'avenue Général Sarrail. Gaston Hamelin accueille son gendre à bras ouverts. Gaulliste de la première heure, il l'encourage à passer à l'action. Jacques s'apprête à quitter les siens, après s'être assuré de leur sécurité.

Le spectacle de Paris occupé lui semble difficile à supporter. Les Allemands lui donnent l'impression d'être partout. Ils défilent sur les Champs-Élysées au son des fifres et des tambours. On en trouve, selon leur grade, à l'Opéra, dans les cabarets, dans les restaurants, aux terrasses des brasseries. Leur drapeau timbré de la croix gammée flotte au fronton des édifices. Leurs panneaux indicateurs foisonnent aux carrefours.

> « Le plus déplaisant, se rappelle-t-il, était l'odeur. Toutes les armées du monde en ont une. Mais quand le hasard d'un parcours en métro ou en bus me plaçait à proximité d'un ou plusieurs représentants des forces allemandes, j'avais du mal à supporter ce remugle indéfinissable de mauvais cuir, de tissu synthétique, de graisse à chaussure et de sueur. Il me paraissait le signe palpable et comme le symbole de l'envahissement… Fuir! Fuir au plus vite cet univers sinistre, pour aller faire mon métier d'homme et de Français : me battre les armes à la main[22]. »

De son côté, Maurice Legendre a fermé son entreprise de meubles pour se réfugier en Dordogne, où il vient d'acquérir, près de Ribérac, une gentilhommière appelée la Ligerie, qui a été, jusqu'en 1925, la demeure de vacances de la famille de Gaulle!

Jacques a un plan : gagner Vichy – devenu le siège du gouvernement du maréchal Pétain – où s'y trouve également son chef de Saint-Cyr, le colonel Groussard, qui doit le tirer d'embarras. Il réunit quelques affaires de première nécessité et fait aussi sa cantine, qu'une de ses amies de jeunesse, Zoé, femme d'un capitaine de vaisseau

22. Entretiens de l'auteur avec Jacques Chaban-Delmas en juillet 1998.

américain en partance pour l'ambassade des États-Unis à Vichy, doit installer dans le coffre de sa Ford V8. Jacques, quant à lui, prend le train, nettement moins confortable. Le problème est de passer la ligne de démarcation qui coupe la France en deux. Il franchit la ligne à pied, à l'aide d'un passeur clandestin, aux environs de Moulins. Il sait ensuite où aller. Le père de son ami Paul, le professeur Castaigne, habite dans la région, près de Clermont-Ferrand au château de La Prade. Il est sûr d'y être bien reçu.

> « Je suis arrivé, raconte-t-il, dans la nuit du 12 décembre 1940, par un froid à faire éclater les pierres, dans un désert de neige et de silence. Le professeur Castaigne était un médecin de grande réputation, l'une des lumières de notre médecine, qui partageait son temps entre Clermont-Ferrand, où il avait entrepris de remonter une école qui allait devenir la faculté de médecine de cette ville, et Vichy. Or, il avait à Vichy un patient d'une sorte un peu particulière : le Maréchal en personne, dont il était l'un des médecins. D'où, probablement, la réserve qu'il a manifestée en m'entendant dérouler une fois de plus mon canevas : je voulais continuer la lutte, rejoindre de Gaulle, etc. "Je te comprends. Si j'avais ton âge, je réagirais sans doute comme toi. Mais ne va pas te lancer dans cette aventure qui débute et dont on ne sait pas comment elle se terminera!" Sur quoi il m'a souhaité bonne chance et, le lendemain matin, raccompagné jusqu'à la porte de sa propriété, à travers le grand parc poudré à frimas qui donnait directement sur la route nationale de Clermont-Ferrand[23]. »

Arrivé à Vichy le matin du 13 décembre 1940, Jacques a la surprise de trouver la ville déserte. Pas un chat dans les rues, boutiques fermées et volets clos. Il parvient à se faire ouvrir la porte d'une librairie :

> « Cette solitude, est-ce donc là la capitale de France? demande-t-il au libraire.
> — Ah! Monsieur, vous ne savez donc pas? Le Maréchal a fait arrêter M. Laval ce matin et l'a fait expédier sous bonne garde à Châteldon. Nous attendons d'une minute à l'autre les chars allemands, qui ne vont pas manquer de donner l'assaut pour faire

23. Entretiens de l'auteur avec Jacques Chaban-Delmas en juillet 1998.

libérer M. Laval. Vous comprenez que les rues soient vides ! Tout le monde a fui[24]. »

Le colonel Groussard, mis en congé de l'armée après l'armistice, nommé inspecteur général des services de la Sûreté nationale, a mis en place un réseau de Résistance sous couvert de ses fonctions maréchalistes. Pour le rencontrer, Jacques doit passer par le colonel Loriot, un brillant officier d'aviation, attaché au cabinet de Philippe Pétain. Jean Loriot, méfiant de l'entourage de l'hôtel du Parc, siège du gouvernement de Vichy, l'invite à un restaurant tout proche. Jacques lui annonce en préambule son intention de rencontrer le colonel Groussard, puis de rejoindre Londres :

> « Jean, venez donc avec moi ! Partons ensemble rejoindre de Gaulle, poursuit-il.
> — Si j'avais votre âge, je pense que je le ferais. Mais j'ai vingt ans de plus que vous. J'ai servi sous les ordres du Maréchal pendant la dernière guerre. Je ne me vois pas lui manquant. En ce qui concerne Groussard, vous aurez du mal à le joindre aujourd'hui. C'est lui qui ce matin a arrêté Pierre Laval et l'a conduit à Châteldon.
> Le colonel Loriot ajoute ensuite :
> — Pourvu que les Allemands perdent cette guerre. Il faut tout faire pour qu'il en soit ainsi. Si je peux vous aider, je le ferai. Et, puisque vous me le demandez, voici l'adresse où vous pourrez trouver Groussard et ses hommes[25]. »

Groussard a son PC de l'autre côté de l'Allier, à Bellerive, dans un modeste hôtel, où Jacques Delmas se rend. Il trouve le colonel entouré d'hommes aux poches gonflées d'armes, coiffés d'un béret, « avec cet air de ne pas en avoir l'air ». Groussard est lui-même en civil. Il reconnaît Delmas aussitôt :

> « Eh bien, Delmas, pourquoi êtes-vous ici ?
> — Mon colonel, je veux me battre. Il n'y a pas trente-six manières d'agir. Il y a de Gaulle à Londres. Je venais vous demander s'il vous était possible de me faciliter le passage.

24. Entretiens de l'auteur avec Jacques Chaban-Delmas en juillet 1998.
25. Entretiens de l'auteur avec Jacques Chaban-Delmas en juillet 1998.

Groussard reste silencieux quelques instants. Son attitude est assez froide. Visiblement, il a la tête ailleurs. Il se contente de lui dire :
— Retournez à Paris et mettez-vous aux ordres du colonel Heurtaux.
— Mais, mon colonel, j'arrive de Paris. Et je veux aller à Londres.
— Comment, Delmas ? C'est à Saint-Cyr que vous avez appris à discuter les ordres ?
— Non, mon colonel.
— Alors, allez[26]. »

Jacques doit se mettre en contact avec le colonel Heurtaux, auquel Groussard a confié la mission d'organiser la Résistance en zone occupée.

> « Heurtaux, écrira plus tard Groussard, avec les moyens que je lui donnai au départ, puis qu'ensuite j'eus la possibilité de lui faire parvenir, organisa dès l'automne 1940 les premiers groupes de résistance qui constituèrent plus tard l'Organisation civile et militaire (OCM). Tant qu'il resta libre et, par conséquent, tant qu'il déploya son activité, je lui adressai les plus sûres, les plus volontaires des personnes qui me demandaient de travailler contre l'occupant et qui soit préféraient gagner la zone occupée, soit étaient indifférents quant à l'endroit où il serait possible de lutter. C'est à lui, par exemple, que j'envoyai un de mes anciens EOR de Saint-Cyr : Chaban-Delmas[27]. »

De retour à Paris, Jacques Delmas annonce à sa famille, tout étonnée de le revoir si tôt, qu'il a trouvé la filière. Il se rend ensuite à l'adresse que lui a donnée Groussard, 2 boulevard Delessert, pour y rencontrer le colonel Heurtaux, un des as de l'aviation de la Grande Guerre, homme de taille moyenne, de belle carrure et d'un très grand calme. Plus question pour Jacques de partir pour Londres : il doit accomplir diverses missions qui consistent à recueillir des informations concernant la pression que l'occupant exerce sur l'économie française.

26. Entretiens de l'auteur avec Jacques Chaban-Delmas en juillet 1998.
27. Georges-André Groussard, *Service Secret*, La table ronde, 1964.

> « Le réseau Heurtaux, raconte Chaban-Delmas, allait être à l'origine d'un mouvement qui a eu son importance : l'Organisation civile et militaire. Cela a pourtant mal commencé. J'avais été recruté en décembre 1940. À peine deux mois plus tard, en février 1941, les Allemands ont arrêté six cents des nôtres dans la région parisienne. Heurtaux, militaire de carrière et à ce titre peu au fait des précautions à prendre en matière de lutte clandestine, avait organisé son réseau selon les structures classiques : premier, deuxième, troisième bureau. Et dans un souci de méthode qui honorait ces braves, il avait fait tenir à jour des listes complètes avec noms, adresses et téléphones. Une perquisition les avait fait tomber aux mains des Allemands. J'ai échappé à la capture grâce à l'étourderie d'une secrétaire. Plusieurs Delmas, nom très répandu, figuraient sur ces états. En recopiant, et au passage d'une page à une autre, elle avait oublié un Delmas, et ce Delmas c'était moi. Voilà comment, à peine entré dans la Résistance, j'ai failli en sortir à jamais[28]. »

L'OCM est repris en main par Jacques Arthuys et Alfred Touny, deux brillants combattants de 14-18. Delmas, diplômé de Sciences-Po, parvient à s'introduire, à la suite d'un stage, au ministère de la Production industrielle dès le mois de juin 1941. Premier passage dans cette administration où il est devenu espion. Parallèlement, il renoue avec son projet de travailler à l'inspection des Finances. Une façade idéale pour mener l'action clandestine. Il fait la connaissance d'autres jeunes gens qui, comme lui, ont choisi le camp de la Résistance : Lorrain Cruse, Maurice Bourgès-Maunoury, Félix Gaillard, tous membres de l'OCM. C'est avec eux qu'il prépare le concours de l'inspection des Finances. Il a obtenu pour l'année universitaire 1941-1942 un emploi provisoire auprès d'un inspecteur des Finances, Raymond Panié, qui a accepté d'être son patron de préparation. Il dirige le service des relations extérieures du ministère de la Production industrielle, rue de Grenelles, en face de la mairie du 7e. C'est un homme sympathique et avisé, qui n'est pas dupe des activités clandestines du jeune Delmas, et qui a le bon goût de ne jamais lui en demander compte. Panié doit représenter le ministère auprès des autres instances gouvernementales. Et comme il lui arrive d'être indisponible, c'est Jacques Delmas qu'il envoie assister à sa

28. Entretiens de l'auteur avec Jacques Chaban-Delmas en juillet 1998.

place aux réunions qui se tiennent chaque semaine rue de Rivoli sous la présidence du secrétaire général du ministère de l'Économie et des Finances.

> « Je me trouvais propulsé du premier coup, raconte Chaban-Delmas, à un poste d'observation idéal pour remplir les missions qui m'avaient été confiées... Rue de Rivoli, j'ai pu faire une pleine moisson de renseignements, jusque dans le moindre détail, sur la nature, l'étendue et le déroulement des exigences allemandes. J'ai pu ainsi mesurer, il est juste de le souligner, la mauvaise volonté que leur opposaient les services de l'administration française. J'envoyais tout cela à Londres, et c'est l'accumulation minutieuse de ces données qui a attiré sur moi l'attention du BCRA (Bureau central de renseignements et d'action) du colonel Passy. Si bien que j'ai été incorporé d'office, et sans même le savoir, dans l'organisation de la France libre ! Toujours servi par les événements[29]. »

Entre-temps, il lui a fallu réitérer sa préparation au concours de l'inspection des Finances. Il s'est fait recaler en 1942, quoique arrivé premier à l'oral, et a hérité de la plus mauvaise place : premier des non-reçus. Bourgès-Maunoury, qui a aussi échoué, renonce et gagne Londres, où l'attend une importante mission de liaison, en passant par l'Espagne et non sans y être incarcéré plusieurs semaines au camp de Miranda. Delmas persiste, en compagnie de Félix Gaillard qui, lui, ne s'est pas présenté au premier concours. Il y a six places à pourvoir, Delmas obtient la troisième, Gaillard est admis aussi. En août 1943, Bourgès-Maunoury, nommé délégué militaire régional de la zone Sud, est revenu de son périple. Delmas a hâte de lui restituer ses papiers d'identité, que Bourgès-Maunoury lui a confiés afin que son absence passe inaperçue aux yeux des Allemands. Prisonnier de guerre rapatrié, Bourgès-Maunoury est obligé de pointer chaque semaine au fort de Montrouge. Delmas, avec un incroyable courage, se fait passer pour son compagnon et va signer à sa place le registre allemand durant plusieurs mois. Bourgès ramène de Londres une nouvelle capitale pour lui. Placé désormais sous l'autorité suprême du général de Gaulle et sous les ordres du colonel Passy, Delmas se voit assigner une nouvelle mission, en liaison étroite avec les Anglais : passer du renseignement à l'action.

29. Entretiens de l'auteur avec Jacques Chaban-Delmas en juillet 1998.

« C'est que l'invasion de la zone Sud par les Allemands, le 11 novembre 1942, trois jours après le débarquement anglo-américain au Maroc et en Algérie, avait agi sur l'esprit de la Résistance comme un révélateur, un détonateur, dit-il. Le 27 mai 1943 a pu être constitué le Conseil national de la Résistance (CNR). Il regroupait les grandes organisations de la Résistance : l'OCM dont je faisais partie, les mouvements Libération et Combat ; le Front national d'inspiration communiste… L'artisan de cette unanimité retrouvée autour du général de Gaulle était Jean Moulin, son représentant auprès des mouvements de la Résistance intérieure. Vingt-cinq jours après cet acte fondateur, il était arrêté à Caluire, dans des circonstances qui n'ont jamais été éclaircies. Torturé à Lyon par Klaus Barbie, il mourut le 8 juillet au cours de son transfert en Allemagne. Il n'avait pas parlé. L'élan qu'il avait donné ne s'arrêterait plus. La mission qui nous était confiée en était un signe parmi d'autres[30]. »

Il s'agit en fait de structurer l'organisation de la Résistance militaire. Dans chaque région doit être créé un réseau doté des moyens de transmission adéquats et disposant d'éléments de sabotage et d'intervention. Ces réseaux seront placés sous l'autorité de Délégués militaires régionaux (DMR) triés sur le volet, et dont le rôle devient essentiel. Ils sont chargés de regrouper les éléments militaires de la Résistance, qui vont prendre le nom des Forces françaises de l'intérieur (FFI). Le DMR doit assurer leur approvisionnement en armes, munitions et coordonner les actions avec la politique du gouvernement provisoire d'Alger.

Montée en grade dans la Résistance

Jacques Delmas va dans ces conditions entreprendre des actions d'une tout autre portée militaire et politique que celles auxquelles il s'était consacré jusqu'à présent. Il quitte à point nommé ses fonctions à la production industrielle, car son séjour rue de Grenelle a attiré l'attention des Allemands, qui sont venus enquêter et se montrent dangereusement curieux sur la nature réelle des activités du jeune Delmas. Devenu inspecteur des Finances, et disposant à ce titre

30. Entretiens de l'auteur avec Jacques Chaban-Delmas en juillet 1998.

d'une couverture officielle, il peut désormais vaquer à ses occupations clandestines avec une relative liberté. D'autant qu'il a joué quitte ou double avec le chef du service de l'inspection, André Fayol.

> « Je lui avais affirmé, raconte Chaban-Delmas, non sans anticiper quelque peu, que j'agissais sur l'ordre du général de Gaulle. En conséquence, il devrait se mettre à ma disposition pour me fournir des alibis administratifs chaque fois que j'aurais à me déplacer pour les besoins de ma mission. Et si par malheur il appartenait à l'autre camp et s'avisait de me dénoncer, je me chargerais de l'éliminer moi-même ou de le faire supprimer. Dure méthode. Mais les temps étaient durs. Il se trouva qu'André Fayol était des nôtres. Il ne lui manquait que d'avoir été recruté. Il m'apporta toute l'aide dont j'avais besoin. Sans lui, j'aurais été dix fois démasqué.
>
> Je menais depuis le début une vie en partie double. Ou plutôt j'habitais simultanément deux univers incommunicables : celui d'en haut et celui d'en bas. Pour mon entourage, mes collègues, mes amis, j'étais ce jeune fonctionnaire accaparé par les devoirs de sa charge et voué par elle à de fréquents déplacements. Quant à ma famille, elle se doutait – ma mère surtout, pas dupe des alibis que je confectionnais à son intention pour expliquer les valises de linge que je lui demandais de déposer ici et là. Mais personne ne savait rien, pour la bonne raison que je n'avais rien dit à personne. Comment garder un tel secret vis-à-vis de ceux qui vous sont les plus proches – une mère, une femme ? Tout simplement en se rappelant qu'on les aime. Dans le cours impitoyable de la lutte clandestine, la moindre confidence expose ceux qui la reçoivent. Ma cuirasse de silence protégeait aussi les miens. Dès 1941, d'ailleurs, j'avais mis à l'abri ma femme Odile, ma fille Clotilde, mon fils Christian né le lundi de Pâques de cette même année (ma fille Valérie verrait le jour en 1945, la paix revenue). Mes parents les hébergèrent longtemps dans leur propriété de la Ligerie, en Dordogne.
>
> À l'étage souterrain, dans l'ombre, je conduisais mes activités d'espion puis de responsable militaire, en brouillant les pistes. J'ai eu dans Paris, entre 1942 et 1944, une bonne trentaine de caches, des appartements et des chambres dont j'avais seul la clé, choisis parce que disposant d'issues commodes : entrées et escaliers de service, cours, courettes, lucarne en prise directe sur les toits. Afin de parfaire mon déguisement, je n'avais rien

retranché de mes activités sportives. Je continuai de jouer au rugby, au tennis. On me voyait sur les stades et sur les courts... J'étais servi par ma vitesse de déplacement, sur les terrains de sport aussi bien que ceux du combat clandestin. En face de joueurs très forts, de stature internationale, j'étais capable de faire la différence en deux foulées, et personne ne me voyait ! Même chose pour échapper à mes suiveurs ou à mes poursuivants. La dernière année, je ne me déplaçais plus qu'au pas de course, jetant à chaque croisement un œil par-dessus mon épaule afin de vérifier que je n'étais pas filé. Et comment filer un garçon qui courait avec tant de naturel, costume strict et pochette au vent ? Mais cette précaution ne suffisait pas toujours. J'ai connu dans le métro des séances extraordinaires : des cavalcades sur les quais et jusqu'au fin fond des stations, y compris le long des voies. Une fois en particulier, alors que les agents de la Gestapo me serraient de près ; ils avaient retrouvé ma trace après avoir mis la main, précisément, sur un document où figurait un rendez-vous dont ils avaient pressenti qu'il n'était pas très catholique. S'agissant du métro, j'avais pris pour règle de monter dans les rames par surprise et d'en descendre de même, pour couper une filature éventuelle. Cela se jouait au dixième de seconde. Il fallait arriver à jaillir entre les portes coulissantes, au moment où elles se refermaient et au point d'être touché par les panneaux. Touché, mais pas plaqué ! Comme au rugby. Le sport aussi est un combat, et d'abord contre soi-même. Il était légitime que mon combat de l'ombre profitât de ce que le sport m'avait enseigné[31]. »

André Béraud, ancien international, se souvient de cet intrépide joueur du Club athlétique de la Société générale (CASG). En février 1943, le club parisien de Delmas affronte le Biarritz olympique en demi-finale de la zone occupée sur la pelouse du parc des Princes. À deux minutes de la fin du match, les Biarrots mènent 10 à 6 :

« C'est alors que ce Delmas, surgi on ne sait d'où – entre deux parachutages sans doute –, se porta en position de premier attaquant, s'arracha au plaquage de Cussac, puis d'Arrizabalaga, et nous planta l'essai entre les barres. Nous étions battus par 11

31. Entretiens de l'auteur avec Jacques Chaban-Delmas en juillet 1998.

à 10 et privés de cette finale Bayonne-Biarritz qui s'annonçait homérique[32]. »

Jacques Delmas devient Chaban

Jacques Delmas estime à juste titre que son nom de résistant « Lakanal » devient un peu trop connu de la Gestapo. De récentes arrestations dans la région parisienne laissent supposer que le nom de code n'est plus vraiment sûr. C'est en août 1943 que Jacques Delmas devient « Chaban » parce que, allant à un rendez-vous fixé par Bourgès-Maunoury en pleine campagne près du Moustier en Dordogne, il aperçoit, au départ d'un chemin qui s'ouvre dans les bois, un écriteau « Château de Chaban ». « Va pour Chaban », se dit-il. À la Libération, pour l'état civil, Jacques Delmas deviendra Jacques Chaban-Delmas, sans qu'aucune démarche administrative soit entamée.

Cette même année 1943, Chaban va contribuer à la création du Comité de financement intérieur de la Résistance. Le COFI est l'une des solutions apportées au délicat problème de la survie matérielle des maquis. Il va émettre des bons de la Résistance en échange de fonds versés par les souscripteurs.

En septembre-octobre 1943, Chaban entre en fonction auprès du délégué militaire de la région parisienne, André Boulloche. Mais l'automne se révèle désastreux pour la Résistance : le colonel Marchal, chargé de la zone Nord, est arrêté et se suicide ; Boulloche est déporté, tandis que Louis Mangin, délégué militaire national et chef de l'Armée secrète, échappe par miracle à la Gestapo, mais se voit contraint de rallier Alger. Chaban doit suppléer à ces trois chefs et s'arrange de son mieux pour faire fonctionner lui-même la région Nord.

> « Les choses allaient mal, raconte-t-il. On perdait du monde, et il fallait que je recrute une femme pour coder et décoder les messages, mais aussi opérer des liaisons dangereuses. J'avais besoin d'une cache. Je la trouve rue Claude Lorrain, dans le 16e arrondissement. L'appartement est libre mais il y a une locataire, Mme Carrier, elle habite place Michel-Ange, au-dessus du cinéma. Je lui demande de me sous-louer l'appartement. Et je me retrouve en face d'une

32. Archives du centre national Jean Moulin, Bordeaux.

> grande fille brune, d'une beauté forte. On discute. On fait affaire : je pourrai emménager les deux pièces dans quarante-huit heures. Puis je réfléchis et je me dis : "Voilà le genre de fille qu'il me faut!" Je retourne la voir sous un prétexte quelconque et, peu à peu, je constate qu'elle est contre les Allemands, contre Vichy. Finalement je lui propose la botte : "Voulez-vous travailler avec moi?" Elle s'appelait Andrée et lorsque, pour des raisons de sécurité, nous échangerons nos secrétaires deux mois plus tard avec Bourgès, elle deviendra son épouse[33]. »

La délégation militaire décapitée, Londres fait expédier un colonel qui est hélas capturé dès son arrivée. Il parvient cependant à avaler de justesse sa capsule de cyanure, celle que conservent avec eux tous les agents de Londres, mais que Chaban, croyant en son étoile, est un des rares à ne pas posséder. Pendant ce temps, le poste de délégué militaire national reste dangereusement vacant. Londres songe au général Leclerc, mais celui-ci préfère conserver le commandement de la 2e division blindée. On pense ensuite au général Kœnig, héros de Bir-Hakeim, pour finalement le laisser à son poste de l'état-major. Le général Billotte se porte volontaire, mais les Anglo-Américains refusent de voir partir en France occupée un officier qui a participé aux préparatifs d'Overlord. Dans l'attente, Bourgès-Maunoury et Chaban-Delmas pourvoient aux nécessités de la situation. La vacance du poste de DMN se prolonge. Bourgès, qui n'a jamais ambitionné un tel poste, préfère continuer à opérer en zone Sud. Il propose de confier l'intérim à Chaban, qui est soutenu par le colonel Ely. Depuis l'arrestation de Boulloche, Chaban a parfaitement démontré son efficacité au commandement. Bourgès omet volontairement de donner l'âge de son ami, sachant que le général de Gaulle s'y serait alors opposé.

> « À Londres, explique Bourgès, on pensait de Chaban qu'il était très inconscient du danger, et nous regrettions un peu qu'il ne connaisse pas mieux les principes de sécurité très étudiés que les Anglais nous inculquaient. Mais nous pensions que c'était un garçon marqué par la chance. Il a échappé plusieurs fois à des rafles et à des souricières. Je me souviens en particulier quand le malheureux Rondenay a été arrêté, qu'il avait un rendez-vous

33. Entretiens de l'auteur avec Jacques Chaban-Delmas en juillet 1998.

un quart d'heure auparavant avec Chaban, et avec moi un quart d'heure après. Chaban était, ainsi que moi, je dois l'avouer, assez indiscipliné. Mais Chaban a pris les choses en main de façon magistrale[34]. »

Délégué militaire national de la Résistance et général à 29 ans !

De Gaulle accepte de nommer Chaban délégué militaire nationale de la Résistance, cédant ainsi à la demande concertée de Bourgès, Soustelle et Ely. Le 1er mai 1944, Jacques Chaban-Delmas est nommé général de brigade et fait chevalier de la Légion d'honneur. Il a 29 ans !

> « Durant la même période, début 1944, raconte Chaban-Delmas, j'ai eu à préparer dans la perspective du débarquement allié les plans généraux de sabotage des voies ferrées et des transmissions : ils allaient se traduire notamment, le moment venu, par deux mille coupures exécutées en une seule nuit. J'ai structuré à cette fin les organes centraux de Résistance-Fer et de Résistance-PTT confiés respectivement à la responsabilité de Louis Armand et à celle de Debeaumarché et Prévost.
>
> J'ai renoncé, à la dernière minute, à participer à une réunion que j'avais organisée, à mon corps défendant, sur la demande du chef d'état-major des FFI, le colonel de Jussieu, Pontcarral de son pseudonyme. Il désirait depuis plusieurs semaines établir des relations régulières avec Résistance-Fer et Résistance-PTT, et souhaitait rencontrer leurs représentants. Je m'étais fait tirer l'oreille pour mettre sur pied cette rencontre, car je la pressentais dangereuse, comme manquant à la règle élémentaire que nous nous étions fixée : jamais plus de trois personnes ensemble. Mais Pontcarral insistait. J'étais soumis à des pressions croissantes de la part de l'organe militaire de la Résistance, le Comac. Comme le ton montait, et afin d'éviter un incident grave, j'ai fini par accepter le colloque. Du moins avait-il été convenu avec Louis Armand que nous y déléguerions nos seconds. Au dernier moment, j'ai failli m'y rendre moi-même, par scrupule professionnel. Mon assistante, Marie-Antoinette Ion – qui, en 1947,

34. Archives du centre national Jean Moulin, Bordeaux.

> allait devenir ma seconde femme et la mère de mon fils Jean-Jacques –, m'en a dissuadé avec véhémence. Elle a bien fait. La Gestapo est arrivée un quart d'heure après le début de la réunion et a cueilli sans coup férir la douzaine de participants, dont Pontcarral. Je l'ai retrouvé un an plus tard à l'hôtel *Lutétia* où étaient réceptionnés les rescapés des camps de concentration : un fantôme en pyjama rayé, que je n'ai reconnu que lorsqu'il s'est jeté dans mes bras. Aucun des autres n'est rentré, ni les collaborateurs de Louis Armand ni mon propre adjoint, Richard[35]. »

Début juillet 1944, le général Chaban-Delmas est attendu dans la région lyonnaise, afin de rejoindre l'Angleterre pour y accomplir une mission capitale. Une équipe commence par l'emmener dans une traction bien pourvue en armes vers le nord de Lyon. Là, on l'installe près de la Saône, dans une auberge où il va passer deux journées, tout en guettant la radio. Le message est finalement diffusé : « Notre printemps, c'est d'être ensemble. » Chaban et son équipe n'ont plus qu'à gagner le lieu prévu pour le décollage. L'avion arrive à une heure du matin, comme prévu. Dans cette nuit claire, l'appareil lui donne l'impression de faire un bruit étourdissant. Probablement, l'ennemi va nous tomber dessus, pense-t-il avec crainte. Mais il n'en est rien. Aux premières heures, cet appareil – un Glen Martin américain aux cocardes anglaises – atterrit sur un aérodrome de campagne de la Royal Air Force à quelques kilomètres de Londres. Le pilote est un Anglais spécialisé dans ce type d'opération : traverser la Manche, atterrir en France occupée, y amener du monde et en ramener. Chaban a vécu cette équipée comme un rêve. Surtout quand il se trouve dans le mess des aviateurs pour y prendre un petit déjeuner avec lait, beurre, confiture et pain blanc, tous aliments dont il n'avait pas vu la couleur depuis fort longtemps. Sa mission ce jour-là est d'alerter le gouvernement britannique sur les risques mortels que fait courir à Paris la stratégie choisie par Eisenhower de contourner la capitale pour foncer vers l'est, et ne la libérer que vers le mois de septembre.

> « Vu de Londres, raconte Chaban-Delmas, ce n'était pas sot, puisqu'il s'agissait d'éviter la guerre dans Paris. Mais nous avions d'autres impératifs et, surtout, nous disposions d'autres

35. Entretiens de l'auteur avec Jacques Chaban-Delmas en juillet 1998.

données, moins plaisantes. J'ai raté ma cible principale : Winston Churchill, alors que j'étais parti avec l'intention bien arrêtée de le voir pour lui exposer à quel point il était nécessaire que la marche des Alliés sur Paris fût accélérée, si l'on voulait sauver la capitale. Mais il faisait sa sieste après déjeuner, une règle impériale. Heureusement, les démarches préliminaires avaient été faites. Quand je suis arrivé au 10, Downing Street, siège du gouvernement britannique, j'ai été reçu fort poliment par lord Ismay, chef d'état-major impérial et plus précisément churchillien. Il m'a fait part de son ennui, que j'ai voulu croire sincère, et de celui du Premier Ministre – ce qui était douteux – de voir sombrer ce rendez-vous ainsi que la conversation qui devait s'ensuivre. J'ai tout de même délivré mon message à Ismay. Au surplus, il y avait à Londres Kœnig, représentant la France libre. Je l'avais accablé de messages radio depuis des semaines et il ne cessait d'en faire part aux collaborateurs du Premier Ministre[36]. »

Chaban-Delmas et la libération de Paris

Revenu le 12 août 1944 en France, Chaban se plonge dans les combats et les débats de l'insurrection parisienne, entre le 19 et le 25 août. Les Américains l'ont amené au Mans le 14. Chaban arrive à Paris le 16 après avoir traversé les lignes allemandes à vélo, manquant à plusieurs reprises d'être tué ou capturé. Le problème est d'une simplicité tragique : il faut éviter que Paris soit détruit par les Allemands. Le colonel Rol-Tanguy, qui commande les FFI de la région parisienne, est communiste. Mais c'est d'abord un soldat qui s'est battu avec héroïsme en 39-40 contre l'Allemagne. Il commande en chef conscient de ses devoirs et non en partisan d'une cause politique. Il a pour adjoint un officier de carrière, le colonel de Marguerittes, pseudonyme Lizé, chef des FFI du département de la Seine.

Dans toute la région parisienne, les FFI alignent sur le papier environ 15 000 hommes résolus à se battre, mais disposant d'un armement dérisoire : 4 mitrailleuses, 83 fusils-mitrailleurs, 562 fusils, 325 revolvers et 192 grenades. Les effectifs allemands de Paris s'élèvent à 18 000 hommes, 60 canons, 50 à 75 blindés divers et 60 avions. Le général Dietrich von Choltitz, commandant

36. Entretiens de l'auteur avec Jacques Chaban-Delmas en juillet 1998.

du Gross-Paris n'a rien d'un fanatique et ne s'est jamais mêlé de politique. C'est cependant un soldat qui a la réputation d'exécuter les ordres reçus. C'est aussi un homme las, victime de crises d'angine de poitrine, convaincu que l'Allemagne a perdu la guerre. Il estime que Hitler est un fou qui conduit l'Allemagne à la ruine. À l'intérieur de la capitale, les Allemands ont organisé un nombre important de points d'appui fortement défendus, d'où ils peuvent contrôler les principaux itinéraires. Paris devient le lieu d'une bataille d'embuscades, d'escarmouches, de guérilla propice aux exploits individuels. Des barricades sont dressées un peu partout et les résistants attaquent les véhicules allemands à la grenade ou à la bouteille incendiaire. Des fenêtres des immeubles, ils tirent sur les patrouilles allemandes. Une trêve est négociée dans la soirée du 19, grâce à l'intervention du consul général de Suède à Paris, Raoul Nordling, malgré les nouvelles alarmantes qui parviennent à Chaban : la mairie de Neuilly a été prise, une vingtaine d'otages capturés, la préfecture de police de Paris est à bout de munitions, les chars allemands la tiennent sous leur feu. Faut-il prolonger la trêve ou la rompre ? Lundi 21 août, dans la soirée et tard jusque dans la nuit, Chaban discute avec les principaux chefs de la Résistance parisienne, dans un appartement proche de la gare Denfert-Rochereau. Il se déclare favorable au maintien de la trêve, sachant que les troupes FFI engagées dans l'insurrection armée luttent contre la montre et convaincu qu'il faut gagner du temps en attendant l'arrivée des Alliés, dont la date reste inconnue. D'autres s'y opposent, notamment Villon, représentant du Front national (tendance communiste) au conseil national de la Résistance (CNR) qui se heurte à Chaban avec violence, au point de l'insulter. Chaban reste de marbre. Villon finit par s'excuser.

> « Le véritable problème, affirme Jacques Chaban-Delmas, était de savoir ce qu'il fallait choisir : l'unité de la Résistance ou le souci de préserver Paris d'une destruction assortie d'un massacre. Alexandre Parodi, représentant du gouvernement d'Alger, qui présidait les débats, opta pour l'unité de la Résistance. "Dénonçons la trêve", dit-il. Je n'avais qu'à m'incliner[37]. »

Persuadé que la trêve aura empêché les Allemands d'utiliser leurs moyens lourds, Chaban adhère finalement à l'appel aux barricades.

37. Entretiens de l'auteur avec Jacques Chaban-Delmas en juillet 1998.

La trêve a surtout permis de joindre les Alliés, par l'intermédiaire de deux émissaires, le commandant Gallois et le lieutenant Petit-Leroy, pour finalement les convaincre de dévier leur progression vers Paris. C'est en effet le 22 août que le général Eisenhower donne enfin l'ordre à la 2e division blindée française du général Leclerc de foncer sur Paris. La 2e DB s'ébranle, au petit matin du 23 août, avec ses 200 chars, ses 4 000 véhicules et ses 16 000 hommes. Le vainqueur de Koufra va à la rencontre du plus jeune général de la Résistance.

À Paris, la situation reste confuse. La Luftwaffe a quitté le Bourget. Quant à la Wehrmacht, le moral est au plus bas. La retraite s'opère dans des conditions difficiles. Les troupes sont mitraillées par les détachements FFI qui luttent avec héroïsme. Les soldats allemands déménagent les bureaux, entassent dans des camions dossiers et archives. Hitler donne l'ordre au général von Choltitz, commandant du Gross-Paris, de détruire la capitale. Dans les rues, les barricades se multiplient alors que les éléments avancés de la division Leclerc, commandés par le capitaine Dronne, se rapprochent de la ville.

Dans la nuit du mercredi au jeudi 24 août, Chaban échappe de peu à la mort, lorsqu'une patrouille allemande lui fonce droit dessus. Il a juste le temps de se jeter dans l'obscurité d'une rue et de disparaître. Il se rend ensuite à l'hôtel Matignon, où sont réunis les secrétaires généraux des ministères chargés de préparer l'arrivée du nouveau pouvoir. Chaban leur dresse un tableau partiel de la situation militaire dans Paris.

La nouvelle tant attendue arrive enfin… La division Leclerc va entrer dans la capitale. Le capitaine Dronne rejoint le centre de la ville, en compagnie de trois chars Sherman, une quinzaine de blindés, deux camions et 150 hommes. À 20 h 45, cette solide troupe passe la porte d'Italie, franchit la Seine par le pont d'Austerlitz et longe les quais. Sur leur passage la foule crie sa joie et sa fierté. À 21 h 22, Dronne est accueilli à l'Hôtel de Ville par la Résistance, qui entonne une *Marseillaise* étranglée de larmes. Chaban est présent dans son uniforme de général. Dronne, qui l'aperçoit, ne peut réprimer son émotion : « Je n'ai jamais vu un officier aussi beau[38] ! »

Le 25 août, Chaban rencontre pour la première fois Leclerc à La Croix de Berny. Les deux généraux ne se sont jamais vus mais se reconnaissent immédiatement. Leclerc découvre un jeune homme séduisant, « avec un calot, une veste de lieutenant dont on a enlevé

38. Archives du centre national Jean Moulin, Bordeaux.

les galons et mis deux étoiles comme sur le calot, des culottes de cheval, des leggins et des chaussures de montagne[39] ». Entre deux ordres impérieux à ses hommes, il questionne Chaban. Comme la colonne s'apprête à rouler vers le centre de la ville, Leclerc grimpe dans son scout-car tandis que Chaban monte dans une voiture juste derrière, qui refuse de démarrer. Chaban saute, rattrape Leclerc et lui fait signe. Leclerc se retourne : « Montez[40] ! »

Côte à côte, les deux généraux rentrent au cœur de la ville, au milieu d'une foule immense : « Spectacle inouï, dira Chaban-Delmas, c'était comme les vagues de la mer qui enflaient dans le calme[41]. » La colonne motorisée contourne le Lion de Belfort, oblique vers la gare Montparnasse et poursuit jusqu'à Sèvres-Duroc. Là, l'obus d'un char allemand rate de peu le scout-car. Les combats sont meurtriers : les FFI comptent 900 tués et 1 500 blessés, la division Leclerc a perdu 28 officiers et 600 sous-officiers et soldats, tués ou blessés. La libération de Paris coûte aux Allemands 3 200 tués et 14 500 prisonniers. Leclerc, qui a décidé de faire marche arrière, installe son PC gare Montparnasse. Près de la place de la Concorde la bataille de blindés fait rage. À l'hôtel *Le Meurice*, le général von Choltitz se rend au commandant La Horie et à la secrétaire de Chaban, Gisèle Hasseler. Peu après, le général allemand est dirigé, sous bonne escorte, à la préfecture de police où se trouvent désormais Chaban et Leclerc. Les communistes Rol-Tanguy et Valrimont sont conviés à la table des négociations à la demande de Chaban, afin de préserver jusqu'au bout l'unité de la Résistance pour accueillir le général de Gaulle. Von Choltitz, congestionné, souffre de difficultés respiratoires dues à une insuffisance cardiaque.

Rol-Tanguy demande à signer l'acte de reddition au nom des FFI d'Île-de-France. Leclerc refuse dans un premier temps, mais Chaban parvient à le convaincre d'accepter au nom de l'unité nationale. L'acte définitif est finalement signé à la gare Montparnasse. Soudain, vers 16 h 30, alors que Chaban se trouve aux côtés de Leclerc en compagnie de deux officiers, un soldat surgit en criant : « Le général de Gaulle ! »

> « Et de Gaulle, raconte Chaban-Delmas, qui m'apparut immense, survint marchant vers nous à pas lents. "Alors Leclerc, où en êtes-vous ?" Leclerc s'engagea dans un bref résumé, puis s'aperçut

39. Archives du centre national Jean Moulin, Bordeaux.
40. Archives du centre national Jean Moulin, Bordeaux.
41. Entretiens de l'auteur avec Jacques Chaban-Delmas en juillet 1998.

> que le Général m'avait ignoré. Il reprit : "Mon général, vous connaissez le général Chaban." J'étais là au garde-à-vous, partagé entre une joie bouleversante et un respect écrasant devant l'homme en qui nous espérions depuis si longtemps. Le regard du général s'abaissa alors sur moi et croisa le mien : incrédulité, courroux à la pensée qu'il avait pu confier de si lourdes responsabilités à un si jeune homme, enfin un attendrissement évident. L'inspection dura de longues secondes ; j'étais prêt à rentrer sous terre lorsque le Général me tendit la main et, en serrant la mienne, me dit seulement – j'entendrai le son de sa voix jusqu'à mon dernier jour – : "C'est bien, Chaban." Trois mots qui achevaient de donner un sens à tout ce que j'avais fait. Le nuage de la colère soudain s'effaça. Il eut une sorte de sérénité et je crois bien, pourquoi ne pas vous le dire, que j'y ai senti de la tendresse[42]. »

Après la libération de la capitale, Chaban-Delmas sert au cabinet du ministre de la Guerre, comme chef de liaison et d'inspection mobile d'organisation de l'armée. Sportif de haut niveau, il est international de rugby au lendemain de la guerre et sera également champion de tennis. À partir d'août 1945, il devient inspecteur des finances et secrétaire général du ministère de l'Information, sous l'autorité de Jacques Soustelle, puis d'André Malraux. En 1946, il est élu député de la Gironde et maire de Bordeaux, puis est constamment réélu jusqu'en 1995. Ministre des Travaux publics dans le cabinet de Pierre Mendès France en 1954-1955, il est ministre d'État dans le cabinet de Guy Mollet (1956-1957), puis ministre de la Défense nationale (1957-1958).

Président de l'Assemblée nationale (1958-1969, 1978-1981, 1986-1988), Jacques Chaban-Delmas accède aux fonctions de Premier ministre de juin 1969 à juillet 1972. Inspecteur général des finances en 1973, il est candidat non élu à la présidence de la République en 1974. Président du Conseil régional de l'Aquitaine (1974-1979 et 1985-1988), il est fait président d'honneur de l'Assemblée nationale en novembre 1996. Jacques Chaban-Delmas est décédé le 10 novembre 2000 à Paris. Ses obsèques ont été célébrées le 14 novembre en l'église Saint-Louis-des-Invalides. Il a été inhumé à Ascain dans les Pyrénées-Atlantiques[43].

42. Entretiens de l'auteur avec Jacques Chaban-Delmas en juillet 1998.
43. Archives du musée de l'Ordre de la Libération, Paris.

Conclusion

Si environ 300 000 Français ont collaboré de près ou de loin avec l'occupant pour diverses raisons, il convient de souligner qu'entre juillet 1940 et mai 1945, 1 425 000 d'entre eux ont lutté de manière échelonnée aux côtés des Alliés, dans les rangs de la Résistance intérieure, des Forces françaises libres ou de l'armée de libération (terre, aviation, marine).

La majorité de la population française, assommée par la défaite de 1940 et surtout préoccupée par les problèmes du ravitaillement, est d'abord attentiste et plutôt maréchaliste sans être vichyste, puis bascule en 1942 dans la détestation des collaborationnistes les plus virulents et des Allemands de plus en plus présents après l'invasion de la zone Sud.

De même que le régime de Vichy est une véritable « auberge espagnole », où l'on trouve des collaborateurs notoires antisémites et des germanophobes revanchards.

Les chapitres de cet ouvrage permettent de se faire une idée panoramique de cette période, sans tomber dans le sectarisme, l'apologie béate, le dénigrement systématique, voire l'anachronisme. On découvre de nombreuses vérités cachées de l'Occupation, à travers des histoires incroyables et extraordinaires, des faits méconnus, au-delà des mythes de la propagande des belligérants de cette époque, des thèses fumeuses de certains auteurs et médias actuels, véhiculant une idéologie formatée et sans nuance.

Sources principales

Ouvrages

ALAIN, *Journal inédit. 1937-1950*, Éditions des Équateurs, 2018.
ASSOULINE Pierre, *Le fleuve Combelle*, Éditions Calmann-Lévy, 1997.
AUDA Grégory, *Les Belles Années du « milieu » 1940-1944. Le grand banditisme dans la machine répressive allemande en France*, Éditions Michalon, 2002.
AZÉMA Jean-Pierre, *Vichy-Paris. Les Collaborations. Histoire et mémoires*, André Versaille éditeur, 2012.
AZÉMA Jean-Pierre et WIEVIORKA Olivier, *Vichy 1940-1944*, Éditions Perrin, 1997.
BAUDIER Michel et BOUCHEZ José, *Les combats de Stonne-Tannay-Oches-Sommauthe du 14 mai au 11 juin 1940*, imprimerie Félix, 1997.
BELLY Raymond, *La 1re division d'infanterie coloniale dans la campagne de France de 1940*, imprimerie Taffard, 1957.
BERTRAND DORLÉAC Laurence, *L'art de la défaite. 1940-1944*, Seuil, 1993.
BOUDARD Alphonse, *L'étrange Monsieur Joseph (Joseph Joanovici)*, Éditions Robert Laffont, 1998.
BOULANGER Gérard, *À mort la Gueuse ! Comment Pétain liquida la République à Bordeaux. 15,16 et 17 juin 1940*, Éditions Calmann-Lévy, 2006.
BOULANGER Gérard, *Les secrets du procès Papon*, Éditions Le Cherche Midi, 2018.
BROCHE François, *Dictionnaire de la Collaboration*, Éditions Belin, 2014.
BURRIN Philippe, *La France à l'heure allemande. 1940-1944*, Seuil, 1995.

Chaban-Delmas Jacques, *Mémoires pour demain*, Flammarion, 1997.
Chalais François, *Les Chocolats de l'entracte*, Éditions Le Livre Poche, 1973.
Chastenet Patrick et Philippe, *Chaban*, Seuil, 1991.
Cocteau Jean, *Journal 1942-1945*, Éditions Gallimard, 1989.
Cohen Asher, *Persécutions et sauvetages. Juifs et Français sous l'Occupation et sous Vichy*, Éditions du Cerf, 1993.
Cointet Jean-Paul, *La Légion française des combattants. 1940-1944, la tentation du fascisme*, Éditions Albin Michel, 1995.
Dabringhaus Erhard, *L'agent américain Klaus Barbie*, Éditions Pygmalion, 1986.
Dalin David (Rabbin), *Pie XII et les juifs. Le mythe du pape d'Hitler*, Éditions Tempora, 2007.
Deaglio Enrico, *La banalità del bene. Storia di Giorgio Perlasca*, Éditions Feltrinelli, 1993.
De Gaulle Charles, *Mémoires de Guerre*, Éditions Plon, 1989.
De La Mazière Christian, *Le rêveur casqué*, Éditions Robert Laffont, coll. « Vécu », 1972.
Delarue Jacques, *Histoire de la Gestapo*, Éditions Fayard, 1987.
Delhez Jean-Claude, *La déroute française de 1940 : la faute aux Belges ?*, Éditions Economica, 2015.
Delperrié de Bayac Jacques, *Histoire de la Milice. 1918-1945*, Éditions Fayard, coll. « Les grandes études contemporaines », 1969.
Epstein Simon, *Un paradoxe français. Antiracistes dans la Collaboration, antisémites dans la Résistance*, Éditions Albin Michel, 2008.
Giolitto Pierre, *Volontaires français sous l'uniforme allemand*, Éditions Perrin, 1999.
Goldberger Leo, *The Rescue of the Danish Jews. Moral courage under stress*, New York University Press, 1988.
Grandclément Daniel, *L'Énigme Grandclément. Le chef de réseau qui voulait un pacte entre la Résistance et les S.S.*, Éditions Balland, 2003.
Groussard Georges-André, *Service Secret*, La table ronde, 1964.
Hilberg Raul, *La destruction des Juifs d'Europe*, Éditions Gallimard, 2006.
Joseph Gilbert, *Une si douce Occupation. Simone de Beauvoir et Jean-Paul Sartre. 1940-1944*, Éditions Albin Michel, 1991.
Kaspi André et Schor Ralph, *La Deuxième Guerre mondiale. Chronologie commentée*, Éditions Complexe, 1995.

Klarsfeld Serge, *Vichy-Auschwitz. Le rôle de Vichy dans la solution finale de la question juive en France, 1942*, Éditions Fayard, 1983.
Miannay Patrice, *Dictionnaire des agents doubles dans la Résistance*, Éditions Le Cherche Midi, 2005.
Milza Pierre, *Mussolini*, Éditions Fayard, 1999.
Miquel Pierre, *Charles de Gaulle*, Éditions Fayard-Hachette, 1992.
Montagnon Pierre, *Histoire des commandos. 1939-2011*, Éditions Pygmalion, 2014.
Morelle Chantal, *Le Gaullisme pour les nuls*, Éditions First, 2010.
Muracciole Jean-François, *Histoire de la Résistance en France*, Éditions Puf, coll. « Que sais-je ? », 1993.
Noguères Henri, *Histoire de la Résistance en France*, Éditions Robert Laffont, 1981.
Onfray Michel, *Solstice d'hiver. Alain, les Juifs, Hitler et l'Occupation*, Éditions de l'Observatoire, 2018.
Ory Pascal, *Les collaborateurs (1940-1945)*, Éditions du Seuil, 1977.
Paxton Robert O., *La France de Vichy*, Éditions du Seuil, 1997.
Péan Pierre, *La diabolique de Caluire*, Éditions Fayard, 1999.
Porte Rémy, *1940 vérités et légendes*, Éditions Perrin, 2020.
Ragache Gilles et Jean-Robert, *La vie quotidienne des écrivains et des artistes sous l'Occupation. 1940-1944*, Éditions Hachette, 1992.
Randa Philippe, *Dictionnaire commenté de la collaboration française*, Éditions Jean Picollec, 1997.
Rolland Romain, *Journal de Vézelay. 1938-1944*, Éditions Bartillat, 2012.
Sémelin Jacques, *Persécutions et entraides dans la France occupée. Comment 75 % des Juifs en France ont échappé à la mort*, Éditions les Arènes-Seuil, 2013.
Steinberg Lucien, *Les Allemands en France 1940-1944*, Éditions Albin Michel, 1980.
Terrisse René, *À la botte de l'occupant, itinéraires de cinq collaborateurs*, Éditions Aubéron, 1998.
Terrisse René, *Grandclément, traître ou bouc émissaire ? Ombres et lumières sur un dossier brûlant de la Résistance à Bordeaux*, Éditions Aubéron, 1999.
Toscano Alberto, *Ti amo Francia. De Léonard De Vinci à Pierre Cardin, ces Italiens qui ont fait la France*, Éditions Armand Colin, 2019.
Veil Simone, *Une vie*, Éditions Stock, 2007.

Journaux, périodiques, articles

Balestre Jean-Marie, « Les soldats du Führer », *Devenir*, n° 2, mars 1944.
D'Orcival François, « Notice sur la vie et les travaux d'Henri Amouroux », Académie des sciences morales et politiques, 7 décembre 2009.
Folch Arnaud, « Audiard membre de la Résistance : la preuve », *Valeurs actuelles*, n° 4227, 30 novembre 2017.
Forestier François, « La face noire de Michel Audiard », *L'Obs*, n° 2762, 12 octobre 2017.
Riglet Marc, « La politique, l'autre passion de Marguerite Duras », *L'Express*, 21 janvier 2014.
Segrétain Franck, « La Milice française », in *Les Dossiers de la 2e Guerre mondiale*, n° 10, octobre-novembre-décembre 2007.
Sévillia Jean, *Le Figaro Magazine*, vendredi 5 et samedi 6 avril 2013.
Théolleyre Jean-Marc, « Les années 40 de M. Jean-Marie Balestre », *Le Monde*, 15 juin 1984.

Guerres et Histoire, dossier « La France a-t-elle été trahie ? », n° 55, juin 2020.
Historia, « Les collabos, fonctionnaires, patrons, intellectuels : ceux qui ont pactisé avec l'Occupant », octobre 2012, n° 790.
Historia, « L'Internationale SS, 600 000 étrangers français, belges, suisses… », hors-série n° 32, Éditions Tallandier, janvier 1973.
Je suis partout, 14 février 1941.
Je suis partout, 12 mars 1943.
Je suis partout, 10 mars 1944.
La France au travail, 3 août 1940.
La France au travail, 30 novembre 1940.
L'Appel, 15 juin 1943.
La Revue du droit public et de science politique en France et à l'étranger n° 3, juin 1941.
La Revue du droit public et de science politique en France et à l'étranger n° 4, décembre 1941.
Le Monde, 30 novembre 1988.
Ligne de Front, n° 24, mai-juin 2010.
L'Illustration, archives, Paris.

Archives

Archives de la fondation Charles de Gaulle, Paris.
Archives de la fondation de la France libre, Paris.

Archives militaires françaises, Vincennes.
Archives militaires allemandes, Fribourg-en-Brisgau.
Archives militaires britanniques, Londres.
Archives du royaume du Danemark de Copenhague.

Archives nationales, Paris.
Archives du ministère de la Guerre du 5e Bureau, état-major de l'armée.
Archives du corps franc Pommiès, Pau et Tarbes.
Archives du centre national Jean Moulin, Bordeaux.
Archives du journal *Sud-Ouest*, Bordeaux.
Archives de l'institut Jean Moulin, Bordeaux.
Archives municipales, Bordeaux.
Archives des Capucins, Paris.
Archives du musée de l'Ordre de la Libération, Paris.

Archives familiales de Bertrand de Bentzmann, Bordeaux.
Archives de la famille Montignac.
Archives de François Peltier et de la famille de Carrère.

Archives de l'institut Yad Vashem, Jérusalem.
Archives du comité français pour Yad Vashem, Paris.
Archives de la LICA, Paris.

Internet

Blog de Thierry Savatier, « Audiard fait de la Résistance », 14 décembre 2017.

Du même auteur

L'Italie en guerre 1915-1918, Éditions Ulysse, 1986.
Les guerres de Mussolini, Éditions Jacques Grancher, 1988.
Connaître les châteaux du Périgord, Éditions Sud-Ouest, 1989.
La Résistance dans le Sud-Ouest (préface de Jacques Chaban-Delmas), Éditions Sud-Ouest, 1989.
L'épopée du corps franc Pommiès, Éditions Jacques Grancher, 1990.
Le Sud-Ouest mystérieux, Éditions Sud-Ouest, 1990.
L'affaire Grandclément, Éditions Sud-Ouest, 1991.
Le livre d'or de la Résistance dans le Sud-Ouest, Éditions Sud-Ouest, 1991.
Bordeaux pendant l'Occupation, Éditions Sud-Ouest, 1992.
Les Contes populaires de toutes les Pyrénées, Éditions Sud-Ouest, 1992.
Les Grands Crimes du Sud-Ouest, Éditions Sud-Ouest, 1993.
Les FFI au combat, Éditions Jacques Grancher, 1994.
Souvenirs de la guerre 1939-1945, Éditions Sud-Ouest, 1995.
La montagne de lumière (roman), Éditions Lucien Souny, 1995.
Gabriele D'Annunzio en France, 1910-1915, Éditions J/D, 1997.
Mussolini, Éditions Chronique, 1997.
Rommel, Éditions Chronique, 1998.
La poche du Médoc 1944-1945, Éditions CMD, 1998.
Jacques Chaban-Delmas, Éditions CMD, 1998.
Bordeaux et Arcachon à la Belle Époque, Éditions CMD, 1998.
Bordeaux brûle-t-il? La libération de la Gironde 1940-1945, Éditions Les Dossiers d'Aquitaine, 1998.
Biarritz à la Belle Époque, Éditions CMD, 1998.
Les corridas de Bayonne, Éditions CMD, 1999.
Bordeaux, la base sous-marine 1940-1944, Éditions CMD, 1999.
Bernadette Soubirous, Éditions CMD, 1999.
Les échassiers des Landes, Éditions CMD, 1999.

Périgord, l'aventure de la Préhistoire, Éditions CMD, 1999.
Périgord, histoire de la truffe, Éditions CMD, 1999.
Histoire de la France militaire et résistante, Éditions du Rocher, 2000.
Aquitaine, histoire de la Résistance, Éditions CMD, 2000.
Limousin, histoire de la Résistance, Éditions CMD, 2001.
Orthon le farfadet et autres histoires mystérieuses de l'Aquitaine, Éditions du Rocher, 2001.
Schnetzler Jean-Pierre, *Itinéraire d'un bouddhiste occidental* (entretiens), Desclée de Brouwer, 2001.
L'affaire de Bentzmann 1939-1945, Éditions les Chemins de la Mémoire, 2002.
La poche de Royan 1939-1945, Éditions les Chemins de la Mémoire, 2002.
Les combats victorieux de la Résistance dans la libération 1944-1945, Éditions du Cherche-Midi, 2002.
Les voies de la sérénité, les grandes religions et l'harmonie intérieure, Éditions Philippe Lebaud, 2002.
Regards chrétiens sur le bouddhisme, de la diabolisation aux convergences, Éditions Dervy, 2002.
Histoires mystérieuses du Sud-Ouest, Éditions les Chemins de la Mémoire, 2002.
La bataille des cadets de Saumur, juin 1940, Éditions les Chemins de la Mémoire, 2002.
La libération du Sud-Ouest 1944-1945, Éditions les Chemins de la Mémoire, 2003.
Le grand livre des fantômes, Éditions Trajectoire, 2003.
Lama Namgyal, vie et enseignement d'un moine bouddhiste occidental, Éditions les Presses de la Renaissance, 2003.
Arcachon : pages de son histoire, Éditions les Chemins de la Mémoire, 2003.
Visite historique de Bayonne, Éditions les Chemins de la Mémoire, 2003.
Visite historique de Biarritz, Éditions les Chemins de la Mémoire, 2003.
Visite historique de Bordeaux, Éditions les Chemins de la Mémoire, 2003.
Visite historique du Bassin d'Arcachon, Éditions les Chemins de la Mémoire, 2003.
Les plages du débarquement, Éditions les Chemins de la Mémoire, 2003.

La France combattante de la victoire 1944-1945, Éditions les Chemins de la Mémoire, 2003.
La Poche de La Rochelle 1944-1945, Éditions les Chemins de la Mémoire, 2003.
Rommel, la fin d'un mythe (biographie), Éditions du Cherche-Midi, 2003.
Les Chercheurs d'Absolu, Éditions du Félin, 2003.
Lama Guendune, un grand maître tibétain en France, Éditions Oxus, 2003.
Les vies antérieures, des preuves pour la réincarnation, Éditions du Félin, 2004.
Histoire de la presse en France, Éditions de Vecchi, 2004.
Les voies spirituelles du bonheur (yoga, bouddhisme, oraison, soufisme), Éditions inFolio, 2005.
Les Jésuites, Éditions de Vecchi, 2005.
Comme des lions. Le sacrifice héroïque de l'armée française en mai-juin 1940, Éditions Calmann Lévy, 2005.
Les Templiers, Éditions de Vecchi, 2005.
Les grandes affaires de la Résistance, Éditions Lucien Souny, 2005.
La Réincarnation, histoires vraies, Éditions Trajectoire, 2006.
Les Missionnaires, Éditions de Vecchi, 2006.
C'est nous les Africains. L'épopée de l'armée française d'Afrique 1940-1945, Éditions Calmann Lévy, 2006.
Histoires extraordinaires du bouddhisme tibétain, Éditions InFolio, 2006.
Les grands ordres militaires et religieux, Éditions Trajectoire, 2006.
Histoires extraordinaires de la Seconde Guerre mondiale, Éditions Lucien Souny, 2006.
Jean Moulin, Éditions InFolio, 2007.
La dérive intégriste, Éditions Acropole, 2007.
La libération de la France, Éditions Lucien Souny, 2007.
Lieux de pèlerinages et grandes processions, Éditions Trajectoire, 2007.
Mers el-Kébir, juillet 1940, Éditions Calmann-Lévy, 2007.
Lourdes la miraculeuse, Éditions Trajectoire, 2008.
Les poches de l'Atlantique 1944-1945, Éditions Lucien Souny, 2008.
Les 35 plus grandes affaires criminelles, Éditions Trajectoire, 2008.
La guerre italo-grecque 1940-1941, Éditions Calmann-Lévy, 2008.
Les victoires militaires françaises de la Seconde Guerre mondiale, Éditions Lucien Souny, 2009.
La bataille de Bir Hakeim, une résistance héroïque, Éditions Calmann-Lévy, 2009.

Convergences chrétiennes et bouddhistes, Éditions Oxus, 2009.
Les grandes figures de la Résistance, Éditions Lucien Souny, 2009.
Les mystères des manuscrits de la mer Morte, Éditions de Vecchi, 2009.
Les mystères des prophéties, Éditions de Vecchi, 2009.
Spectres, esprits et apparitions, Éditions de Vecchi, 2009.
Le bouddhisme vu par la science, Éditions Oxus, 2010.
La bataille de France jour après jour mai-juin 1940, Éditions Le Cherche Midi, 2010.
Croyances et légendes populaires, Éditions de Vecchi, 2010.
La bataille de Stonne, Ardennes 1940, Éditions Perrin, 2010.
L'apport capital de la France dans la victoire des Alliés, 1914-1918 et 1939-1945, Éditions Le Cherche Midi, 2011.
La bataille de Dunkerque. 26 mai-4 juin 1940, Éditions Tallandier, 2011.
39-45. Les soldats oubliés, ceux dont l'Histoire ne parle plus, Éditions Jourdan, 2012.
L'armée française pour les Nuls, Éditions First, 2012.
Koenig, l'homme de Bir Hakeim, Éditions du Toucan, 2012.
La libération de la France jour après jour 1944-1945, Éditions Le Cherche Midi, 2012.
Histoire générale de la Résistance française, Éditions Lucien Souny, 2012.
La Résistance, Éditions Gründ, 2012.
La Gestapo et les Français, Éditions Pygmalion, 2013.
Légendes et fadaises de la Seconde Guerre mondiale, Éditions First, 2013.
Histoires extraordinaires de la Résistance française, Éditions Le Cherche Midi, 2013.
La Résistance pour les nuls, Éditions First, 2013.
Fiers de notre histoire, Éditions First, 2013.
Les Crimes nazis lors de la Libération de la France 1944-1945, Éditions Le Cherche Midi, 2014.
12 Trains qui ont changé l'Histoire, Éditions Pygmalion, 2014.
La bravoure méconnue des soldats italiens 1914-1918 & 1939-1945, Éditions Altipresse, 2014.
Gabriele d'Annunzio ou le roman de la Belle Époque, Éditions Le Rocher, 2014.
Les opérations commandos de la Seconde Guerre mondiale, Nouveau Monde éditions, 2014 ; nouvelle édition en poche, 2016.
Les grandes figures de la Résistance française, Éditions Sud-Ouest, 2014.

Combats oubliés, résistants et soldats français dans les combats de la Libération 1944-1945, Éditions du Toucan-L'Artilleur, 2014.
Éloge de l'armée française, Éditions Pierre de Taillac, 2014.
La France s'est faite à coups d'épée, l'épopée des grandes batailles d'Hastings à la Libération, Éditions Armand Colin, 2015.
Histoires extraordinaires de la guerre aérienne 1939-1945, Éditions JPO, 2015.
Histoires incroyables et héroïques de la Résistance, Éditions JPO, 2015.
Bordeaux sous l'Occupation, Geste éditions, 2015.
Alain Juppé sans masque, Éditions First, 2016.
Histoires extraordinaires de la Seconde Guerre mondiale, Éditions Le Cherche Midi, 2016.
Histoires incroyables de la guerre 1939-1945, Métive éditions, 2016.
Petite histoire du Pays Basque, Geste éditions, 2016.
La poche du Médoc 1944-1945, Geste éditions, 2016.
La libération du Sud-Ouest, Geste éditions, 2016.
Les grandes affaires d'espionnage de la Ve République, Éditions First, 2016.
Histoire du Pays Basque, Geste éditions, 2016.
Le mythe du sauveur américain 1917-1918. Essai sur une imposture historique, Éditions Pierre de Taillac, 2017.
Jean-Claude Hubert. Souvenirs de guerre d'un résistant, contre-espion et commando 1939-1945, Geste éditions, 2017.
La Charente sous l'occupation, Geste éditions, 2017.
Le Pays Basque sous l'occupation, Geste éditions, 2017.
Le Lot-et-Garonne sous l'occupation, Geste éditions, 2017.
Les Landes sous l'occupation, Geste éditions, 2017.
Les 100 000 collabos, le fichier interdit de la collaboration française, Éditions Le Cherche Midi, 2017.
Ces chrétiens qui ont résisté à Hitler, Éditions Artège, 2018.
SS français, récits, lettres et témoignages inédits de la SS Charlemagne, Éditions Jourdan, 2018.
Nouvelles histoires extraordinaires de la Résistance, 16 récits inédits de héros qui ont sauvé la France, Éditions Alisio-Leduc, 2018.
Les années interdites. Auteurs, journalistes et artistes dans la Collaboration, Éditions de l'Archipel, 2018.
Les grandes affaires de la Libération 1944-1945, Éditions Alisio, 2019.
Les vérités cachées de la Seconde Guerre mondiale, Éditions du Rocher, 2019.

Histoires extraordinaires de miracles et d'apparitions. Enquêtes et récits sur l'invisible dans les traditions chrétiennes et bouddhistes, Éditions Leduc, 2019.
Jésus l'universel, l'histoire d'un message spirituel, Éditions Alisio, 2019.
L'imposture du sauveur américain 1917-1918 / 1941-1945, Éditions Le Retour aux sources, 2020.
Albert Roche, premier soldat de France, Éditions Le Retour aux sources, 2020.
Les victoires françaises de 1914 à nos jours, Éditions Le Retour aux sources, 2020.
Les grandes batailles de la Première Guerre mondiale, Éditions Le Retour aux sources, 2020.
Les grandes batailles de l'Histoire de France, d'Hastings à la Libération 1066-1945, Éditions Le Retour aux sources, 2020.
Histoires de l'armée française des origines à nos jours, Éditions Le Retour aux sources, 2020.
Histoires extraordinaires de la France mystérieuse, Éditions Le Retour aux sources, 2020.
Histoires extraordinaires et mystérieuses de l'humanité, Éditions Le Retour aux sources 2020.
Les grandes affaires d'espionnage en France de 1958 à nos jours, Éditions Le Retour aux sources, 2020.
Mai-juin 1940, les causes de la défaite, Éditions Alisio, 2020.
Les vérités cachées de la défaite de 1940, Éditions Le Rocher, 2020.
De Gaulle intime et méconnu, Éditions Alisio, 2020.

Table

Achevé d'imprimer par
Normandie Roto Impression s.a.s.
en avril 2021,
N° d'imprimeur : 2101699
Dépôt légal : mai 2021

Imprimé en France